《大公报》全史

(1902—1949)

吴廷俊 / 编

第二卷

年表（上）

复旦大學出版社　　商務印書館

目 录

前 言………1

上 册

第一编　英记时期年表(1900年3月—1916年9月)………1
　　一、筹备时期(1900年3月—1902年6月)………3
　　二、草创时期(1902年6月—1906年9月)………26
　　三、发展时期(1906年9月—1912年2月)………105
　　四、存续时期(1912年2月—1916年9月)………181

第二编　王记时期年表(1916年9月—1925年11月)………217
　　一、王郅隆时期(1916年9月—1920年8月)………219
　　二、王景杭时期(1920年8月—1925年11月)………302

下 册

第三编　新记时期年表(1926年9月—1949年6月)………353
　　一、新记前期(1926年9月—1935年12月)………355
　　　　(一)报业发展与办报理念………355
　　　　(二)消息、言论与通讯………385
　　　　(三)社会服务………500

　　　　（四）副刊、专刊与特刊………514
二、新记中期(1936年1月—1941年9月)………534
　　　　（一）报业发展与报刊理念………534
　　　　（二）消息、言论与通讯………567
　　　　（三）社会服务………675
　　　　（四）副刊、专刊与特刊………678
三、新记后期(1941年10月—1949年6月)………691
　　　　（一）报业发展与报刊理念………691
　　　　（二）消息、言论与通讯………729
　　　　（三）社会服务………848
　　　　（四）副刊、专刊与特刊………858

附　录………867

　　一、《大公报》设题征文………867
　　二、新记公司荣誉股赠予表………872
　　三、《大公报》"星期论文"………873

本卷后记………908

前 言

史料对于修史的极端重要性是毋庸置疑的,史料的搜集、甄别与整理的艰苦性也是众所周知的。笔者同所有治史者一样,非常重视史料工作。为了撰写这部《〈大公报〉全史(1902—1949)》,笔者不仅几次阅读47年尘封的旧报纸,而且阅读了大量《大公报》人的文集、日记、传记与报馆的内部文件,以及有关回忆文章,整理编辑了两百多万字的史料。

在阅读这些史料的过程中,笔者被《大公报》史上先贤们忘己无私的精神、文章报国的情怀、穿透迷雾的眼光和驾驭文字的能力所折服,有时读到某一篇好文章时,不禁拍案叫绝。但是,由于篇幅和行文所限,不能将这些好文章完全引用,于是便精挑细选,汇编成册,成为本书的年表卷。

或许有人认为,现在很多史料已经数字化了,查询起来极为方便,出版本卷意义不大,甚至有些多此一举。其实不然,尤其是对于非专业研究者的普通读者而言。除了提供方便之外,本卷还有以下两个方面的作用:其一,有助于完整地理解报史中史料的原意。一般来说,作者修史,使用史料时,为我所用,难免"断章取义"甚至"寻章摘句",这样很可能会伤害原意。本卷可以让读者不仅知道报史中史料的出处,而且了解史料的完整意思。其二,读者直接阅读《大公报》人留下的文字,自主地与其文本对话,也可更深入地了解《大公报》的办报风格与办报精神。

本卷分上、下两册,英记时期和王记时期为上册,新记时期为下册。英记时期和王记时期的报纸版面内容相对比较单一,采取逐年记录的方式。新记时期的报纸版面内容比较复杂,纵向主线大致按"津版"(1902年9月—1937年8月)—"汉版"(1937年9月—1938年10月)—"渝版"(1938年12月—1946

年1月)—"津版"(1946年1月—1949年1月)—"沪版"(1949年1月—1949年6月)的顺序,同一时期涉及其他分版的资料则加以注明;横向按照"报业发展与办报理念""消息、言论与通讯""社会服务""副刊、专刊与特刊"四个维度编排。相关专题,如"设题征文""荣誉股赠予""星期论文"则作为附录,附于全卷最后。

本卷的编纂采用摘录、全录和综述并用的方式。虽然受限于篇幅,我们还是对极为重要的文章全文照录(报人卷中已有全文载录的除外),其余绝大多数仅摘录重要段落,有的则采取摘录与综述相结合的方式。对一些关键性的新闻事件和新闻作品,编者会加上简单的按语,希望对读者的理解有所帮助。需要说明的是,在引用报纸原文时,除明显的排印错误外,均照录原文;不可辨识之处则以□代替。此外,英记时期年表,尤其是筹备时期,大量史料来源于《英敛之先生日记遗稿》,为行文方便,史料出处与部分按语采用脚注的形式;其他时期年表因史料主要来源于《大公报》版面,对于非该来源的史料出处则以按语的形式予以标注。另外,年表的日期,晚清时段均括注阴历,1912年中华民国成立后,则不再标注阴历。

第一编

英记时期年表
（1900年3月—1916年9月）

说　　明

"英记时期年表"搜录的是英敛之从筹办到亲理再到"遥领"《大公报》整个过程中的大事,以及《大公报》这14年版面上的主要内容。

本年表资料来源除该时段的《大公报》报纸版面外,还有以下几种:方豪编录:《英敛之先生日记遗稿》,沈云龙主编:《近代中国史料丛刊续编》(第三辑),文海出版社有限公司1974年版;周萍萍编:《英敛之集》,广西师范大学出版社2013年版等。

一、筹备时期（1900年3月—1902年6月）

虽然《大公报》正式创办于1902年6月，但是英敛之接受柴天宠邀请，应允主持办报的事情发生在1901年4月；又由于英敛之之所以爽快接受柴天宠的邀请，表面上是他谋求"一枝有托"①以解决生计问题，实际上是为了找到一个施展抱负的平台。英敛之的好友卢乾斋先生说："自庚子以来，联车内入，乘舆播迁……英君于是发大愿心，施转轮手，集数万资，创《大公报》馆于津门，以遁人之职……兢兢乎已数载于兹矣！"②张季鸾先生亦如是说："盖创办人英君敛之目击庚子之祸，痛国亡之无日，纠资办报，名以大公。发刊以来，直言谠论，倾动一时。"③所以，英记《大公报》的年表，还必须追溯到庚子年（1900年）。

英记《大公报》筹备期的时间，上限为1900年3月，下限为1902年6月。

1900年（光绪二十六年）

3月

21日（阴历二月二十一日） 英敛之携妻随同法国驻云南蒙自宋领事于1900年2月9日离津④，经上海、香港、越南河内，于3月21日到达云南蒙自⑤。庚子之变发生时，英敛之在云南蒙自。

7月

26日（阴历七月初一日） 由于京中闹义和团，蒙自当地亦发生教案，法国

---

① 王芸生、曹谷冰：《英敛之时代的旧大公报》，《文史资料选辑》第九辑，中华书局1960年版，第13页。
② 《卢乾斋先生〈也是集〉序》，《大公报》1907年8月9日。
③ 《大公报一万号纪念辞》，《大公报》1931年5月22日。
④ 方豪编录：《英敛之先生日记遗稿》，沈云龙主编：《近代中国史料丛刊续编》第三辑，文海出版社1974年版，第90页。
⑤ 《英敛之先生日记遗稿》，第94页。

驻蒙自领事馆无法开展工作，英敛之又随法国宋领事离开蒙自北返①。

8月

6日(阴历七月十二日)　英敛之北返至香港。"同内出至何沃生先生处，值出。留名片二，一为胡翼南。并将予书后报留下。……(宋领事不能按时上船)予甚快，为得在港多住数日，为识何、胡二公。"②

7日(阴历七月十三日)　英敛之"饭后再至何沃生大律师处，遇胡翼南先生在，语互不了了，乃以笔谈。后将新著《新政要行》一本赠，又以《康学书后》一本借看"③。

12日(阴历七月十八日)　英敛之北返至上海。上岸。至夏时若家，受到热情接待。

19日(阴历七月二十五日)　英敛之北返抵达天津。此时，天津已为八国联军所占。英敛之"见各炮台皆插俄、日旗，至塘沽下船，见一带房屋焚毁，惨不可言。留下者，皆插外国旗，洋兵住用；火车为俄人掌管，往返亦不索钱；至十一点上车，近十二点开，见铁路两旁，村舍皆墟，只余墙壁，并无一人，不知妇孺皆去何处。玉石俱焚，伤心惨目！"④

20日(阴历七月二十六日)　英敛之外出访张逸帆，沿路所见"紫竹林大街一带俱焚，惟街西房尚存，红楼后一带房未毁。街中一望，空空焦土，可怜不堪回首，殊难料有今日也"⑤。

21日(阴历七月二十七日)　英敛之"复至万安，同逸帆出至福音堂路一游，房皆未毁；再北马家口一带，皆成灰烬，惟余破壁。由紫竹林街绕归，伤心惨目，真浩劫。昔日之人民拥挤，今则路静人稀，一片瓦砾，殊有天渊之判"⑥。

9月

16日(阴历八月二十三日)　英敛之"连日向李敬宇述逸愿代予去蒙自事。

---

① 《英敛之先生日记遗稿》，第134页。
② 《英敛之先生日记遗稿》，第142—143页。
③ 《英敛之先生日记遗稿》，第143页。
④ 《英敛之先生日记遗稿》，第148页。
⑤ 《英敛之先生日记遗稿》，第149页。
⑥ 《英敛之先生日记遗稿》，第149—150页。

是日,宋领事约至,告以现无事可办,可另他就。予甚快,代写收条数张,复交予五十元完事"①。

10月

7日(阴历闰八月十四日) 英敛之工作无着,便借法人"白神父"南行之便,乘"武昌"轮船折返上海②。

13日(阴历八月二十日) 英敛之所乘"武昌"轮船"午后至上海。连日未食,不爽甚。……夜不成寐,起泻数十次。由是日起,即大痛月余,每夜不能安枕,起必数十次。……自此饮食减少,骨瘦如柴,万感伤心,泪常如雨,几无生望。想远在数千里外,内人尚未分娩,倘有蹉跌,如何是了?"③

11月

11日(阴历十月十二日) 英日记:"夜大风雨。天将明,六点三刻(内人)降生一男,甚壮大,感泣良久,命名申格。(予)病顿觉轻,由是日见好,再生人也。是日,即发北京一信。"④

12月

11日(阴历十一月十二日) 英日记:"(十一月二十日续记)予自津返沪,今日已三月余矣。在津闲住两月,饮食起居诸多不便,且兵燹残破之余,目击神伤,不能自己!洋兵骄肆酗酒,凌人夺物,日有所闻,更为痛心疾首!抵申即大病月余,河鱼为患,不死者几希。本于九月二十日举生一子,命名申格,病即由是日渐瘳。回思京中,痛遭拳匪奇祸,家室破毁,父母兄弟于万险中幸得生存,亦梦想不及事也。……予等旅寓沪上,现只余洋数百元,月得束脩数十元,每月用费须在二十元以上(病时一月中用四十余元)。倘后不增他项进款,明春定须作归计;两袖清风,金尽裘敝,未免抱季子之羞;但亲眷等相离日久,思念时萦,人恋故土,亦情之常也。"⑤

---

① 《英敛之先生日记遗稿》,第155页。
② 《英敛之先生日记遗稿》,第158页。
③ 《英敛之先生日记遗稿》,第159—160页。
④ 《英敛之先生日记遗稿》,第160页。
⑤ 《英敛之先生日记遗稿》,第186—187页。

1901年(光绪二十七年)

1月

26日(阴历十二月初七日)　英敛之"发天津李镜宇柴先生一函"①。

4月

24日(阴历三月初六日)　英敛之携妻爱新觉罗·淑仲及年幼儿子申格(即千里)乘坐的"武昌"号海轮从上海航行三天后,中午停靠"大沽口外。水浅,换舢板,三点半至塘沽火车。"无车至天津,只好在塘沽泰安客栈暂住一宿②。

25日(阴历三月初七日)　英敛之一家在塘沽火车站搭乘一辆运货车往天津。"路中雨大,甚冷。十一点半至老龙头。沿路被燹情形犹如旧,尚无人修理。下车乱甚,住春元栈。"③

26日(阴历三月初八日)　英敛之"早,先至柴(天宠)处,送其挂衣架、火腿、香酒各一"。而后,携妻淑仲至法领事府,访问法国驻天津领事府翻译李敬宇④,"送烟卷一匣、洋胰、香水、手巾、小镜各二,挂衣架、酒各一事。李先生为备小儿包金镯一副、延年益寿钱一枚,留内饭,自至堂。"午后,应柴氏约,与李一道至柴家吃晚饭。当晚,与李敬宇在同逸栈长谈至凌晨三点。李敬宇说:"柴先生等愿设报馆,约予主持其事。集股本逾万元,甘为赔垫云云。"英敛之当即"灯下作信,致时若⑤、致尧⑥各一函,询以开报馆事。"⑦

30日(阴历三月十二日)　英敛之"灯下书致何、胡⑧二公函,询设报事,次日发"⑨。

---

① 《英敛之先生日记遗稿》,第197页。
② 《英敛之先生日记遗稿》,第240页。
③ 《英敛之先生日记遗稿》,第240—241页。
④ 李敬宇,天主教徒,天津法国领事馆高级翻译,后加入法国籍。《大公报》馆集资时,他入三股。英敛之日记中有时作"李晴宇""李晴雨""李镜宇"等。
⑤ 夏时若,英敛之弟英实夫夫人夏怀清之兄,天主教徒。
⑥ 朱志尧,名开甲,天主教徒马相伯的外甥,本人亦为天主教徒,曾服务于法国东方银行,后又投资创办上海求新机器厂,为英敛之在上海的好友,后成为《大公报》的股东。
⑦ 《英敛之先生日记遗稿》,第241—242页。
⑧ 何即何启,字迪之,号沃生,曾留学英国,回国后,在香港任律师、医生和立法局议员。胡即胡礼垣,字翼南,广东三水人。随父亲到香港,后进王韬任主编的《循环日报》馆,担任翻译。两人曾著《新政议论》《新政始基》,为英敛之所敬仰者。
⑨ 《英敛之先生日记遗稿》,第243页。

5月

2日(阴历三月十四日)　英敛之从天津回北京家中。

11日(阴历三月二十三日)　英敛之"早晏起,写报馆章程十二条讫"①。

上旬　英敛之在听取了诸位朋友意见后,应允柴天宠的邀请,主持创设报馆事务。并遵照柴嘱,开始考虑起草报馆章程。

24日(阴历四月初七日)　英日记:"昨晡,与狄先生②询印字机事。据云,北堂③之架在比国价洋三千弗朗云。"④

27日(阴历四月初十日)　英敛之"早起,小食,同三弟乘家车赴天津……(下午)一点至。先至天五德,晤逸帆,同出饭,自至李处,还银。堂中与柴先生等话,晚住天五德"⑤。

29日(阴历四月十二日)　英敛之"写致何沃生、胡翼南函,发局,为报馆事"⑥。

31日(阴历四月十四日)　英敛之会晤柴天宠。柴告之曰:办报"股本大局可定"⑦,大约共集资16 800元⑧。其中最大股东为柴天宠和王郅隆。

6月

6日(阴历四月二十日)　英敛之"至法署,示李晴宇先生章程。伊云,现无多钱,若入两三股尚可。且云:此为极好事。话有时,进堂,同柴先生话,伊甚喜,云:此事可十分成"⑨。

8日(阴历四月二十二日)　英敛之"早,作函覆李问渔⑩,告以设报详细情形,并附去章程,略书数语"⑪。

---

① 《英敛之先生日记遗稿》,第247页。
② 狄先生,法国修士。
③ 北京西安门西什库天主堂,规模大,附设印刷厂。
④ 《英敛之先生日记遗稿》,第254页。
⑤ 《英敛之先生日记遗稿》,第255页。
⑥ 《英敛之先生日记遗稿》,第256页。
⑦ 《英敛之先生日记遗稿》,第256页。
⑧ 据英敛之日记记载统计。英日记中是将股数与价格混同记录,并未提及每股的价格是多少。根据严复有意入10股,后交1 000元,可推断每股股价100元。
⑨ 《英敛之先生日记遗稿》,第258页。
⑩ 李问渔,名杕,天主教司铎,曾主持《益闻录》《汇报》等,著有《理窟》《续理窟》《哲学提纲》《天演论驳议》等。
⑪ 《英敛之先生日记遗稿》,第259页。

15日(阴历四月二十九日)　英敛之从刘铎①处得知:"闻主教等议,令予至北堂办理要紧文件,薪水从丰云云,予谓此间报馆事已有头绪,中辍颇为可惜。"②

20日(阴历五月初五日)　英敛之"晤刘铎,话驳稿,并将择章程略说。刘铎云,此事(指办报事)甚佳,我等亦望其成,堂中亦可出股云"③。

21日(阴历五月初六日)　英敛之"钞稿千数百字,携至堂交刘铎,略商报事。刘公告可速回京,商之主教定夺"④。

24日(阴历五月初九日)　英敛之"近八点,同张松圃见主教及刘铎,商订事似有成,仍定晚细商。……晚,见刘铎及樊公,说(报馆)章程,主教允出十股。并允派赫铎助译事。刘公告购机器、建房屋须慢商"⑤。

26日(阴历五月十一日)　英敛之为报馆事自津赴京,抵家,接"香港何、胡二公发来一函,言于上海延主笔更便,谬奖多端"⑥。

29日(阴历五月十四日)　英敛之"饭后东院看三叔,闻李九珍来,与之商定去津办理报馆印字事,伊允之。云:尚有京东王某,亦颇精此事"⑦。

7月

8日(阴历五月二十三日)　英敛之在北京家中写章程。"近晡出……至北堂,晤刘铎,语报事。……是日,张五、杨六愿各认两股。"⑧

9日(阴历五月二十四日)　英敛之"写(报馆)章程数张"⑨。

11日(阴历五月二十六日)　英敛之在北京家中接待由津来京的柴天宠。柴告知英,"现又续招股份,此事万毋懈志云云。近九钟,(英)送其(柴)去北堂",约好,"明日早车同刘铎赴津"⑩。

---

① 刘铎,即刘姓司铎,名不详。
② 《英敛之先生日记遗稿》第262页。
③ 《英敛之先生日记遗稿》,第263—264页。
④ 《英敛之先生日记遗稿》,第264页。
⑤ 《英敛之先生日记遗稿》,第265页。
⑥ 《英敛之先生日记遗稿》,第266页。
⑦ 《英敛之先生日记遗稿》,第268页。
⑧ 《英敛之先生日记遗稿》,第272页。
⑨ 《英敛之先生日记遗稿》,第272页。
⑩ 《英敛之先生日记遗稿》,第274页。

8月

4日(阴历六月二十日) 法国公使表示愿意入股办报,但提出希望把报馆设在北京。英敛之为报馆地址事进京协调。"进堂望弥撒讫。遇樊主教,云……法钦使亦愿入报馆股,但愿开于京中。予思有法钦使,规模固可扩大,消息亦觉灵通,但天津诸友必以为不便,设于京中,恐多不愿于入股者,俟后商之可耳。"①

9日(阴历六月二十五日) 英敛之在京"见樊主教。据云:报馆在津在京,俟后再议。先于汪公处,得柴先生信一函,云:设馆无论京津,津友皆愿,但求毋拒我等入股本为幸云云"②。

20日(阴历七月初七日) 英敛之在京"晤刘铎,告以报馆购机当于上海,不能俟西洋,一年之久始至。见林主教,又见樊主教,云:当速办,现已令梅绘房样。始知欲设堂中,恐大不便。然未遽驳,俟商之津友","寄柴先生一函,告以馆设堂中,众人愿否,定夺"③。

21日(阴历七月初八日) 来访者甚多,英敛之"镇日酬应如麻"④。

25日(阴历七月十二日) 英敛之"发朱致尧一函,告其(印)书⑤数,并述报馆情形。……马蔼堂来,说史仙舫译局欲并于报馆"⑥。

27日(阴历七月十四日) 英敛之收到李敬宇、柴天宠信函,皆云:"(报馆)不可设堂中,以诸多碍难,不能畅行故。"英"复见主教,蒙示:以现与钦使商妥,立于津上为便。予即云:此事已定,愈速愈妙,现即备去申购办机器等事"⑦。

9月

3日(阴历七月二十一日) 英敛之"接柴先生一函,定集款南下事。饭后进堂,先见刘铎,次见主教,白所以,即为写字一片,为告罗铎收款事,云:起房及派司铎充译事可缓商,今先购机器为要"⑧。

---

① 《英敛之先生日记遗稿》,第285—286页。
② 《英敛之先生日记遗稿》,第288页。
③ 《英敛之先生日记遗稿》,第293页。
④ 《英敛之先生日记遗稿》,第295页。
⑤ 英敛之在上海办理香港何沃生、胡翼南合著的《新政真诠》的印制。
⑥ 《英敛之先生日记遗稿》,第296—297页。
⑦ 《英敛之先生日记遗稿》,第298页。
⑧ 《英敛之先生日记遗稿》,第303页。

5日(阴历七月二十三日) 英日记:"早……杨剑峰来,略商报馆事。即以字招荫斋,并寻之其家,不值。……(午)饭后……(剑锋)同荫斋至家,同阅书信等,剑锋代抄章程二张。"①

6日(阴历七月二十四日) 英敛之"至手帕胡同龚仁甫处,坐谈良久。仁甫云:日后得闲为介识黄慎之、蒋梅生(棻)等,为商量报事。……进城,北至护国寺成端甫处,晤继仲泉孝廉,谈有时。将报章程留下,托其后有友等著作,可寄至馆登报"。回家路上,"遇张十同,至家,坐话,伊愿设分馆事"②。

9日(阴历七月二十七日) 英敛之午后一点回到天津。晚饭后至堂。柴天宠通报集股情况:"言此次股友不意十分踊跃如此,现已收逾万元之数,尚有许多欲入者。保安处连觅数次,至其家,伊母云:亦愿入股。"③

10日(阴历七月二十八日) 英敛之"早,至堂,归,令剑峰写股票执照。午后,……至狮子胡同东华译局,晤史仙舫,见诸事尚无头绪,铅字来三千磅,机架未到,亦未谈及合伙及交予承办之事。……灯下,剑峰写股单"④。

11日(阴历七月二十九日) 英敛之早起,"至堂晤柴,示其执照单。……至保安处,向其母订出股事。镜宇送单子回。……晚,电报局陆玉庭来,上海人云:虹口有机架一分,欲出售"⑤。

12日(阴历七月三十日) 英敛之"早至镜宇处,谈签洋字于股单事"。午后,"柴先生来告,现又入股千元。……晚,至堂,与柴(商)订(至申)船票事,拟一二日赴申。至保安处,股定五分。……早,作信,一致香港胡翼南先生,问律书及主笔翻译事;一致刘铎,告以情形及催起房事"⑥。

14日(阴历八月初二日) 英敛之早起,"至堂,印股票单;午至寿峰处,交股单"⑦。

18日(阴历八月初六日) 英敛之携款从塘沽乘海晏轮出发,于21日(阴历八月初九日)上午至上海,购置机器设备,并物色聘请主笔。

---

① 《英敛之先生日记遗稿》,第304页。
② 《英敛之先生日记遗稿》,第305页。
③ 《英敛之先生日记遗稿》,第308页。
④ 《英敛之先生日记遗稿》,第308页。
⑤ 《英敛之先生日记遗稿》,第309页。
⑥ 《英敛之先生日记遗稿》,第309—310页。
⑦ 《英敛之先生日记遗稿》,第310页。

22日（阴历八月初十日） 英敛之"至堂先晤黄铎，望降福①后见李铎②，谈开报事，甚喜，愿指引一切"③。

23日（阴历八月十一日） 英敛之"同（法国银行的）朱致尧④至《中外日报》馆访汪穰卿⑤，未值。与留一字，约明日午过其处"⑥。

24日（阴历八月十二日） 英敛之与朱志尧、邱子昂（朱引荐者）赴张园西汪穰卿处。"伊现病，让内坐。谈及沈北山鹏实有心疾，不可相邀，乃荐蒋公堪为主笔，少时辞出。途中朱辞去。同邱再至吴记，始晤吴姓者，细询机架各事，复详览一周。邀吴同出，至美华书馆，细阅铸版铸字各事，楼凡四五处，或印或钉及排字等事。出，至商务书局，细视良久；再至申报馆一看，知现消九千张，三机由九点印起至十二点即完。"⑦

25日（阴历八月十三日） 英敛之自上海致函柴天宠，详报在沪活动情况，"并嘱招股愈多愈妙"⑧。

26日（阴历八月十四日） 英敛之"午饭后至法银行，致尧代誊邱子昂所开机器、铅字、纸、墨细单"⑨。

10月

4日（阴历八月二十二日） 英敛之"至培德斋，旋遇致尧，订明日看机架。至首善堂⑩，晤雷先生⑪，进城至著易堂涂子巢处，着其将字模等开一价单，伊赠经莲珊著《居易集》两本、《集成报》一本。归，阅莲珊稿件，觉此老颇诚实和平，惟微有迂腐之气。饭后出，车至吴云记，问重印《新政真诠》事，并订明日看印架。"⑫

5日（阴历八月二十三日） 英敛之"九点，至培德斋，至银行，志尧在，着人去寻邱子昂。移时始至。偕邱乘其东洋车至吴云记。三人同去图书集成局看

---

① "降福"指"圣体降福"，为天主教仪式。黄铎即黄伯禄，著名华籍耶稣会士。
② 李铎，即李问渔司铎。
③ 《英敛之先生日记遗稿》，第315页。
④ 应即朱志尧。
⑤ 汪穰卿，即汪康年（1860—1911），穰卿是他的字，清末维新派，著名报人。
⑥ 《英敛之先生日记遗稿》，第315页。
⑦ 《英敛之先生日记遗稿》，第316—317页。
⑧ 《英敛之先生日记遗稿》，第317页。
⑨ 《英敛之先生日记遗稿》，第318页。
⑩ 首善堂为天主教遣使会办事处。
⑪ 雷先生，乃修士Remy，英上次至沪谋生时结识。
⑫ 《英敛之先生日记遗稿》，第323—324页。

印架,废久不用,颇不洁"。当日晚六点,汪穰卿在四马路万年春设宴,介绍蒋智由与英敛之认识。同席者有杭辛斋、廉惠卿,"系原在京设报馆,来(沪)办机器。汪立元建斋,穰卿族弟;梁幼海,陕籍,生京中。蒋智由心斋,即汪荐予主笔者;史子岩、致尧及予。穰推予首座,予未肯。饭时极久,旋陆续去。穰及建斋与蒋向予力陈入洋股之弊"①。

7日(阴历八月二十五日) 英敛之是日早起。"寻永胜栈,晤杭惺(辛)斋,旋售印架之李涌昌至"。李开价,每架八百五十元。"至法银行,与致尧少话,归。""夜嗽甚,是日,蒋心斋(智由)来答拜,留字柬一。"②

8日(阴历八月二十六日) 英敛之于上午"近九点,至法银行候良久,邱未至,遂邀雷先生乘马车至吴云记,机器未运至。又约吴同至二马路李涌昌,看其本做一架,不为甚佳。别吴,同雷至德文报馆,又至法文报馆,看其小印架,灵巧甚。时已午,别雷,令车去,归,饭后少憩。……晚……乘车至登贤里,晤蒋心斋,订后日约,询其愿否北上。答云,恐难得昌言之权,故不愿去。予乃告以论说准各具名,不相混淆,俟后再议"③。

9日(阴历八月二十七日) 英敛之早起,"发天津一信,并机图。近十点,至荣华洋行,晤俞仲棠,同见德人翁德林,示出各印架图。云:'电致德厂,明春开河可至抵津。年前万不能到,本行但用五分办费。物坚美,可保二十年不用修理。其价则随自定,出千元则照千元承做,千五百元则照千五百元做等。'予携图二本告以与友商订回复"④。

11日(阴历八月二十九日) 英敛之"作信致(香港)何、胡二公,询主笔并何以久不回信,且告重印《新政真诠》事"⑤。

13日(阴历九月初二日) 英敛之"是日得致尧函云:汪穰卿毛遂自荐,愿去本馆。明日可将合同示予。予得信甚为诧异,意其别有隐衷。日前力阻予万不可入洋股,谓其定受压制,今反愿就,何也?然予以为苟有益于报事,不妨曲从之。因其交游博,声誉隆,况消息灵通,复销售宽广,虽月出百金以上,犹为得也,岂不较碌碌凡庸远过十倍哉?"⑥

---

① 《英敛之先生日记遗稿》,第324—325页。
② 《英敛之先生日记遗稿》,第327—328页。
③ 《英敛之先生日记遗稿》,第328页。
④ 《英敛之先生日记遗稿》,第329页。
⑤ 《英敛之先生日记遗稿》,第330页。
⑥ 《英敛之先生日记遗稿》,第333页。

14日（阴历九月初三日） 英敛之于九点后，接待陈雪樵引荐的叶一舟，此人"系前去天津排洋者。候至十一点，王德兴不至，遂（与叶）同乘车至商务印书局看其印架。王德兴续至，夏瑞芳约同出，乃至雅叙园饭，订定铅字，先令其作四号、五号两种。四号价二角八分一磅，五号三角。复同至四川路洋印字馆，前曾欲出卖，今不知如何。看有时，出，别至法银行，与致尧谈穰卿事"①。

15日（阴历九月初四日） 英敛之午后"至《中外日报》馆（访汪穰卿），汪外出，遂归。……（晚）再至穰卿处，晤，云：合同起稿尚未誊出，明日送过"②。

16日（阴历九月初五日） 午后，英敛之收到汪穰卿寄来的所订合同。"见其所欲独揽大权，薪水但索五十元，俟致尧归，与之商改。六点赴万年春约，少坐，周崇华、陆悦理、时兄等六七人。饭时，时兄与陆商去津事。伊现在英工部局，非加薪水、定年限不肯北上。饭后别，同时兄西行，王处未遇。归……卧不成寐，挑灯作复穰卿信，并酌改合同。但其与设报宗旨不背，一切小节，予颇可曲从，因开创需人，伊又为老手故也。"③

17日（阴历九月六日） 英敛之"至首善堂，同雷先生看外国印字馆，但现不知其出售否？雷谓其机字等颇佳。归，饭后至菊如处，少时，车至商务印书局，写定铸二三四五号字各一幅，四号价二角八，五号三角，又商定美国机架一分，长三尺一寸，阔四尺六寸，价洋一千三百五十元，候写订合同。……早作信，寄李镜宇，告其情形，并催房，并寄其法文皇朝帝系谱一部，寄柴先生一函，大致相同"④。

20日（阴历九月初九日） 英敛之与朱致尧一道访马相伯，"楼上谈报务"。"据云：（马）甚关切购办诸物，恐予受亏，故前遣陈雪樵、王德兴相助；又云：如无主笔，可致信张公元济，伊交游甚广。"当晚，英收到汪穰卿函，云："合同已商改，明日晤谈。"⑤

22日（阴历九月十一日） 英敛之"早起校字讫，至首善堂，约雷同去商务馆，邀夏同去捷陞，寻其东家至。其印架五分，压机一分，切刀三架，及各式样字，共置价六千九百元。看毕，同至首善堂同商，予意出价五千元，雷意为增五

---

① 《英敛之先生日记遗稿》，第334页。
② 《英敛之先生日记遗稿》，第335页。
③ 《英敛之先生日记遗稿》，第335—336页。
④ 《英敛之先生日记遗稿》，第336—337页。
⑤ 《英敛之先生日记遗稿》，第340页。

百元,请夏写信询伊肯否出售"①。

23日(阴历九月十二日) 英敛之早起,"作信答何、胡二公,告以报务近情,翻译一席,五六十元、七八十元俱可。若中西文并佳,月出百元。……致尧转汪穰卿函来云:'所议不符初约,深恐不易措手,只得敬谢不敏云云'。予见其前日晤商情形,似有成议,意其今故作波澜,以要挟大权独揽也。至法银行,与致尧晤商,去谒马相伯,商之张元济,另荐他人,免致后多不便。"午后,与朱致尧一道"去徐汇见马相伯司铎,告以汪事。马公代写信一函,令朱去虹口见张菊生元济,托其转荐一人"②。

24日(阴历九月十三日) 英敛之早上寄香港一函,"为译政一席,薪水可加至百五十元;又天津一函。近十点,至致尧处,同坐东洋车赴外虹口张菊生处。……(张)谓刻下堪膺主笔之人,实难其选。如不急,俟缓商之朋侪。少时,辞出,车归"。午饭后,"赴汪穰卿处,候良久,伊携童同乘车去"③。

26日(阴历九月十五日) 英敛之收到天津柴先生一函,告之:房尚未动工。英敛之回函曰:"予意如无合式主笔,可姑允穰卿襄办一年,彼时再做打算。"④

27日(阴历九月十六日) 英敛之"早起,拟寄天津,询以行止,告以(聘请主笔的)难处。……进堂望弥撒……晤雷先生,取洋字单,告以情形。……至茶室,雪樵亦在。邹⑤云:愿代荐一主笔詹某。告以先看其笔墨如何,再行定夺"⑥。

28日(阴历九月十七日) 英敛之在沪购置的排字大架,装好,先行运津。赴徐汇,晤邹翰飞,云:昨荐之詹紫葇,已令赴予寓。晚上,应汪穰卿约,英敛之赴汪穰卿住处,最终"以索薪水太昂,故不能延至"⑦。

30日(阴历九月十九日) 英敛之"至法银行,与致尧商寻汪穰卿,再商去津事。后朱以为晚间约伊饭为便。遂至印书馆,回路至《中外日报》馆,留字与穰卿。至江南邨订座"。下午六时,英敛之"先至江南邨,旋时兄至。候极久,致

---

① 《英敛之先生日记遗稿》,第341页。
② 《英敛之先生日记遗稿》,第342—343页。
③ 《英敛之先生日记遗稿》,第343—344页。
④ 《英敛之先生日记遗稿》,第345页。
⑤ 邹即邹弢,字翰飞,与教会接近,曾协助李问渔神父主编《汇报》。
⑥ 《英敛之先生日记遗稿》,第346页。
⑦ 《英敛之先生日记遗稿》,第347页。

尧(陪)穰卿至。饭后近九点,别。穰述现不能去情形,及新闻代访之不易"①。

11月

2日(阴历九月二十二日)　英敛之"得朱致尧转来马公柬,云:得张菊生函云,报出自旗人,尤难。自当尽力襄助,主笔任重,未敢轻举,好在尚有时可商,当加意为之访询云云"②。

5日(阴历九月二十五日)　英日记:"七点后,至首善堂,雷交税单至印书馆,车载机器妥。予先车首善堂,船尚未旁岸。……午后……同至舟安置各物。"③

6日(阴历九月二十六日)　英敛之从沪登船经烟台回津。"七点后,始起碇,行极缓。舟中无事,阅《天演论》。"④

10日(阴历九月三十日)　船凌晨二点至塘沽,英敛之"天明始得入栈,名联和。……愿就晚车回津,栈人不放行,必须将物同去。车费极贵,行囊无多钱,又不知堂中运物另有妙法否,闷闷。且天气将寒,冰河在迩。予至京仍须折回上海,不胜焦急。作致时兄信未能发。日西,乘小艇至西沽,一视颇荒陋。晚,托天五德复寄柴一信"⑤。

11日(阴历十月初一日)　英敛之"夜眠安稳,至三钟后不复成寐。天明起,早车无人来(接)。饭后阅《茶花女》良久,凄恻动人。嗟乎,情之累人也,乃至此乎?予平生未尝一遇有情者如此"。"午后两点,齐某来接,为之一快。近四点上三等火车,凉甚。六点至津,寓天五德。过柴先生门,问其未回。"⑥

12日(阴历十月初二日)　英敛之至堂,与柴天宠会晤,柴告之,"馆房今年断不能成,可借西边新建,俟后再移回"。英日记:"予以为断不妥,徒多劳扰,自可俟明年再办矣。"⑦塘沽各物运至,英向柴取回船费六元五角,当日下午,乘车回北京家里。

14日(阴历十月初四日)　英敛之"饭后乘车至北堂,一路泥泞甚,见汪公,

---

① 《英敛之先生日记遗稿》,第348—349页。
② 《英敛之先生日记遗稿》,第351页。
③ 《英敛之先生日记遗稿》,第353—354页。
④ 《英敛之先生日记遗稿》,第354页。
⑤ 《英敛之先生日记遗稿》,第356页。
⑥ 《英敛之先生日记遗稿》,第356—357页。
⑦ 《英敛之先生日记遗稿》,第357页。

云:已寄去上海一信。见主教,告以须由法国购办各式字粒,云可向梅先生商办。见梅,托其购全分大小各字小印机一架,切刀一架,约在四千元之谱。又与汪处话少时,出,至毓古斋,见达夫①,话,言采访可有一人,然不能定准……再至龚处,见,谈有时,托其代延主笔,伊允代询蒋梅生。予乃约即刻同往蒋处,乘车至二龙坑梯子胡同。至,见,谈良久。云:本身现在学堂,可商郭琴石家声,笔路甚好,见识亦超,即前在《时务报》法(文)翻译郭家骥之弟。良久辞出"②。

15日(阴历十月初五日) 英敛之在京"作函致天津,商同李九珍去申事"。午,英敛之接待蒋梅生来访,谈极久。蒋云:"此去即访郭琴石,商量此事。赠其《新政》书两部,赠郭一部。……雇车至继仲泉处,谈有时,询伊有否可胜主笔任者,亦以郭琴石为举,并托其访官场新闻之人。……八点归,闻李九珍、龚仁甫俱来,候极久,龚留柬云:本日为询邓(稼生)柴(寅生)二人,曾在《国闻报》馆执事,约明早半日同访之。"③

16日(阴历十月初六日) 英敛之"早起,候李九珍来,询以能否同予去上海。伊转举京东王某,云,即寄信招其来随予去,然须候四五日"。"(晚)自出西安门,雇车至龚(仁甫)处,晤谈,言昨见邓稼生、柴寅生,愿来本馆。予以本日有蒋约,定初八九两日于同和堂早十点会面。"④

18日(阴历十月初八日) 英敛之"至晋宝斋,坐有时,与达夫商采访事。后至蒋梅生处。伊出赠七律一章,录后备忘:'知交零落几经年,得识荆州信素缘。海内贤豪推领袖,樽前楮墨走云烟。热肠似我还忧国,宰肉何人欲问天。记取江河旧风景,五陵佳气尚依然。'与梅生亦订明日约……归,饭后,灯下和蒋诗二律,颇俗浅,录下:'风尘牛马一年年,梗泛蓬飘任结缘;浊酒那堪浇垒块,新诗聊尔讬云烟;民愚深痛难为国,人定何忧不胜天?为诵青莲良友句,与君并合岂徒然?徒向中年悔少年,贤豪梦想恨无缘;半生壮志随流水,一片痴情绕暮烟;每笑炊沙难作饭,剧怜坐井妄谈天;兴亡亦有匹夫责,吾党生期不偶然。'"⑤

19日(阴历十月初九日) 英敛之得知,从德国订购的印机已到塘沽,扣留

---

① 达夫,即陆达夫,乃北京老教友。毓古斋由其主持。
② 《英敛之先生日记遗稿》,第359页。
③ 《英敛之先生日记遗稿》,第360页。
④ 《英敛之先生日记遗稿》,第361页。
⑤ 《英敛之先生日记遗稿》,第362—364页。

上税,将所有文件寄往天津,以办理上税手续①。

20日(阴历十月初十日)　英敛之饭前接谈苑子华之弟,其"持予寄达夫函,云去访济乐农为报务事。晡归,言济愿见予。遂令备车同出地安门,至铁狮子胡同,晤,略将立报情形宗旨告之。少坐归。……灯下至李九珍处,云:王尚未至,可再俟一日。予告其如王不至,可同伊去申。伊亦首善。出,至毓古,与达夫少话。至延古,与张十、张八等话良久,有前在总理衙门之法翻译名双福者,法文甚好,愿就报馆之事"②。

22日(阴历十月十二日)　英敛之早起,携王景宽乘车于"午后一刻至津。先至堂中,次至天五德同王及逸山饭。饭后寻(张)寿峰,不值。遇于途,同至天五德,话馆事。伊云:此事若无怠志,主笔一席不可惜小费,总以才识出众为盼。询柴数次,未遇。……晚甚倦,未食即卧。日西至镜宇处,言出名担任事,伊不胜"③。

23日(阴历十月十三日)　英敛之"早,至堂,晤柴及张(寿峰),话起房事,最速亦须明年三月中竣工。自至仁记问船,是日无出口者。……向柴先生借洋十五元,三弟是日回京取去七元,原拟同予去上海,今忽不愿去,不知心怀何故,予则大为不快,恨其毫无大志,满腔俗见。……午前同王景宽至锅店街饭。饭讫,至东华译书局,询史仙舫及子岩,俱未在。至《日日新闻》社,晤方雅雨,话少时,看其印书机器"④。

28日(阴历十月十八日)　早,英敛之所乘之船至成山。"舟行极缓。同舟有放云南正主考冯伯岩思崐,年三十许,貌微丰,性和平。云:现去上海愿觅枝栖,与之话设报馆事,伊意愿承其乏,惟觉其于时务西学不通。又有安徽秀才王苕轩鸿庆,学甚平,示出其诗稿,无甚佳句。又有翰林刘正卿启端,颇带习气,似非通品,故未与语。将所携《新政》一部赠伯岩。"⑤

30日(阴历十月二十日)　中午十二点,英敛之所乘之船抵黄浦滩。下船后,随即"至印书馆,再至首善堂。晤雷云:前日捷陛印字机器等件,现又肯出售,惟须少加价耳。……汪穰卿转荐主笔函,时兄转津,未能见"。晚,下榻永

---

① 《英敛之先生日记遗稿》,第364页。
② 《英敛之先生日记遗稿》,第365—366页。
③ 《英敛之先生日记遗稿》,第367页。
④ 《英敛之先生日记遗稿》,第367—368页。
⑤ 《英敛之先生日记遗稿》,第370页。

丰客栈。处理信函至次日凌晨三点才睡。"北归二十余日,外来函件一束,厚寸许。内有香港何、胡函,北海周心泉函……汪穰卿转荐主笔函……"①

12月

2日(阴历十月二十二日) 英敛之"八点后,同(王)景宽至首善堂,约雷同去看捷陞机器等。雷不暇,遂同至印书馆看铸字等,良久出。小食,至吴云记,《真诠》现排将毕,尚未开印,遂将稿多篇交予校阅"。下午"至土山湾,见马相伯前辈,话良久,同至印书馆看机器等极久"②。当晚覆香港胡翼南函。

6日(阴历十月二十六日) 英敛之"早,同王(景宽)至首善堂,晤雷,约看捷陞机架等。昨遇该东,现肯贬价出售,如购妥,则电至梅公不复由巴黎购矣。雷订明日去。……至江南邨订座,归……(下午)六点,同王换衣,至江南邨……七点,时兄至,穰卿偕方守六同至,饭时略谈报事,令方自写一合同权限,近九点别"③。

7日(阴历十月二十七日) 英敛之"之金粟斋,晤方守六。谈少时。伊告数日后订一合同相商,并托代购《新政真诠》十部"④。

8日(阴历十月二十八日) 英敛之"早……同张其芳至首善堂寻雷先生,少时,王景宽亦至,四人同至捷陞印字馆。……予现因已购自巴黎,却退不易,故只给五千元,较前跌五百元,伊等不肯,良久让至五千四百元,予以情难却,增价二百元,伊犹作不肯状,遂辞出"⑤。

11日(阴历十一月初一日) 英敛之"早发天津一函,略校书。同王至首善堂,候雷有时。同出至法文报馆一视,同四川路商机架等事,五千二百元。伊现肯出售,惟须一切活计做毕,于外国年终交物,且有遗失,与伊无关。予甚不愿。雷意则谓不购定,似难为情,罗唆久久,始终未决。别出。同王雅叙园饭讫,至印书馆,告其刻坏不要如此之多。少时归,令王告雷,捷陞字现不要,因诸多不便故也。归,得香港胡翼南函,主笔实难其选"⑥。

13日(阴历十一月初三日) 英日记:早起,"雷因未购捷陞店各物甚不

---

① 《英敛之先生日记遗稿》,第371页。
② 《英敛之先生日记遗稿》,第372、373页。
③ 《英敛之先生日记遗稿》,第375—376页。
④ 《英敛之先生日记遗稿》,第376页。
⑤ 《英敛之先生日记遗稿》,第377页。
⑥ 《英敛之先生日记遗稿》,第379页。

悦,言以后各事俱不与闻。出,至堂,少坐;培德斋,少坐"。"是晨,接邓嘉生农部信,言现代荐一主笔,群空西北,美尽东南。惟未言谁何耳。"①

15日(阴历十一月初五日) 英敛之"同陈雪蕉、景宽及某至《中外日报》馆旁华洋印书局看其铅字印架,字数少,架亦拙"②。

16日(阴历十一月初六日) 英敛之"同王景宽出,至《中外日报》,汪未在,路中饭,讫,同至印书馆,令将刻坯提出一百七十余磅。张菊生至,与之话,示其各信,伊云:现仍未觅有堪膺主笔之任者。别后,至大马路,遣王归,自至金粟(斋)晤方漱六,谈购纸事,少时别出。伊赠《仁学》一本,前代购《新政》书十部,作为赠送伊者"③。

18日(阴历十一月初八日) 英敛之起早,"头有晕意……饭后同景宽至印书馆订铸花边。晚饭后,同时兄……商买铸模四号一副,定主日一点后美华茶楼见。灯下阅书良久"④。

20日(阴历十一月初十日) 英敛之接"香港胡翼南一函,论印书事,并云:代物色一英文翻译,月薪水百元,俟得其人,即相告云。……至中井洋行,看外国纸,共六种,携样及价目出"⑤。

21日(阴历十一月十一日) 英敛之"寻茂生洋行,良久得之,问新闻所用纸价,据云:该馆系以金磅订定,或涨或跌无一定,每十连约银一两一二钱"⑥。

22日(阴历十一月十二日) 英敛之"同(吴某)至泰安里魏处看铸字,四号模惟少,有残缺,每字原索价每个洋六分,解说良久,后让至五分,订明日来检核,良久同出,复看一处自滚墨小架,尚未做成"⑦。

23日(阴历十一月十三日) 英敛之"早起……同景宽出,赴泰安里校对铸模,购桑皮纸及粗木箱。行至其处,候少时,模约六千八百余,内锈滥不堪者十分之一,逐一检出。……至吴云记,询补铸模事……回至魏处,复查检有时"⑧。

24日(阴历十一月十四日) 英敛之"至泰安里魏处,景宽将模检完,堪用者六千二百余。同出,至印书馆,遇周仲华言,有一处存有四、五号字及模,愿

---

① 《英敛之先生日记遗稿》,第380—381页。
② 《英敛之先生日记遗稿》,第382页。
③ 《英敛之先生日记遗稿》,第382—383页。
④ 《英敛之先生日记遗稿》,第384页。
⑤ 《英敛之先生日记遗稿》,第384—385页。
⑥ 《英敛之先生日记遗稿》,第386页。
⑦ 《英敛之先生日记遗稿》,第387页。
⑧ 《英敛之先生日记遗稿》,第387—388页。

出卖,订晚升平楼晤商。出,至二益号,橡皮图章尚未做成"①。

26日(阴历十一月十六日) 英敛之"至泰安里,少时,王(景宽)至,将字模收起,给其价三百五十元,不肯,复增十元。归,得周仲华一函。晡,携德贞同王出四马路,令王致信于招商总局。周仲华有时回复一函云,机架字模,改日再看"②。

28日(阴历十一月十八日) 英敛之早起,"雷先生来云:法文报馆大印机一架,原以五千佛朗购者,今愿出卖一千六百元,并有三匹马力汽炉一,售四百二十元,即托代为购定"③。

1902年(光绪二十八年)

1月

2日(阴历十一月二十三日) 晡,英敛之"过汪穰卿馆,谈方(守六)事,告以权不能独操,薪水许月出五十两"④。

9日(阴历十一月三十日) 英敛之"午后,由银行至《中外日报》馆,晤穰卿,谈方事,予告以现可姑定五十金,俟后报务畅兴,定为多加酬赠。伊许明日代商之"⑤。

13日(阴历腊月初四日) 英敛之"饭后检查字模两包,颇倦"⑥。

15日(阴历腊月初六日) 英敛之"至徐汇,晤马公相伯,交以瓜尔佳⑦函,并请阅代拟章程;谓有数条甚好,有数条不解所谓"⑧。

17日(阴历腊月初八日) 英敛之"接汪穰卿函,云与方守六订合同事。午后检字有时,甚倦"⑨。

21日(阴历腊月十二日) 英敛之"接香港何、胡一函,告以英文报以'Weekly Times'为佳,乃泰晤士每七日将要件汇为一帙者;香港西报则以'Daily Press'为尚。翻译一席,则仍未得其人"⑩。

---

① 《英敛之先生日记遗稿》,第389页。
② 《英敛之先生日记遗稿》,第391页。
③ 《英敛之先生日记遗稿》,第393页。
④ 《英敛之先生日记遗稿》,第397页。
⑤ 《英敛之先生日记遗稿》,第402页。
⑥ 《英敛之先生日记遗稿》,第405页。
⑦ 瓜尔佳,即金梁,字锡候,乃马相伯介绍与英敛之相识。因同为旗人,志趣相投,成为至交。
⑧ 《英敛之先生日记遗稿》,第406页。
⑨ 《英敛之先生日记遗稿》,第408页。
⑩ 《英敛之先生日记遗稿》,第411页。

2月

1日（阴历腊月二十三日） 英敛之"饭后作信至印书馆，令其补铸所缺之字，二号字过多，退三分之一"①。

2日（阴历腊月二十四日） 午后。英敛之接到印书馆包姓来言："凡其所有字模，俱代铸，数近九千。午后阴，甚冷，颇觉不爽。"②

13日（阴历正月初六日） 英日记："早起晏，小食后至首善堂，晤雷先生。……同至法文报馆，看予等所购大印架，较印新闻报小约三寸。并看汽炉，馆主云：数日后试用一次。令予等来观。"午后二点钟后，英敛之应汪穰卿邀，赴徐园出席上海报界部分人参与的新年茶会。四五十人出席，数人演说。"三游戏报某演说数语，四推予演说，乃至厅中陈说三条：一去畛域，二破拘墟，三求自强，并引顾亭林'天下兴亡匹夫有责'之语"。"茶别归，卧不成寐。"③

15日（阴历正月初八日） 英敛之从新年起，订《新闻报》《中外日报》《苏报》。

18日（阴历正月十一日） 英敛之"午饭后，车至印书馆，取其小木箱两个，为盛铜模用，仍车归。复出，寻木匠，令其将铸字炉装好，索价三元"④。

19日（阴历正月十二日） 英日记："夜微雨，早止。木匠来舁铸字炉去，钉箱"。"竟日阴，颇闷闷。晚至首善堂晤雷先生，伊述陈雪蕉来英字函云：《大公报》馆向商务印书馆购办各物约价四五千，向例中人应酬用费十分之一，予今但索一百五十元足矣，现合家患病，需钱甚急云云。予闻之颇为讶笑，人之昏愚有如此者！并告雷，此事与伊等毫无干涉，此后无论何人，断不能由此处支领一文云。"⑤（按：陈雪蕉为汪穰卿介绍协助英敛之在沪办事者）

25日（阴历正月十八日） 午饭后，英敛之"至商务印书馆看铅字等，过磅数，二号竟至五千六百余磅之多。前愿退一半，伊等以实难检出"⑥。

3月

10日（阴历二月初一日） 英敛之"九点后，至首善堂，支洋三千元，至法银

---

① 《英敛之先生日记遗稿》，第418页。
② 《英敛之先生日记遗稿》，第419页。
③ 《英敛之先生日记遗稿》，第426—428页。
④ 《英敛之先生日记遗稿》，第431页。
⑤ 《英敛之先生日记遗稿》，第431—432页。
⑥ 《英敛之先生日记遗稿》，第436页。

行换零。车至商务印书馆,还其各价清完,前后共洋四千九百五十元零。至吴云记,《新政》书尚未印完。……再有五日,可装箱"。"至法文馆,知机已发装湖南船,共十五件。"①

27日(阴历二月十八日) 英敛之至商务印书馆,令其开英文提单。商务印书馆所铸各种铅字均已齐备,小印架亦已装妥,惟纸张尚未订定;"函告同人,二月底便回至津门。起身当在五六天后矣。兴念及此,不胜离别之感。然予离家已半年余,惟去秋回省仅住十日,近颇思享天伦之乐。故此归虽有所黯然魂消,亦有所忻然神慰,衡其轻重,尚是乐归之意多,故题以言归二字,以识感云"②。

29日(阴历二月二十日) 英敛之"晚饭后,得守六来函言,浙江连文征字孟青③,学甚好,可延之北去,月需四十洋,即复函允之"④。

4月

3日(阴历二月二十五日) 早,英敛之"至守六处,交其洋百元,预定其薪水,由二月初一日起算"⑤。

4日(阴历二月二十六日) 早,英敛之"时兄处,遇守六,复交其洋百元,支给连梦清三个月薪水一百廿元外,路费三十元"⑥。

8日(阴历三月初一日) 英日记:"八点后起,刘贵来,令将各物运时兄处……守六来,复欲用洋百五十元。同至首善堂支二百元,交其如数。……回时若处,周(仲华)送至船票五张,共交五十五元,找回一元七。王子衡来,同至船,候刘贵送行李至,令其看守,遂回。傍晚,守六将行李至船。王耀东、文沃生至……令其将酒席(送)至伯英处,自寻时若至,同酌甚欢。十点后散去。……船明日始开。"⑦

12日(阴历三月初五日) 英敛之在舟上,遇见由湖北进京的胶州逄福陔。此人"甚粗豪,略谈,蒙赠七律一首,予即和之云:陆沉祸变睹神州,侘傺独怀漆

---

① 《英敛之先生日记遗稿》,第446—447页。
② 《英敛之先生日记遗稿》,第461页。
③ 连孟青亦作连梦青、连梦清,后因沈荩案报道而离开大公报馆。
④ 《英敛之先生日记遗稿》,第463—464页。
⑤ 《英敛之先生日记遗稿》,第470页。
⑥ 《英敛之先生日记遗稿》,第472页。
⑦ 《英敛之先生日记遗稿》,第476—477页。

室忧。莽莽中原潮怒涌,悠悠竖子注轻投。文莫再谈千古事,此错真堪铸九州。杰起豪英祝天降,重将畏赫震全球"①。

22 日(阴历三月十五日) 英敛之"托(李)荫斋求陈敷民②代写《大公报》馆额。晚,甚倦,早卧"③。

25 日(阴历三月十八日) 早,英敛之"至北堂,晤樊主教,略言报事"④。

5 月

3 日(三月二十六日) 英敛之接柴天宠函,"令速去津"。英再次"至北堂……晤樊主教,云法钦使已应保护之事,复商数事出"⑤。

5 日(三月二十八日) 英敛之在北京家中,先接待吴绍贤。吴介绍说,内阁抄事邮递章程,每月十元,先给三元。之后,"复至老德记,候(李)荫斋,遇钟若望,略话,荫至,云陈敷民代书'大公报'馆额,伊已交银四两,乃交其洋六元,亦未云何,即收下"⑥。

7 日(阴历三月三十日) 英敛之在京城大量访客、会客、约谈。据是日日记,英敛之早上九点后,"车至仁舫处,同出宣武",接待预约来访者。"由早十点起至晚六点止,陆续至者为:汪述亭、柴寅生、陈君虞、邓嘉生、济乐农、陈敷民、李荫斋、王书衡、黄艾生、张展云、逢福陔、李六圃、梅撷云、祁君殿、祁孳敏、方希白。"还有张小圃等 13 人没到。"晚散时,已七点钟,共饭,用银十八元。归家甚倦。"⑦

10 日(阴历四月初三日) 英敛之携方守六、刘贵从京至津。"先至胡木厂,知报馆尚不能设榻,遂将行李放此。至报馆一视,院落尚未修净,机架跌伤数处,须修,恐半月后尚不能安置妥当。"⑧

11 日(阴历四月初四日) 英敛之"早至(李)敬宇处,伊尚未起,入内话良久。询法文翻译张杏生,伊答以难来情形。同进堂弥撒后,归木厂。同守六至

---

① 《英敛之先生日记遗稿》,第 479 页。
② 陈敷民,名士鸿,号匋公,清末民初书画名家,字工北碑及汉隶。
③ 《英敛之先生日记遗稿》,第 485 页。
④ 《英敛之先生日记遗稿》,第 487 页。
⑤ 《英敛之先生日记遗稿》,第 494 页。
⑥ 《英敛之先生日记遗稿》,第 496 页。
⑦ 《英敛之先生日记遗稿》,第 497—498 页。
⑧ 《英敛之先生日记遗稿》,第 499 页。

报馆,料理各事。……是日移馆中宿"①。

19日(阴历四月十二日)　英敛之"昨夜作家信,令淑仲二十日来津……午前,开文书局之王寅皆偕杜翰臣来谈,有粤人唐光卿持洋函作毛遂自荐,云英、法语言甚通,近因赴考津关来迟,故欲入本馆。以函交李镜宇,请其询此人如何。镜宇同法人至馆,审视引电摇机之管线,应如何安置。良久去"②。

28日(阴历四月二十一日)　英敛之早起至堂,与罗公说出名事。午后,接待由严复嘱王觉臣所荐英文翻译慕元甫③,"人甚精爽,交其英文报,先试译一段"④。

29日(阴历四月二十二日)　英敛之"饭后阅报,核告白价目,假寐良久。慕元甫将所译英报稿来,文颇通顺。谈有时,去。自至堂,归。守六得(北京)邓嘉生函,言访事之难。是日,详查所购商务印书馆大印架,不知缺何物件,掉转不灵"⑤。

6月

2日(阴历四月二十六日)　早饭后,英敛之被罗公遣人唤至堂,"与柴公话各事良久。晤罗公,告樊主教来函,京中无人可觅代出名者,意愿李(敬宇)代承"⑥。

7日(阴历五月初二日)　英日记:"九点后,守六由京归。……严又陵函来,愿入股。"⑦

9日(阴历五月初四日)　英敛之先接待来访的严又陵,然后"邀李敬宇来谈,良久。沈愚溪来。是日,试印各件"⑧。

13日(阴历五月初八日)　英日记:"原定初十出报,因各项未齐,拟改十二日。"⑨

14日(阴历五月初九日)　英日记:"发请帖,明日报馆悬匾。竟日忙忙。"⑩

---

① 《英敛之先生日记遗稿》,第500页。
② 《英敛之先生日记遗稿》,第504页。
③ 即慕学勋,字玄父,一作元辅、元甫。
④ 《英敛之先生日记遗稿》,第509页。
⑤ 《英敛之先生日记遗稿》,第509页。
⑥ 《英敛之先生日记遗稿》,第511页。
⑦ 《英敛之先生日记遗稿》,第512页。
⑧ 《英敛之先生日记遗稿》,第513页。
⑨ 《英敛之先生日记遗稿》,第514页。
⑩ 《英敛之先生日记遗稿》,第514页。

15 日(阴历五月初十日) 英日记:"近午,股友来九人,德义楼饭后归时,严范孙、王寅皆、慕元辅、张等来。日西拍照馆楼两张,前面地窄,不能照全。"①

16 日(阴历五月十一日) 英日记:"备明日出第一号。严范孙来信,不克到;刘绍颜信来,不克到;金竹坪亦同。近午,王寅皆、慕元辅等至。严又陵来。近两点,催以事止。德义楼饭。共六人,有沈玉溪,饭后演说,甚有味。归,照料各事,如穿梭。九点大风雨,稿犹不齐,甚急。近两点,折报、粘邮票,缘人皆外行,中用者太少,故甚操劳也……夜十二点,板尚未妥,甚焦急。"②

---

① 《英敛之先生日记遗稿》,第514页。
② 《英敛之先生日记遗稿》,第515页。

二、草创时期(1902年6月—1906年9月)

从1902年6月17日正式创刊,到1906年9月从法租界迁至日租界,为英记《大公报》的草创时期。

1902年(光绪二十八年)

6月

17日(阴历五月十二日) 《大公报》在天津创刊。馆址在天津法租界狄总领事路,又名六号路乙,即现天津哈尔滨道42号。经理英敛之,主笔方守六(亦作方漱六)。报馆杂务由英敛之的两个弟弟英实夫、粹夫佐理。

报馆设备简陋,创刊之初,日出一大张,八页,每页两面,十六面,可折叠成书,用中国毛边纸单面印刷。当日第一页右半边为报头,中间直排隶书"大公报"三个字,报头上方刊有法文"L'Impartial",为"无私"之意。报头右边为清朝年号光绪二十八年五月十二日,左边为公历一千九百二年六月十七号。左半边刊登《本报代办处》,此处以后多刊登广告。自第二页开始,依次为上谕、邸抄、论说、时事要闻、中外近事、译件、附件、杂俎、广告等栏目。每天的栏目除广告外,主要有上谕、邸抄、论说、时事要闻、中外近事等栏目。

创刊号刊登《本馆特白》和《本报章程》。

《本馆特白》写道:"日报一事,全赖集思广益,不厌求详。本馆虽托有各处友人广咨博采,犹恐囿于耳目或偏执一见,有失实事求是之义。尚幸四方同志匡其不逮,凡有崇论伟议,及新政时事见告者,本馆亦为采登。本馆以开风气、牖民智为主义,凡偏谬愤戾、琐碎猥杂、惑世诬民、异端曲说等,一概不录。"

《本报章程》主要内容为价格、每期字数、版式等。

创刊号上刊登署名"英华"的《大公报序》,写道:"岁辛丑,同人拟创《大公报》于津门。至壬寅夏五而经营始成,推都门英华氏董其事。报之宗旨,在开风气,牖民智,挹彼欧西学术,启我同胞聪明。顾维浅陋,既惧且惭,兹当出报首期,窃拟为之序。曰:忘己之为大,无私之谓公。报之命名固已善矣。夫徒有其名、毫无其实,我中国事往往而然。今此报得毋亦妄为标榜而夜郎自大、济私假公乎?抑果是是非非、源源本本而一秉大公乎?要之,自亦未敢定其如何也。凡事于初创之时,譬如人当幼稚,志趣虽佳,历练尚少,精神未旺,疏漏必多。迨久而久之,或能取长舍短,推陈出新,渐入自然,折衷一是。故本报断不敢存自是之心刚愎自用,亦不敢取流俗之悦颠倒是非,总期有益于国是民依,有裨于人心学术。其他乖谬偏激之言非所取焉,猥邪琐屑之事在所摈焉。尤望海内有道,时加训诲,匡其不逮,以光我报章,以开我民智,以化我陋俗,而入文明。凡我同人亦当猛自策励,坚善与人同之志,扩大公无我之怀,顾名思义,不负所学,但冀风移俗易,国富民强,物无灾苦,人有乐康,则于同人之志偿焉,鄙人之心慰已。"

"附件"为白话言论栏,后干脆改为"白话"。始,其文多出英敛之手笔。"每日俱演白话一段,附于报后,以当劝诫。颇蒙多人许可,实化俗之美意。"①该栏起初位于正张最后的广告栏前面,为不定期,1905年8月20日《大公报》改版,移至附张刊登。

创刊号"附件"刊登英敛之用白话写的言论《戒缠足说》。此为《大公报》白话文写作之始。

创刊之初,《大公报》每日"共印三千八百份,午始印毕"②。

18日(阴历五月十三日) 《〈大公报〉出版弁言》写道:"本报出版之第一日,寓津东西各友,多踵门致贺,进祝词者联如贯珠,屑如霏玉。本报同人且感且惭,觥筹交错际,东友某君避席,宣言曰:……贵报以大公名,足征心术纯正,议论平允,必能为北方开一隙光明,振万民之精神,消无量之浩劫,功诚伟矣,敝国人与列洲亦有荣焉。特是开民智以图富强,此当轴诸公必有之责任也。守正论而无偏倚,又今日主报诸公自认之责任也。今日者联军撤矣,天津交还有期矣,恐当轴诸公疮愈忘痛,旧态复萌,几以为天下从此承平,恶直言而喜谀佞。贵报诸公不忍仰承意旨作颂扬阿附之计,而哓哓日以危言鲠语逆听,恐如此惹一身之凶福,如彼则招四海之讥詈,其将何以自解哉?吾窃为诸公危也。同人避谢,对曰:吾辈涉猎书史,稍明大意。本报但循泰东西报馆公例,知无不

---

① 《英敛之先生日记遗稿》,第516页。
② 《英敛之先生日记遗稿》,第515页。

言,以大公之心,发折衷之论,献可替否,扬正抑邪,非以挟私挟嫌为事,知我罪我,在所不计。窃见近年来,激昂义愤之士往往持一偏之论,不留余地,阻人以自新之路,使之实逼处此行铤而走险之计。孔子所谓'人而不仁,疾之已甚,乱也'。吾惟责人以恕,如曾子之折狱,哀矜勿喜,为之委婉曲导,必期进于道而后止,设能翻然改悔,尽如吾辈意中所期望,不仅中国之福,而亦全球之福也。浸假守死不变,则吾亦不能如寒蝉之无声,漠视我国沉沦而不救也,此所谓公也。但又不胶执己见,党同伐异,徒沾沾于一人之恩怨,无端而雍容揄扬,无端而锻炼周内,此即所谓大公也。若必谓吾辈固执书生之迂见,徒肆无补之空言,不为原情之论,尽情丑诋以快一时之私愤,不复计所言之有无贻误天下。若此者,不惟有愧大公之名,亦难对个人之私也。且本报又不敢意存趋避、拗曲作直、指鹿为马、任口雌黄,求悦当今一二人之耳目,不愿天下后世之唾骂,尚何得谓之公,又何有乎大公?东友鼓掌称善曰:'吾愿与诸君子共勉焉。'遂握手作别同人,略次问答之词于报端,以告天下之阅《大公报》者。"

英敛之"昨夜未卧,天明始睡,竟日忙忙"①。

19日(阴历五月十四日) "论说"《论中国人人有救亡之责》(侯官林砥中稿):"今所藉以延中国一线之生机而为自强之起点者,群曰行新政矣!然以今日新政核之,其大端不外立学堂也,改科举也,兴武备也,设课吏馆也,创工艺局也,振兴商务也。凡此数者,询其章程,则茫无次序,观其办理,则毫无把握。"(按:此文为《大公报》"论说"之始,此后,几乎每天都有"论说"。1908年年底之前,报馆撰写的"论说"不多,经常是以"来稿代论""选论""要件代论""译稿代论"的形式间接表达意见和建议。1909年以后,《大公报》上的"论说"基本上都是自己撰写的)

"时事要闻"栏登载皇太后、皇上封赏主办教案之天主教主教的消息:"北京樊主教国梁、林主教懋德前蒙国家奖励,已见各报。兹探闻皇太后、皇上又将助办教案之山东南界安主教治泰由二品顶戴,赏加头品顶戴,以酬其功,山东北界署主教陶万里亦赏给三品顶戴,已于上月经外务部电达东抚转行知会矣。本馆前得有樊、林二主教谢恩一折,措辞堂皇,颂扬得体,为各报所未知,录之,当亦留心时务者所快睹也。"并刊登樊、林二主教谢恩"原折"。

---

① 《英敛之先生日记遗稿》,第515页。

英敛之"天明始卧,竟日忙忙,晚甚倦"①。

20日(阴历五月十五日) "论说"《〈大公报〉序》(檇李董亮来稿):"泰西之盛强,无他道焉,公而已矣。""国有议院,公人权也;商有公司,公大利也;凡学有会,公智术也,合通国上下竞竞焉。"其后刊英敛之《声明》:"董君此作,寄到独早,所论平公权,合公论,公治道,公群谊,以及凭公道以办交涉,准公议以应外交各节,皆与本报目的吻合。且通篇旨意所注,在昌明公理,以植中国,以拯同胞。本馆同人循诵一再,不忍割爱,录报端,敬告海内。"

"录件"转载上海《新闻报》《中外日报》《苏报》及青岛《同益报》等报上的报道。

英日记:"昨夜子正睡。二日来少有头绪。"②

21日(阴历五月十六日) "论说"《论归政之利》:"呜呼,今日之乱极矣!天下之仰望我皇上复辟久矣!两宫西狩,席不遑暖,食不遑饱,廷臣追随于荆棘草莽之中,皇太后已有悔心,而当时无闻以归政为请者,全权奉旨议和,议甫就绪而外人即声言非两宫还京议不足恃。皇太后无如何乃偕帝回銮东归,百官郊迎于败垣破壁之下。太后触目伤心,抚膺痛哭,设有一迎机善道者,此时立请撤帘,天下之福也,而又无闻以归政为请者,是岂盈廷无一有心人者耶?夫亦曰有利害在耳,而不知一归政则中外利、满汉利、民教利、新旧利、宫闱利、草野利、君子利,小人亦无不利,而固无所害也,吾试就至粗浅者为天下正告焉。……庚子联军入京,郊庙陵寝多为外人驻兵,太庙神主以致转徙海外,宗社覆矣。问中国何以不亡,莫不曰以皇上故;问各国何以不瓜分,亦莫不曰以皇上故。皇上之有德于中外至矣!……"(按:此文续刊于23日)

22日(阴历五月十七日) "论说"《原报》历述中外报纸的源流、意义和作用:西方国家报馆林立,"英七千家,法五千家,德六千家,意大利一千,奥地利亚八百,瑞士四百,荷兰三百,比利时三百,西班牙九百,希腊六百,日本二千,美利坚三千,秘鲁、智利、古巴合共一百六十"。"以吾中国四万万人计算,若上比英、法、德、日文明诸邦,必当有一万余家,方可相抵;若下列于澳大利亚、阿非利加野蛮之国,亦必有一千余家,乃可抗衡。而中国南北纵横,报馆仅有二十余家;南居二十,北得余数,四五家而已"。

---

① 《英敛之先生日记遗稿》,第515页。
② 《英敛之先生日记遗稿》,第515页。

"附件"始有栏目名。开栏说："近有许多西友,嘱本馆演一段白话,附在报上,为便文理不深之人观看,未尝非化俗美意。本馆不嫌琐碎,得便即用官话写出几条。"

该期附件登英敛之写的《讲看报的好处》："看报的大好处还不单单知道天下事,更能够长人的见识,增人的学问,那一样好,那一样歹,什么有益处,什么没有益处。往大里说,治国安邦;往小里说,养家费已,各事都可以比较比较、考察考察。人的见识,越经历越高,人的能干,越磨练越大。最苦的是我们中国文字眼儿难懂,所以有许多明白人,如今开了许多白话报馆,为的是叫识字不深的人,也能明白。有人劝我,在《大公报》也要添上点儿白话。我不敢偷闲躲懒,以后得了工夫,就写几句。这是我们开导人的一片苦心。"

23日(阴历五月十八日) "附件"刊登英敛之写的《再讲看报的好处》。

24日(阴历五月十九日) 报头左肩位置,登出广告收费标准："本报刊登告白,短行以五十字起码,长行以二百字起码,多则以十字递加,第一日每字取洋五厘,第二日至第八日二厘五,论月每字四分五,论年每字四角。"

"附件"《讲女学堂是大有关系的》："我们中国有两句最坏的古语:常说女子无才便是德,这话真真的没理……又有一句说,女人家认字命苦,这话更无理了。……这两句话就是中国受害的根子。我常见许多的外国女人,精明能干,敢作敢为……比中国许多的男人还出色,岂不是从念书认字里得出来的好处么?"(按:此文次日刊毕)

英日记:午后,收到"严又陵寄至自作《主客评议》一篇,洋洋数千言"①。

26日(阴历五月二十一日) "论说"处连载严复撰《主客平议》。(按:此文续刊于27日、28日)

"广告"《求偶》："今有南清志士某君,北来游学。此君尚未娶妇,意欲访求天下有志女子,聘定为室。其主义如下:一要天足;二要通晓中西学术门径;三聘娶仪节悉照文明通例,尽除中国旧有之陋俗。如有能以上诸格及自愿出嫁,又有完全自主权者,毋论满汉新旧,贫富贵贱,长幼妍媸,均可。请即邮寄亲笔复函,若在外埠能附寄大著或玉照,更妙。信面写AAA,托天津《大公报》馆或青年会二处代收。"(按:此为中国报刊历史上第一则征婚广告)

---

① 《英敛之先生日记遗稿》,第516页。

27 日(阴历五月二十二日)　英敛之"至堂中,晤罗铎,闻已有信,法国所购各式铅字将到。晚,李镜宇偕法文翻译张杏荪来,伊现欲回申一次后再来馆"①。

28 日(阴历五月二十三日)　英敛之收到"黄秀伯观察书,洋洋千言,系辨日前严又陵之代陈玉苍辨诬者,令排字登报"②。

29 日(阴历五月二十四日)　"来函代论"《黄秀伯观察致大公报馆书》。

"附件"《讲爱德为同群大有关系》:"这个爱德,是我们中国如今最缺少的一样要紧的事情,人没有爱德就如同花草没有水一样,自然就枯干了。人有爱德,就是大公的心。我得了好处,也愿意别人一齐得好处。别人的苦楚,也如同我的苦楚一样,大家都有这个意思,中国怎么会不强呢?比如中国现在败坏的缘故,是因为彼此不相通,你不管我,我不顾你,但图自己合事就完了。……古人讲同舟共济的这句话,就是这个意思。比如大家都在一条船上,那船要坏了,谁也脱不了,只可是谁有能干保护这条船,尽力而为,不是单保护别人,也是救了自己。"

"杂俎"刊登北京蒋梅生与英敛之的唱和诗作。

30 日(阴历五月二十五日)　"论说"《论中国之机势》(英敛之译自六月十八号《字林西报》):"拳匪之乱,各国待中国之政策若是其和平,许其自新,诱其变法,以为中国必能改弦更张矣。讵料时至今日,蔽塞守旧如故也,太后之握权如故也,荣禄及满洲诸顽固大臣安享利位莫不如故也。且太后之权反较未乱之先更有甚焉者。"文后加《本馆附注》曰:"良药苦口利于病,忠言逆耳利于行。……言者无罪,闻者足戒,已译述既毕,附缀数言如此。"

7月

1 日(阴历五月二十六日)　"论说"《天津拟兴女学议》,倡议天津应仿效上海,兴办女学馆:"夫今之讲女学者,莫不曰重男女之平权,逃男子之压制,力任天赋自然之职,不受男子玩具之侮,此言诚是也。然以此语之北方女子程度太高,即北方男子亦未必能解,士大夫偶有一二能解者,不指为新党之狂言,即目为西教之邪说,岂有北方女子而能尽通此议者?"提出,女学应从培养贤妻良母

---

① 《英敛之先生日记遗稿》,第 517 页。
② 《英敛之先生日记遗稿》,第 517 页。

开始。

"附件"《讲妄信风水无益有害》:"中国贫穷软弱,不足为忧,可忧的就是糊涂,没有真见识,专信那异端邪说,牢不可破。这就是大阻挡长进的一个关口。""先讲信风水这一条,岂不是捉风捏影的事情?"文末一诗,赠予那些相信祖坟埋得好可以荫庇后世的风水迷信者:"风水先生惯说空,指南指北指西东。世间若有真龙穴,何不先谋葬乃翁。寄语形家莫浪骄,《葬经》一部可全烧。汾阳祖墓朝恩抉,依旧荣华历四朝。"

3日(阴历五月二十八日)　"附件"《再讲邪说不可信》:"越是愚蠢人,忌讳越多,越是野蛮国,信邪越盛。因为愚蠢野蛮,不知道揣摩理的真假,就是听人说什么,信什么。"

英日记:"昨晚六点后上工,到九点后,板已成,是为出报以来第一早期。"①

4日(阴历五月二十九日)　"论说"《论俄国内乱之关系》(译日本六月十六日《日本周报》)。(按:此文次日刊毕)

7日(阴历六月初三日)　"论说"《论阅报之益》:"吾请更举阅报之益,以质天下。今夫国家建一议行一政,君若相谋之于上,百司庶职奔走承奉于下,而乡曲下士草野编氓或不能遍喻其故,虽有上德而莫之宣,虽有下情而无所抒,阅报则政事得失灿然共明,此其为益一矣。乱民蠢动,贻祸国家,立约通商,动关全局,利害之巨,国人所当并目注视者也,而报章所记语焉能详,曲折既呈,趋避斯悉,此其为益二矣。平权均势之说,各国外交家讲之最明,行之尤力,公法有时不必遵,条约有时不必守,我虽适当其冲,而彼中大小异形,强弱异宜,或甲起而乙仆,或西缩而东赢,竞争愈剧,权势愈明,彼我同舟,谓宜自镜。苟不阅报,乌由了然? 此其为益三矣。学问之事,演而益上,泰西近百年来智术之日辟,技艺之日新,如风起潮涌,瞬息改观,不可遏止,恫我上夫莫肯措意,坐使神明之胄侪于半化,民业不振,恭然有不足自存之惧,此诚可为太息者也。惟阅报则知某国多新学,某人创新艺,观感兴起,实在于兹,此其为益四矣。"西国不仅报馆多,而且报纸办得好:"惟彼报纸,记事物之蕃变,而不胶一格,言天下之至动,而不主故常。读之者既能增拓见闻,感法志气,外以观物,内以自审。浸淫久之,遂有无数新智识、新理想出于其中。然后,思想之力恢张于无穷,而将来之结果,必且超冠乎古今,笼盖乎中外焉。"文章呼吁,中国民众也能

---

① 《英敛之先生日记遗稿》,第518页。

如西方那样，民众"莫不能阅报，莫不视报为《三字经》、为《百家姓》、为《感应篇》、为《阴骘文》、为《聊斋志异》、为《三国演义》。世有以予言为然者乎，请以阅报人数之多寡与报馆之有无推卜之也。"

8日（阴历六月初四日） "论说"《运会说》（山东王善述稿），批评顽固守旧者："乃欲闭关自守，绝五洲万国而不通，鄙良法美意而不学。傲然自尊曰：吾自有古法在。是何不变书契而复结绳，变音乐而复蒉土，变烹饪而复饮血，变宫室而复巢窟也。耻孰甚焉！迂孰甚焉！"

14日（阴历六月初十日） 第一版头条刊花边广告"恭贺大法国改立民主纪念令节：十八周伟功，亿万民幸福！本馆敬祝。"

"论说"《述本日法国庆贺之缘起》："津沽一隅法租界，三色旗飘飐半空，云日争辉，陆离耀目，过其下者，昂首徘徊，称叹不置。"（按：1903年、1904年、1905年每年7月14日，该报刊登"恭贺大法民主国令节，本馆敬祝"的广告；1903年、1905年还为法国大革命发表"论说"。这一做法至1906年后消失）

15日（阴历六月十一日） "论说"《天津交还后问题》："中国政府日日求交还天津……夫以各国转战苦得之天津，而我处极贫极弱之时，欲以口舌争之。"随后，提出十二个"当问"，以讨论联军将天津归还后中国政府的善后措施：一问海河如何疏浚；二问将如何遵守条约以藩篱北京；三问大沽炮台已毁，收回天津将如何守；四问天津不许驻兵，袁宫保将何以自卫；五问小民困苦何以抚恤；六问"各国设署以来，孜孜求治，竟使一破烂之天津，成一完美之天津"，天津交还后，是否又复旧观；七问外国银行流通已久，怎么办；八问天津铁路怎么收回；九问盐坨生产之盐仍否储存于租界；十问北洋学堂是否恢复；十一问天津还能设兵工厂否；十二问南漕禁运，津民无食，怎么办。

19日（阴历六月十五日） 本日出版第33号，添附张，注明第33号附张。此后照此办理。这一做法至1902年11月13日，出版第150号附张后停止。

20日（阴历六月十六日） "论说"《论赔款为义和拳之纪念》："今外人本无索赔款之机，而义和拳实启之；外人本无索赔款之势，而义和拳实张之。呜呼，何义和拳之不忠于吾国而实忠于外人乃尔也？"文章进一步说，义和拳罪孽深重，"虽取义和拳寸磔而脔食之，岂足以蔽其辜哉！"

附件《说大公报》："本报为开民智起见，多半是对着平等人说法，但求浅俗清楚，不敢用冷字眼儿，不敢加上文话、成语。到底不论说得怎么浅，不认字的人，也是不懂。"因此，必须办学堂，尤其要办女学堂，"天津有一位仁德义气的绅士,要立女学堂,到底不知真假,我听见喜欢的了不得。……俗语说的'一枝不动,百枝不摇',作开创的人实在难得呀!"

23日(阴历六月十九日) "论说"《拍卖西藏议》以反讽的方式表达对清政府在主权问题上软弱态度的不满:"朝廷有西藏之地,本无所裨益;即失一西藏之地,亦不见亏损。……非我族类,其心必异。我不如趁此为我属地时,仿西国亚拉斯加之例,向各国拍卖之为善也。""然吾既定拍卖西藏之义矣,必有一种迂谬固执之徒,将执难而责我曰,尔何以劝人卖祖宗遗留之产业?我则答之曰:中国地不卖则割,终且为人所占据,今日之东三省,昔日之台湾。中国人试一比较,当与卖地孰优?"

办报之初,英敛之十分辛苦,"碌碌竟日,夜校对后,不知所之,于椅上坐寐,睁目已天明矣"①。

28日(阴历六月二十四日) "论说"《中学为体西学为用辨》(京都不甚读书生寄稿):"方今广设学堂,为有志之士所喜,亦有识之士所悲。悲其无耻也,声光化电诸学,必加附会谓古已有,日久失传,不过礼失而求诸野耳,至可笑可耻。尤足悲者,莫如中学为体,西学为用二语。之二语为普学堂中之宗旨,亦宗旨中之谰言。顽固大臣所深喜,贤督抚有司莫敢或逆也。绎其语意,若一习西学,便昌言民权自由、革命流血,极至无父无君而后已。中学则最纯最正,敦品励行,犹其小焉,极其功用,仁义礼智可为甲胄,可为干橹,格有苗而仪凤凰。"

29日(阴历六月二十五日) "论说"《开官智法》(寓津绩溪胡协仲未定稿)。文章提出开官智四法:"一严课吏以收实效也。""一设官报以开风气也。""一裁差役以去积弊也。""一禁吸烟以增才智也。"文后附志:"本馆前得友人书,谓开官智其难百倍于开民智。盖近今之官,其流品太杂,其习气太深,总而言之不外乎自大自是、自私自利八字,不知强存弱亡为何解,不知国计民生为何事。其品行之卑,其见识之谬,甚至有不如平民者。日在睡梦之中,惟以顶翎袍褂为美观,惟以舆马仆从为荣耀,以媚上削下为能事,以贵己贱人为威福,其志止于如此而已。……顾亭林有云,天下兴亡,匹夫有责。当此危急存亡之秋,而尚一昧颂扬阿谀,为希宠邀荣之计者,是卑鄙无耻丧心病狂也。"(按:此文续刊于31日)

30日(阴历六月二十六日) 光绪帝三十三岁诞辰。《大公报》头版分别以中、日文刊登祝词。中文祝词:"大清国大皇帝一人有庆,万寿无疆,卢牟六合,

---

① 《英敛之先生日记遗稿》,第521页。

亭育八荒。"(按：此后，每年光绪生日，《大公报》头版都有生日祝词发表)

8月

2日(阴历六月二十九日) "论说"《开官智法》(津门清醒居士稿)：民族危机已达极点，而"官场昏聩如故也，怠玩如故也，徇私舞弊如故也，钻营苟且如故也，听戏狎优宴会如故也"。提出，为开官智，官员须读报，最好读民报。民间私立的日报就可以一秉大公，绝无粉饰偏袒。官员读此类日报，一则可以知民情，清除官民隔阂，二则可以了解官场以外的情况，接受电学新知，小官借此以达民情，大官借此可达小官之情。……"日报不差胜于官报哉。"官员出国游历"以练其才识，以扩其心思，以广其见闻"，尔可有效升智。

3日(阴历六月三十日) "论说"《开民智法》(寓京岭南冯镜濂芸恺稿)："环球五大洲中国开化推为最早，而东西文明诸国互相讥诮时，谓生番野蛮之不如，讥诮庸何伤所伤者，衡情酌理，甘受无辞，则可惧可危，非大开民智无以保群保种，不特雪国耻、培国脉已也。然民智未开，不自今始。相沿贻误，厥有四端：一误于泥古……再误于读史……三误于商无……四误于女子不学。"

5日(阴历七月初二日) "论说"《开北京为商埠论》。驳斥朝廷不允开北京为商埠的四条理由，并说："若我力拒此议，则坐失一输入文明之机会，且以阻全国之进步矣。"并说："某国不助此议，盖亦有故。"说"其国人性情状貌，颇近华人"，赁屋设肆，甚为方便。(按："某国"指日本)

6日(阴历七月初三日) "论说"《开民智法》(海外陈公民来稿)："今日中国之贫弱人所同知也，今日泰西之富强亦人所同知也。试进问其所以贫弱之故及所以富强之由，莫不曰，轮船也，铁路也，工艺也，器械也。抑亦思轮船、铁路、工艺、器械以至一切富强之术，岂无故而使然哉？亦在其民之智耳。吾黄种知慧不让白人，乃积习已久，反居其下，可耻孰甚。近日，海内儒士洞察此弊，谓欲致吾邦以富强，必先开吾邦之民智，或议以多译新书，或论以宜兴蒙学，盖但知其一而不知其二，拘其末而不持其本。益在士大夫而不及乎小民，利在一二人而难周乎全国，均非我邦国现象之形体，发我同胞心思之宗旨也，且夫不有绝大之动力不足以转绝大之机器，不有极烈之药石不足以救垂死之病夫。……居今日而务开民智，除非设议院以伸民权，兴社会以倡民志，更无善法矣。""胡言乎设议院以伸民权也？……朝廷宜仿东西诸国，于京师设议员，于府州县设议绅，予民以举官之权。盖国家既予人民以举官之权，则人民自有国家之思想；人民既有国家之思想,必各具其作用之机关。有议院然后有民权,有民权然后有民智,其理固相因者也。""胡言乎兴社会以倡民志也?今夫社会也者,合千万人群所团结而起;国家也者,聚千万社会所组织而成。无社会是无人民,无人民是无国家,无国家是无教化,无教化是无文明。则直以社会为国家之耳目,有耳目然后有见闻,则又以社会为人民之脑筋,有脑筋然后有知觉。欧美无事无会,无学无会,其思想之发达,实为社会之影响,其学术之精邃实以社会为基础。……社会既兴,则一人之智可以达于一会,一会之智可以达于全国。"

7日(阴历七月初四日) "论说"《论天津善后事宜为各国所最注目者》:联军治理天津,"一切善政善法,笔难殚书。居其地者一变昔日种种野蛮之自由,而为今日种种文明之自由,故能鸡犬无惊,安之若素。兹者津郡还矣……天津善后事宜,为至大至重之事,各国所最注目者,若再不图振作,泄沓依然,上何以解两宫宵旰之忧,下何以慰黎庶云霓之望哉?"

"附件"《成全义和拳的四派人》:"义和拳的根源,是从四派人生出来的:第一种是野蛮派,虽然也是人形,其实绝不知道作人的道理,就知道吃喝玩乐,任意纵情,凡所贪爱的事,若是求之不得,就想法子抢夺,也不管利害,也不顾性命"。第二种是小说派,此种人的心里,"有个太白金星,梨山圣母,呼风唤雨,撒豆成兵"。第三种是闭关派,"这派人仇恨西洋人,恨不得把西洋人全杀尽了才痛快……考查这一派人,仇杀洋人,也有三个道理。头一条说,洋人不怕官,单怕百姓。第二条说,若要指望着拿枪炮打仗,是不中用的,徒弟怎么会能打过师父呢?该当另想法子制他们。第三条说,洋人手脚不灵,若是一对一个的,他可不中用了,按着第一条法子,故此,国家不出头露面,叫百姓出头露面,所以说义和拳是义民了;按着第二条法子,必须有妖术邪法,故此我们中国现在出了天兵天将,不怕枪炮;按着第三条法子,所以才专练拳脚。这三条法子全有了,就可以如心满愿了"。第四种是联俄派,这派人都是历练多年的大官,他们"想中国现在的光景,万难自立,必得倚靠一个国相帮,若是联英国、联日本,他们讲自由民权这些个理,与官大不方便,独单俄国,这个国政专讲压服百姓的,合中国的光景甚相宜。凡中国的大官,多是这派"。"考查义和团的缘故,是拿第一派的人作根子,用那第二派的见识言语,耸动愚民,满了那第三派的心愿。"第四派的人,心里早有打算。"……义和拳的起头,必用前三派的人,义和拳的末了,必用后一派的人"。(按:该文次日续毕)

8 日(阴历七月初五日) 英日记:"早,柴先生来,言张寿峰以不用其所荐人,怒甚,欲将其股份提出,语多极可笑者。"①

12 日(阴历七月初九日) "论说"《兴女学议》(鸳水董寿撰):"中国人口号称四万万,而女子居其半,皆不能生利自立而仰食于男人,其仰食于未尝读书明理之男人。""五伦之中,夫妇其最亲曬矣,虽强悍顽固之徒,父师朋友不能教诲,若内有读书明理之人,时于夙兴夜寐之际开导,久之未有不通悟者。"

13 日(阴历七月初十日) "附件"《说中国人信邪坏处》。(按:该文续刊于 8 月 14 日、16 日)。

14 日(阴历七月十一日) "论说"《中国维新第一要策》(绩溪胡协仲稿):当今讲西学、谈洋务,"莫不曰修铁路也,开矿务也,立学堂也,练洋操也",然而这些却仅徒浪费国币,无补时艰者。论者以为,"居今日而欲深探西法,非认真游历不可,而认真游历,非请皇上躬自出游不可"。皇上亲历出访泰西各国,可以"敦睦谊、树先声、振国气、辨是非、采新法、广见闻、察使臣、知民隐"。"夫今日不出游是无以增才识也,不增才识是无以得真宰也,不得真宰是无以变新法也,不变新法是无以强中国也。"(按:该文续刊于 16 日、17 日)

15 日(阴历七月十二日) "论说"《天津收复与诸乡人书》(劫庐拟稿):"吾乡人勿以土地收复沾沾焉为可喜也。仆请言其可惧者,夫今之所谓交还者,名而已。官司固如故也,胥吏固如故也,假权势以行其压制之术,藉征敛以遂其侵牟之计者,亦莫如故也。而大沽等炮台则已削平矣,新城诸营垒则已拆毁矣,制造军械各厂则不得再设,距津二十里内之境,则我军不得屯驻矣。自京师通至海口之路,则归外人专制矣,附近铁路二英里内则听各国屯军管辖矣。险要已失,全境在人掌握,一有龃龉,直探囊而取之耳,故中国一日不强,吾津一日不安。"(按:此为《大公报》就八国联军交还天津一事发表的"论说",言之凿凿,切中肯綮。于次日刊毕)

16 日(阴历七月十三日) "时事要闻"报道八国联军交还天津事:"昨日为中国收回天津地面之期,天津道张莲芬、津海关道唐绍仪、中营韩廷贵等由津附乘早车前往杨村,迎迓袁宫保,遂同登宫保花车,于午前十一时二十分抵津……宫保即入茶座,接见各国都统并中西各官员,旋即乘舆,排齐仪仗,先往紫竹林拜晤法国都统,又过东浮桥北义升馆茶座,津郡绅董燃炮恭迓,宫保降

---
① 《英敛之先生日记遗稿》,第 525 页。

舆步行,敬礼有加。迨至都署,与各都统会宴。是时,都署各巡捕即将都统衙门旗帜一律除去,以示都署裁撤,天津交还之意。"

"本埠"《悬旗庆贺》:"津郡绅董传单通知,各段居民铺户于本月十二日起至十五日止,高挂龙旗悬灯结彩,以志庆贺地面收回之喜。"《交地退兵》:"昨早八点钟,各段捕房纷纷挪移物件,已有警兵接替,由西员收回旗帜,交管地面,各洋兵旋各退归租界暂驻云。"

19日(阴历七月十六日) "附件"《劝中国人合群保国》(来稿)。

20日(阴历七月十七日) "论说"《论天津收复城隍回庙事》:"吾津庚子六月十八日(按:1900年7月14日)之失陷也,联军占据各处,人心惶恐,皆有朝不保夕之忧。红光烛天,街市之被焚也;十室九空,居民之被抢也;尸骸狼藉,人民之死伤也。天昏地暗,日月为愁;国破家亡,风云变色。此时之凄凉悲惨,有未可以言语形容者。空中之炮弹横飞,耳际之枪声不断。子不能保其父,弟不能保其兄,皇皇然皆不知命在何时。故有抛弃其所有之资财以别寻生路者。""今日者,天津已交还矣,乃相议于十四日下午五点余钟,用彩舆将城隍像舁回庙中,并有一切仪仗及香锅等导其前。此际之往观者,红男绿女,拥塞道途,翘首而望,重足而立,皆以得复见城隍之颜色为幸。甚至有口念阿弥陀佛者。呜呼噫嘻,天津已失之主权不可回矣,已伤之元气不可回矣,已丧之土地不可回矣,削去之城垣不可回矣,拆去之民房不可回矣,失去之财产不可回矣,死去之人民不可回矣,而府县城隍之二泥像独回焉。呜呼噫嘻,当此天津初还之时,夫岂无应办之事急于泥像者哉?""十二日收天津,十四日舁泥像,一若此为交天津后之第一要务者,一若城隍像若不回庙,则天津虽交如不交者。呜呼噫嘻,民智竟如斯矣。或有谓此举系出自县尊之意见者,予不敢深信。何则?县尊者,治民者也,必其智于民而后乃可以治民。""莅治之初,必以息邪说、正人心、开民智、止乱萌为当务之急,凡一切设立仙坛顶神看香等邪事,方将禁之之不暇,岂尤以迎神赛会之举导愚民以先路哉,或又有谓此举尤系拳匪余党之所为者,窃以为此说庶乎近之。"

26日(阴历七月二十三日) "论说"《和新旧两党论》(侯官林砥中稿):"今日党祸虽艾而党派则愈杂矣……旧党之诋新党曰:此汉奸也。新党之诟旧党曰:此顽固也。吾谓顽固未必尽旧党,凡自私自利、无国家思想者,皆顽固也;汉奸未必尽新党,凡为鬼为蜮以倾轧种类者,皆汉奸也。"

英日记:"早,镜宇来告领事诸语,并谈德义楼不准复开。世间无复公道,兔死狐悲，不胜愤闷。柴先生来，同谈有时，但因无定人出名，所以阻碍纷纷而至。……我觉之官气太重，连日大不快。报务颇有起色，而阻扰纷至来，未出先料也。"（按：德义楼在天津旭街，只是一家酒楼，法国领事为何谈《大公报》事时，提"德义楼不准复开"？为何英敛之有"兔死狐悲"之感？值得进一步研究）

28日（阴历七月二十五日） 报首刊《本馆告白》："本报自出版以来，骎骎日上，公论所在，有目共赏。乃忌者不解以正理相胜而设法诬毁影响之谈，不置识者一笑。同人等原以维持公理、开通民智为怀，故不屑沾沾以一人私忿互相攻讦，致踏龌龊卑鄙陋习。但受谤不白，潜者得辞，谓固无如我何也。今特声明，此后无论何项谣诼，概等飘风过耳，恕不奉答。"

29日（阴历七月二十六日） "论说"《严禁仙坛说》。

9月

1日（阴历七月二十九日） 英日记："晡，拟出名之合同，并与堂中所约两款，写毕至堂。……归，柴公至，示其合同稿，并寄镜宇。"①

2日（阴历八月初一日） "论说"《论报馆与开民智之关系》（皖北山民尊虞氏来稿）："夫报馆宗旨，首在开通民智，盖提醒其精神，振新其耳目，非报馆不为功。……夫报馆者，日以采访为事，东西南朔外迄环球，朝政、军情、货币、风俗，凡有关于国计民生，弗论巨细，有闻必录，备陈中外之势，求通上下之情"，期"有裨时局"。

3日（阴历八月初二日） "时事要闻"最新消息："俄国公使已奉其政府电谕，允将山海关及关外铁路，随同辽河西南地面，定于华历九月初七日以前，一律交还，但须英国先将关内铁路退交中国方能如约。"随后，又报道，俄国不但不履约撤兵，居然进一步窥视中国东三省主权，据闻，俄国政府已决定向中国东三省方派遣税务人员，征收各项税务，似乎我东三省已经成为他们的领土。

5日（阴历八月初四日） "论说"《和民教策》（清醒居士稿）全文为改善洋教在中国的困境，提出"改刑律""设陪审""息邪说""兴新学""定出教之例"五条建议。该文后"安塞附注"："中国闭关自守之世，一治一乱，迭为盛衰，要皆不甚悬殊，自大开海禁万国交通以来，实为四千年未有之创局。而数千年来，因陋就简，尊己贬人，积习相沿，牢不可破，乃一战再战，国威日挫，疆场日促。

---

① 《英敛之先生日记遗稿》，第539页。

于是先识之士知非变法不为功。乃言变法者垂四十年而寸效未获,百弊丛生,其故安在? 有谓为政府持之不力者,有谓为人各怀己私者,有谓为地大人众难以遽变者,有谓为国库空匮无力立变者。凡此云云,虽各具其理,而皆非探本之言也。鄙人体之最久,思之最深,敢以一言断之曰,无教化也。谓中国不强不富,人皆受之不辞,谓中国无教化,将四万万人群起而攻,中国方诩诩自恃所强人一等者正在此节,而遽以无教化三字加之,不亦诞乎? 顾争空言不如证实事,以急公论,以爱群论,以讼狱论,以武备论,以学堂论,以善堂论,以街道论,外国者皆有实际,皆得其益,中国条条莫不相反,亦不必琐琐引证,徒费唇舌。人果平心一思,无不知其孰优孰劣。此无宗教之精神,但言变法,不能变心,之所以无济也。或曰,中国明智之士亦尝倡保教之论矣。……中国不欲振兴则已,倘欲振兴,当此纷扰涣散之际,非认定一至善之宗教,使民知所趋向不为功。"(按:该文次日刊毕)

10日(阴历八月初九日) "论说"《和新旧两党论》(热心热血生稿):"自戊戌政变后,倾轧百端,势同水火,始则不相和,继则不相下,终则不相容。吾尝推原党祸之来,每由于三派人激之,一异志派,一私心派,一苟见派。"

英日记:"不爽。……日西,王祝三来言:……顷与柴公商议,他股友有懈意,皆无关紧要,独我一人出一二万金,亦甚愿也。予闻之为之气壮。"①

13日(阴历八月十二日) "附件"《说报》:"《大公报》出世已竟三个月了,整天的鼓着一团精神,拿着一支破笔,东抹西涂,说长道短,究竟有什么益处? 到底是什么意思呢? 要说是为贪利,请问拿出这些本钱,用上这点精神,有什么买卖不可做,什么利不可求呢? 这个缘故,实在是叫人纳闷,也不怪那些无知的人,乱造谣言了。究竟我们开报馆的意思,不敢说是君子的用心,到底实不是小人的怀意。我们常想,东西洋各国强盛的缘故,虽然是兵强财富,其实那个根子,是在乎人人明白,上下通情。我们中国败坏的缘故,也没有什么罪大恶极,不过是人人糊涂、上下不通就完了。怎么能够人人明白、上下相通呢? 最妙最快的法子,就是多立报馆。报馆好比人的嗓子,能通上下的情,能开人的知识。虽然不是济世利人的实事,到底是济世利人的根子,所以我们宁愿意赔钱受累,吃苦操心,作这个事情。有人说,我就不信,一个报馆就会这样有益,就会有这关系? 报馆是有名儿的斯文败类,大概都是不顾廉耻的人,才肯

---

① 《英敛之先生日记遗稿》,第543页。

干这个事呢。我说,这话未免太冤枉了……请你们细打听打听,凡是强盛的国,没有不是成千过万报馆的,凡是禁止报馆、压制报馆的国,没有不一天比一天败坏的。""报馆在中国,难得益处的缘故,是因为没有直言不讳的权柄,遇见官长有误国害民的事,也不敢说。你要少少一说,就有人拿中国的老道理来责备你,说你诽谤官长,目无尊上。……所以中国日报若要犯了这些事情,不是报馆封门,就是主笔被拿。故此作主笔的,若不懂得情面,不知道忌讳,不能够奉承,一定不成的。闹的中国人,没有人敢开报馆的。"于是,"如今竟有人比日报同《春秋》一样,他说《孟子》上说,《春秋》成,乱臣贼子惧。惧怕什么呢?按着世上的公理说,人都有个羞恶的心,这羞恶的心,就是良心发现,能够叫人知道善恶是非。那《春秋》上,寓褒贬,别善恶,乱臣贼子怕给他传丑名,就不敢任意纵横了。据我看起来,日报比《春秋》还强,《春秋》是说已往的事,日报是说现在的事;《春秋》讲笔法诛心,在乎一个字的褒贬,不容易懂得,日报是平铺直叙,说的明明白白,最容易懂得。所以,要是日报盛行,人人看重他,不论什么样儿的乱臣贼子,他也不敢横行霸道,也都要有点忌讳。这岂不是维持世道人心的一个大关系么?"(按:该文续刊于17日)

14日(阴历八月十三日) "论说"《论中国民智闭塞之原因》(清醒居士稿):"故我中国数千年来之民情风俗皆以上感下、下应上为习惯,国民之进化与否,皆视在上者为转移","欲开民智以振国权",必须有"在上者"出力不可。

17日(阴历八月十六日) "论说"《谨拟各报馆公共章程》(录《中国日报》):"一,论说,以出自该本报者为佳。虽日著一论,未必所见皆是。然每日必著一论,乃所以抒该本馆主笔之意见,亦所以令阅者比较各报意见之异同,非惟西人报馆之例,则然实凡为报馆主笔者应尽之责任也。故凡为报馆主笔者,每日必须自著一论,不可抄袭各报论说,掠人之美为己有。如是日新闻太多,无地位安插新闻,则不著论,而以要件公文等代论,亦无不可。二,人之智识有限,每一报馆之主笔,多者十人,少者一人,日日高谈,保无有菁华日竭之虑。为此之故,来稿之善者,必当录之。各报论说之善者,必当选之而列入来稿选论一门。且来稿必当书明来者姓名,选论必当声明选录某报,方不负作者之苦心及主者之权利。否则窥陈编以盗窃,大违公理,凡作者及主者,均可刊登告白以攻之,或下年不与交换。"

21日(阴历八月二十日) "论说"《兴女学宜用音标字说》(清醒居士稿)。

23日(阴历八月二十二日) "附件"《浮文何益》:"我常听见中国人讲说,

我们中国是文明之国,礼义之邦,拿着文章可以当盔甲,拿着礼义可以当干戈,不像那西洋人,就知道惟利是图,以强压弱,在规矩礼貌仁义道德上,不甚讲究,所以,我们中国称为天朝。""又比如,中国的官场,就会在纸上办事,不会在事上办事,不论什么事,你看那章程出的狠好,有条有理,及至细打听那些事情,全都不过是个外面皮儿,仿佛是作了章程,就算完了事似的。再看那些官府的告示,说得狠利害,不过都是些个空话,谁又遵着行呢?"

英日记:"午,柴至,现增入股三千五百元,复去招致他人,尚有若干。晡,复朱致尧书,伊允有资助,意辞谢之。"①

25日(阴历八月二十四日) 《本馆特白》:"阅报诸君台鉴,如存有本报由第一号至百号完全无缺者,本馆愿以大洋三元购回。"(按:《大公报》注重资料保存,在出版101号之际,收集前100号完整报纸)

英日记:晚上,"柴话股份事,欲代予入五股。予告意实不在此,如有能者,甚愿推让此席。柴云,此后万不可作此语,再作此想,如害我命云云。余意良不忍,然为此羁绊,只得死而后已。"②

30日(阴历八月二十九日) "论说"《开官智论》(蒿目生稿):中国官员的十二"不智之由":"一不读书,二不亲民,三不阅报,四重则例,五重习气,六重书吏,七好作威,八好严刑,九好行贿,十少讲劝,十一少稽查,十二少议院。"

10月

2日(阴历九月初一日) "附件"《也算自强的一件大事》:"女人年纪大缠过脚的,愿意撒了随便,不愿意放的也随便。自从光绪二十五年起,凡所生的女儿,一概不准缠脚……这是去害强种的第一件要紧事。"

6日(阴历九月初五日) "论说"《书某报西国递减教权论后》(节录《汇报》):所谓"教士把持国政,挟制人民,干与词讼,袒庇乱民"等说法是无根之语。

8日(阴历九月初七日) "附件"《皮毛》:"我尝听见明白人说,中国无论什么事,所争的就在乎皮毛,外国无论什么事,所争的全不在乎皮毛,这话一点儿也不错。……咱们中国当时下……算是尽了变法的能事了,自以为这个法变

---

① 《英敛之先生日记遗稿》,第550页。
② 《英敛之先生日记遗稿》,第551—552页。

的无以复加了,无可再变了。究竟变的是什么法? 不过是外国的枪炮好,咱们也买好枪炮,外国的操法好,咱们也练洋操,外国有学堂,咱们也照样儿立学堂。在外面一看,居然是变了样儿了,其实外国那些好意味,那一样照样儿学了呢?"(按:英敛之主张,中国学习西洋,实行变法,主要在于变制度,变专制制度为立宪政体;同时,变民风,破除民间"自私自利"的劣根,求诸"公心")

10日(阴历九月初九日) "论说"《尽人宜习地理说》:清廷官员,很多人除了知道中国外,至多仅了解东亚的一小部分,"初不知此外尚有欧美非澳若干地也,初不知此外尚有白红黑棕各种人也"。后来,海禁大开,中国官员经常在外交场合闹笑话。中国人,首先是官员必须好好补习地理,学堂必须"以地理一科为重"。

21日(阴历九月二十日) 英敛之决心整顿馆务:"(午)饭后议馆中整顿事,刻下非大加裁减不可,议极久。"①

25日(阴历九月二十四日) 英日记:"昨晚略睡,十二点后作论一篇,日出少卧。敬宇来言,晚引法人麦尔戛(即后文的麦尔甘)商出名事。……近六点,敬宇引麦尔戛至,商合同,大致相符。"②

27日(阴历九月二十六日) 英日记:"晚,祝三来,柴、孙俱未到。账房细言生意情形,每日所出之报,不敷纸价。其人工饭食,每赔折千元之数。近日情形,众皆裹足,予为大忧,虑无妙法以处,只可减费、加报价,不得现钱者不发。夜作信,天明始睡。"③

11月

6日(阴历十月初七日) 因物价上涨,《大公报》每月报价涨洋钱一角。(按:此情况与10月27日英敛之日记中"加报价"相印证)

7日(阴历十月初八日) "论说"《论中国教育当定宗旨》:"教育者,所以提振国民之精神,感发国民之志气,使人人得成为国民之资格,能担当国家之责任者也。国之有教育,犹蒸汽锅之有火。火力旺者,则水热而汽足,教育盛者,则民智而国强。旷观五大洲,横览数十国,凡其国强与不强,恒视其国之教育为比例。"(按:此文8日续完)

---

① 《英敛之先生日记遗稿》,第562页。
② 《英敛之先生日记遗稿》,第564页。
③ 《英敛之先生日记遗稿》,第565—566页。

15 日(阴历十月十六日) "论说"《辰州教案平议》:"自辰州教案订结后,近世外交家究祸乱之原因,推事机之现象,谓其办理平允者有之,颂其处治畅快者有之,责其恫愒过甚者有之,诋其惩罚失苛者有之。议论纷纭,几于莫衷一是。虽然,是皆局囿褊狭徒浼听闻,不足为预防将来教患地步也。"文章认为,湘中办理辰州教案的官员有明显的"仇教仇洋"情绪,仇教激起列强反击,"逆计国家将来之败坏决裂,为之痛哭流涕于不置也"。

16 日(阴历十月十七日) "论说"《设商部宜先立商会》:"民与民群则国立,士与士群则国强,商与商群则国富也。"(按:此文次日刊毕)

20 日(阴历十月二十一日) "附件"《苦口良药》:"不合群是中国头一个大坏处。要合群,非把偏私嫉妒的心肠洗净了不可。""中国妇女的大苦处是缠足,务必舍命的要改过这风俗来。"

23 日(阴历十月二十四日) "论说"《严设报律问题》对某道员发出的"严设报律,以肃观听"的条议进行严厉驳斥,指出某道员条陈的实质是"售阻扰之术,以图顽固之快"。文章建议放宽报律,鼓励广设报馆。因为报纸可以"辅学堂权力之不及",是"通利国民教学之良药也"。(按:此文续刊于 11 月 24 日、25 日)

英日记:"方守六成婚于胡梅仙家,半照西礼,客至者廿余人。"英敛之、李敬宇及其子女参加婚礼①。新娘子为"杨邦媛"。

26 日(阴历十月二十七日) "论说"《论女学关系之大纲》:"有乾坤而后有阴阳,有阴阳而后有男女。女者,男之权舆,所以辟乾坤,所以育阴阳,万象之肇始,万有之造端,胥藉兹长养生成,以遂有今日之世界,建今日之国家,繁今日之人类种族。是故世界无女不兴,国家无女不强,人类种族非女不硕大绵衍,其任至重,其权至专,此造物之公例,不容偏倚臆测于其间也……女胡为?必学所以定其志趣,卓其神识,宏其智慧,完其体育,使知人身为左右世界之分子,非学莫以尽其职。女子为教育国民以肇造世界之幸福,非学无以广其传,而后本其精细,辅以深沉,佐之文明开化,济刚以柔,达微于显。大之则千万亿兆之世界以立,远之则千百世纪之世界以绵,小之则飞潜动植之千百物理以昌,近之则种族国家之千百异处以合,如是为尽其义务之天然,如是为完其质禀之特色。"(按:此文次日刊毕)

---

① 《英敛之先生日记遗稿》,第 575—576 页。

12月

5日(阴历十一月初六日) 英日记:"柴先生送所欠洋来,并未肯多借些须,数百金白用一年之久,不惟无利,而零星使用,且甚吃亏,伊反觉受损甚大。人情之薄如此,可概也。"①(按:这是英敛之第二次对柴天宠有微词)

9日(阴历十一月初十日) 英日记:晚,李敬宇至英敛之处谈馆事,并谓英之"薪水太菲,不敷用销,将向众人议增云云"②。

16日(阴历十一月十七日) "来函":某君来函云,天津联军都署存在时的卫生局"凡有益于民者莫不剀切而晓谕之,凡有害于民者莫不出示以严禁之。卫生有术,故能疠疫潜消焉"。天津回归后的卫生局则大相径庭,"一名一实,一真一虚,其相去奚翅天壤哉?"回归后的天津市区"污秽狼藉臭气熏蒸",负"管事之责者得毋扪心自愧乎"?

17日(阴历十一月十八日) 英日记:"昨午后,李敬宇来言,法领事说报上来函事。"③(按:前一日"来函"见报后,天津有关官员向法国领事馆打招呼,法国领事馆出面向《大公报》馆施加压力)

18日(阴历十一月十九日) 英日记:"连日腿痛不利行,心大忧闷,恐成痿痹之症,心灰意怠,颇思他去。自秋徂冬,未得畅心一日也。……掌灯时,麦尔甘后来,李仍不在家,遂去。旋敬宇来言报事,颇似有悔意,谓无益而有损也。予亦为大不快,颇有灰心,劳心费力受苦,而人不谓然,时时且担忧领事官之诘责,殊可叹也。"④

22日(阴历十一月二十三日) "论说"《拟仿英国泰晤士日报例各省遍设官报局以开风气说》:"最隆盛见重于天下者则莫如英之《泰晤士报》馆。观该馆之所以刊报章,登报纸者,皆备弥求备、精益求精。议院之言论纪焉,国用之会计纪焉,地理之险要纪焉,民业之盈绌纪焉,邻国之举动纪焉,格致之新理纪焉,文甫脱稿,电已飞驰,一日而籀读者三十万。此西人所以智识日开,学问日进,阅历愈广,技艺益精者,报之功也。"文章说,"外政之得失,各国之交涉,工艺商务之盛衰,军械战船之多寡,学术之新理新法,皆壅蔽之,茅塞之,隔阂而因循之",此为"黄种之所以愚,而中国之所以弱"的原因之一。文章建议中国

---

① 《英敛之先生日记遗稿》,第580页。
② 《英敛之先生日记遗稿》,第581页。
③ 《英敛之先生日记遗稿》,第585页。
④ 《英敛之先生日记遗稿》,第585—586页。

也应"仿《泰晤士日报》之例,于各省遍设官报局",以"发国民之精神"为宗旨,在体例方面,"不妨如"泰晤士报"之规则,分内政、外政、杂事三类。凡国家举措之得失,则以内政统之;邻邦政教之损益,则以外政统之;至工商之盛衰,器械之利钝,则以杂事统之"。

27日（阴历十一月二十八日） "论说"《拟立同人会社议》（津门张蔚臣）主张建立同仁会社。"近来各种报章风行海内,大抵以朝政之得失、各国之交涉、工商之盛衰、学问之新理,据事直书不避嫌怨为宗旨。李翰曰,不出户知天下罕更事,知世变未从政达民情,殆为今日阅报言之也。今宜使在社同人不拘众寡,均按以十人为率,此十人中,各择阅报纸一份,其报资应归自给,每日必互相换阅,周而复始,阅毕各归原主。"（按:此文次日刊毕）

1903年（光绪二十九年）

1月

2日（阴历十二月初四日） 英日记:"灯下麦尔甘送法文合同来。"①

3日（阴历十二月初五日） "论说"《书颜观察世清请设劝工场禀后》:"国家者大资本家也,政府者资本家之总理也,官吏者资本家之代表也。总理有结合劳动公益之义务,代表有精进劳动技术之责任。"

英日记:"晚……诵麦尔甘合同,步步脱卸,无担负之语。"②

4日（阴历十二月初六日） "来稿代论"《天津某茂才拟请袁宫保严禁缠足禀》提出禁止缠足的三等办法。"凡事无人提倡则不能大兴,而提倡之责惟士绅足以当之。盖绅士负一乡之重望,有办事之实力,其势力甚便也。"劝戒缠足之事"宜由州县官各将其所属之绅士传集面谕,强迫其立会倡办,由绅士设立总会,其名目即称为奉旨戒缠足总会,其分会无论何人皆可立之……各立册簿,入会者各将姓名住址第几女几岁详细注册,每一月分会将册簿呈送总会,总会将一切册簿呈送州县官,按名榜示署前照壁上,以便传播而示荣耀"。文后附有"本馆附注"言:"此缠足陋风为地球所独有,所以为五洲各国所轻笑,无一益有百害。"（按:此文于次日刊毕）

5日（阴历十二月初七日） 英日记:"嘱报纸整顿加附张。……改拟麦尔

---

① 《英敛之先生日记遗稿》,第591页。
② 《英敛之先生日记遗稿》,第592页。

甘合同。"①

15 日（阴历十二月十七日）"论说"《论俄人要索东三省税务》："俄人之于东三省也，所谓司马昭之心路人皆知之矣！乃自满洲开放后，变其强横占领之手段，而为扼制权利之密谋，明给中国以殖民虚名，隐收全省之财政利柄，如设税务，要矿利，驻俄兵，索海关，及近日所索三款，皆其阴谋险计之彰明揭著者，东西各报纸载之悉而探之甚详焉。第就设税务一事观之，则其欺侮我中国，凌厉我中国，胁挟我中国，诚有令人心寒者。某报载，东三省地方，俄国政府已决定派遣税务司一员征收各项税务，其事权不归税务司管辖，惟可归中政府节制及政府派人助理稽查以外，沿铁路线由邮政及分卡，中国尚可有权干预等语。夫税务财政上要著也，有管领土地之权者，始有经营财政之权。俄既退兵东三省，则东三省一切兴利除弊整顿财政诸事宜皆属中国主权，岂容他人之干预？即中国贫困如斯，税务为理财之一，亦不劳俄人越俎，使当事迫其威势轻若允许，即不啻并财政土地而两失之。将来此端既开，各国效尤，援利益均沾之条，群相要挟，而至一时大局掣动，害何可言？英之于威海，德之于青岛，其所以谋抵制俄人之大连湾旅顺者，往事班班可凭，此有外交财政之责者不可不熟筹密之。视东三省为专制殖民地久矣，区区税务之设，岂必有爱于中国而计中国之从违，以待中国之节制稽查哉？窥俄人之意，其不受中国税务司之管辖而受中国政府之节制，不受中国税务司之派员襄理而受中国政府之派员稽查，彼心目中彼意计中，久已无中国政府之足虞，存所足虑者，特以税司之阻扰，他人之干预，为难定其从违焉。且当要索照会之始，知必有甘言厚利饵我政府，一似热心中国为中国振兴财政，以救一时之贫困者。迨至饵之不可而要求焉，要求不可而挟制焉，于是俄人之术益穷矣，以主权所属之财政，各国注视之东三省，彼俄人岂遂敢贸往设税哉？为今日对待俄人计，宜执持定见，勿狃于俄国之强大，勿悚于俄人之势焰，勿怵于俄使之威逼，宁拒一狼贪无厌之俄人，以免为他国所藉口，逆来则顺应之，甘饵则谢绝之，专制压迫则竣论公理以申却之，俄人虽狡诈险鸷，其如计术不售何哉？"

英日记："同药雨、道衡车至三德轩，寻医院不得，往复行极久。予腿痛甚，久之，人引至四合轩胡同橡村，家极隘小，伊看腿后，敷以艾典，后与一小瓶，遂

---

① 《英敛之先生日记遗稿》，第 593 页。

同李(道衡)车回至馆。柴先生言报上德人搅扰事,领事官询问。"①(按:这里记述了两件事:一件是英敛之随李道衡寻医治腿病;一件是德人寻衅滋事)

19日(阴历十二月二十一日)　英日记:"早如常。写白话一段。午前至堂,晤罗公,取合同归。柬敬宇云:与麦月薪水四十元,令其招揽印工,作二八成扣用。……晚,发各处催账单。校对后,过十二点卧。"②

20日(阴历十二月二十二日)　英日记:(上午)"至麦处,未值,留片邀其午后来馆定合同。饭后,敬宇来云,前定之薪水六十元,不能再减。乃遣人询柴公,覆云:酌量定夺,不必再改。……晚,麦尔甘遣人送来信,言有病不克来。"③

2月

3日(阴历正月初六日)　英日记:"七点即起,知照电灯房毋灭火,始印第二张报,月份牌亦印出不多,先发本地八百余份。"午后,接到严又陵送来的《原富》全部④。

17日(阴历正月二十日)　"论说"《书守旧维新之真伪论后》:"苟欲求强国保种之道,第一当化其新旧之见,但问其能实心爱国、实力办事与否。无所谓守旧,无所谓维新,直除去新旧之名称可也。其次或兴利除弊,公而忘私,提倡中国固有之精神,恢复中国已伤之元气,为一真守旧家可也。或改良进步,锐意图强,尽除中国之弊政,输入泰西之文明,不尚空谈不存偏见,为一真维新家亦可也。不然,此击彼攻,各逞私意,守旧伪,维新亦伪,又安能发爱力、合大群,以同御此万国竞争之风潮哉?"

26日(阴历正月二十九日)　"论说"《录西报论文明野蛮之界说并书后》:"东方之贫弱,西方之富强,别无他故,只视其教化为何。如中国苟能得教化以释放实践文明之目的,则转瞬富强,与西方各国一律焉……无宗教不能立国,本馆已不惮再三呈述,然尚有欲为我国民告者,夫古今中外立国之本,不外国教宗教两端。宗教者,一国之精神也,国教者,全国之运动也。二者缺一,国不能存。惟宗教无国族村部之界限,凡处地球人群皆在教化之列,是进世界于大同之基础。……我国之欲不受人欺凌,欲人相待以平等,脱野蛮而入于文明,

---

① 《英敛之先生日记遗稿》,第597页。
② 《英敛之先生日记遗稿》,第599页。
③ 《英敛之先生日记遗稿》,第600页。
④ 《英敛之先生日记遗稿》,第606页。

当知所定其方针矣。"(按：该文 27 日续完)

28 日(阴历二月初二日)　英收到"敬宇交麦自写法文合同"①。

3 月

1 日(阴历二月初三日)　"论说"《国民文明野蛮之界说》："自五洲尽辟，寰宇一新。强者存，弱者亡；优者胜，劣者败。天演之公例，即为世界之公理，于是有文明野蛮之判焉。文明者何？顺乎公理而日益进化之谓也。野蛮者何？悖乎公理而不能进化之谓也。"

英敛之在家接待由京来的张树椿，留中饭，"伊系就法文翻译事。伊商无处食宿，予谓本馆正欲觅一通法文者，彼处事讫，可代报馆略事译报，实为两便之事"②。

7 日(阴历二月初九日)　"论说"《译东报论支那衰弱之风潮》："今余敢大声疾呼，下一铁断曰：支那老大帝国十年灭国，百年灭种，至二十一世纪之初，胥为无辫发民族生息于灿烂庄严之世界矣。""呜呼，余何嫉视夫支那乎？呜呼，余更何深仇夫支那乎？……今夫集合亿兆黔首而组织一大社会，曰国，为国之主人翁，而掌存亡机关者，曰国民。其界别存亡之命脉，曰独立与奴隶。"关于支那，为"世界中绝无仅有之专门奴隶出产地也。数千年来，其学术思想，胥劝诱奴隶绍介书；数百代还，其祖传秘诀，悉训示奴隶金科本；数万里内，其风俗习惯，皆铸造奴隶不动机。盖自三代递降，祖龙崛兴，举往昔所制成奴隶手段大加改良，而后奴隶历史愈发达，奴隶程度愈涨增……全国……完全圆满之奴隶国。人人以服从强者为主义，以奴颜婢膝为精神，朝秦暮楚，迎旧仇新，无半毫爱国之想。"

9 日(阴历二月十一日)　英敛之"至堂，与柴话，王祝三在，并商报馆事，皆不愿允此合同(指与麦氏签的合同)。柴愿予明日去北京晤樊主教商议此事。……守六欲去京，约同行"③。

10 日(阴历二月十二日)　英敛之与方守六赴京，当日"至北堂，晤樊教主，云现病，馆事可与林教主相商"④。

---

① 《英敛之先生日记遗稿》，第 618 页。
② 《英敛之先生日记遗稿》，第 619 页。
③ 《英敛之先生日记遗稿》，第 622 页。
④ 《英敛之先生日记遗稿》，第 622 页。

11日（阴历二月十三日） 英敛之"至堂,同林公晤,樊公言,馆事改日人或英人,允可。后与林公话有时"。次日返津,"至堂,晤柴略语"①。

16日（阴历二月十八日） "来函"《公益天足社改订详细章程》。（按：天津刘孟扬倡办天足社,以劝戒妇女不缠足为宗旨。刘孟扬后进入《大公报》馆,成为主笔）

17日（阴历二月十九日） "论说"《以宗教救中国说》："中国之衰弱如斯,究而论之,是无中国也。何以无中国？中国国魂散失也。国魂胡以散失？民群无爱国思想也。民群胡以无爱国思想？自锢其灵魂而未尝释放也。灵魂何以不能释放？无文明教化也。何谓文明教化？宗教是也。"文章认为,宗教可以拯救国民思想,唤起民智。"然外人之来我中国宣布教宗者,所在多有,文明曷尝不及于中华？曰教士之力有限,不能普及于国民,是以能得其释放者只有此数耳。"因而主张"莫如我全国国民同认文明教化为一己应有之教化,全国大立教会,各省遍立教堂"。

英日记："午至柴先生处饭,候有时,祝三来,商馆中事。予略白退意,伊等皆劝阻,订后再细订股份章程。"②

20日（阴历二月二十二日） "论说"《敬告吸烟缠足者》："甚哉,我中国人之无血性也,詈之而不知羞,击之而不知痛,涕唾满面而犹安之若素。何其冥顽一至于斯哉？"不仅如此,被詈、被击后,不知振作,嬉戏如常,甚至与詈者、击者为友。于是"外人"均以为中国人好欺,"一人詈变众人詈,一人击变众人击"。关键在我们自己要"奋发其精神,痛湔其陋习。凡所以贻笑于外人者一扫而空之,不复稍存,外人虽再欲侮我,乌得而侮之？"

22日（阴历二月二十四日） "来稿代论"《书游学会》（合肥郭恩泽）："甲午一役,偿日本兵费二百兆,庚子一役,偿各国兵费四百五十兆。如此大创,而我国犹酣焉,嬉焉,不以为痛,若于己事毫不相涉也者。"（按：此文于次日刊毕）

23日（阴历二月二十五日） 英日记：午后,"法人德龙来订印法文报事,商妥,晚立合同。日西,至堂,归时遇罗铎,询德龙之为人,据言不佳"③。

24日（阴历二月二十六日） 英日记：午后,法人德龙来报馆言："领事阻其开报事,询有何法可遮饰。予推辞此事,将合同作废。""日西……李敬宇来

---

① 《英敛之先生日记遗稿》,第623页。
② 《英敛之先生日记遗稿》,第625页。
③ 《英敛之先生日记遗稿》,第628页。

(报馆)言麦事"①。

27日(阴历二月二十九日) "论说"《悲中国之前途》:"呜呼悲哉!我中国人乎,即谓不如英美之犬亦无不可。何则? 英美之犬尚得博人之怜爱,为人所宝贵,我中国人则无论对于外界,对于内界,其为人之资格甚不完全,为外界所不齿,为内界所难容。而欲起而与人民自由之英吉利比肩,与民权极盛之美利坚并驾,吾恐梦境虽幻,亦不能一遇其会也。"

31日(阴历三月初三日) "论说"《二十世纪之新主义》:"于二十世纪之天地,欧罗巴之中心,忽发露一光明奇伟之新主义,则社会主义是也。"一方面介绍新主义"其目的欲打破今日资本家与劳动者之阶级,举社会皆变为共和资本,共和营业,以造成一切平等之世界。其手段则欲变少数之国家为多数之国家;变海陆军人之国家为农工商人之国家;变贵族专制之社会为平民自治之社会;变资本家横暴之社会为劳动者共有之社会;而后以正义博爱之心而压其偏僻之爱国心也;以科学的平和主义而亡其野蛮的军国主义也;以布拉沙呼德之世界主义而扫荡刈除其侵略的帝国主义也"。一方面又说:"然则社会主义者,亦乌托邦之主义焉耳。二十世纪以后之状态,社会主义能取国家主义而摧倒而代之乎? 抑国家主义将永永年代乎?"

4月

2日(阴历三月初五日) 连载《四川总督岑制军劝戒缠足示谕》原文。岑制军示谕中列举缠足三害,条陈叙述。本报文前按语:"本报前纪川督岑云帅出示劝戒缠足并将示谕编成白话书,遍布各属,以期互相劝谕。今本馆觅得其原文,急为刊登,以供众览,尚望各报亦皆照登,以便广为传布则幸甚。"(按:此文续刊于4月3日、4日、5日)

5日(阴历三月初八日) "论说"《天津游学会演说》(英敛之):国人要"以爱国保种为心,以不若人为耻,不达其目的不已,所谓锲而不舍,金石可镂,其日后之造就,又岂可以限量"。

6日(阴历三月初九日) "论说"《中国图治之三要素》:一改法律,一入万国公法,一自开教会。(按:此文次日刊毕)

11日(阴历三月十四日) "译件代论"《人畜之别》(识微子译)文后"本馆

---

① 《英敛之先生日记遗稿》,第628—629页。

附志":"今日世界上各国,欧美则日益进化,亚非则反形退缩。就我中国而论,政治风俗依然千余年前之旧,而不见长进",而"人(指欧美人)愈优而愈胜,我愈劣而愈败。我中国人行将失其为人之资格,此足为中国之前途忧也"。如果中国不能进化,就会陷于"与草木同腐,与禽兽同等"的危险境地。

12日(阴历三月十五日) 英日记:"灯下柴先生来,话良久,坚留予,并慰良久。"①

14日(阴历三月十七日) "来稿代论"《妇女缠足之历史》(公益天足社朱莲鸳女士稿):"欲强中国,必平男女之权;欲平男女之权,必先强女权;欲强女权,必兴女学;欲兴女学,必先戒缠足。"

16日(阴历三月十九日) 英日记:"午后,王祝三偕王善卿至,遂邀柴先生来商订馆中章程。予但主张报事着善卿经理一切,生意共作若干股。"之后,"同王景宽议良久"②。

21日(阴历三月二十四日) "论说"《说自立》:"夫世界上最下贱、最卑鄙、不顾名誉、不顾廉耻者,非奴隶哉?……盖奴隶者,具有一种天然服从性质,且具有一种天然骄纵性质,此奴隶之特性,实亦我中国四万万人之特性,我中国人所以能自立者少也。"

英日记:"是日,方守六回上海。"晚饭后,英敛之送至新裕船,少坐。方妻杨邦媛已于阴历二月初十日回粤③。

30日(阴历四月初四日) 英敛之"早起,踏车一次。敬宇来言法人昂利事。午至柴先生家,唤秀升来馆代译。语归略歇,昂利来,遣人复唤秀升至。闻昂之意,锐欲办报,极怂恿其利益"④。

5月

1日(阴历四月初五日) "来稿代论"《天足会演说》(天津公益天足社刘梦[孟]扬):"中国妇女之无用,果何故乎?曰是无学问之故。曰兴女学何如?曰女学固宜兴,然不戒缠足而徒兴女学……盖女子既已缠足,则行走不便,虽有女学堂而就学甚难,或致因噎废食。而且筋折骨断,回血管自闭塞不通,周身

---

① 《英敛之先生日记遗稿》,第634页。
② 《英敛之先生日记遗稿》,第635页。
③ 《英敛之先生日记遗稿》,第637页。
④ 《英敛之先生日记遗稿》,第640页。

血脉亦为之不畅,血脉既不畅,则脑气亦为之亏伤,脑气既亏伤,则智慧亦因之不足。智慧既不足,则虽兴女学亦必不能大见起色。"

2日(阴历四月初六日) "时事要闻"《南洋大臣初三日夜间电奏》:东三省事不可轻易签押,"日本政府日前电致中国政府,谓东三省之事不可轻易与人。如中国不顾利害允俄人无礼之要求,恐各国又从此多事等语。"

英日记:"午后,王祝三偕齐芹洲为带到刘仙舟来管账有时事。""灯下,有俄提督 Denino 来信一函,并代寄周仲华信一件。德西挪函邀于明日午后至李顺德一谈。至镜宇处请其看信,归。"①

3日(阴历四月初七日) "译稿代论"《满洲论》(译日本报)。(按:此文次日刊毕)

"时事要闻":"北京函云东三省事外间稍知时事者,无不注目。日前闻军机处人语,观两宫意思,并未深悉其事。盖恐皇太后年高,又增烦恼,故无人敢据实陈奏也。"

自该日起,"译件"栏改称"紧要译件"栏,大量刊登世界各国对"满洲修约"事件的反映。

4日(阴历四月初八日) 英日记:"十点时,昂利由京来馆,复喋喋谈出名事,极欲揽办。午后,伊子复来言。法国武官来言,梅尔晏可充本馆干事。"②

5日(阴历四月初九日) "论说"《未来之中国》:"呜呼悲哉!我中国已矣!据现在以断定未来,我中国必为万国之属地,我中国人必为万国之马牛。不但比之印度莫能及,即比之犹太波兰,其悲痛恐犹或过之。"

7日(阴历四月十一日) "专件"《京师大学堂师范仕学两馆学生上管学大臣请代奏拒俄书》。

"时事要闻"刊发"俄人密约"全文,共计9条。

11日(阴历四月十五日) "专件代论"《京师大学堂师范馆全班学生请政务处代奏书》:东省军事危机瓜分之祸即在眉睫,不能一误再误。"愿皇太后皇上上深念祖宗付托之重,下哀民生之多艰,力拒俄约,联盟英日,庶大局或可图存,得藉手以行新政,宗庙幸甚,国家幸甚。"(按:此文次日刊毕)

13日(阴历四月十七日) "专件代论"《八旗生员公上外务部王大臣书》言

---

① 《英敛之先生日记遗稿》,第641页。
② 《英敛之先生日记遗稿》,第642页。

东三省事。近"风闻俄人筹款千万两为贿赂清国官绅订结密约之用,并交此次赴京之俄大员带往云云",因此上书外交部,力陈防内奸、顺民情。

18日(阴历四月二十二日) "译稿代论"《对清政策》(译日本《朝日新闻》)。(按:该文于19日、20日连载)

19日(阴历四月二十三日) 英日记:"方纯府(乾武)来,出更正漕润之事,欲出润笔数十元,坚却之。"①

27日(阴历五月初一日) "论说"《爱国心》:"国者何?民众团体之所由成也。爱国心者何?思所以固结团体,保持爱护之也。保持爱护者何?不使异族侵害我之自由,致失其权利也。谁人当具爱国心?凡属人类,无不当有之也。爱国心公乎私乎?曰,爱国心纯全出于自私自利,而非矫揉强勉,使之发者也。然则我中国人爱国心,何以若是其弱薄?曰:以国家为一人之私物,难责以人人真爱之;以国家为公共物,则人人不得不爱之。……自古以来,国家意旨已乖,以官爵为施恩济私之具,培植涵濡一班圆熟软媚材料,使之歌功颂德、损下益上,岂知误国殃民,为丛驱爵,使民安得而有爱国心?民安得不视国家危亡无关痛痒?且不惟无关痛痒,而竟眀眀胥逌,直有幸灾乐祸之情,凡此皆民无爱国之心之正原因也。今国家欲民皆有爱国心,必须尽反其所为,使上下情通,苦乐与共,毋纵狼以噬羊,毋视民而如畜,知民为邦本而善抚之。斯本固邦宁,知食乃民天而善养之,斯天人相应,顾人情,孰是厌安康而乐祸乱者?得毋有不得已而迫之使然者耶?若以此言为离经叛道、惑世诬民,请读孟子所谓君之视臣如手足,则臣视君如腹心,君之视臣如土芥,则臣视君如寇仇等语,岂非我所指爱国心之真注脚耶?呼!可深长思矣。"

31日(阴历五月初五日) 英日记:"端午节……饭后,自踏车偕内人去刘伯年处道喜,出分礼二元,少坐,同伯年一齐回馆。"②(按:自此以后,刘孟扬接替方守六,成为《大公报》第二任主笔)

6月

2日(阴历五月初七日) "附件"《爱国论》:"泰西人讲论中国的,常说中国人没有爱国的性情。故此众人散漫不能合群,心情软弱没有勇敢,不论那一国

---

① 《英敛之先生日记遗稿》,第649页。
② 《英敛之先生日记遗稿》,第654页。

人来,都可以占据他的土地,使唤他的人民。若是用点威风,就没有不顺从的,使点贿赂,就没有不贪图的。"何以如此?因为不知从何时开始,茶馆墙上贴着四个字"莫谈国事",拿国家当了一个私物,不准别人干预,不准别人讲话。国自国,民自民,年深月久,国与国民分离。个人只管"眼前敷衍了事,吃点喝点,多弄几个钱……逍遥快乐",甚至把那些忧国忧民的人,视作"杞人忧天,无故呻吟,不是疯子,就是傻子",这样状况,如何得了?

7日(阴历五月十二日)　英日记:"严智怡(慈约)来云,'日本留学钮铁生(永建)、汤樾(尔儒)现由日本来津,系代众生见袁制军及庆王,面禀一切。'留严饭后去。午后,汤尔儒来见,人无甚精神,言谈亦不畅利,恐无济于事。"①(按:钮、汤为留日学生"拒俄运动"发起人、拒俄义勇队领导者)

8日(阴历五月十三日)　英敛之至佛照楼"晤钮铁生,话有时,归"②。

15日(阴历五月二十日)　"时事要闻"中关于俄约一事,确实消息称:"近日俄使晤会庆王,仍是要索多款。庆王答以东三省退兵载在和约,必贵国将兵撤退然后可议他事。俄使无辞,惟于税项一事尚坚请照允。"

28日(阴历五月二十三日)　"论说"《论中国之外交家》指出,"中国向来最短于外交术,闭关自守,是其所惯。""今世界外交手段之最可畏者,实为俄罗斯,已为各国所公认。而我中国之外交家,最易受哃吓,最易受牢笼者,实为与俄罗斯之交涉……以为中国之最可亲者莫俄国",如不醒悟,"恐将我全国四万万人同入于俄国之势力圈中而莫能自拔"。

7月

2日(阴历闰五月初八日)　英日记:因值夜班,尚未起床。有人报告,"王景宽率其弟及张等七人不辞而去"。英敛之闻后,即遣三弟急告柴先生,并"亲至数处探询,至胡幼泉家,告其三弟速寻人来馆,馆中现只余六人,晚间始知大小机器及要件有损坏缺失者。人心险恶如此,实出予意料之外,因待彼等从无刻薄处也。"③(按:王景宽为英敛之亲自招进报馆之印刷技术工人。当年带其到上海购置设备,春节前,王说家中有事,要提前北返。英敛之再三挽留不住。走前,英敛之为他购买衣物、手表等。报馆开工后,任命其为印刷厂领班,对他

---

① 《英敛之先生日记遗稿》,第657—658页。
② 《英敛之先生日记遗稿》,第659页。
③ 《英敛之先生日记遗稿》,第672—673页。

信任有加。但是现在却带头闹事,所以英敛之说"待彼等从无刻薄处")

3日(阴历闰五月初九日) 英敛之"黎明即起。本日报勉强刷印,模糊不堪,拟明再补送一次。……午后……王世廷来审视机器,数时之久,究不知其病之所在。人来往看视者甚夥。近六点,觉明日报不能印。予遂出至北清、鸿昌,皆印架太小,再至《日日新闻》社晤药雨,订在彼印事,伊甚愿代办,遂即归,催装版"①。

4日(阴历闰五月初十日) 英敛之"早起,景融审视机器。王世廷等来,人甚多,迄未得机器病之所在。午前至堂,晤罗铎言此事,并求写洋字信二件,一致北堂,一致敦庄子。午至柴处,谈此事不可究。又至敬宇处,言在领事府立案事。归,遣三弟进京。明日之报,仍托《新闻》社代印。日西,踏车至《新闻》社,雅(药?)雨外出,遂自回。九点后,人去,静,同景融、张八细审机器,至十一点后,得知其病之所在,略加推紧,试之,果然照常,心大快。楼上同话有时,近三点卧"②。(按:印刷厂出事后,英敛之身心紧张至此,足见其高度责任心)

"论说"《妇女缠足之历史》。

5日(阴历闰五月十一日) 英敛之"邀(商务印书馆)夏(瑞芳)及伊谡臣、景融、张八等,品升楼饭。日西,踏车至《日日新闻》社晤药雨,交其印费二十元。伊不肯收,后言明日再议。次日,工头送回,只留十元"③。

6日(阴历闰五月十二日) 英敛之同陆(法人陆窝)、王(律师王玉山)为解决王景宽等人闹事的问题"夜话至四更,回屋不成寐。新印工不得法,毁纸甚多"④。

8日(阴历闰五月十四日) 论说《论改革之与破坏》:"虽然欲作改革之思想,必先有建设之布置,否则既改革而破坏则破坏亦甚可忧……惧破坏而不改革固不可,无建设而妄言改革尤不可。今日维新诸少年之轻谈革命者可以鉴矣。"

"时事要闻":捕拿《苏报》馆人员经过。

10日(阴历闰五月十六日) "论说"《自由辩》:"维新诸少年"满口"自由平等",实际不懂"自由"的真意,滥逞"野蛮之自由"。

---

① 《英敛之先生日记遗稿》,第 673—674 页。
② 《英敛之先生日记遗稿》,第 674—675 页。
③ 《英敛之先生日记遗稿》,第 675 页。
④ 《英敛之先生日记遗稿》,第 675—676 页。

22日(阴历闰五月二十八日) "论说"《爱国与害国之辨》批评主张共和与革命的所谓"爱国者",称其以流血冲突谋取"个人独立""社会共和",实则是"出其强狠外交政策以谋个人利益"。革命党关于"中国程度低浅、民众野蛮,非侈谈革命破坏之词,不足以警愚蒙而资改革"的论调是"大谬不然"。"夫国家之进运必由开化而文明,由文明而立宪,由立宪而共和,故世界大同,万无可一蹴可至之理。"况且中国处于"幼稚时代,于谋改良增进尚惟日之不暇",如果妄谈流血革命,"无以裨国家前途,转致促国家命脉"。(按:此文次日刊毕)

26日(阴历六月初三日) 英日记:"遇三弟言,妹是日早车押王景宽来,予未见,闻其形容憔悴,言语支离,似痴如醉,但言惟求一死等语。使张八慰解之,晚送于长发栈。"①

27日(阴历六月初四日) 英日记:晚,"令(王)景宽来,与之言,此次宽伊等,不肯送官究办,但你等须将耗费之项补,即作了结。伊亦首肯,令其写信寻李久桢来津作保"②。(按:从对王景宽等人的处理中,可见英敛之的宽仁厚道。"李久桢"即"李九珍",为向英敛之举荐王景宽的中间人)

28日(阴历六月初五日) "论说"《论俄人占满洲之本意》(译自日本《朝日新闻》)。

29日(阴历六月初六日) "论说"《劝戒妇女缠足必须官为提倡说》:"故官如尽忠于君则不可不提倡,官如施仁于民亦不可不提倡,官如欲为中国洗此一大耻更不可不提倡。苟或不然,吾恐各男女志士虽舌敝唇焦,热心劝导,终无可以收效之一日。""自光绪二十七年十二月二十三日劝戒妇女缠足之谕旨颁而后,各省男女志士以强种为心者均各恪遵谕旨,热心提倡,以期挽救此恶习。""中国人有服从官府之特别性质,无官以干涉之,虽有绅士倡导其收效终不能广远。"(按:此文次日刊毕)

英日记:"李久桢由京来云,早车到,在胡幼泉处极久,商令王景宽等赔款事。"③

8月

2日(阴历六月初十日) "时事要闻":"前北京拘拿之沈荩已于初八日被

---

① 《英敛之先生日记遗稿》,第686页。
② 《英敛之先生日记遗稿》,第687页。
③ 《英敛之先生日记遗稿》,第687—688页。

刑,今得其绝命词四章,照录如下:狱中铁锁出银铛,宣武门前感北堂。菜市故人流血地,五忠六士共翱翔。谁把辽东今断送,中朝从此失陪都。瓜分已是目前事,执政曾观图说无。五洲公道未全绝,为我伤心撰诔章。念疫管关新密约,祸端小庆与钟郎。今年三十有一岁,赢得浮名不值钱。从此兴亡都不管,灵魂归去乐诸天。"

7 日(阴历六月十五日) 英敛之乘船再次赴上海。此次"无甚要事"①。在杭州时病了一场,直至 9 月 21 日(阴历八月初一日)乘船返回天津。

12 日(阴历六月二十日) "附件"连载《说中国风俗之坏》所列举风俗"第一样是奴性",尤其是官场上的"奴颜媚骨",当官的又把老百姓当奴隶,弄得"中国如此之大,没有一个不是奴隶,也没有一个不甘心自居为奴隶的"。(按:此文 15 日、20 日两次续载后再未见续)

18 日(阴历六月二十六日) "论说"《本日庆贺万寿之感情》:"共和不但有拂乎民情之公,而且徒逞空言,决不能见诸实事。盖政体之沿革,由君主而立宪,由立宪而民主,阶级秩然,莫能陵躐。我中国之政体,不改良则已,欲改良惟有立宪。"并满怀信心道:"吾甘与维新诸少年作反对,偏尊崇我皇上,偏属望我皇上。我皇上将来必可以立宪法,振国权,以救我国民四百兆生灵之众,以奠我国家亿万年有道之长。"

21 日(阴历六月二十九日) "论说"《论俄兵目今日之动静》(译大阪《朝日新闻》)。

"英日记":"昨《申报》谣传,予去信已更正。"②(按:1903 年 8 月 20 日《申报》刊登报道称《大公报》曾载"兵围颐和园",事出谣传,致主笔被拿。英敛之为此致信《申报》,称《大公报》从未刊发"兵围颐和园"之事。是日,《申报》刊登了"英敛之声明")

26 日(阴历七月初四日) "论说"《论中国亦重德育》:"我中国数千年来,文明之教化亡,国民之生机塞,其思想日流于稚嫩,而不克表异于人群,其观念日混于纷歧,而不能扩充其脑,国家之政教亦半为弱民之术,半为愚民之方。吾国民遂皆以旅进旅退为本分,以规矩老实为当然。究其弊,则自立之精神、自治之能力皆消散于空气之中,而不复能战胜于新世界,卒至受内界之压制,

---

① 《英敛之先生日记遗稿》,第 692—696 页。
② 《英敛之先生日记遗稿》,第 697 页。

受外界之侵蚀,忽忽悠悠,日以渐灭,岂不重可悲哉!"自泰西文明进入中国后,全国风气大变,出现人人争自存竞争的局面,"争竞烈则易流于毫暴,势将自残同类,而有害于一群;欲自存则必机智,然机智极则易入于奸邪,势将隐害同胞而敢违于公理,故今日维新者日渐加多而风俗人心竟日形浇薄。……无他,德育之未修而道德之心薄弱也"。是故,必须重视对国人的道德教育。"道德者,人格之要点也。故泰西文明之教育首重伦理一科。盖道德不完,终为人格之缺陷。""对于一社会,不可不以道德为合群之资;对于一国家,更不可不以道德为爱国之本。我中国人向好自私自利,不知有群亦不知有国,更何论合群,更何论爱国? 皆此道德心薄弱之所由致也。故欲求强国……必自人人各自修养其道德始。夫欲使人人各自修养其道德,舍德育其义奚由? 操教育权者其留意焉。"(按:此文于次日刊毕)

9月

5日(阴历七月十四日) "时事要闻":"中国政府之查拿会党,各国多不以为然。而其间以英国为尤甚。闻上海《苏报》一案,英国有拟将其人犯一律释放之说,未知确否。"

12日(阴历七月二十一日) "论说"《论新闻纸与民智通塞有密切之关系》:"我中国民智闭塞,久矣! 好异端而不悟正理,信邪说而不入正途。""庚子之义和拳不数月而遍国中,盖非无故而然也。其国民中之程度较高者,悯民智之昏愚,思有以开导之,于是,有新闻纸之设。新闻纸者,开民智之物也。有妨害民智之事,新闻纸嫉之如仇,则立论以辟之,务使之不留余孽,庶可以破愚民迷惑之心。"但是,中国有些报纸"不但不能开通民智,且于愚民所迷信之邪说异端从而推波助澜,津津乐道"。

13日(阴历七月二十二日) "论说"《中国宜广设工艺厂说》:"居今日而言行新政,第一先从实业上作起,而其余一切皆后也。"

14日(阴历七月二十三日) "时事要闻":"探闻政府自杖毙沈荩以后,各国公使夫人觐见皇太后时,谈及沈之冤抑,皇太后亦颇有悔意,已面谕廷臣,会党要严拿,千万不可株连良善,致离人心等语。"

16日(阴历七月二十五日) "时事要闻":"探闻刑部司官,自杖毙沈荩后,托故告假者颇多。皆以杖毙之惨,不忍过其地,出而述其始末,照录于后,以补各报之缺。当杖毙时,先派壮差二名,打以八十大板,骨已如粉,始终未出一声。及至打毕,堂司均以为毙矣。不意沈于阶下发声曰:'何以还不死,速用绳绞我。'堂司无法,如其言,绳绞而死。又闻发旨之先,有政务处某君面奏于皇太后改旨,亦不敢再抗奏。又闻刑部某司员有感于沈荩、苏子熙、赛金花三人之事,戏成一语,皆无对偶,云'儿女英雄流血党',下联无人配成,兹录之以待将来。"

10月

2日(阴历八月十二日) "论说"《论俄人新密约之用意》(浙西夷则子来稿):"俄人撤东三省之兵,载在约章,各国所共闻也。乃距初次撤兵之期,迄今已二年矣,不第原有之兵撤而未撤,且新添之兵,更有加无已焉。今第三次撤兵之期已在旦夕,更无可推诿,于是乎又有要求之密约,以为得步进步之计,并将藉此以蒙蔽各国,其心之深、计之巧,诚不可及矣。如此一观密约,不既真且确乎?然吾独谓其用意之诈,谓予不信,请揭其隐。夫今日榆关以东,纵横五千里之地,岂尚为中国政府权力之所及哉,已久在俄国独裁政体之下矣!营商埠,筑城池,建炮台,造兵房,迁穷民,以及伐木开矿,种种之设施,何尝一商于中政府?任所欲为,不复顾忌,乃以此区区者,反故作谦逊未遑之态。不擅设施而必向中政府求之,且不敢显求,而故为秘密之约以求之,此果何为者?其密约所要求之若干条,曾不十日,已明载中西各报,而中国政府尚畏葸退缩,不敢拒复不敢许。英日之公使亦凝神一志,专注于中政府,力迫其拒,以冀其不许。于是,此问题之迁延而莫解决者,已将一月矣。今各国惟静观八月十八之撤兵,以决此约之从违。中政府更候八月十八之撤兵,以冀苟延此残喘。然而,此密约内之条件,俄人已见诸实行矣。不观夫东北三省检查疫病之特权,固为密约内所要求者乎?""总之,俄人视今日之东三省已确为己之属土,其所以为此要求者,无非掩各国之耳目。""请视俄人之动作将如何,深虑予之不幸言而中也!挥泪书此,以审当世政治外交家之留意东事者。"(按:据协议,沙俄应于当年8月18日从满洲撤军,但是至今俄人非但未撤一兵一卒,反向清政府提出新增七项条件,欲独占中国的东三省。《大公报》发表此文,对俄人予以痛斥,对中国政府予以警告)

7日(阴历八月十七日) "论说"《说公》:"查国之政体分三大类,曰专制,曰立宪,曰共和。极公者为共和之政,极不公者为专制之政。我中国一王代嬗,由来已久。……若国民之程度低浅,则一经改立共和之政,则极公可变为

极私。……今日而图改良中国之政体,以求化其私而合乎公,则惟有立宪乎!"(按:此文于次日刊毕)

10日(阴历八月二十日) 英敛之晚"至堂,与柴先生议阁工头事。近又为王某挟制索钱情形,决意不为曲就"①。

20日(阴历九月初一日) "附件"《笨老婆养成孩子》:"中国的大局"常常坏在两等人手里,一等是书生,一等是少爷。以科举为例来说:"每年总有七十多万童生,乡会殿试,统共也拔不出百分之一去。下剩的老秀才、老童生,每年长占八十万人。八股是空谈,策论也不是实学。身无一技之长,把幼年、中年有用的精神,全用于无用之地。改业已晚,追悔无及。这半世的功夫,果然讲求实业,何事不成?"(按:该文22日续毕)

24日(阴历九月初五日) "论说"《论科举》(朱树人来稿):"西国学校以教育为主义,无人不当教育,故无人不当入学……中国学校以科举为主义,故无志于公卿大夫者,虽不识一丁而亦可;有志于公卿大夫者,必取空而不实、缺而不完之书籍,伏案而诵之,学成而应试……呜呼,百学之所以并荒,人心之日即于苟且,非科举之毒不至此。吾故深恶而痛疾之,不愿我少年之再受其毒也。科举之与学校无并立之理。"

31日(阴历九月十二日) "论说"《论中国定报律》:"夫报律诚宜定也,特恐我政府诸公定报律之用意,欲藉此以钳制天下人之口,以遂其一二人之私,与外国定报律之本意,已大相悬殊。外国之定报律也,盖先允民间之自由出报,先予民间以言论之自由,然后,再设以范围,使不致过流于悖谬。中国之定报律也,盖极不愿民间之自由出报,极不愿民间得言论之自由。于是,托以仿照外国之例,趁此严加束缚,使业报者渐即消亡。"

11月

3日(阴历九月十五日) "论说"《论立宪之要素》:"世界无开通而不成立之国,世界亦即无不开通而可成立之国。无他,开通与不开通之征,一视诸宪法成立不成立,而即以觇国家之成立不成立也。宪法不立,则虽其国强盛,终滋危殆之忧,如今日之俄土是;宪法苟立,则虽其国狭小,已固雄富之基,如今日之德日是。若是者,知宪法之与国家诚所谓不可一日或离者。"立宪要素有

---

① 《英敛之先生日记遗稿》,第714页。

三:"一无国民资格者,不能立宪……一无政治思想者,不能立宪……一无学术程度者,不能立宪。"此三要素,是国民所必备之条件,作为"皆一般立宪之要领,为今日万不可缺乏者"。(按:此文续刊于4日、5日)

11日(阴历九月二十三日) "专件"《拟办徽州不缠足会简明章程》。

12日(阴历九月二十四日) "来稿代论"《拟办徽州不缠足会公启》:徽州妇女"逸居而食者十之二",而其他人都是"操劳而力作者",但缠足的妇女在干活时被"困以至酷极惨之刑"。故曰,戒缠足之计,"始以谋一家之幸福,中以移一乡之视听,而终以刷一国之奇耻大辱"。

21日(阴历十月初三日) "附件"《力除恶习》:"因为民间无论什么事,一有官的告示,就容易办了,原来官势最能动人,这劝戒缠足的事,若是出一张告示,就容易办了,原来官势最能动人……委婉的劝导,也不必强逼着,日久自然能有效验,前年虽是降过上谕,其实民间多不知道,若是出一张告示,把上谕的意思说明了,虽不敢说了全可以遵旨改了,到底可以多劝过几家来,岂不是好?"

26日(阴历十月初八日) "论说"《合群以御外侮说》:"吾因之有感于我中国焉。我中国者,满汉互相忌,新旧互相仇,门户之争固结莫解。今日危亡在即,而犹各逞私忿,不顾大局之安危,曾亦思覆巢之下无完卵,我朝野上下亦备宜改易其方针矣。夫我中国之日即衰弱,其总根固在政治之腐败,而促其衰、速其弱者,尤在人之下不能合群,而人之不能合群,实由于分满汉之界,分新旧之界,以致互相猜忌,互相仇雠。我中国不欲保全则已,如欲保全,则宜平满汉之见,化新旧之争。"(按:该文次日刊毕)

30日(阴历十月十二日) "时事要闻":"俄调精兵来东。驻东三省之俄兵,皆系西伯利亚士兵,率属蛮野,有勇无谋,使之打土匪固有余,使之与强国之兵相见于战场,则不足。现闻俄人忽由欧洲调来精兵数营,计由西伯利亚铁路载至东三省者,每日约有五百名之多云。"据沈友来函云,"现俄兵之在奉天城内者,共四千八百余人,南关有炮队八百余人,每门常有俄兵二十余人轮流驻守"。

12月

5日(阴历十月十七日) "附件"《移风易俗议》(竹园来稿):我国"王公大员好扶乩,好信佛媚神,不是进香,就是走会,久而久之……就积成一个信邪的风俗。故此庚子年,义和团一起,全国响应,皆因是平日信邪的风俗,深入人心的缘故"。"变易民间习俗之恶,必须先除官场习俗之恶。……官场的恶俗,是罄竹难书的。有一件最要紧普遍亡国有余的恶习,就是个官派二字。按白话而说,就是个衙门气。……衙门气……有三个,一是骄奢,二是庸陋,三是怠惰。中国官场不犯这三样病的,十里拔一。"又指出官场用人的恶习,层层用坏人,坏人办事,必然坏事。提出(1)先立一个教部,(2)订丧葬礼仪,(3)毁淫祠、改建学堂及工艺厂,(4)多立白话报,(5)编新戏,(6)绘印新纸画,(7)改良小说,(8)改良演说等八条办法,进行综合治理。(按:此文于12月8日、11日、14日、16日、21日、24日、28日、30日,1904年1月2日连载)

7日(阴历十月十九日) "专件"《东游见闻》(渔村民)。(按:此文连载至12月11日)

15日(阴历十月二十七日) 英日记:午。柴先生捎话说,"股票众言应改易数字,并言众股友集议事"。英敛之"为之大疑。晚,(张)少秋来,同源丰居饭,谈馆事"①。(按:英敛之为改股票数字与柴天宠之间发生分歧。柴天宠委托张少秋作代表多次来馆与英敛之商榷,英仍不同意)

16日(阴历十月二十八日) 英日记:午后"至王祝三处谈馆事,王大不以众为然。言予如出馆,伊定将全股撤出云云。闲谈良久,归至严又陵处,谈有时,甚快契。归,少秋在,代柴先生表明绝未闻人谤语,彼意惟恐予去云云。"②(按:王郅隆支持英敛之不改股票数字的意见,并说,如果英敛之退出,他将撤出全股。这说明王郅隆对英敛之极为信任)

18日(阴历十月三十日) "论说"《卫藏防务考略》:1903年12月13日,英军大举进攻我西藏。清廷谕:"勿再鲁莽滋事。"俄国照会中国外交部:要求中国拒绝英军入藏。《大公报》的这篇长文,为清廷贡献"卫藏防务考略"。(按:此文续刊于19日、20日)

23日(阴历十一月初五日) "论说"《大同进化无种类之争说》。末尾《本馆附志》:"大同世界,为文明进步之极点。……吾非故短黄人之气,以作灰心之论(谈)。吾敢谓世界或可有大同,我黄人恐无能统一世界之一日。盖尝熟察夫我黄种人之性质之资格,实不足以当'主人翁'三字之称号,此则执笔人所

---

① 《英敛之先生日记遗稿》,第742页。
② 《英敛之先生日记遗稿》,第742页。

为和泪名山,洒血太空,悲鸣而不自已者乎?"(按:此文续刊于 24 日、25 日、27日、28 日)

24 日(阴历十一月初六日) "时事要闻":"传闻上月二十六日英国皇帝有上中国皇帝表文一通,显揭瓜分中国之意,将实见之施行。两宫览表,相对痛哭,政府诸公亦一筹莫展。此说盖得之军机处供事云。按上表之说恐不确,其倡议瓜分则事非无因也。"

27 日(阴历十一月初九日) "时事要闻":"杨钦使又来电:驻日杨钦使枢初四日又来电云,日本政府确有倡瓜分中国之意。……按日本政府向来主持保全东亚,何以忽倡瓜分中国?其已改变方针乎?抑传闻失实乎?故援有闻必录之例登之,以质诸国民。"

1904 年(光绪三十年)

1 月

1 日(阴历十一月十四日) "时事要闻":"初十日接日本政府来电云,敝国决议与俄开战,贵国政府助饷乎?助兵乎?望速复。"据说外交部接电后尚未作答。

3 日(阴历十一月十六日) "时事要闻"《政府联日拒俄》:"前日本报记,日本将与俄开战,电询中国政府或助兵或助饷一节,兹悉庆亲王之意虽未决,而两宫已有密谕告外部,决计联日以拒俄,且以精练之兵四万人归日将统带。"

《天津府凌太守劝戒缠足示谕》:关于戒缠足,朝廷早有谕旨,宫保督宪也出示劝谕:"尔等须知圣朝明诏必当奉行,大宪仁心亦宜仰体,但使诗书显族、仕宦名门倡率先行,则阖属士民自必闻风兴起。"并说:"现在本府子女概不缠足,以身示教育,有厚望焉,除将宫保督宪劝不缠足文一千本,再发府县两学,广为分送,以资劝戒。"

英日记:"清早起,写论说一篇,痛斥《直报》之邪僻。"[①]

6 日(阴历十一月十九日) "论说"《说报》:"西国誊报章为政府监督,中国晋主笔为斯文败类。夫报者,诚一国之代表者也,国民程度之高下,智识之开塞,风俗之美恶,要以报馆之多寡,销路之畅滞,记载议论之明通猥鄙征之。西国之所以监督之者,中国之所以败类之者,推求其故,莫不皆有致之之原因。

---

① 《英敛之先生日记遗稿》,第 752 页。

有人焉,古今成绩之得失,中西政治之优劣,全局在胸,燎若观火,陈一义也而天下莫之或摇,发一言也而是非因之以定,彰善殚恶,激浊扬清,心如鉴衡,目同秋水,夫安得而不政府监督?乃者以卑鄙龌龊之身,滥厕笔削清议之席,恩怨偏私,糊涂满纸,恫吓敲诈,拉杂成篇,人乐放僻邪侈也而复助桀为虐,民信异端邪说也而更推波助澜,鄙俚芜词,互相标榜,狎亵丑态,自鸣得意,夫安得不斯文败类?夫报者,所以存三代之直也,直而不直,已堪唾弃,况复加以种种罪孽,种种痛苦,奸淫邪佞,臃肿溃烂,流毒传染,污我报界乎!"(按:此文作者应为英敛之)

英敛之日记:"天将明起,登楼写论说半篇。至堂与柴先生商股票事。"①

7日(阴历十一月二十日) 英敛之日记:"同内人赴井上医院,约先至新闻社,与药雨夫妇同行。至,候有时,高尾夫妇至。高出示关道照会,着领事嘱各报勿宣扬东事。"②

8日(阴历十一月二十一日) "附件"《指明妇女缠足不是正道的凭据》(刘孟扬)。

英日记:"敬宇来,言法领事有言相告。遂同出,自至领事处,知为昨晚照会事,嘱以当小心。……回馆,李之翰来,予复柬严又陵,得其回书,仍为改股票。"③(按:本日日记记录两件事:一是所谓"照会事",是指二十日晚,英敛之在新闻社遇见日人高尾夫妇,"高出示关道照会,着领事嘱各报勿宣扬东事";二是严复回书,"仍为改股票"事)

13日(阴历十一月二十六日) 英日记:"薄暮至堂,路遇领事官,略话法文报不合事。至堂,闻柴先生亦述罗公言法报不佳。"④

19日(阴历腊月初三日) 英日记:"夜大风狂吼,心颇悬系,不敢睡。嗟乎!责任在肩之苦,外人不得知也。"⑤

21日(阴历腊月初五日) 《天津县唐大令劝戒缠足示喻》:"我今苦口再劝,编成歌诀六言,特劝为人父母,将此恶俗永捐,但教勤俭贞淑,自能福寿绵延。"

24日(阴历腊月初八日) "论说"《呜呼派者言》:"呜呼,派先生也!呜呼,

---

① 《英敛之先生日记遗稿》,第752页。
② 《英敛之先生日记遗稿》,第753页。
③ 《英敛之先生日记遗稿》,第754页。
④ 《英敛之先生日记遗稿》,第756页。
⑤ 《英敛之先生日记遗稿》,第758页。

时局之危如累卵,人心之散如团沙,上下养成奴隶性,朝野谁具爱国心?……甲申之役,外侮已不一来,人心自当深警。而乃积习不除,病根牢在,泄泄沓沓,振作毫无。甲申而后,复有甲午,甲午而后,更有庚子。至庚子,则社稷几屋□,两宫西狩,人民涂炭,生机全无。遭此创巨痛深,天翻地覆,可谓万死一生矣!应如何卧薪尝胆,痛反积习,力图振作,乃弊政依然也,陋俗不改也,官府之贪婪尤深也,庶民之蒙昧如故也,上下酣嬉,流连忘返,荒亡以殉。降至今日,釜鱼笼鸟,宰割由人,惟有俯首乞怜,束手待缚已耳。"

29日(阴历腊月十三日)　英日记:"午间,巡捕长来寻,云领事有言相告。即至,值其午饭。两点再至,始知因德木兰法文报事,伊不欲其出报,又不肯明言,只令予设法阻之。……晚,辞德木兰印报事,伊甚暴躁,云明早去见领事。"①

2月

1日(阴历腊月十六日)　英日记:"柴先生来,告以北京法钦差有信致北堂,不准与(法人)德木兰代印报章,如印,将则予押监并罚佛郎数千云云。"英敛之听后觉得:"何其可笑之甚!法人印报,而法官府不能阻止,当面且以好言谀之,而背地则恫吓中国人,如此,何其无理?若此中国,当此积弱之余,公理昏昧之日,为其国民者,复何能为力哉?"②

2日(阴历腊月十七日)　英日记:近午,"闻德木兰仍催工人再为出报一次,暗令工人避去。饭后,予仍出游避之,怅怅出,无处可去。乘车至城南、城西,至北门一茶室,坐听书唱……十一点归,乃见德木兰,伊已明不印之故,非出自予。伊云明早进京,将以胶板出报,誓与钦差作对。并慰予数语"③。

3日(阴历腊月十八日)　英日记:"饭后。冯兰舟来云,罗铎寻有要事。遂乘车至堂,闻系顷接北堂葛铎函云,政府有与予为难之意,当格外慎重毋出云云。予归细思,断无此理。然中国向来无理可讲,亦不得全目为子虚也。"④

5日(阴历腊月二十日)　英日记:晚,同少秋在家吃饭,谈馆事。"予以诸多掣肘,实不欲办,奈何不能辞,真欲罢不能者"⑤。

---

① 《英敛之先生日记遗稿》,第762—763页。
② 《英敛之先生日记遗稿》,第764页。
③ 《英敛之先生日记遗稿》,第765—766页。
④ 《英敛之先生日记遗稿》,第766页。
⑤ 《英敛之先生日记遗稿》,第767页。

8日(阴历腊月二十三日) "时事要闻"《战事决不可免》:"接北京来电云,日本政府于二十一日电致驻牛庄及驻烟台各领事官,饬令各该处日本国民速即撤退,令其回国。按此消息,日俄开战,万不可免矣。"

10日(阴历腊月二十五日) "论说"《癸卯周年小史》前言:"本报时事要闻一门为最占特色。凡一切国家大事,不敢谓一无遗漏,然其重要事件粗备于此。今将癸卯全年本报所纪中国各事删繁择要,汇成一篇,以备谈掌故者之寻绎焉。"

"附件"《年终赠言》:"(中国的)这黎民百姓,自幼就没有受过教化,长大了又没有一定的职业。耳所听的,眼所见的,没有真理正道,他怎么能好的了呢?"黎民的一些坏习惯"不是一朝一夕所能成的恶俗,也不是一个人、两个人所能败坏到的这个样儿。这总根源是没有真正的宗教,没有纯善的教化,没有完全的律法,整天的在那皮毛上治理,在那虚浮上用功。古语说隔靴搔痒,缘木求鱼"。"恳恳盼望我们四万万同胞,不可白白的增了这一岁,不可仍然像从前那全无心肝,只图己私,全不顾别人的利害。"

25日(阴历正月初十日) 英日记:"写《斥直报》来函一篇,自送至方药雨处,因《直报》詈方也。"①

26日(阴历正月十一日) 英日记:"午后作《珊珊词》三首,痛斥《直报》之一班无心肝不知耻者也。夜见翌日《直报》,蛮骂满篇,卑鄙下贱已极,实为中国报中绝无仅有也。复代方作来函一篇,甚长,痛斥其无耻下贱、不通诸事。"②

27日(阴历正月十二日) 英日记:"至方药雨处,将稿交之。毛瑞堂至,言欲与《直报》涉讼,因其妄行污蔑攻击也。"③

3月

1日(阴历正月十五日) 英日记:"午前,立与法人来商印报事,大致已定。……柴先生由北京归,云已与主教说明报馆事,旋去。"④

2日(阴历正月十六日) "论说"《论今日中国之三大怪相》:"报纸者,谓为政府之监督,国民之向导,其责至大,其力最宏。"当下,中国报界怪相迭出,有

---

① 《英敛之先生日记遗稿》,第 775 页。
② 《英敛之先生日记遗稿》,第 775—776 页。
③ 《英敛之先生日记遗稿》,第 776 页。
④ 《英敛之先生日记遗稿》,第 777—778 页。

报馆"主持笔政者,聋其耳、瞽其目而且盲其心……问其宗旨,则曰兴利除弊也,而其见诸报纸之宗旨,则为诱嫖诲淫,直等于俗所谓妖狐之献媚。"(按:此文于次日刊毕)

英日记:"日西。偕少秋出散步。访严又陵先生。话移时,归。严云:顷遣人送夏穗卿《社会通铨序》至馆,为登报。并云,此文当今之世,能道及者,无二人也。"①

3日(阴历正月十七日) 英日记:是日,"订妥印法文报合同"②。

15日(阴历正月二十九日) "论说"《敬告天津教育界诸君》(锋镝余生来稿):中国历代教育,为"奴隶教育",使学生"闭塞其国家思想,训练其服从性质,将以供一人之驱策"。

19日(阴历二月初三日) 英日记:"晡,张云衢来函,托代登颂洪翰香德政,予以函辞云,本报不能以一字褒贬,受海内指摘,洪之父子,声气过大,恐人疑本报受其贿嘱云云。"③(按:洪翰香,名恩广,安徽人。他是当时天津的政坛要员,任直隶候补道,后官至长庐盐运使。英敛之不愿意为"声气过大"的洪翰香歌功颂德,就是为了避开巴结达官、受其贿嘱的嫌疑)

28日(阴历二月十二日) 英日记:"午后,少秋来,欲出。祝三子景航来,有时,同(张)少秋至日本领事府,晤高尾,谈有时出,后同至严又陵处,谈有时,归已黑。"④(按:这里出现两个重要人物。一个是王景杭,其为王郅隆长子。王景杭第一次出现在《大公报》馆后,常陪日人来馆办事,并在8年后成为《大公报》老板;另一个是日本人高尾,高尾出现后,英敛之和《大公报》与日人的接触明显增多)

31日(阴历二月十五日) 英日记:"晡,柴先生遣人来,唤至堂,商代印某报事。"⑤(按:代印某报事是指为法人德木兰代印法文报的事件。此事本来是法国官方与民间报人的矛盾,双方均给《大公报》施加压力,弄得柴天宠、英敛之很棘手。随后三天,柴氏都来馆与英敛之商量法人谈印报事。为解决此事,按柴先生意见,英敛之4月3日专门进京一趟)

---

① 《英敛之先生日记遗稿》,第779页。
② 《英敛之先生日记遗稿》,第779页。
③ 《英敛之先生日记遗稿》,第791页。
④ 《英敛之先生日记遗稿》,第797页。
⑤ 《英敛之先生日记遗稿》,第798页。

4月

5日（阴历二月二十日） 英日记："早至堂，晤林主教，言印报事，有时出。"①当日下午六点回津。次日，把在京活动情况向柴先生、王祝三作了汇报。

16日（阴历三月初一日） "附件"《敝帚千金序》（现在装订，不日出书）："中国这几年来，外辱内乱，岌岌可危。自庚子以后，更弄得国不成国了。推求这个根源，总是民智不开的原故。民智不开，故此见识乖谬，行为狂妄，有利不知兴，有弊不懂除，恶习不能改，好事不肯做，更加上信异端，喜邪说，没有远大的志气，就知道自私自利，绝没有合群爱国的意思。有这样样的坏根子，才生出那种种的恶苗儿。如今弄得是民穷财困，国乱邦危，那知道起首不过是失于教化，民智不开，才成了这个结果。我等无权无位，又无才学，偏不自量，妄想担起这个重大的责任，所以创办《大公报》。那报上的总意思，就是为开民智。也不论见效不见效，也不管讨嫌不讨嫌，但是尽我们的这点血诚，自己可以信得过，绝不是私心歹意。到底报上写的那些议论，虽然不是十分深奥，然而平常读书不多的人，也不容易懂得，故此想了一个方法，时常在报后面加上一段白话。后来屡次接到外边的来函，狠多的人夸赞这白话好，说是用意正大美善，句法浅近明白，妇女小孩子略认得几个字的也可以看看，是开民智最相宜的。……安蹇主人自序"

22日（阴历三月初七日） "告白"《京话〈敝帚千金〉第一本出书》："此书共分五类：一开智，二辟邪，三合群，四劝戒缠足，五寓言。旁引曲证，寓真理正道于浅白言语中，洵堪破除国民愚昧谬妄之见识，唤起国民合群爱国之精神，明白痛快，妇孺可读。兹先印成开智一类，共六十余篇，每本售铜元五枚（即足钱五十文），购至十本者九折，百本者八折。《大公报》馆白。"

英日记："是日，白话《敝帚千金》书订成，每本售制钱五十文。"②

5月

1日（阴历三月十六日） "论说"《王照案之慨言》："自甲午庚子两次败衄，而国气丧；摊赔款，勒重捐，而民气丧；阻新机，起党祸，而士气丧。种种摧折压抑，国之元气荡焉无存，当国者宜如何猛省，奋兴力图补救，乃犹靳丧其一丝仅

---

① 《英敛之先生日记遗稿》，第801页。
② 《英敛之先生日记遗稿》，第811页。

属之余气,以速其死。呜呼!固不可痛哉!呜呼!固不可怪哉!"

4日(阴历三月十九日) "论说"《说情面》:"中国者,一素尚情面之国也。用人行政、察吏选将,无不以情面出之,内外上下,糜然一辙,视若固然,莫之或怪。观夫一职之选补也,不问才品如何,而惟视情面之如何,一事之兴办也,不问民生损益而视情面之损益。"长此以往,这就导致"人心离,风俗坏"。当然,情面也不是全然不顾,但要"在有公私之别,明善恶之分。不得假公济私,浑恶为善"。怎么才能做到呢?"文明之国,立宪政体,行一政,发一令,或询谋佥同,或三占从二。……情面之徇否,要当以准天理洽人情为论断。若夫证父攘羊,其子可谓不关情面矣,而孔子不以直许善乎。亚立斯多之言曰,吾爱吾师,吾尤爱真理,是真不阿所好能得是非之正者也。世之居民上者,务一核其是非邪正而定其所从违也。"

5日(阴历三月二十日) "论说"《官场九如颂》:中国官场丑状"如虎之猛""如狐之媚""如蛇之狡""如虫之毒""如无知之偶""如钻泥之鳅""如黑暗之洞""如无底之渊"。

8日(阴历三月二十三日) 英日记:"饭后,内人偕小洲夫人去聚兴园,并邀沈绥青之夫人。晡,接得吕兰清女史一柬,予随至同升栈邀其去戏园。候有时同赴园,予遂回馆,少秋来。晚,请吕女史移住馆中,与方夫人同住,予宿楼上,灯下闲谈,十二点,少秋去。碧城女史书曩作《满江红》词一阕,极佳。附录于后:晦黯神州,欣曙光一线遥射。问何人,女权高唱,若安达克?雪浪千寻悲祭海,风潮廿纪看东亚。听青闺挥涕发狂言,君休讶。幽兴闭,长如夜。羁与绊,无休歇。叩帝阍不见,愤怀难泻。遍地离魂招未得,一腔热血无从洒。叹蛙居井底愿频违,情空惹。"①(按:吕兰清,即吕碧城,清光绪九年生于安徽旌德。1895年,吕碧城12岁时,其父吕凤岐去世,由此家庭破落。吕碧城和大姊惠如、二姊眉生和四妹昆秀在母亲带领下投奔在塘沽任盐运使的舅父严凤笙。碧城天资聪慧,自幼受到良好教育,各方面都异常出众。1903年,吕碧城到天津城内探访女学,碰巧与英敛之相遇,英敛之对她的聪慧和才华十分赏识,于是将其安排到报馆住下,吕碧城得以于当年4月20日成为《大公报》的一名编辑,经常在报上发表提倡女学的文章和诗词,在社会上产生相当的影响;不久,又在英敛之等人的帮助下,在天津办女学,充当教习。吕家四姊妹都得到英敛

---

① 《英敛之先生日记遗稿》,第818—819页。

之夫妇很好的关照。后来,因教学主张不同,吕碧城与英敛之反目,眉生亦与之翻脸)

10日(阴历三月二十五日) "杂俎"《感怀,调寄满江红》(碧城女史)"晦黯神州,欣曙光一线遥射。问何人,女权高唱,若安达克?雪浪千寻悲业海,风潮廿纪看东亚。听青闺挥涕发狂言,君休讶。幽兴闭,如长夜。羁与绊,无休歇。叩帝阍不见,愤怀难泻。遍地离魂招未得,一腔热血无从洒。叹蛙居井底愿频违,情空惹。"

11日(阴历三月二十六日) "论说"《读碧城女史诗词有感》(英敛之):"大兴女学,尽脱却女子之羁绊,扫除世俗之谬解,行见国无愚蠢之妇女,家有庭训之良师,国民文明之进步,必有异常勇猛者,不特中国之女界对于西洋文明国未遑多让,即全国之教化亦可从此而兴盛,其程度将达于最高点。"

12日(阴历三月二十七日) "附件"《密云县劝种树说》:"有人自古北口来,据云沿途见密云县所贴告示,都是端端正正。凡晓谕百姓的事,告示后皆有演说的白话一篇。故街上俗人,皆乐于传述,在店中并见伙计抄出之劝种树白话一纸,皆以之作鼓儿词看,足见白话之动人如此。兹将劝种树白话,照登于后。"(按:该文续刊于15日附件)

20日(阴历四月初六日) "论说"《论提倡女学之宗旨》(碧城女史吕兰清稿):"女学之倡,其宗旨总不外普助国家之公益,激发个人之权利二端。国家之公益者,合群也。个人之权利者,独立也。然非具独立之气,无以收合群之效;非借合群之力,无以保独立之权。其意似离而实合也。""女学之兴,有协力合群之效,有强国强种之益,有助于国家,无损于男子。"(按:该文次日载毕)

22日(阴历四月初八日) "论说"《碧城女史〈提倡女学之宗旨〉书后》:"碧城女史……发明女学之益,其总纲为普助国家之公益,激发个人之权利二端,立言能见其大,析理不厌其详。以女子论女学,故亲切有味,耐人深思。至理名言,非同肤泛。最可佩者,以二旬之弱女,竟能言人之所不能言,发人之所不能发,其词旨之条达,文气之充畅,直如急湍孟浪之奔流,而且不假思索,振笔直书,水到渠成,不事雕琢。""至于世俗之见,每谓女子无才便是德,又谓女子多才命必苦,此等谬论,不知创自何人?""惟望为男子者,闻女史之言,兴女学,复女权,共扶救国家之危局;为女子者,闻女史之言,知自惭,求自立,勿甘受蛮野之强权。"

24日(阴历四月初十日) "论说"《敬告中国女同胞》(碧城):"'好古尊圣,

因循守旧'八字遂使我二万万女子永永沉沦,万劫不复矣。"中国女同胞必须勇敢地摆脱枷锁,走进学堂,学习新知识,锻炼独立之人格,"造未来众女子之幸福,使之男女平等,无偏无颇"。

25日(阴历四月十一日) "论说"《论中国之内忧外患》:"危哉! 中国也! 悲哉! 中国民也! 夫有国家者,果能闭关自守,与世无争,惟我独尊,睥睨一世?……然而今日为国与国竞争之时代……虽不愿争,而势之所迫,亦不得不争。"文章指出,处于此天演之时代中,"故善为国者,改良政治,力图富强,以为先声夺人之地,内忧不作,外患亦不战而自消也"。(按:此文于次日刊毕)

"附件"《〈敝帚千金〉第二集序》(江安傅增湘):"我尝佩大公主人为人有气概,办事有血性,今要我做序,是不能推辞的。""我看这白话的功劳比做文章还大呢! 诸君要晓得,日报附白话,是《大公报》的特色,从前是没有的。"

6月

16日(阴历五月初三日) "专件"《劝迁安遵化不缠足启》(遵化李增属稿):"缠足不变则女学不兴,女学不兴则民智不育,民智不育则国势不昌。"

19日(阴历五月初六日) "论说"《论进化宜兴女学》(企新子来稿):从家与国的关系来说,"国之本在家,家之本在女,本之本谓何,女学是已"。

20日(阴历五月初七日) "论说"《论中国立宪之要义》:"今日中国政府,又将出现一新问题,其机已动,其端已见,其潮流已隐隐然而欲涌出者,厥为何哉? 盖立宪之问题是也。""立宪"者,迫切需要解决"定宪法"与"立议院"两大问题:"夫文明之国,无不制定宪法,以维持于君民上下之间,一以顺舆情之正,一以图社稷之安。无论君主,民主,皆以宪法为立国之要素。故其国君民合德,上下一心,国乌得而不富强。"定宪法,"(一) 取法宜审慎也。民主国之宪法无庸论矣,中国不立宪则已,如立宪必宜取立宪君主国之宪法参观而仿效之"。"议院宜先立也,欲立宪必有所以维持宪法,而成为辅车之势力者,则议院为要焉。盖议院者,实立法权之机关也,宪法之立以国民公认为准,故必有代表国民者而会议决定之,乃可以颁行国中,无滞碍难行之弊。""宪法、议院二者不能相离,各立宪国无不皆然。"(按:此文被《东方杂志》第5期全文转载)

29日(阴历五月十六日) "上谕恭录":五月十四(公历6月27日)上谕,称"民为邦本,国家用人行政无非为民",因而必须破除情面,裁减冗员,澄清吏治。

英日记:"晚间……近十点,大雨作。闲谈有时后,与内人议去就。予冰来以事故极烦懑,去志愈笃,内人亦以为然。"①

30 日(阴历五月十七日) "论说"《恭读五月十四日上谕谨注》,称该谕旨是祛除"官民隔绝痼习",清除徇私舞弊、鱼肉百姓等官场坏风的英明谕旨,可"扬民气,挫官威",振奋人心。

7 月

13 日(阴历六月初一日) "论说"《贡献之风从此遂断绝乎》:阴历五月二十七日,清廷连下两道谕旨,下令"裁汰冗员","停办万寿及停免贡献"。《大公报》发表言论称赞这两道谕旨,尤其是对"停免贡献"一项。

14 日(阴历六月初二日) "附件"《学校与鬼神不能两立》:"庙宇跟学堂、香火跟教育,是万不能两立的。"列举许多事例,说明中国朝野迷信鬼神的风俗相当严重:"河运官拜蛇,说他是河神,称为金龙四大王;行河海的拜天后神……小孩子出天然痘,等到落痂之后,也都往天后宫许愿去,说是天后神也管小孩子出花儿。越闹越奇,不值一笑……又如作官的每逢初一、十五到城隍庙拈香,天津近来无此事,又有祭门、祭库、用兵时祭旗……等等礼节。"

22 日(阴历六月初十日) "中外近事"《女子听者》:"浙江秋璿卿(秋瑾)女士自号鉴湖女侠,慷慨激昂,不减须眉,素悲中国教育之不兴,国权之不振,以振兴女学为栽培人材之根本,乃于上月初九日由京启程游学日本,日前寄书于其寓津之女友云,二十日到东京,即进实践女学校,一年后进师范学校……望中国女子多到东游学,谓女子教育需材甚急,我同胞能多一留学生,即他日多一师资云云。志之以为中国之女子劝。"

25 日(阴历六月十三日) 英敛之日记:早起,"续成《今世人材果是今世之用乎》论"②。

8 月

7 日(阴历六月二十六日) "论说"《今上皇帝万寿祝辞》:为"早立宪"事,列举日俄战争实例论证立宪于国家的重要性。日本"所以能日见富强,行将与

---

① 《英敛之先生日记遗稿》,第 847 页。
② 《英敛之先生日记遗稿》,第 858 页。

欧美各大国匹敌者,厥由和平立宪,以坚固其国家基础之故"。相对而言"俄以雄跨两洲之大国,与区区岛族之日本战迭遭败衂,竟不能支,固由于兵将之不精,实其专制政体有以致之"。俄国在战争中败北之后,其国内亦出现了强烈的立宪的呼声。论者提醒中国当局道:"果如是也(按:指俄国实行立宪),则环伺中国者,皆立宪国,我中国独以专制之政体,孤立于列强之间,其不为各国所分割者,几希矣。"

22日(阴历七月十二日)　报纸版面调整,新闻类专栏除"时事要闻""中外近事""各省新闻""本埠新闻"外,又增加"各报要闻摘录"。

9月

1日(阴历七月二十二日)　"附件"《说国家思想》:"国家是由人而成的,要是没有人,就不能成为国家。人也是仗着有国家,才能立站住了的,要是没有国家,就不能成一个完全自主的人。"举例道:"你们看犹太人合波兰人,自从他们国被人灭了之后,这两国的人,直到如今,无倚无靠,颠沛流离,无论住在那一国,全不能跟人家本国的民一例看待,你们看可怜不可怜？""论报馆的责任一为国民的向导,一为政府的监督。"如何"监督政府"？"政府有不对的事,报可以驳论之,政府有没见到的事,报可以提醒之。可是有一节,遇见国家有当跟外国争回国权的事,如果国家的理直,我们也当帮着政府说话,不可一味的总挑国家的错儿,架着炮望里打。"如何"向导国民"？"国民的智识未开,报可以开智识；国民的见闻未广,报可以广见闻。"

2日(阴历七月二十三日)　"论说"《中国立宪之希望》(录《万国公报》):"世界各国皆知中国之危险,在于守旧。"更叫人发愁的是"中国之民心见其本国之贫弱犹然永静不动。"提出:"欲祛此弊,非早立议院不可。议院者,即人民有监督官吏之权而不使之失其职者也。"(按:该文次日刊毕)

4日(阴历七月二十五日)　"专件"《日本学校总数表》(明治三十五年调查):当时日本有学校29 335处,在校学生5 189 976人。

《书日本学校总数表后》(天津林兆翰):"学之隆替,关乎国之盛衰,是以觇国势者,每以识字人数之多寡定其国家之强弱。我国程度去欧美尚远,姑且不论,请先论最近之日本。以弹丸小国称雄亚洲,岂有他术哉？不过视学为性命。深知夫万种生机,皆由此出。合全国男女少壮之精神皆贯注于学界中耳。"我国如果不愿受外人欺负,"请先取法日本,请先观日本全国学校总数表"。

8日(阴历七月二十九日) "附件"《有权位者请再看》:我们中国,说是四万万人,到底能读书识字的,没有百分之一。就是有多一半人读书,请问所学的有用处没有?能够强国保种不能?那愚民不用论了,你们单看那中过举人,点过翰林,作了大官的,多有不懂什么叫"地球",什么叫"五洲",什么是"国家",什么是"宪政"的。从前有个二品大员,问日本人说:到贵国里去,要坐火车,可以走几天?你说可笑不可笑。现在中国若要强盛,就要实心实力做那强盛的根本。什么叫根本?就是"遍立学堂,妥定课程,无论贫富男女,俱当速入学堂"。

17日(阴历八月初八日) "专件"《呈请直督奖励天足禀稿》。

22日(阴历八月十三日) "论说"《敬告政府诸公》:中国已经到了"生死之关头,存亡之分界"。"今之时局较戊戌、庚子为尤蹙,一误再误,屡失事机,主权外移,国气不振,此时即大事改革,以急救之,犹惧不及。乃仍弥缝掩饰,欲侥幸以图,必不可成之功。""急治之则生,缓治之则死,治得其道则存,治失其道则亡。""改革之第一着,即奏请宣布天下改为立宪政体。"

24日(阴历八月十五日) "附件"《实业可以救贫》:"中国当下可谓贫穷已极了。国怎么贫的呢?由于民贫的缘故。民怎么贫的呢?由于没有实业的缘故。怎么没有实业呢?由于国家奖励空谈,不奖励实业的缘故……把实业看轻了,有子弟的,全以念书考取功名为露脸,再不然就是送到店铺学生意去。"其实,要不挨饿,就要革除重空谈不重实业的病,"教各处兴办工艺,实在是眼前最要紧的一件事"。

26日(阴历八月十七日) "论说"《论中国当以遍兴蒙学女学为先务》:"凡人自襁褓以至垂髫,保抱携持,饮食晏息,无贵贱贫富之分,靡不有恃于母也。"

10月

2日(阴历八月二十三日) "论说"《论立宪政体必与国会相维持》(录《时报》)。

3日(阴历八月二十四日) "专件"吕碧城署名的《天津女学堂创办简章》,共26款。第一款:"本学堂系合官绅捐款而成,故为官绅合办。凡一切规制,则应协同议订,以期妥善。"第二款:"本学堂以开导女子普通知识,培植后来师范、溥及教育为宗旨。"第三款:"本学堂公举总理一位,议事员八位,协同议办各事。"第四款规定:"倡办人充国文教习兼总教习,主持全学事务。"署名为"倡办人吕碧城、议事员等同订"。文后附"创始经理人《日日新闻》社方药雨、《大公报》馆英敛之"《同启》,称:"吕碧城女士倡办天津女学堂,经各大宪及官绅等捐款项襄此善举,诚为开通风气、栽培国民之要图。惟以事属创办,一切经营布置一时猝难就绪,刻下学堂房舍已经造齐,定于九月十五日(1904年10月23日)开学。兹先将简明章程登报,以供众览,其未尽事宜,俟议事员等公同订妥后,再行宣布。凡已题捐册及乐为捐助而未交款者,请就近向各经理人速交可也。"

8日(阴历八月二十九日) "论说"《论惟立宪而后有教育》:"专制之国,虽有教育,亦至隘也。"这是自戊戌以来中国学潮迭起的原因,认为只有立宪,方可平学潮,有利教育。(按:该文次日刊毕)

10日(阴历九月初二日) "论说"《立宪平议》(录《时报》):"今天下竞言中国宜立宪矣,而其事未易遽行。为在下者言之,则曰,不立宪,无以定国是,而一切变法之事,皆无所附丽;而为在上者言之,则曰,吾国之民固犹未具立宪国民之资格,不能猝以立宪之权利相许也。是二说者,盖不可以并立。""今中国之民,诚未可骤跻于立宪,而不立宪又万难语于革政。则莫若仿日本之故事,先行下诏,期以十年立宪(譬如今为光绪三十年则期以光绪四十年)。如此则通国之人,见立宪之政体已定,益知自重其品格,而求所以克享立宪之权利者。此十年之内常识渐开,旧习渐改,磨砺既久,当不难副此立宪国之风,其在今日既以此定国是,又可使一切变法之事,先循此立宪之旨以行,而诸事易举成效立见,此诚最便之策也。"文后"本馆附识"说:"本报素主持立宪,曾屡著论以发明之,今见《时报》登《立宪平议》一篇,喜其与本报宗旨相合,且足与本报昨日所登《惟立宪而后有教育》一论相表里,故录之。"

14日(阴历九月初六日) "论说"《惟立宪而后可以救中国》论述革命不能救中国,专制政体均不可救中国,惟"苟改立宪政体,行代议之制,通上下之情",适合中国。中国行立宪才可能有救。(按:此文于14—16日连载)

30日(阴历九月二十二日) "附件"《妇女缠足于德育智育体育全有妨害》。(按:此文11月2日、5日续载)

11月

6日(阴历九月二十五日) "论说"《译书地名人名宜归一律说》:"乃今日学界中亦有一极不便之事,学者用者两不经意,甚且标新领异,日见分歧。其事维何? 即翻译西籍于地名人名,同字不同译是也。"文章提倡统一翻译外国地名、人名,促管学大臣留意并建议编订一表。

8日(阴历十月初二日) "中外近事"《天津公立女学堂开学情形》:"昨日午后二点钟,由总教习吕碧城女师率同女学生三十人行谒孔子礼。"(按:两年之后,在该校的基础上又成立了北洋女师范学堂)

9日(阴历十月初三日) "要件选录"《详志粤汉铁路废约本末》(录《中外日报》)。(按:该文于10日、11日、12日续载)

11日(阴历十月初五日) "附件"《演说女学》论述兴女学应注意七件事:"一官府当劝喻绅民,多立蒙小女学堂,以便广为造就;一女学堂多立之后,有女孩之家务必就近送去上学;一女子从七岁到十四岁为上学之年;一女学堂多立,女教习不易多得,可以变通办理,聘请年高有德的老先生充当教习;一不必人人习洋文;一学科以浅近普通适用为主;一针黹不可不学。果能如此办理,十数年之后,全国的妇女,都可以识字明理,生下孩儿来,从幼时就受母亲的教化,自己家里就是蒙学堂,自己的母亲就是教习,等到够了岁数再到学堂读书,自然是容易造就的,将来人才自然是要多出的。人才既多,还愁国家衰弱吗?"

"告白":《上海时报》自九月廿一日起连登长达约六万字的《粤汉铁路交涉秘密档案》,是今年外交界一件大事,现由湘粤两省公推王邓两中丞驻上海力争废约,向为国人关注,但真相难得。顷由美国将全案始末抄得寄《上海时报》,凡盛伍梁诸大臣之函电,福开森之函电,美比政府之电,合兴公司之各种章程皆备。原文四万余言,记者悉心校阅加以按语凡万言,令读者知其所在,于此案之症结洞见。

14日(阴历十月初八日) 第一版《本馆特白》:"本馆定例,凡一切新闻,若非由本馆访事员采访而来,概不滥登。其有投函言事者,如将姓名住址开清,本馆访闻果确,则登入来函一门,若夫因挟嫌而投函嘱登新闻者,概不敢从命,特此布闻。"

16日(阴历十月初十日) "论说"《论天津考工厂》:"无商业之竞争,国必不能富。无工业之竞争,商亦必不能兴。故欲求富国,必先求商业之发达,而欲求商业之发达,尤必先求工业之精良。盖商者以营运货品博取厚利,而货品实赖工业而成。是工实为商之本,工不振则商必无功。"

19日(阴历十月十三日) "中外近事"《内廷祝嘏汇志》:初十日,王公大臣前往颐和园为慈禧祝七十大寿。又特备西式大餐款待前往祝嘏之驻京外国使节及夫人。

28日(阴历十月二十二日) "中外近事"《记淑范女学堂》:"仲子凤、薛瑞堂二君在东门内设立之淑范女学堂,自开办以来,颇见进步,其女学生之已缠足者亦渐次解放,现因房舍不敷所用,迁至鼓楼东大费家胡同中间路西芝阳仲寓院内,并添请英文女教习,如有愿习英文及愿习高等英文者俱可预先报名,以便安排班次云。"

12月

8日(阴历十一月初二日) "附件"《淫戏宜禁》:"近来天津的风俗,比庚子年前,日见其坏,此后恐怕越坏越甚。……就说戏园子罢……演唱极污秽的戏。"官家应知会"各国领事馆,同领事官面商,中外地界(对演淫戏者)一律禁逐"。

10日(阴历十一月初四日) "论说"《论中国教育宜急图改良之法》:"教育者,造就国民之基础,存立国家之命脉,不可须臾离者也。""人无教育,是曰非人,国无教育,是曰非国。"虽然"外国语学校到处林立,全省学务处次第兴办",然而,"每月仍考试策论矣。变易义塾名目,每日仍教授经书矣",而学堂所设的科目,仍无非英文、算术、地理、历史等。"有形式,无精神之科目",教育宗旨若不变更,这样的"教育有丝毫之裨益否耶"?"虽学堂林立,弦诵相闻,而其结果必至换步移形,与旧日之腐败教育,几无丝毫之异,不过于形式上一变其面目,至所谓造新国民,养成高尚人格,无非托诸空谈而已。""各国有各国之历史,各国有各国之种族,各国有各国立国之本原",其教育宗旨"或注重尚武精神,或激发爱国思想,或提倡合群以固其团体,或奖励公德以养其人格",因而宗旨的设定不可机械地模仿与照搬。是谓:"若不察其原,徒李戴张冠,削足就履","恐造成之人才,必至崇拜外国,而蔑弃祖国固有之特色,其弊害将来,岂有涯既哉?"继而提出,改良教育第一要义,必须以本国固有之文明为基础,确立一定的教育宗旨,开设相关的学科。只有如此,社会才可以渐渐改良,民德亦可以渐渐进步,而"绝不至如今日之彷徨歧路,若游骑之无归也"。(按:该文次日载毕)

13日(阴历十一月初七日) "外省新闻"《游学人多》:"署督端午帅莅任伊始,即调各处办有成效各学堂学生来宁听候挑选,以便派送东西洋学习……十月十一日,奉调各生齐集省垣约有三百余人……派赴西洋各生四十名(附名单)……派赴东洋各生四十名(附名单)。"

17日(阴历十一月十一日) "论说"《奉告中国之茶商》:"上年安南河内开博览大会,我中国北京工艺商局运所制景泰蓝、绒毯等物前往赴赛,博得超等文凭,为中国工艺界标一特色,至今犹脍炙人口,著声誉于全球。本年美国圣路易开博览大会,我中国工商又纷纷运货赴赛,以博第二次之光荣。孰意货不畅销,亏折甚巨,国旗减色,空叹奈何?"文章表彰茶商为国争光。

21日(阴历十一月十五日) "附件"《彗星绝不关乎吉凶》。

22日(阴历十一月十六日) "论说"《戒烟会议》:"害四百余兆之性命,隘二十余省之土疆,毁数万万之身躯,惰数万万之志气,沉锢陷溺,病入膏肓者,其惟鸦片烟乎!""林文忠以执法禁烟致招外侮,中西交涉大启争端,迄今各埠通商多失要地,则害在国家也。每年购土巨款流入外洋,中国精华财源日竭,则害在民生也。中国自栽罂粟占地极多……夺米粟蔬棉之利,近七八年米价高贵,未必非种烟使然,则害在农政也。官吏禄俸差役薪工庶人在官本足自为赡养,及一沾烟瘾,则婪取弄权不得不成贪酷,则害在政事也。"若依然不真心禁烟,"任其自如,恐中国再越数百年,势必烟气迷天,尽成鬼瘠,不亦深可哀哉?"

23日(阴历十一月十七日) "论说"《论商部宜赞成绅商开矿》:"今日为商务竞争剧烈之时代。商务不振者国必不能富强。……宁使矿产为民间所私有,必不使一金滓、一煤块落于外人之手。外人有指索矿产者,必据理驳之。宁伤睦谊,而毋稍迁就。"

1905年(光绪三十一年)

1月

5日(阴历十一月三十日) "论说"《因旅顺俄军降日,为中国政府诸公告》:"俄之援军不至,旅顺之局势难支,战无可战,守无可守,乃于华历十一月二十六日乞降于日军。……窃谓旅顺俄军既降,以后有为我政府诸公所宜注意者二事,特略陈如左:一……俄既抛弃旅顺而投降日军,无论旅顺现在如何,其已不为俄之租地。可知旅顺既失其租借地之性质,则威海租借地之性质亦自化归乌有,我中国政府正宜趁此向英人开议索还也。一……俄人既投降日军,是其出降之日,即为该地退租之日。其人降,其地不能与之同降,我中国为地主应即出而认收,其地宜由我政府向日政府声明,俄之抛弃旅顺而投降,与他之战国弃地者不同。西历正月一号俄人出降之日,即为俄人退租旅顺之日,亦即为我中国收回旅顺主权之日。"

"时事要闻"《旅顺投降条款》:"日本官电(第二百二十号)旅顺俄军投降条款已于一月初二日订约。其择要如左:一所有要塞舰船军械弹药军用各样材料以及官用物件等,悉由俄军交付日本军接收;二于协约盖印后如前项物件内倘有俄军故意破坏或损伤者,日本政府须留坚持自由行动之权;三要塞并指明沈设水雷之细图及海陆各军武官名册等,悉由俄军交付日本军查阅;四海陆各军义勇兵及吏员等悉作捕虏;五日本政府因俄国海陆各军武官并海陆军所属文官等,皆有奋勇御敌之举以为可嘉,准其各带军械及日用须要物件,并迄战事结局,决不反日本利益,勿从军务之事,各订盟约允许归国。"

6日(阴历腊月初一日) "时事要闻"《梁主政之爱国》:"梁广照主政力争粤汉铁路废约之奏,确由该部堂官代奏。探闻两宫廷寄已命张之洞、岑春煊等切实办理,务筹废约后之办法,以便实在收回路权。"

7日(阴历腊月初二日) 英日记:"午后,王绩君(澂)来,现充报主笔。"①

17日(阴历腊月十二日) 英日记:"早,巡捕头来,为登希士告白事,势甚汹汹,予以硬语却之。……晚,张逸帆由保定来,偕少秋、瑞堂赴同春楼,敬宇约晚遣厚斋寻王品斋,为其诋吴调卿告白,令其出具执照。"②

18日(阴历腊月十三日) 英日记:"早,携希士函去少秋处,复自至官报局,回少秋处……同少秋回馆,商复希士函。晚,遣厚斋再寻王品斋,良久归,仍未给执照,予乃同少秋及厚斋至品斋铺中候,过子正十二点,仍云未回。乃至其家中,与其子琐扰良久,辩论不休。过三点,其父作为由外回,初晤略谈,几决裂,相搏后,复缓缓开导,伊(王品斋老板)始肯给写字条,告白由其承担,与馆无涉,并加铺中图记。同少秋别归,至馆已四时矣。"③

19日(阴历腊月十四日) 英日记:"早九点后,巡捕来寻,予车将至领事府,遇于途,同工部局楼,晤敬宇,将王执照出示,洋捕头云领事亦无他事,不过嘱以后多加小心,不可登此等告白而已。"④(按:以上几日日记所记录的事情是一则广告引发的:1月15日至17日《大公报》刊登一则王品斋揭露天津汇丰

---

① 《英敛之先生日记遗稿》,第946页。
② 《英敛之先生日记遗稿》,第950页。
③ 《英敛之先生日记遗稿》,第950—951页。
④ 《英敛之先生日记遗稿》,第951页。

银行买办吴调卿帮同骗款的广告,其中涉及专售英法机器的谦顺洋行的东洋希士。希士大怒,法国工部局斥责英敛之和《大公报》,英敛之和《大公报》据理反击)

24 日(阴历腊月十九日) "论说"《读中国外部通告各国文贡言》:"日俄开战以来已及一年,中国宣告中立。揆之此次日俄战事虽为创例,然亦得勉强守之,以至于今。当宣告中立时,本报曾痛论其非,且谓其难,今反须谅政府诸公之苦心矣。乃不意俄国布告各国,谓我中国破坏中立,此后俄国当为自由之行动,以保已国利益云云。我中国外部闻之,即就俄国所指各条逐一驳之,以悉告各国,理直气壮,明眼人当公许之。"不仅如此,政府当预测俄国下步行动,并采取应对之策。

25 日(阴历腊月二十日) "论说"《论世界惟有强权》(山东王善述稿)。

30 日(阴历腊月二十五日) "论说"《甲辰周年小史》列出光绪三十年元旦至腊月二十四日的每月大事。

2月

9 日(阴历正月初六日) "要件"《日本政府通告各国文》,共八条,就俄国致各国书论议中国中立事进行批驳。

13 日(阴历正月初十日) "论说"《时事杂感》:日俄战争中,日胜俄败的原因在于"日本立宪国,而俄专制国也。立宪国为国民战,将士知有国,不知有身,故其气胜;专制国为君战,将士知有身,不知有国,故其气馁。且日本士卒有普通知识,俄无有也,日本士卒知开战之原因,俄不知也。况乎日本假至仁至义之名乎? 说者谓俄之不能敌日与中国之不能敌等耳夫。我自视较俄何如耳? 政体不变,教育不兴,教育之兴,其本亦在政体。……国虽强大,不足恃也,况于不强大者乎? 忧国者可以鉴矣"。

3月

5 日(阴历正月三十日) 征文广告:"本报自出版以来,颇蒙远近不弃,行销日广,同人深愧浅陋不文,无以餍阅者之意。刻已将近千号,拟届时为庆贺之举。是日增加张幅,广征切时有用之文刊登报首。想海内具先觉之明,抱拯世之略诸君子,必不我遐弃,惠而教之也。收稿至二月底截止。凡经选登者,每篇一等赠洋二十元,二等十元,三等五元。文笔以博大精深,痛切透辟者为合格。题目如后:'中国不亡是无天理,中国若亡是无地理说''振兴中国何者为当务之急''日俄战后中国所受之影响若何''中俄内政之比较''中国宜划一兵制说''中国重兴海军当以何处为根据地''清宦途策''筹款不病民策'。"

17日(阴历二月十二日) "附件"《说中国不讲究女学的害处》。

26日(阴历二月二十一日) "时事要闻"前刊登《十年间日俄交恶大事表》(1895—1905年)。(按:此件30日续毕)

31日(阴历二月二十六日) "附件"《缠足的妇女请听》。

4月

5日(阴历三月初一日) 英日记:"昨午后,至日本领事馆,晤高尾、小村,仍力劝予必须于月中去彼国一考查政界意旨,日俄战后,中东必须联盟,整顿东三省事宜。予系北方清议之望,较他报不同,此行于两国实有所关云云。谈移时始归。"①

8日(阴历三月初四日) "论说"《书强华策后》:"朝廷屡下恤民之诏,而今政何一不病民?非政之果病民也,奉行者非其人,善政亦为作弊之地,实缘上下隔阂、君民之情谊不通";"今日而欲求强国之道,必以宪法为体而以诸策为用","宪法立则君民之情谊可通,中间之隔阂尽去;设议院以重政要,伸民气以保国权……政体既定,国本自坚",若不揣其本,而齐其末,虽有良策犹空谈耳。

11日、12日(阴历三月初七、初八日) 英敛之日记:"连日备初九日之《大公报》增刊,校对甚忙。是日共增三万余言。征文取一等三名、二等一名、三等三名。酬分三等,二十元、十元、五元。数篇文极佳,言立宪甚详,此举为中国日报绝无仅有者。"②

13日(阴历三月初九日) 为庆贺本报出版千号,今出四大张。

头版刊《〈大公报〉千号祝辞》(英敛之):"《大公报》自出世,至今已一千号矣。自念区区苦心,始终坚持者,其宗旨开风气、牖民智,通上下之情,作四民之气。其目的在救危亡、消祸患,兴利除弊,力图富强。奈同人学疏才短,深愧咫闻尺见,无以达其苦衷而肩其天职,故每设题征文,冀海内高明之士发其蕴蓄,匡我不逮。……今当千号举行庆典,循例复事征文。而时局日亟,国是愈

---

① 《英敛之先生日记遗稿》,第981页。
② 《英敛之先生日记遗稿》,第984页。

艰,日言振作,而上下酣嬉如故;日言开通,而上下冥顽如故;其一切偷惰贪婪骄奢残暴,无不如故,殊使鄙人悚惕乎天演之必不可逃,而劣败弱亡,奴隶牛马,我其永世沉沦此厄运耶?此中国不亡,是无天理之问题所由出也。"面对如此之局势,报馆文章已无可奈何。最后自我祝曰:"呜呼,政府监督,祝政府休休其有容而不我毒;呜呼,向导国民,祝国民喁喁其向化而皆有造,时有污隆,为妖为瑞,民有智愚,为厉为惠,与国民缘系而无坠。中国万岁,《大公报》万岁。"

《〈大公报〉千号贺辞》(刘孟扬):"此千日之中,我中国变动之情态,言之深堪悲痛。方发行第一号时,拳乱甫平,和局粗定,联军犹未撤净,天津尚未交还。今仅仅千日耳,而中间波谲云诡,变故迭兴,各会匪义数发难端,东三省已两易其主。再观所行之新政,糅杂支离,敷衍粉饰,形式徒具,意旨多非,莽莽前途,我中国几有不能存立之势。有识者无不痛心疾首。"《大公报》成立千日,于不可贺亦有可贺之点:俄军践踏我东三省之土地有年,现在"日军战胜尽逐俄人,虽不知将来如何,然即此俄军退去奉天,已足泄我国民数年不平之气。而况闻日人之谈论,彼国固无据我满洲土地之心哉。此可贺者一也"。世界上是白种人欺负黄种人,今日人崛起,打败俄人,是黄种人打败白种人。中国虽不振,但亦属黄种人,"未尝不与有光荣焉,此可贺者二也"。日俄之战,我国虽守中立,但是战局结果可"刺激政府诸公之脑筋","从此破除旧见,大事更新,是日俄之一役未始非促我国进步之一大鞭策也,此可贺者三也"。"以上三事,皆属可贺。"

"附件"《千虑一得》说:"自从出报到而今,差不多三年的光景。作报的人一番苦心,无非是盼望中国强盛起来,并没有别的意思。故此每天苦苦的对着各等人,说长道短,讲今比古,凡是可以劝善惩恶的事,没有不按着公理论断的,也不管人家爱听不爱听,横竖凭我们的天良,尽爱群的本分。虽然我们没有什么高才远见,到底这一片好心,自己是对得起天地鬼神的。""中国到了这步天地,是什么缘故呢?我们大家平下心去,细想一想。要知道一国的强弱盛衰,全在乎政治上,政治若好,没有不强的。我们中国的政治,向来是不狠讲公理的,把官看得太尊贵,把民看得太卑贱,在上的人,任意纵横,没有敢说他不是的,在下的人,不用说犯了法,倘或是稍有点儿得罪了官长,或是违背了在上的意思,那可就了不得了,小者缧绁枷锁,大者破家亡身。"因此,"朝廷若肯认定宗旨,改良政治,就是一国的福。……中国刻下要整顿一切,非改良政治不可。"

《〈大公报〉千号增刊》：公布征文评选结果，及征文选登。如《振兴中国何者为当务之急》(一等，史彬)指出，倘若要拯救国家于危亡，"非亟行宪法不为功，盖宪法为振兴邦国之本，举君国之威权，人民之义务，立法、司法之权限，行政、参政之机关，胥受成于宪法。宪法实国家之精神，而治平之模范也"。当今世界恰是专制立宪两政体递嬗的时代，"征之列国，知世界必回归于立宪而后已"。"居今日而欲振兴中国，采五大洲之良规，剔四千年之积弊，贫一变而为富，弱一变而为强，其必以君主之国而行立宪之法，最为当务之急也。"《振兴中国何者为当务之急》(一等，效灵)认为："宪法者何？欲启国民爱国之心而保民之参政权也。世界之政体有三大别……然则君主立宪者政体之完全无缺者也。"另有《中国重兴海军当以何处为根据地》(一等，大埔杨毓辉)、《中国不亡是无天理，中国若亡是无地理》(二等，黔南余恩浦)、《筹款不病民策》(三等，信民)、《日俄战后中国所受之影响若何》(三等，信民)、《振兴中国何者为当务之急》(三等，北京求实学堂教习匡吉)等文。

英日记："是日，备席数桌，为工人等。"①

14日(阴历三月初十日) 本报总理、主笔联名《本馆特白》："本报总理、主笔等向来洁身自爱，一秉大公，从未收受一文私贿，此可对世人，可质天日者也。乃近闻有假托本主笔之名，在外收受贿金者，殊属有伤本馆及本主笔等之名誉，特此声明，幸勿受此等人所愚。并请事主将索贿人姓名函告本馆总理人是祷。此后如有假托本馆之名诈骗人财者，请即将该人扭交本馆或投函示知，以凭送官严为究办。"(按：这份告白连续刊登至4月19日)

英日记："晚，日本领事馆送请帖。"②

15日(阴历三月十一日) 英日记："晚六点后，车赴义和成，方药雨已在。旋，沈少观至，总领事伊集院、副领事及高尾速水等六人，连予等共九人。方药雨共叫局四起，言明此亦出公账。近十点，伯年至，坐有时，散后已十一点矣。与高尾定明日进京。"③(按：为替英敛之即将访日饯行，日营报纸《天津日日新闻》社长方药雨在义和成请客。从英敛之所记看出，日方对这次饯行宴很重视，英敛之也很得意)

---

① 《英敛之先生日记遗稿》，第984页。
② 《英敛之先生日记遗稿》，第984页。
③ 《英敛之先生日记遗稿》，第984—985页。

16 日(阴历三月十二日)　英敛之晚间与日人高尾进京①。

17 日(阴历三月十三日)　英日记:"至日使馆,晤高尾、小村,并晤学生西田耕一,即随予东游作译者。"随后,由高尾陪同离京返津。离京时,"高尾和日本使馆诸人亦在车站"送行②。

21 日(阴历三月十七日)　英日记:"午后,高尾来信言,礼拜日(即公历 4 月 23 日)有船,明日可招西田耕一来津。"③(按:日方对英敛之访日事非常重视,不仅时间抓得紧,而且安排周到,派西田耕一为陪同翻译)

26 日(阴历三月二十二日)　"论说"《振兴中国何者为当务之急》(杞忧子稿)文后"本馆附志":"作者盖极以立宪为然,而深以不能立宪为虑,岂知改立宪政原未有仓猝立办者,必须预为宣告,限若干年改立宪政,日本之前鉴未远也。以中国今日文明进步之速,不过十年,国民之程度必已增高,朝廷如果从今日确定方针,期以十年颁行宪法,尚何有不能之虑乎?鄙见如是,请以质诸作者。"

5 月

11 日(阴历四月初八日)　"代论"《报界最近调查表》:"我国自通海以来,顽风渐化,日报、旬报岁有增加,惜政府不知保护……或徇外人之请而封闭,或逞一己之私而禁止","民间因政府之仇视"而难以发展。报纸名目虽多而销路不好,"经办者不堪赔累,多半功废半途"。调查所得,除《大公报》外,有 268 种,已停者占其半数。表载庚子年间开办于北京的《支那泰晤士报》,移天津后就只有英文版了。其他俄商所办的《盛京报》,英商所办《时报》《津报》均已不复存在。外商所办的报纸中,有《北京报》(德)、《燕都报》(俄)仍存。(按:此表从 11 日起,至 18 日连载完毕)

23 日(阴历四月二十日)　"时事要闻"之沪商要电照登:"商务局鉴美例苛禁华工,波及士商游历,现梁使不肯签约。闻美直向外部交涉,现沪商已合词吁恳外部暂缓签约,并拟相戒不用美货,暗相抵制,祈传谕各商会。"

26 日(阴历四月二十三日)　"时事要闻"之上海人镜学社关于抵制美货传单照录(上海人镜学社传单照录):"美约续禁华工一事,沪上绅商即日集商务

---

① 《英敛之先生日记遗稿》,第 985 页。
② 《英敛之先生日记遗稿》,第 986 页。
③ 《英敛之先生日记遗稿》,第 986 页。

总会会议,经议定不销美货以为抵制。连日广东、福建等帮皆发传单集众会议,亦皆主不用美货。"

30日(阴历四月二十七日) "要件"《上海筹拒美国华工禁约公启》,列举美国名为限制华工,实则禁绝一切华人入境之不平等苛例多条,并加以解释,指出此等苛例有损国家尊严,玷污国民人格,失两国平等权利,损害我国通商利益,有百害而无一利。今美国政府既强我政府画押,危急迫在眉睫,事关全国荣辱,人人有切肤之痛,应群策群力以谋抵制。"古今各国,均无此等禁约","彼来受我保护,我往乃受彼苛禁虐待,天下不平事,孰有逾此!"(按:该文次日续完)

"附件"《天津也当设立阅报处》。

31日(阴历四月二十八日) "附件"《公益天足社刘孟扬敬告众社友》:刘孟扬告众社友,本社成立两年多,已有社员130多家,因无经费,本社开会很少,敬请谅解。希望社友私下相互转告,劝戒缠足。

6月

7日(阴历五月初五日) "附件"(传单)《北京学生奉劝北京城的人莫买美国的货物》,详列美国行销中国的货品单。文后附《本馆附志》,呼吁天津人向北京学习,也应抵制美国货。

9日(阴历五月初七日) "时事要闻"《电饬严守中立》:"探闻近日外务部又电致两江总督,略云日俄战机正在吃紧之际,俄舰往来南洋海面,难保不乘隙驶入,务宜严饬防守,以保中立等语。"

"附件"《现在正是试验我们中国人团体的时候》:抵制美货事,学生应结成团体给商会联合一气,不可空谈"合群爱国"。

10日(阴历五月初八日) 《敬告天津学界中同志诸君》指出,天津学界有光荣传统,天津学生界应起来抵制美货:"我津自警于庚子,幡然兴学,爱国合群之论说日灌于脑而溢于口,际此茕茕侨民含辱海外,我辈无力与争,已深玷我国民之名誉而大负我国民之责任,似此力筹抵制,正宜表发同情,将念吾学界有猛进之精神,卜吾国家有独立之性质者,断在今日,所望学界中人务一律勿购美货……则吾学界幸甚,国家幸甚……"

11日(阴历五月初九日) 头版"告白"《本报不登美商告白》:"美国续订华工禁约异常苛虐,激动我国民公愤,已相戒不买美货。但报纸为美商刊登告白,即系为美商招徕生意。本馆拟定从本月初九日起所有关涉美人之告白一概不登。已登者亦即行撤去,俟美国禁约作废后再行登载。"(按:此《告白》次日继续刊登。《大公报》刊登《不登美商告白》后,产生很大反响,6月17日美国公使柔克义向清政府发出照会《中国〈大公报〉关涉美人告白一概不登,又新闻纸传不用美货,请设法禁止由》》①)

12日(阴历五月初十日)　"要件代论"《驻美梁钦使拟订中美修改工约稿》:驻美梁钦使拟订中美修改工约的原稿全文共十二款。文前语:"美国续订华工禁约苛虐异常,以致激动我华民公愤,合群抵制。乃美人谓该约非美国政府所自订,系由驻美华钦使拟订交与美政府者云云。今探闻驻美华使所拟订修改之约稿……刊录于左。"

《本报记者敬告天津商务总会文》:促其响应上海商会倡议。

"附件"《请看房山县毕大令劝戒缠足的白话告示》。(按:此告示于6月13日续完)

13日(阴历五月十一日)　《天津商务总会致本馆函》:作为对昨日刊登之《本报记者敬告天津商务总会文》的回应,称已有32行董事议定遵照沪商会所定两月限,限满后,如美国仍不删改,遵照各报纸及沪订条例行事,互相纠察,以保同群而维国体。并拟详细调查,无论何物,果为美制,一律不用。

15日(阴历五月十三日)　"论说"《论〈益闻西报〉之华工禁约观》(一心子来稿),对《益闻西报》的禁约观进行驳斥,认为"其事可笑而其意则狠","吾人勿为其言所欺而持以定力"。说:"吾人自问不用美货以相抵制,决无不合理之虞,且吾人亦自有权处此,谁能以力慑之哉?"

自是日起,在"论说"后,增设"抵制美约要闻"栏。开栏言:"本报因国民合群抵制美禁华工苛约风潮极大,特添此一门,凡有关抵制美约之事均列入此门内。"

"附件"《千万别叫美国人抓着小辫儿》:抵制美国苛约,不买美国货物,我们应"专用工商抵制工商,可别参杂别的事情,恐怕闹出别的岔儿来,可就教美国人抓着小辫儿了。"提出:(一)不可跟在中国的美国人为仇;(二)不可跟美国教会为仇。

16日(阴历五月十四日)　头版"广告"《敬请江浙同乡诸君十六日商务总

---

① 台湾"中研院"近史所档案馆藏,档号 02-29-003-01-013。

会集议启》：江浙同乡会定于十六日下午二时在北京路商务总会集议抵制美货事。天津府官立中学堂学生、天津私立敬业中学堂学生，也于今日公告，各学堂同志于十八日二时在文昌宫西敬业中学堂共议商谋抵制美货。

26日（阴历五月二十四日）　"论说"《本报记者与〈益闻西报〉书》："近日我国民因美国续订禁华工之苛约波及士商游历，于是群情愤激，思有以抵抗之，而其所以抵抗之法，其大要一端，只在不购美货，其举动似甚暴烈，而其范围实甚紧严，既不伤中美两国之交情，并不碍在华美人之生命，此为我中国第一次文明举动也，而贵报每纪载此事则加以'仇美'之字样，倘展转相传，致使美人误会其意，而以为今日士商文明之举动犹是当年拳匪蛮野之行为。此中关系匪轻，不得不与贵报辨明之。"

29日（阴历五月二十七日）　"论说"《论天津解散团体之可惜》："自庚子而后，民气竟为之一变，争俄约，争路权，振臂一呼，四方响应，外人知我民气之强硬，因以知我中国之未易图，盖我国民团体之结合已渐渐萌芽矣。""今也我国民团体结合力日渐膨胀，直有出乎意料之外者，沪上议抗美约之风一播，各省竟不约而同，纷然群起而应之。其声势之雄，其风潮之大，实为我中国数千年来第一次文明之举动。""忽也督宪之严谕一传，而津郡之团体遂散。""官府所颁不准二十人以上聚会之禁示"，致使民气压抑，物议沸腾，"此则不能不为督宪深虑者也"。

7月

2日（阴历五月三十日）　英敛之自日本回国。

10日（阴历六月初八日）　"论说"《北京学界同志敬告全国学生文——论抵制美禁华工续约的办法》：（一）当明对乎一己之责任以实行抵制法；（二）当明对乎国家之责任以实行抵制法；（三）当明对乎社会之责任以实行抵制法。

18日（阴历六月十六日）　"上谕恭录"："特简载泽、戴鸿慈、徐世昌、端方等随带人员分赴东西洋各国考求一切政治，以期择善而从。"

28日（阴历六月二十六日）　"论说"《今上皇帝万寿祝辞》，对清政府派人出洋考察宪政表示赞扬："出洋大臣之派遣，为实行改政之先声，此为我国民日夜切望，而大愿将偿之时"，也是"我今上皇帝伟业未成，而前功复续之日"。文章援引日本立宪的先例为仿，呼吁朝廷"必宜定国是，安人心，明降谕旨，限若干年改行宪政,如此则人心不致浮动"。呼吁中日友善,说:"中日合则东亚安,中日分则东亚危;东亚安则黄种存,东亚危则黄种殆。中日相依为命,而东亚又视中日为存亡。"并断言:"中日联盟则外援固,宣布立宪则内界安,此为我中国今日图存之要道,舍此必不能立于世界。"

8月

3日(阴历七月初三日)　"代论"《山西留学日本学生为同蒲铁路敬告全晋父老公启》:留学生在公启中详述铁路为全省命脉之重要性及其影响,并建议速开办铁路学堂。(按:该文从此日起连载,至9日刊毕)

6日(阴历七月初六日)　"来函"《中国现今大势论》(古燕平心子),该文内容为反对抵制美货。文前"按语":"此稿由某某寄来嘱登,其中词旨,本馆不任其责。"

10日(阴历七月初十日)　"论说"《论出洋考求政治要在得人》:"近者……朝野乃竟言立宪,政府遂有派四大臣出洋之旨。此一举也,各国注目其措施,各国评议其利弊,大都以此为改良政治之起点,中国之转弱为强、化危为安或此是赖。但又群疑满腹,虑所遣之非人,未必能探取各国政治之精义,将有宝山空归之叹。诚以中国向来凡事有始无终、有名无实,或以一纸空文塞责。"文章认为,朝廷所遣出洋考察之人,皆"率由旧章习常蹈故"之辈,"不能胜任愉快",加上语言不通,困难重重,建议遴选"学贯中西、识超庸众"者。文章建议朝廷"痛革相沿之陋,破格用人,但问其才品长短,不拘其官职尊卑"。明确提出,胜任此事的"最相宜之人",有"侯官严又陵、丹徒马湘(相)伯、南海何沃生、三水胡翼南",此"数人者,深通西文,利器在抱,负天下重望,怀用世婆心,倘假以大权,俾独当一面,其建树必有卓然可观者,其必不至汶汶泪泪,合污同流,升斗是谋,有孤委任也"。

11日(阴历七月十一日)　"代论"《留日本全体学生为津镇铁路事上政府书》。文章揭露德国对山东之野心,并缕陈种种祸患。认为亡羊补牢尚未为晚,"将豫约可废之理并收回自办之方"一并呈上。(按:该文至15日刊毕)

"抵制美约要闻"《厦门商会赏格》:厦门商会悬赏擒拿"妄造谣言,藉端生事,与美人为难,或毁损其物业,是破坏筹拒美约之盛举而与我辈为反对"的奸佞之徒。

13日(阴历七月十三日)　"来函"《驳古燕平心子〈中国现今大势论〉》:"矫

同立异,于异族,则扬之惟恐不高;于同侪,则抑之惟恐不至",该文作者"是真败类之尤也"。(按:该"来函"内容针对本报8月6日刊登的古燕平心子的"来函"而言,于次日刊毕)

16日(阴历七月十六日) "论说"《论女学不兴之弊》(企新子来稿)。

袁世凯以"有碍邦交,妨害和平"的罪名,下令禁邮禁阅《大公报》。

17日(阴历七月十七日) 第一版报头旁刊《大公报》总理英敛之、主笔刘孟扬《特白》:"抵制美约一事,倡于上海,各省风应,凡华字报纸,无一无之,敝报当仁岂能独让?故随诸君子后,亦尽国民之一分天职,诚以此举关系中国前途者既远且大也。今不幸敝报独触当道之怒,严禁士人购阅,不准邮局寄递,为不封之封。窃思本总理、主笔等宏愿无穷,人力已尽,今暂与阅报诸君辞,此即《大公报》停歇之原由也。至几时复苏,日期尚未能预定。想海内不乏明达豪杰之士,今遇此摧折芟夷我国民者,非由外人,实为我最有权力之长官也。呜呼,诸君后会有期,兹特奉布。"

同时,并列刊登由"天津南段巡警总局赵、天津府正堂凌、天津县正堂唐"之《晓谕》:"为晓谕事,照得近来《大公报》所登类多有碍邦交,妨碍和平,合行禁阅,以本月十七日为限。仰我津埠士商军民人等一体遵照,违必究罚不贷。切切。"

"论说"《说官》(英敛之):"官者,介于君民之间者也,所以承流宣化,为君上作股肱,为民庶作保障。致君泽民,担于一身,安内攘外,惟彼是赖,其责任亦极重矣。责任既重,品位自尊,亦自然之理,无足怪者。乃后世为官者,不任其重,但侈其尊,谓与庶民悬殊,安富尊荣,是其固有之利权。而庶民遂亦不以同类之人视官,一任其剥削侵夺,含耻忍辱,摇尾乞怜,蜷曲于肘腋之下。然论官之形质,虽或有移气养体,较穷苦小民曲眉丰颊、脑满肥肠者,而萎琐狼狈、獐头鼠目者流亦所在多有,非三头六臂、丈六金身,除衣服华美饮食丰腴外,本与庶民为同类之人,非若虎豹狮象,与狐兔犬羊判然不同,可恣其磨牙砺爪,弱肉强食也。""自嬴秦以来,一统天下,专制之政,兴人主之权,日渐尊崇,遂至高无纪极,而官之一途,亦不得不水涨船高,与民隔绝矣。故君门万里之外,复有侯门如海之谣。嗟乎,天泽之分别既严,人事之乖违日甚,降至今日,而官遂得蠹国殃民、擅威作福之专利商标矣。语云,利之所在,人争趋之。故欲遂其骄矜者,先以谄媚为进身阶梯,欲获其利权者,必以贿赂为生财资本。嗟乎,尚书窦进,侍郎犬皡,贱妾与大臣同名,溺器则镌铸姓名,盖惨淡经营,良工心苦,由来久矣。中国数千年来,一治一乱,其兴也,未尝不芟夷凶邪,登庸俊良,以博天下之欢心;其亡也,未尝不馋人高张,佞幸当权,已结万民之怨毒。""近者立宪之说日盛,然但变其皮毛,而不于其司政当权之人一洗涤刮磨之,则永无改革之望,则非以拔凶邪,登良俊为开宗明义第一章,则永无起死回生之一日。欲拔凶邪,登良俊,非先力除尊卑贵贱之谬见不可。予故痛为破世俗胶固之谬见,一敷陈其义,使得解黏释缚,得悉生人之原理,相与恍然悟、涩然耻,则去妄求真、趋生避死,或易得其效也。予岂好为骂詈,徒快一时之口舌哉?实婆心不死,悲悯同胞之念,迫而为此耳。"

18日(阴历七月十八日) 《大公报》照常出报,第一版报头旁,加框上半部分写"苟延残喘之《大公报》",下半部分写"且度今朝,谁管明朝"。

"论说"《苟延残喘之〈大公报〉》:"《语》云,一息尚存,此志不容少懈。""良知未泯,稍具一线光明,不忍嘿而不言,遑计开罪于彼于此?"

19日(阴历七月十九日) 第一版报头旁,加框上半部分写"一息尚存,此志不容少懈",下半部分写"从前种种譬如昨日死,以后种种犹如今日生"。

"附件"《一息尚存勉尽天职》:"诸位知道天津禁阅《大公报》是什么原故,因为《大公报》得罪了天津的官府,故此遭这个不幸。"我们不怕,不仅不怕,还要尽力生存下去,斗争到底,要把报纸办得更好,"要更加精彩,更加改良,凡是力之所能尽,我们总要对得住国民。"

20日(阴历七月二十日) 英敛之署名的《本馆特白》:"中国华文之报附以官话一门者,实自《大公报》创其例。以其说理平浅,最易开下等人之知识。故各报从而效之者日众……今同人议定,由本月二十一日起,于附张中纯用官话印成书式四版,阅者可汇存装订。其宗旨以无背真理、普益国民为标准。"名称沿用本馆刊行最脍炙人口的《敝帚千金》。《敝帚千金》每日都有,"逐日附送,不取分文"。

21日(阴历七月二十一日) 今日起,《大公报》栏目调整:原"论说"改称"言论",原"时事要闻"改称"要闻",原"中外近事"改称"时事"。同时新增加"杂志""公牍""奏议"等栏目。每日另出附张,专门刊登白话文,并在报头前标明"另出附张,不加分文"。

"言论"《言论自由》:"文明国民皆享有三大自由,一言论自由,二出版自由,三集会自由。朝廷予国民以此三大自由者乃得为文明国,否则为野蛮专制。"朝廷欲改行宪政,应"急予以自由之权,以为实行宪政之导线"。(按:此文意在谴责袁世凯对《大公报》无理禁邮之举)

9月

22日(阴历八月二十四日) "言论"《论中国宜开办商务女学堂》：从经商的角度看，女子有更胜于男子的地方。一是细心，一是耐烦，细心能辨货品的良莠，耐烦能力任筹算之勤劳，以西谚为例，"市肆而无妇人，商业必不兴盛"。主张创办商务女学堂，以造就商界人才，"凡商务中之历史、地理、经济、规则以及书札笔算，均令习之，以为他日相夫教子之助，以为他日谋生营业之途"。

24日(阴历八月二十六日) 报头旁刊登英敛之"谨白"："本报于此是非混淆世界，窃不自量，力持公理，作中流砥柱，凡世之蔑理丧良、谄媚阿谀等事深恶痛绝，尽情斥伐，想久为海内明人所共鉴。今忽见八月二十四日《北京日报》不知由何处得来谣言一段，妄谓《大公报》恳恩开释，更加以本馆递秉悔过求恩云云。批阅之下，不甚惊诧。夫抱道自守，何得云悔？直道在人，何得云恩？其误听人言耶？其有心中伤耶？均不得而知矣。名节所在，声誉攸关，是不得以不辩。"（按：9月22日，《北京日报》发文污蔑说，《大公报》"恳恩开释，递秉悔过求恩"，英敛之予以驳斥）

25日(阴历八月二十七日) "要闻"《详记出使大臣火车被炸情形》。

26日(阴历八月二十八日) "言论"《论出洋五大臣临行遇险事》："我中国近来政治维新力图整顿，于是钦派五大臣出洋考求政治，以为将来改良取法之资，中外人民无不额手称庆。"然"竟有匪党于火车开行时混迹人丛掷以炸弹希图谋害，此真出乎人情之外而莫能索解者矣。""然革命党之所切望者，朝廷腐败，人心涣离，彼党乃得扩大其势力。今见朝政有更新之象，民情有固结之形，乃径行其急进之政策，挫抑其方长之机……我政府既迎其机而速行改革，以绝彼党之望，宣布立宪以固其内力，剪发易服以改其外观，当兴者兴，当革者革，急行其志，无俟踌躇。不然，瞻顾迟疑，遇阻辄退，则革命党之势力必日益膨胀，中国之前途必将不可问矣……"

10月

2日(阴历九月初四日) 报头旁刊登"《大公报》馆白"："本馆续出版第二册《敝帚千金》现已装钉成书，每本洋一角五分，购者请至本馆可也。"

5日(阴历九月初七日) "专件"《天津国民捐之发起》(录《南方报》)："立一国于寰球之上，不闻其大小强弱，凡生长于其国内者，人人皆有国民之义务，即人人皆有负担国债之职任，此不可□之公理也。吾国自庚子一役，赔款四百五十兆,逐岁摊还,约以三十年为完债之期,而此三十年中子母兼权,则须实偿银九万万两,是一本而取倍蓰之息也。夫以吾国四万万人之众,能各尽国民义务,群□负担。国债为民任,则贫富平均每人当输银二元,已足偿此巨债而有余。而彼三十年所赢之倍息,即可以藉为举办新政之资,岂非吾国之最大利益乎?不此之务,愿以所赢之倍息,拱手授于外人,而一切新政创办费,则仍须吾国人额外出之。其间利害轻重,孰得孰失,当不待智者而知之矣!"

9日(阴历九月十一日) "言论"《论立宪》。内容:"立宪之原因""立宪之基础""立宪之障害""立宪之年龄""立宪之效果""立宪之和平"。

26日(阴历九月二十八日) "言论"《逸乐篇》(清扬女士稿)。(按:该文次日刊毕)

28日(阴历十月初一日) 英日记:"予五月晦日由东洋回津,终日忙碌……七月间,《大公报》被禁,购阅增加,《敝帚千金》日作三千字。八月初,刘伯年改节,去巡局,终日更加忙迫,常夜阑始卧。"①

30日(阴历十月初三日) "言论"《为津镇铁路敬告山东父老文》(山东旅京学界同人公启):"昔之灭人国也以兵力,今之灭人国也以利权;昔之灭人国也夺其土地,今之灭人国也攫其铁路。铁路存则国存,铁路亡则国亡,铁路者,固国家存亡之一大关键也。"呼吁山东父老及全国民众对此高度关注。

英日记:"午后,正金兑洋。写予添入股票。"②(按:这是英敛之第一次为自己写股票。由此可见其经济状况有所改善)

11月

11日(阴历十月十五日) "要闻"《出洋迟行原因》:"吾行探悉,前调之员,今有托故不去者,现须另调,故延时日。"《电告收回铁路》:"闻鄂督张香帅日前电致外务部,略云接驻美梁钦使电,称赎路之款业经交清,现已分派要员在沪在粤接收路事。从此,粤汉路权归还中国,永断葛藤,特此电闻云云。"

19日(阴历十月二十三日) "言论"《论缠足与女学之关系》:"缠足与女学不两立者也。自缠足兴则女学坏,女学废则缠足工,二者有相为盛衰倚伏之

---

① 《英敛之先生日记遗稿》,第988页。
② 《英敛之先生日记遗稿》,第989页。

势,如水火如冰炭,终古不可合并。盖亦理有固然、势所必至者已。""所可惜者,中国以二万万之女子日囹圄禁锢于黑暗地狱之中,而不克自拔,其残废之身,以几于人格之完备,亦可怜已。嗟乎,女子既废,则女学遂丧。致令教育腐败,人才眚窳,种族阽危,可为太息而痛哭也。为今之爱国保种计,而欲强国力,先宏教育;欲宏教育,先兴女学;欲兴女学,先禁缠足。盖教育者,强国之母也;女学者,教育之基也;缠足者,破坏女学之洪水猛兽也。"

20日(阴历十月二十四日) "要闻"《中日有意联盟》:"京友函云,此次小村男爵到京,开议满约问题,甚为和平。且云中日本唇齿之邦,以后甚愿两国联盟,以维持东亚之大局云云。大约定议后即可实行联盟之约云。"(按:日俄战争结束,日胜俄败。为谋求俄国在我东三省的特权,日本外相小村寿太郎在美国与俄国签订朴茨茅斯和约以后,又到中国北京与清廷会商东三省事宜,以谋求继续承认其取代俄国拥有在我东三省的特权)

英日记:"晡,高尾以信招至,并晤伊集院君,知高君明日进京。"①(按:招之即至,可见英敛之访日后与日本人之关系)

21日(阴历十月二十五日) "要闻"《大使议约宗旨》:"京中传出消息云,此次小村大使会议满约问题,以保全中国利权为宗旨,绝不干涉他事。并对中国政府云,嗣后中日两国当永固邦交,同恤患难,惟中国之幸,亦我日本之福也。语次,笃睦之情溢于言表。"

22日(阴历十月二十六日) "言论"《论驻粤美领事函请岑督封禁报馆事》:"执笔之天职约有数端,曰阐发公理也、激扬公论也、开通民智也、维持国力也之数者,皆执笔之士,临死生患难、刀锯鼎镬而不易其宗旨者也。"

29日(阴历十一月初三日) "言论"《论中国人心浮动之可忧》:"中国之人,风气未开,无识者多,最易起谣,亦最易信谣。故谣言之多,莫过于中国。""此次日本之与俄战本为中国东三省之事而起。而兴师之始,日本天皇即先行声明,谓将来战事告终,必以东三省还诸中国。斯言既出,皎如天日,仁声义闻,播于寰区,各国闻之,同深叹颂。于时,中国之人信赖日本者实深……谣言忽作,妄谓日本即战胜俄人夺得东三省,行且效尤俄人踞为己有,不复还诸中国,于是人心皇皇。"希望日本能履行诺言,止息"谣言",平息浮动之中国人心,也给世界各国一个交代。

---

① 《英敛之先生日记遗稿》,第995页。

12 月

8 日(阴历十一月十二日) 报头旁刊登英敛之署名的"添请访事"的广告:"本馆新字刻已到津,报中体例行将改良一切,今欲添聘访友数人,如肯下就此席者,赐寄事件,务求正大速确,如合即覆函订定。其他文牍章程,一切兴革,凡有关社会足资劝惩者,无不收录。诸君不弃葑菲,热心报界者,务恳源源赐教,藉资匡助,儆官邪,召公理,除壅蔽,彰善良,务期不负报馆天职,斯即增进国民幸福。诸君其有意乎?至薪水从优,姓名隐秘,本馆断无负于诸君也。"

19 日(阴历十一月二十三日) "要闻"《沪上租界风潮》:"昨日上午十一点半钟,上海专电云,上海各铺户全行闭歇罢市。德国领事馆被人以石块乱击……外国团练兵亦出场弹压,美国副领事已受伤,此事……老闸巡捕房为……纵火。"据云"此事谅必为会审公堂争端而起。"(按:1905 年,有一个黎姓广东籍官员在四川做官,死于任上。其妻黎黄氏办完丧事后,携女孩 15 人及行李百件搭乘"都阳"轮从四川到上海,准备再从上海搭船回广东。上海公共租界获镇江密报后,断定这是一起贩卖妇女案。黎黄氏一行一进入上海就被巡捕房拘捕,并移会审公堂审判。会审公堂的中国谳员关炯之等认为证据不足,准备将她们移到公堂的女看押所内。但是,参加会审的英国陪审员副领事德为门认为黎黄氏是重大贩卖妇女案的疑犯。关炯之正气凛然地作了坚决抗争。后来,黎黄氏事件从一件简单的拐卖妇女案上升到力争主权的外交纠纷)

27 日(阴历腊月初二日) 报头旁刊登"本馆谨白":"本报现已一律改换新字,以期豁人心目,并从今日起,增加新闻两版,用扩篇幅,以后逐渐改良,精益求精,总期无负阅报诸君之雅意云尔。"

1906 年(光绪三十二年)

1 月

1 日(阴历腊月初七日) 英日记:"早九点后,(至)日本领馆贺年,他人仅遣人递名片而已。"[①]

3 日(阴历腊月初九日) "要闻"《朱侍御之封奏》:朱侍御因上海会审公堂一案关系中国前途匪浅,恐两江总督及上海道难以磋议。今特上封奏,将派

---

① 《英敛之先生日记遗稿》,第 1005 页。

熟于公法之大臣前往办理，或就近在京向英使磋商，千万不可退让，以保主权云。

9日（阴历腊月十五日） "要闻"《上海爱国会已封门》：据西报谓上海关道禀报外务部云，此次会审公堂风潮，系由爱国会遍发传单嗾使多人致有罢市骚扰等情。故将该会封门，领袖人拘案。

16日（阴历腊月二十二日） "时事"《京师大学堂之谕令》："抵制美约之事，沪上及海外各社会皆致电京师学界，同此力争。闻大学堂监督颇为慎重，已于日前登台演说，谕令各生潜心肄业，勿再干涉此事云。"

19日（阴历腊月二十五日） "代论"《乙巳周年小史》。

31日（阴历正月初七日） "言论"《强国之根本果何在》（惠如女士稿），认为儿童教育是国民教育之基础，"儿童入学之初，即以道德浸渍其心脑中，又善牖启其知识，务养成一心思灵敏，精神活泼之人格"，而后，不管是政治、实业等后续教育，在此国民教育的基础之上，"锐意研求互相淬砺，遂得臻于美备，故其民气沉潅，国势扩张也"。（按：该文2月1日续完）

2月

2日（阴历正月初九日） "代论"《中东和约全文——附约续录》。

4日（阴历正月十一日） "时事"《女追悼会》："日前，《女报》馆张太夫人在陶然亭为周女士开追悼会。"（按：杭州惠兴女杰创办贞文女校，但因经费短缺，学校难以维持下去，她心中十分难受，于1905年12月21日在杭州家中服毒，以身殉学，留下遗书，请当局拨发应有经费，以维持学校正常教学工作。惠兴以身殉学的事件，既没有引起当地的重视，更没有引起社会反响。《北京女报》得知消息后，该报主持者张筠芗立即在陶然亭为惠兴开追悼会。《大公报》对此进行报道，以期引起各界重视）

13日（阴历正月二十日） "言论"《说权利与合群——解决我国能否之问题》（津门张蔚臣来稿）："今观我国一创于甲午，再创于庚子，大局至此危迫极，已遂致矿产权、铁路权、税务权、审判权、宗教权、财政权、殖民权、租地权、邮政权、通商权、教育权下至一切权利，皆被外人垂手而得之矣！……近又有美禁华工取缔留学之事，足为权利缺点之明证乎！如此，而吾国士夫终犹权利云权利云者，不亦过屠门而大嚼，聊以解馋哉？"

17日（阴历正月二十四日） "要闻"《电请开复粤绅》："闻两广总督岑云

师,前因筹办路捐,已将黎、梁等绅奏参革职看管。"

18日(阴历正月二十五日) "言论"《兴女学议》(吕碧城)。(按:此文连载于19日、20日、21日、23日、24日、26日、27日)

"要闻"《粤汉铁路大开议会》:"香港消息云,现该处绅商因粤汉铁路事会议,到会者约一万人。经议定由到会诸人中自筹资本二百万镑,分作四百万股,每股计洋五佰元。业已立定收支银行,凡一切办法俱由商人管理,不与官场关涉。"

21日(阴历正月二十八日) "时事"《东三省·收回金矿之交涉》:"黑龙江将军程留守,现拟收回黑龙江岸之漠河金矿,刻下正与俄国交涉。查该金矿为中国最良之矿,未为俄国夺狱以前,光绪二十一年出产之金约值一百十七万二千八百余两。"

3月

4日(阴历二月初十日) "代论"《论国民捐》:"民之负于国者,曰责任,国之畀于民者,曰权利,无无权利之责任,无无责任之权利,识乎此则上求下应,各得其道,以中国之地大物博人众雄视乎寰球何难?区区之国债又何足云?吾今再为赘一言正告我国民曰:国民捐者,国民之天职也,乌可不尽其天职,而求其权利?"

6日(阴历二月十二日) 英日记:"柴先生遣人来唤,晤,告以馆房转主事,李敬宇撤股事。王祝三在座,遂商订移居建房事。"[①]随即,英敛之与柴天宠、王郅隆商量,借款5万元,自建馆舍。此事具体由王郅隆经手,租了日本租界四面钟对过的地皮,请日本建筑株式会社承办建筑,当年9月5日,《大公报》搬进新馆[②]。

9日(阴历二月十五日) "要闻"《留学生关心路权》:"云南留日本学生电达外部云传闻云南各官业已派员与某英人借债以筑铁路,如果有此事,则大失云南之主权,应请即行制止。"

13日(阴历二月十九日) 广告:"本报续出第六、七、八、九册《敝帚千金》,如有购至十部者九折,五十部者八折,百部者七折,特此谨白。"

---

① 《英敛之先生日记遗稿》,第1018页。
② 见王芸生、曹谷冰:《英敛之时代的旧大公报》,《文史资料选辑》第9辑,中华书局1960年版,第31页。

14日(阴历二月二十日)　"言论"《记惠兴女杰为学殉身事》(三多记)：杭州贞文女校创办人惠兴女士，因办学款绌，学校难以为继，1905年12月21日在杭州家中服毒自尽。文后"记者识"："呜呼！江浙为财赋之区，以区区之女学，竟不能成立，致令惠兴女杰愤懑忧伤，牺牲性命，以身殉学，以冀人之一悟，闻之兴起。"并进一步发出责难："岂其长江流域之士夫，不若大河流域之俳优欤？"

19日(阴历二月二十五日)　"代论"《南昌教案实在情形详述》(来稿)。文末"刍言"："支那国民之性质其漫无意识而好为暴动"，教案频发，酿成国际交涉，"割地赔款习为故事"，致使国家"失主权，破币藏，损国威，受外辱"，国民"罔知愧悔，愚亦甚矣"。指出："闹教之大害有三，一曰失主权，一曰流民血，一曰穷国币"，"愿我同胞其猛省之。"(按：此稿21日续完)

20日(阴历二月二十六日)　"要闻"《法派专员查办教案》："闻某使署人云，南昌教案法政府已派专员，先赴北京向该国驻京公使详询此案情由，后赴南昌查办此案，刻已由该国动身矣。"

21日(阴历二月二十七日)　"要闻"《美使照会外部》："驻京美使因厦门、福州各处又复抵制美货照会外部云，美国验看华人入境章程，现经美政府与梁钦使磋议将妥……该省各学生等似当停止抵制举动，并请该地方官明白劝谕，俾抵约各会得以解散，而免中美士商中更起风潮。"

24日(阴历二月三十日)　英日记："早起。高尾君来，柴先生来谈有时。柴先去，与高谈建造事，并令宁事，旋去。午后，荣华少坐，至堂，晤柴，处以购李股洋五百元。"①

31日(阴历三月初七日)　"要闻"《英参赞索赔恤款》。

4月

3日(阴历三月初十日)　"时事"《女学发达》："自惠兴女士一死，北京女学逐渐发达。如江亢虎所设之女学传习所，大公主之译艺女学堂，近者设妇女匡学会，虽优伶歌妓，亦动热诚……风气之开，进而愈上，不禁为我中国前途贺也。"

12日(阴历三月十九日)　"代论"《南昌教案记略》，认定江县令为自戕。(按：此文次日刊毕)

---

① 《英敛之先生日记遗稿》，第1023页。

18日(阴历三月二十五日) "代论"《答来函》:"呜呼!中外报纸多矣,其说久不一矣,何独于敝报侃侃而辩,刺刺不休,岂报界亦有幸有不幸耶?抑只许他报言之,而不许敝报言之耶?"

28日(阴历四月初五日) "言论"《记国民捐之发起》:"国民捐之发起,倡始于京津,渐被于江南……近又有沪上吴芝瑛女志士创办女子国民捐,其一切规章已附登本报,亦可谓爱国之热诚涨至极度者矣。近又有津邑温宗、徐陆、文辅、陶本玉、陶淑修、张祝君、安相君诸女士起而应之,互为呼应……诸女士皆所谓女中之豪杰者!"

5月

4日(阴历四月十一日) 英日记:午,"赴日本领事馆,拜内田公使,略谈,复与高尾谈有时,归"①。

21日(阴历四月二十八日) 英日记:午后,"至建物会社,复至警察公署,为造房占路执照"②。

24日(阴历闰四月初二日) "言论"《论政府宜奖励国民》:"国家者国民之积极,国民者国家之分子。有国家无国民,国家无与成立,有国民无国家,国民无所依附。然则国家不可一日无国民,国民亦不可一日无国家,国家之与国民关系若是其重且大哉。"

30日(阴历闰四月初八日) "时事"《北京·演说创举》:"彭翼仲、王子真、张展云三志士于初四日在广德楼戏园登台演说,彭演说本日演说之宗旨,王演说国民捐之历史(是日看戏者每人加收国民捐五百文),张演说惠兴女士全传。演说毕,而惠兴女士新戏开幕矣,一时,观者颇动感情。"(按:惠兴女杰的事迹由京剧名家田际云搬上舞台,《大公报》曾有报道)

6月

1日(阴历闰四月初十日) "言论"《论官场保存国粹之热心》批评某省大员、顺德某太守等倡言保存国粹的主张。(按:某省大员指湖北总督张之洞。他是"保存国粹"首倡者。他推崇经学,提倡读经诵古。虽然他在1905年9月

---
① 《英敛之先生日记遗稿》,第1032页。
② 《英敛之先生日记遗稿》,第1037页。

2日与袁世凯、赵尔巽联名上奏"请废科举制",但是仍然强调学堂教育"以经学根柢为重",认为"大学堂、通儒院更设有经学专科……盖于保存国粹,尤为兢兢"。1906年,他在湖北任上,首设存古堂,他在《创设存古堂折》中说:"中国之圣贤经传"为"国粹",必须保存,决不能"听其衰微,渐归泯灭")

4日(阴历闰四月十三日) "时事"《文明戏剧之感动力》:初五日(即公历5月27日)演出中,"忽闻哭声起于南楼之下",且"大号不止,警兵闻知,即前去劝解,方始停哭","细询原由,实因观剧触发感情之故"。记者为此发表评论说:"北京戏园二百余年,此乃感动之第一声也。"

5日(阴历闰四月十四日) "言论"《论革命军必不能达其目的于二十世纪之支那》:"试问革命兵起,能保外人不干预乎?试问革命兵力,能保外人不破坏乎?试问革命排满,即使排尽满族,所谓支那者果能入汉人之手乎?不能入汉人之手,而使支那沦亡于白种人之掌中,则所谓排满者乃自排,所谓革命者乃革汉命也。呜呼!排满革命之目的在保全支那之主权,乃夺之于黄种人之手,而纳之于白种人囊橐之中。其主义,其宗旨,其意识,其希望,不亦千悖万缪而无丝毫纤微之当哉!"

8日(阴历闰四月十七日) "代论"《论宜严定学律》:"学堂为人才荟萃之区,学生为性质优美之选。……国力何以自强?曰惟学堂。国步何以进化?曰惟学堂。……转积弱为图强,全国数万万人之视线,悉交集于学界之中心点,而翘其足、企其踵、举其首、延其颈,孰不殷殷期许而馨香祝之。然则学生之关系千钧一发之关系也,学生之责任千钧一发之责任也。"然而,当今学生中有许多不良习气和举动,致使学生道德堕落、学业荒废,因而,当局必须"严定学律",对学生加强管束。

22日(阴历五月初一日) "代论"《南昌教案中法签押合同原稿》:"南昌教案中之怪现象也,虽为海内所注目而各报喧传,迄未得其真相。兹本馆觅得合同原稿,亟登之报端,以供众览。"(按:在法国人的压力下,清政府最终承认江知县是自刎而死,并赔银25万两,了结此事。这份合同只是说,法传教士与南昌知县江召棠发生冲突,江身故,引起民间暴动,政府要付出赔偿银两数十万的细则,仍不是事件的详细真相)

7月

1日(阴历五月初十日) "专件"《告天津各报大主笔》:"天津各报大主笔

鉴：事物之理，待纷争而始明；社会之事，赖合群而始成。报馆一业，何独不然？……查东西文明之国，莫不有报馆俱乐部之设，以为集思广益之地，犹中国各帮中皆有公所，各业皆有会馆。各报主笔及办事之人，以时齐集，研究报务交换知识之余，诗酒征逐，尔汝欢洽，平生辩难攻击如水火者，握手拍肩，情如兄弟，共话党同之见，而去门户之异……中东两邦，兄弟之国也。现遇西力东渐之机，风潮日迫，且不计夕，两邦报馆处此际，宜如何提倡极论以联两国之欢，而塞异种之觊觎？……某等近有所感于时局，拟于天津纠集同业，开设俱乐部，以为燕息欢娱地。定于华历五月十日午后六点钟开催第一会于日本租界旭街芙蓉馆内，切盼各大主笔助其不逮赐教……《大公报》英敛之、《北洋日报社》足立传郎、《北支那每日新闻报》礼木村笃、《天津日日新闻》社方若、津村宣光。"

6日（阴历五月十五日） "言论"《论保存国粹》（英敛之）："夫国粹之当保存，固也。然吾独不解所谓粹者，究系何若？使果足巩固邦国，康济群生，跻吾民于富强，进吾民之幸福者，则造次于是，颠沛于是，须臾不离可也。""查近日保存国粹之说，官府倡之于上，士夫和之于下，举国皇皇，众口一词，几如晤面之寒暄语……我以四五千年开化最早之古国，非无精粹完美者存在。但与今之矫捷强悍、时时翻新之辈遇，即勇猛精进，尚瞠乎其后，况退守数千年以前之古义，而欲与之并驾齐驱，得乎！""或曰彼保存国粹者，或出于爱国之诚，曷见其言不由衷迎合上意也？曰爱恶人所同性，公道自在人心。……取吾国之蛮风陋俗久为各国所齿冷者矜为国粹，一一而称道之，倘非盲心病脑之辈，断不忍出此也？使果推彼所论，凡相传最古，为他国所无者，不问事之损益，理之是非，皆称国粹，则缠足一事，实为吾国独擅之长，各国诧为奇特者也。何则？骨断筋折而不惜，奇痛虐苦而能甘，以朽腐为神奇，诚好人之所恶，吾人独具之特色，各国甘拜其下风，称为国粹，岂不尤愈于强牵古义，厚诬古人，为直截了当，昭著彰明哉！今嚣嚣之口，相与矜持保持者，诚有类是。吾非敢放诞厥词，故涉轻薄也。嗟乎！使若辈保存国粹者，果得达其目的，底阙成功，吾恐粹难保而国不存。"（按：该文于6—8日连载）

9日（阴历五月十八日） "言论"《亡国奴隶》（廖廉能作）：国人若不改变奴隶之心、奴隶之性、奴隶之行为、奴隶之状态，国家之断送不远矣！如若"吾同胞而不甘为野蛮也……勉争人格"，国家之振兴可期也。（按：该文10日、17日、18日续毕）

19日(阴历五月二十八日)　"代论"《内阁中书金梁拟请代奏为惠兴女士请旌折稿》,对惠兴的行为和精神进行了高度赞扬,恳请"给予旌表,由该家属自行建坊"。

24日(阴历六月初四日)　"言论"《考政大臣归国后之问题》:"此次考查政治之问题实为国际之存亡安危,民族之兴灭继绝"有紧要密切关系,期盼考察大臣回国后,研究立宪之急务,并早定立宪之日期。

"要件"《中国铁路一览》(自日本来稿):由北至南,自俄日和约定后,已归日本经营的有东清铁路、卢汉铁路、牛庄铁路、山西铁路、蒙古铁路以及西山、津保、正太、闽汉等铁路。

29日(阴历六月初九日)　英日记:"是日,为报馆俱乐部第二次集会。予提议七事,经大众赞成。拍相后,五点散。"①

8月

5日(阴历六月十六日)　"代论"《西京游记》(英敛之):前言说:"仆于客夏东游日本,多所闻见。拟归时将此次游记都为一编,颜曰'借镜录',盖欲以备考镜之资也。""西京为千余年之建都地,山川之秀,人物之美,文采之盛,街市之繁,啧啧挂人齿颊间。""剧场所演日俄战状,惟妙惟肖,不独亲切有味,且使人爱国之心油然而生,激国民敌忾之情,寓教育游戏之内,尤为动人钦羡。博览会之所以劝工商(指常时所设之博览会),美术馆之所以昭国粹,是皆于富强根本文明进步大有关系者焉。至武德会之设,所以振国民尚武精神,而妇女亦有击剑之嬉,乃叹武士道诚为大和魂也。"观帝国大学、高等女学、盲哑院后,惊叹其"造化使人无废材",于是书"功填恨海,术补情天"八字相赠。"下及中小学校林立,无人不入学,无学不致用,其富强之效果岂幸致乎?予虽小留数日,忽忽一观,未必果窥个中三昧。然但就表面言之,如街市之整齐,人民之乐利,商不欺诈,人无游惰,且诚有路不拾遗,夜不闭户之风。总之凡百人治,无不整饬精勤,蒸蒸日上,讵不大可异哉?而尤为可惊异者,当此日俄凶战之秋,征兵筹饷,旁午不遑,不知者必谓其国内骚扰,民不聊生,而乃入其市,熙攘如故也;游其野,晏恬如故也,不知有兵事者。比询之走卒竖子,则又言东三省事甚详,非麻木痿痹冥顽无灵也,其果何道以致此哉?日本自维新以来,步武西

---

① 《英敛之先生日记遗稿》,第1052页。

法而进步之猛万国所惊。独我中国狃于故常,积习难返,人心学术日益颓靡,岂真安危利灾,坐以待毙乎?然日本之有今日效果,固收获于西法,尤在善能舍短取长,实事求是,而教育普及,实植其根基焉。""中日两国诚有唇齿辅车之势,合之两美,离之两伤,自不待赘言。我两国士夫稍明时局者,必知和亲辑睦之不可缓。予不敏,聊贡愚见,质之贵邦明达诸君子,其亦以为然否。"

19日(阴历六月三十日) 英日记:"次日,建房银借妥,将八千两票送交祝三。"①

21日(阴历七月初二日) "广告"《本馆迁移广告》:"本馆于七月下旬移于日本租界旭街四面钟对过新造楼房,大加扩充,添置中西新式各种铅字,专印一切华洋书籍章程仿单名片,并可代印报章,一切铅印木板俱可承办,定期不误,价值格外从廉,以广招徕。赐顾者请移玉面订可也。远道来函定印,各件绝不有误。"

24日(阴历七月初五日) "言论"《剪发易服议》(沈鄂)。(按:此文为征文选登,一等。于25日、26日续完)

27日(阴历七月初八日) "言论"《剪发易服议》(由日本邮寄稿湘鄂季子)(按:此文为征文选登,二等。次日连载完)

30日(阴历七月十一日) "言论"《剪发易服议》(育藜王采五)(按:此文为征文选登,二等。次日连载完)

9月

1日(阴历七月十三日) "言论"《剪发易服议》(京师高等师范张兆荫)(按:此文为征文选登,二等。次日连载完)

"要闻"《归并部务确闻》:"日前,诸大臣议改官制及归并部署一节,兹探悉改并八部,内政归警部,外部仍理外交事宜,商部内附工部,学部兼礼部事宜,其吏、户、兵、刑四部仍旧不归并。至其更名与否容悉续登。"《改官制已复命》:"诸大臣在颐和园会议立宪一事,先以改官制为入首办法,业已议妥,于初十日复命,两宫许可,将见施行。"

英日记:"予自辛丑春由申北上组织《大公报》于天津,至壬寅五月始出版,至今四经寒暑。今夏始议建新馆于日本租界,地基二百五十余坪,楼为三面,

---

① 《英敛之先生日记遗稿》,第1056页。

共十八间,较旧馆大半倍。七月中旬始迁竟,家属亦移住新馆。收拾打扫,连日不休。旧仆刘贵复行投来。"①

3日(阴历七月十五日) "言论"《剪发易服议》(京师高等师范张濬源)(按:此文为征文选登,二等。6日接载完)

"要闻"《中国立宪之志贺》:"十三日明降谕旨,约期立宪,中外士民视线咸集。……探析此次政策原动之主力,实由于两宫锐意改革……庆醇两邸赞成之力良亦甚巨,故如此决然宣布以明告天下。"

4日(阴历七月十六日) "言论"《论立宪制度》(傲霜窟陈人稿):"病见乎外者易治,其在内而未见者,庸医之所误,良医之所疾首而痛心也。宪章制度,治其外者也,庠序学校,治其内者也。"中国社会已病入膏肓,必先探清病因,先治标后治本,标本兼治。"故闻此次宣布立宪,及各大员开会决议,定期数年,实行立宪政体,大喜中国发达之速。虽然,言之匪艰,行之惟艰,望中国政府,以勇决之力,而辅之以慎重之思,其庶几乎。""夫立宪制度名实两美,虽然,亦非易称实行者也。如使一不得其宜,则弊害百出,与专制政治,其受病无径庭也。"(按:该文于次日刊毕)

---

① 《英敛之先生日记遗稿》,第1063页。

三、发展时期(1906年9月—1912年2月)

从1906年9月迁至日租界到1912年2月英敛之隐退北京香山,为英记时期《大公报》的发展阶段。

1906年(光绪三十二年)

9月

5日(阴历七月十七日) 报头馆址由"本馆开设天津法国租界狄总领事路"改为"本馆开设天津日本租界旭街四面钟对过"。

21日(阴历八月初四日) "要件"栏刊出《拟定官制大纲》,中央政府与地方政府分别刊登。(按:次日刊毕)

28日(阴历八月十一日) 英日记:"晚饭后,至医院,与碧城数语,觉其虚骄浅薄之状,甚可恶,遂即辞归。"①(按:英日记中第一次对吕碧城表示厌恶之情,并用了"甚可恶"这样极端的字眼)

29日(阴历八月十二日) "言论"《立宪问答》(同城孟陬甫述)。文章采用问答式,中心思想是,行立宪必先改官制,专责分任,既中央集权,又地方自治。"客曰,国民资格之定,必限以纳税乎?主人曰,然,凡称为国民必纳税若干。不纳税若干即不得为国民,此万国通例也。此举行新政筹款之妙用也。独是吾国今日于纳税之外尤有一要法则,能办一学堂、创一实业、兴一公益之事,亦得为国民是也。……苟有国民之资格,朝廷又必与我以名誉以权利以得遂其保身保国之愿望,然则,又何乐而不办学堂、创实业、兴公益乎?此又不必拨官款,不必派官员,而无数之学堂之实业之公益之办之创之兴,自蒸蒸其日上者也。""此官制之所议改也,又必实见乎五洲万国之所崇,民气之所趋,终将驯至乎大同而不可独异以自毙,故不得不别尊主权,下与庶民共休戚,此宪法所以

---

① 《英敛之先生日记遗稿》,第1070页。

议立也。……呜呼,提纲挈领,专责分任,进贤退不肖,振宪政精神,以为全国之表率,是在中央集权,理繁治剧,植本清源,普教育而高民格,具宪政体格以成今世之文明,是在地方自治。"(按:该文于10月1日接载毕)

10月

21日(阴历九月初四日) "代论"《马相伯先生兵警商学界庆祝立宪说》。(按:该文从此日起至26日刊载完毕)

24日(阴历九月初七日) "要闻"《部署通设参议厅》:"政界确实消息云,此次改订官制已议定,各部通设参议厅,管理本部一切法律条款并参□□□章程以及关于改革事务,业经具折奏请。"

27日(阴历九月初十日) 英日记:"早起,眉生来函约晚至医院商事。……至医院,碧城在,觉其虚骄刻薄之态,极可鄙。大不快,漠漠良久,遂出。"①(按:英敛之再次表示对吕碧城的恶感,用了"极可鄙"字眼)

30日(阴历九月十三日) 英日记:晡,至"日本领事府,晤新领事加藤氏,少谈归"②。

11月

9日(阴历九月二十三日) "言论"《论地方自治有专制立宪之别》:"专制之国,唯恐其权之移于下,故凡地方一切事务,无巨无细,无重无轻,必使受治于政府权力之下;而地方自治之说,遂阒绝无闻。""立宪之性质为契约性质,故其集议也,尚众;其处事也,尚公;而其立心也,不以自利为利,而恒以利群为利。"(按:该文次日载毕)

10日(阴历九月二十四日) 英日记:"七点赴李公祠音乐会,会为铸新学社筹款第一场,予为演说开会大旨,男女客约千余人,散会归。"③

14日(阴历九月二十八日) "奏议"《奏为厘定官制先将京官编定折》。(按:该文于16日接载毕)

15日(阴历九月二十九日) "要件"《民政部官制清单》(谨拟民政部官制缮具清单恭呈御览)。(按:该文于次日刊毕)

---

① 《英敛之先生日记遗稿》,第1079页。
② 《英敛之先生日记遗稿》,第1080页。
③ 《英敛之先生日记遗稿》,第1083页。

18日(阴历十月初三日) "要件"《资政院官制清单》(谨拟资政院官制缮具清单恭呈御览)。(按:该文于19日接载毕)

20日(阴历十月初五日) "要件"《都察院官制清单》(谨拟改正都察院官制缮具清单恭呈御览)。(按:该文次日刊毕)

22日(阴历十月初七日) "要件"《各部官制通则清单》(谨拟各部官制通则缮具清单恭呈御览)。

23日(阴历十月初八日) "要件"《农工商部官制清单》(谨拟农工商部官制缮具清单恭呈御览)。

24日(阴历十月初九日) "要件"《内阁官制清单》(谨拟内阁官制缮具清单恭呈御览)。

25日(阴历十月初十日) "代论"《无锡竞志女学校桐城吴芝瑛女士之演说》,吴芝瑛在江苏竞志女校的演讲中提出,女校教育可以使妇女成为家庭中的"贤妻良母",胜任培养子女的重任。这样女性就由传统认识上的"废才"转变为培养新国民的"国民之母"。她希望女子"自立于竞争之时代,他日为贤妇为贤母,相夫教子,各尽其职分。"(按:该文于次日刊毕)

"要件"《大理院官制清单》(谨拟大理院官制缮具清单恭呈御览)。

26日(阴历十月十一日) "要件"《军咨府官制清单》(谨拟军咨府官制缮具清单恭呈御览)。

27日(阴历十月十二日) "要件"《审计院官制清单》(谨拟审计院官制缮具清单恭呈御览)。

28日(阴历十月十三日) "要件"《理藩部官制清单》(谨拟理藩部官制缮具清单恭呈御览)。(按:该文于次日刊毕)

30日(阴历十月十五日) "言论"《论改官制亟宜清仕途》:长期以来,中国官场仕途庞杂腐败,朝廷应果断"择贤而举",革除捐纳保荐之流弊、锢蔽人才之陋习。

"要件"《吏部官制清单》(谨拟改正吏部官制缮具清单恭呈御览)。

12月

1日(阴历十月十六日) "要件"《法部节略》(谨拟法部职掌节略缮具清单恭呈御览)。

5日(阴历十月二十日) "言论"《研究教育私议》(耀枢稿):"盖国际之竞

争,不在于军备,而在于教育,故一国最上之资本,莫大于发达国民之脑力,同志诸君见及于此国际之竞争,将于吾民是赖乎?"认为教育之事业,便无疑为当日救中国之"至切至紧,不可稍缓之要图也。"

27日(阴历十一月十二日)　英日记:"内人所教女生多肯放足,因请放足之女学生来馆饭,每人赠以纸本笔墨。"①

1907年(光绪三十三年)

1月

11日(阴历十一月二十七日)　英日记:"暮,赴德义楼应青年会开会演说,到客百余人。十点后散。"②

15日(阴历腊月初二日)　"要闻"《两堂官奉旨严责之原因》。(按:邮传部尚书张百熙、侍郎唐绍仪对于官制改革官员调动不满,有不同主张提出并有任用私人的举动,朝廷于阴历十一月二十九日下谕予以严责)

16日(阴历腊月初三日)　"言论"《恭读十一月二十九日谕旨严责张唐两大臣谨系以论》:"我国政界近日之腐败至达极点","二三大臣往往各持一见",意气用事,贻误朝政,规劝这些大臣以朝政为重,"慨念时艰,捐除意气,开诚布公,和衷共济",切切不可再"任用私人,瞻徇情面"。

17日(阴历腊月初四日)　"译报":"本年江苏、安徽大水为灾,据各官绅调查,难民通共不下千万,其被灾处所广袤约四千里,实为近数十年水灾中之最巨者。"

为赈江皖浩灾,英敛之与本馆同人顾越及《新闻报》张颐、方若联合在《大公报》发布举办"小小慈善书画助赈"启事:"窃以江皖浩灾,饥荒待赈。私忧方切,五内其焚。与同人谋,都是寒儒,无可分之义谷",决定发起"小小慈善书画会",以书画助赈,并征集会员。

18日(阴历腊月初五日)　"启事":中国妇人会驻津会员英淑仲为江北灾民募赈在《大公报》刊登启事,呼吁捐输共赈灾黎。

英日记:"连日为慈善会忙忙,写联甚多,现已售至五十元。"③

22日(阴历腊月初九日)　英日记:"午后,至药雨处,曹鑑秋处,商借房开

---

① 《英敛之先生日记遗稿》,第1088页。
② 《英敛之先生日记遗稿》,第1091页。
③ 《英敛之先生日记遗稿》,第1093页。

书画慈善会事。定十四日起开会。连日写联甚多。柴先生各处招揽,颇为出力。"①

英华、顾越、方若、张颐四人为江皖水灾发起的"小小慈善书画助赈"活动,赞成者发展至 13 人,其中两名女士(黄云锄、吕碧城)。

24 日(阴历腊月十一日)　"言论"《三权鼎立论》(选稿):"宪政体有三大权,曰立法权,曰行政权,曰司法权",其中,"立法者,制定一国之法律也;行政者,措施一国之庶务也;司法者,专理一国之讼狱也"。"此三者,皆掌一国之大权。其权分,则政平,而国治;其权合,则政乱,而国不治。"

26 日(阴历腊月十三日)　中国妇人会江北赈捐,《大公报》馆代收,英淑仲谨白:列募捐者名单及募捐数,共捐洋四百七十元。

"言论"《粤督周玉帅所颁〈报律〉书后》:该"《报律》仅及三条,固云简单,然其苦心孤诣,惨淡经营,益不知费几许心血,经几时组织而后告蒇?"缺点不少,曰笼统,曰含混,"如该律所云,毁谤国家与议论政治之类是也。例如讥政府之腐败,论倚托之非人,此议论政治之事也。然深文而周内之,即以为毁谤国家,抑又何辞以解?欲加之罪,不患无词,况界于几希疑似之间乎?"

27 日(阴历腊月十四日)　英日记:"午,开会(书画慈善会)。人来颇多。是日售入一百数十元。"②

28 日(阴历腊月十五日)　"广告"《书画慈善会开会广告》:"本会定于本月十四日起至二十日止在日本租界旭街天仙戏园迤南路西陈列诸法家赞助之书画,任人择购,入款悉数充江北赈捐。……发起人方药雨、英敛之谨启。"

29 日(阴历腊月十六日)　"言论"《内官改制之利弊平议》(吴玉崐稿)。(按:该文为征文选登,二等,次日载毕)

31 日(阴历腊月十八日)　"言论"《内官改制之利弊平议》(焦琴山人):"举凡阁部司曹、衙门别号,不过改头换面,仍属依样葫芦。"(按:该文为征文选登,二等)

2月

1 日(阴历腊月十九日)　"广告":"书画慈善会展限至二十一日晚闭会。

---

① 《英敛之先生日记遗稿》,第 1094 页。
② 《英敛之先生日记遗稿》,第 1094 页。

一俟明年正月，广为搜罗名人书画，另择宽大地方及开会日期，再为布闻。发起人方药雨、英敛之谨启。"

"言论"《内官改制之利弊平议》（刘仲元稿）：官制改革，既要平满汉界限，又要坚持"官无滥设，人有专事，事无委托，权限分明"的设官原则。（按：该文为征文选登，三等。次日载毕）

2日（阴历腊月二十日） "言论"《内官改制之利弊平议》（隐公稿）（按：该文为征文选登，二等。次日载毕）

"启事"《小小慈善会书画助赈启》：除4位发起人，另增加30名赞成者。

7日（阴历腊月二十五日） 英日记："慈善款始结清，即偕倪竹生至户部银行，妇人会汇三百九十五元，书画会汇一千二百十七元。""前托张菊生荐主笔，伊荐叶浩吾之弟清漪，嘱其年前来津。岁杪得复电，现病汉口。年间极忙，只得一人支持，作《新年颂》一篇，尚佳。"①

同日，《大公报》刊登《书画慈善会售出字画账单》，计银41两，洋532.5元。

8日（阴历腊月二十六日） "户部银行告白"："腊月二十五日，收到中国妇人会汇江北赈捐大洋三百九十一元、小洋三十八角、铜子八枚；又收到书画慈善会汇江北赈款大洋一千一百四十五元、小洋十五元二角、湘平银四十一两，如数电汇灾区，特此声明。"

同日，刊登《公益善会李公祠开演电影新戏助赈启》。

18日（阴历正月初六日） 阴历新年出版，报头旁除刊登"恭贺新禧 本馆同人顿首"之外，还有英敛之的谨白："新年仰蒙诸亲友宠临及投函赐问，络绎不绝，盛谊厚情深堪铭感。奈鄙人琐务蝟集，神形交困，有失答复，歉疚实深。此由不暇，非敢简慢，伏望大雅，曲为原谅，是感是幸。《大公报》社长英敛之顿首。"

"言论"《新年颂》：新年到来，举世皆欢，各国都有可庆之事，"独我国则不然。当叠辱屡挫之余，值物弊民凋而后，主权半失，疮痍未平，此诚卧薪尝胆之秋，岂复踵事增华之日，乃观于朝政，则敷衍如故，观于百官，则泄沓如故，观于讼狱，则黑暗如故，观于人情，则虚伪如故。虽有去岁七月十三日（按：1906年9月1日），预备立宪之诏旨，九月二十日（按：1906年11月6日），厘定官制之新章，而识者病其变虚名，并未变实事，袭皮相而竟遗精神，百罅千孔，敷衍因

---

① 《英敛之先生日记遗稿》，第1095页。

循,补苴张皇,终无是处。"(按:《新年颂》作于 2 月 7 日)

20 日(阴历正月初八日) "言论"《说假》(安蹇):"假者,真之反,实之对也。夫人情未有不恶假而喜真者,诚以假之一物,实社会之霉烂品,人群之蟊蠹虫,有百害无一益,故社会人群避之如瘟疫,憎之如蝎蛇,而不愿与之同中国。"这样的东西,早该绝迹了。但是"考其实,则不然。而扰扰尘寰,芸芸倮长,触于视线,接于声浪,几无时无地不有所邂逅,抑又何也?""人情之虚假每起于自私,而自私之由来则根于生性,野蛮时代,率其浑噩之天,横攘强取,绝无曲折。洎乎群级衍进,避忌遂多,礼让既兴,诈伪以起。此圣人不死,大盗不止,老聃所以发其牢骚;先进野人,后进君子,仲尼所以致其慨叹。迨伪君子不如真小人之学说发明,然后知武三思固非穷凶极恶人也。大圣贤、真英雄、宗教家以及非宗教家,凡其功业炳史册、德慧光宇宙者,无不由精诚肫挚、真实不虚得来。反是,则虽能取悦于流俗而必不能见许于明达,虽能眩惑于一时而必不能昭垂于久远。盖天理所存,人情之感,遂演成此法则而不磨。""中国声名文物开化最早之国也,地当温带,谋食非艰,贤哲辈出,教化大备,诚五洲之乐土,天府之雄国也。乃数千年来,大一统之天下,无敌国外患之足致其忧勤,驯至君逞骄奢,民习窳惰,道德日落,风俗日偷,重虚文而不重实事,尚空论而不尚实行,酝酿薰蒸,遂成此痿痹麻木之国众。然而国众之私欲嗜好固在也,憧憧攘攘,各谋己私,巧取暗算,机诈百出。在上者,以假笼统其下;在下者,以假欺骗其上。诰诫不过具文,条教无非套语。至于臣下之章奏,部署之牍函,粉饰谄媚,空中楼阁,视为固然,忝不知怪。时至今日,谓中国为假之制造厂也可,谓中国为假之出产地,亦无不可。呜呼!以此强国,国何由强?以此变法,法何得变?然则,中国之处于劣败而不克与列强争胜者,无他,一言以蔽之曰假。"

22 日(阴历正月初十日) 英日记:"李公祠开公益善会,为筹江北赈捐,予与内人淑仲及弟实夫夫妇连日到会募捐,为中国北方之创举。开会七日,筹捐近七千元。此会共汇去一万五千元以上。"①

24 日(阴历正月十二日) 头版载:"书画慈善会赞成诸君台鉴:本会俟李公祠公益善会开毕后,择地定期开会,刻下务请诸君将书画各件早为备出是祷。发起人英敛之、方药雨同启。"

---

① 《英敛之先生日记遗稿》,第 1096 页。

"言论"《闻北京中国妇人会劝捐事有感而书》(安蹇)：今有北京的"一般妇女,不辞劳瘁,为此苦心孤诣之劝捐……且其中各员,声望未必高,识见未必远,学问未必深,子何如是之推尊溢美,能无为过情之举乎？仆闻言乃忿然答之曰,君辈声望诚高矣,识见诚远矣,学问诚通矣,然则何不亦骛此虚名而一倡办爱群之举乎？且无论其为真诚为假意,而实际则捐款绵绵,灾区屡汇,涸辙之鲋,生活必多甚矣哉？"

26日(阴历正月十四日) 英日记："叶清漪始到馆。"①(按：叶氏为张菊生所荐之主笔)英日记："自入春以来,连日忙忙,日记未写。"阴历二月底英补记："正月内续开书画会一星期,只予一人所已售入价六百元以上,入款分文不动,充江北赈捐。所办各会,如书画慈善会、公益善会、艺善会,内分(一)天福茶楼、(二)宝和轩、(三)三德轩、(四)聚合楼、(五)天泉茶楼、(六)兴益善会、(七)聚庆园、(八)忠和园,内尚有永顺茶园,皆经予演说募捐。惟李公祠第二次广益善会,因办理不善,发起人陈念新过于糊涂,予只演说一次,后果涉讼,因马三侵吞赈款事。"②

3月

1日(阴历正月十七日) "本埠"《李公祠开办公益善会之尾声》：此次在津绅商为江北灾民筹赈,组织公益善会于李公祠,开演新戏电影七天。承巡警总局派军乐队助善,并派巡警料理一切,下天仙戏园园主并诸名角各尽义务,不取分文,利威洋行等大力协助。是日,卖票收入大洋一千一百五十九元零二十三枚,又收未到客戏票洋四百五十六元。七日戏票共收入四千六百五十八元,小洋九十五角。妇人会共收大洋一千七百七十六元,小洋九百四十四角五分,铜元四千四百三十七枚等其他收入。所得款项由户部银行电汇灾区。

10日(阴历正月二十六日) "启事"：书画助赈慈善会定于本月二十六日起至二月初四日止在日本租界同宴楼开会,陈列书画名品,乐善诸君请移玉步购买可也。发起人方药雨、英敛之同启。

13日(阴历正月二十九日) "启事"：书画助赈慈善会赞助赞成员名单,

---

① 《英敛之先生日记遗稿》,第1096页。
② 《英敛之先生日记遗稿》,第1096—1097页。

一共51人。

"本埠"《小小艺善会竟出特别新闻》："昨晚，宝和轩艺善会开会，大致与前无异，惟有一特别新闻是不可以不记。数场曲艺后，英敛之氏力疾登台演说劝捐。正在收捐之际，忽从门外来二丐妇。一妇怀中抱有幼儿，声言前日闻得此间开演玩艺，系为江北灾民赈捐，听说灾民惨苦万状，我辈虽亦无食无衣，以乞丐度日，然在天津卫要之地，每日尚可得饱，且亦不在水中浸灌，较比江北灾民已有天渊之别。今日我等丐得铜元四十九枚，请贵会勿嫌微少，附充赈捐。"

16日（阴历二月初三日） 公益善会演戏筹赈入款开销清单：公益善会名下统共合成大洋一万三千零四十七元九角八分。中国妇人会名下统共合成大洋二千一百三十六元二角二分。艺善会名下统共合成大洋四百四十一元三角七分。三共大洋一万五千六百二十五元五角七分。校书献茶共收大洋一百八十三元，小洋一百六十五角，铜元七百八十九枚半。小林洋行捐牙粉共卖铜元一千三百九十五枚。

李公祠广益善会特邀京都名角演戏筹赈，名角有德珺如、谢宝云、金秀山、谭小培、王瑶卿、谭鑫培等。

24日（阴历二月十一日） 南洋大臣端方致《大公报》电文以告公益善会诸君："公益善会筹江皖赈捐规元银一万一千四百六十九两有零。灾黎蒙惠，感谢同深。即当酌量灾情轻重，分抚赈济，希转达为属。"

"代论"《同学公益协会旨趣书》。

28日（阴历二月十五日） "代论"《中国妇人会募赈余谈》（录《时报》）。

4月

2日（阴历二月二十日） "言论"《公德说》（女教员陈作新）："今考欧美各国所以致胜于天演界，即因其国民公德之心日益完美，故其团结之力日益坚固，而能扩张其权力者，非幸也，公德使然也。……（中国）贫弱至此者非不幸也，无公德使然也。是知社会之所以为社会，国家之所以为国家者，皆赖人民结合团体以成立者也，人民之所以结合团体者，舍公德莫由矣"。

12日（阴历二月三十日） 英日记："至二月底，与户部银行结算，经予手汇去江皖赈捐共三万以上。"

13日（阴历三月初一日） "代论"《保定之四现象》（云中赤霆来稿）："岌岌

之势,日蹙一日。综观二十行省之中,均现黯败之色,无一毫活动之生机。""先言我保定新政腐败之现象":吏治腐败现象、教育界腐败现象、陆军界腐败现象、警察界腐败现象。

15日(阴历三月初三日) "言论"《读赵侍卿请缓行外省官制折书后》:"编制局之所以设立者,以预备立宪而设也。"官制改革为立宪之基础,而"今日之停止官制者,即他日停止立宪之先声也"。(按:内官改制不顺。1907年春江皖发生水灾,御史赵侍卿又以此为由奏请朝廷缓改外省官制,朝廷允奏。《大公报》发文予以反对)

18日(阴历三月初六日) "言论"《邮便与报纸之关系》:"开通文明有三利器,而报纸居其一。世界文明各国莫不报纸风行,报馆林立,而其国民之嗜报纸也,如对名花,如啖佳果,如忆良朋,如面诤友,必以争先快睹为幸。报纸者,固文明机关之锁钥哉,然而,报纸之传布,必藉邮便以为之转输,故邮便之顺利与否完备与否,皆与报纸之发达有极大之关系。……报纸之为道也,以消息灵通为第一天职,而言论事实批评种种次之。故各大国最有价值之报馆,往往于紧要之消息常不惜多掷金钱以争顷刻之先。……夫报纸者,商业性质之事也,邮局者亦商业性质之事",然营利的方式是完全不相同的。

26日(阴历三月十四日) "南洋大臣复电":"《大公报》馆鉴,初九电悉,由户部行解到妇人会助江皖赈洋贰仟贰佰柒拾捌元叁角。灾黎蒙福,甚为感谢。容即分拨,归赈散放。"

5月

9日(阴历三月二十七日) "代论"《天津青年会戈登堂春季大会演说》:略述万国青年会、万国平和会、万国红十字会及万国改良会等四会立会始末及其宗旨。(按:该文次日载毕)

18日(阴历四月初七日) 英日记:"早至日本领事馆,谈建后门小楼事。归。赴吉升栈晤汉章(亦作翰章),梅生在,将函密交之。午后,汉章偕梅生来。梅生明日进京。"[①]

23日(阴历四月十二日) "言论"《论报界之堕落》:"我国报馆之兴起,不出于近十年间,加以民众之漠视,政府之反对,前数年犹有目报馆记者为斯文

---

① 《英敛之先生日记遗稿》,第1106页。

败类者,则其发达之迟滞固不可尽归罪于报馆。至其能力薄弱,眼光短促,于社会之真相,政府之阴谋,十中不能得其一二,斯固无可讳言者。然果使秉笔者不为势屈,不为利诱,尽其力之所能,及事事以直笔书之,则虽程度不完,而有报究胜于无报,亦未始无补于社会也。独奈何以至高贵之事业而出以至卑劣之手段,如谈风月而败坏礼化,希禄位而模棱两可,揆诸新闻德义之名词,已觉贻羞无极,而甚者则以贿赂而颠倒黑白……翻云覆雨,上下其手,徒使阅报者不知是非之所在,颠倒错乱,如堕入于五里雾中。"

31日(阴历四月二十日) "言论"《和平改革与破坏改革皆当以救国为目的论》(卢懋功稿):"今之言改革者,党派淆乱,宗旨纷歧,人异其说,家出其喙,互相倾轧,互相争胜,美其名曰救国救民。"革命派"不惜牺牲学派,牺牲名誉,并牺牲其天良,牺牲其宗祖……何有于救国?何有于保种?"立宪派"彼日言立宪!立宪!岂真以宪政政体之能确立于中国前途果有关系哉?……始以立宪抱守其个人主义,显以释国民之疑,即阴以收集权之制。""请诸君勿舌焦唇敝,虚耗此有用精神",停止互争,合力救国。(按:该文次日刊毕。卢懋功即卢乾斋,有《乾斋文钞》,曾为英敛之《也是集》作序)

6月

8日(阴历四月二十八日) "言论"《论责望政府》:"我国民近来最大之希望,无如立宪。然自预备立宪宣布以来,事事适得其反,北辙求南,愈趋愈远,失望一。""内官官制,改头换面,犹以为未足,不数月而已萌悔志。我国之昏天黑地,盖将长此终古矣,失望一。""外官官制,反复电商者数阅月,属望正殷,划然中止。并所谓慰情胜无,改头换面者亦不可得,失望二。"

13日(阴历五月初三日) "言论"《近日新政平议》:"吾国倡言改革不自今日始矣,章奏条陈几如束笋,私家论议又复充栋,观其文章无美不备,而实行者果有几何?是居今日而望改革,惟忧其言之不行,不复忧其行之不善。""今试就现象征之,内官制改矣,而不出数日,未见其利,徒见其弊。""一切新政徒为害民之具,而无救国之价"。改革本来前所未有,缺乏经验,不可能一蹴而就,需要上下齐心,一起努力。"若下之人,执一事以为例,遽谓新政之无当,不可也;若上之人,惟执成见,不求改良,徒以新政为粉饰之具,尤不可也。""以积极的论之,甚愿后此之大有进步也。"

17日(阴历五月初七日) 因报馆局每晚发上谕过迟,英敛之"出说帖,邀请各报馆明午李公祠集议"①。

18日(阴历五月初八日) 英日记:"午,赴李公祠。先至少秋处,同行至祠,水阁甚凉爽。良久,报馆陆续至,《官报》《警察报》《津报》《商报》《日日新闻》《中外实报》,过河野照相至为拍一照,五点散归。"②

21日(阴历五月十一日) 《大公报》始设"闲评"栏,置于"言论"栏后。始无具体标题,不定期刊发。第一篇"闲评":"世间无是非、无曲直,一任此造化小儿颠倒播弄,彼所谓是则是,彼所谓非则非乎,彼所谓曲则曲,彼所谓直则直乎。""吾辈蚁生,安分随时,听天由命可也。"

22日(阴历五月十二日) "言论"《危言》:自预备立宪之说宣布以来,"举国之人嗫嗫相望,若者庆贺,若者献颂"。尤其是报界:"去岁之报章,其对于立宪也,为企望,以企望之故,因以对于凡百政治,皆为积极的而长言之,且主张之。今岁之报章,其对于立宪也,为失望;以失望之故,因以对于凡百政治,皆为消极的而羞言之。"(按:该文24日续完)

25日(阴历五月十五日) "言论"《狂言》:"救国有效力乎？曰,有。吾国今日,凡一切断送国脉之事,方层见而迭出,救国者必力争二者之差数,救国者之差数多则国将终起,断送国脉者之差数多则国将终凶。……然则,救国之责将谁属？则将应之曰,我而已矣。闻者得无有疑吾言为狂妄者乎？夫我者,非一人之私我,乃四万万人各具之我,即四万万人公有之我也。"当下救国,政府其不可望矣,其望之我国民。

7月

3日(阴历五月二十三日) 英日记:"接眉生一函,疑予前信有意讥刺,作愤怨语。予极愤其不情,不欲与辩。既而思之,不表明此意,则彼永无悟时。灯下书数百言,作冷隽语,绝不俯视其动否。"③

4日(阴历五月二十四日) "言论"《女子教育平议》:"中国人数四万万,女子居其半,女学不兴,半数斯废,此特言其直接之关系耳。女子教育之兴衰,不仅关系于女子也,于男子教育具有莫大之影响。"(按:该文于8日续毕)

---

① 《英敛之先生日记遗稿》,第1109页。
② 《英敛之先生日记遗稿》,第1109页。
③ 《英敛之先生日记遗稿》,第1111页。

英日记:"日西,借王处马车送淑仲于井上医院。晚,即于医院内伴宿。"①(按:此后,英敛之几乎每天午后到医院探视淑仲,晚上在医院伴宿)

10日(阴历六月初一日) 英日记:"是日晨,叶清漪进京,于昨日辞馆。""每月薪水百元,只作论二篇,新闻编辑亦不着意,报稿未完即卧,实不知责任为何物,故未之留彼也。是日午,张蔚臣入馆(任主笔)。"②

19日(阴历六月初十日) "代论"《马湘(伯)先生〈也是集〉序》:"举世争言立宪,惟百蛮及诸属国无国民权利者,乃不敢言,言亦不能行也。自余知有国民权利者,强如俄国,弱如波斯,已无不勉强而行之。故我国不言立宪则已,言立宪而不虚心预备,言预备而不实力奉行,虽如纶如綍以言之,究与不敢言者,相去几何?""顾尝闻一国之民,寄耳目喉舌于议院是矣,而又寄之于报馆,何居?且谓宪法精神与报馆议院之权同消长,又何居?盖一人之身,耳目聋瞽,喉舌瘖哑,则手足虽具,动触危机,一身责任犹且不遑,遑问身外权利?故一国之民,所恃以共谋一国之责任与相当之权力者,耳目喉舌之用居多。然无报馆以会通之则乖隔,无议院以统束之则乖离,又何怪报馆与议院竟相因为用?所不同者,议院居政界,报馆居民界,故监督政府,一为直接,一为间接。若恶其监督也而违之俾不通,窃不知宪法将何由而行矣!""吾友安骞主人自幼以求道为心,每弃家遍访宗教,是非不敢苟同,已如此。及长,游海外,挟所见闻问学归,创《大公报》,为民耳目,思破其迷,为民喉舌,思宣其隐者,迄今五年。所更东方大事,疑以传疑,信以传信,是非不敢苟同于强国强权又如此。因自选论说若干诗若干为一集,歉然若不敢自以为文也者,而命之曰《也是集》。"

24日(阴历六月十五日) 英日记:"早未起,梅生妹突至,云昨由奉天回,相与快谈……午后,梅生去。"③

26日(阴历六月十七日) "代论"《述日本明治前预备立宪之大要》。

30日(阴历六月二十一日) "言论"《党祸株连实为促国之命脉》:"近自皖抚被刺案出,警电纷驰,南北大吏咸有戒心。而一般趋承小人,邀宠冒功,多方株逮。风声鹤唳,举国骚然,其措置乖方,自取纷扰。……乃不旋踵而女教习秋瑾以正法闻,旬日间各处以捕获余党闻。风之所靡,波及全国。来轸方遒,正不知其所底止!""夫徐锡麟之刺恩抚,获而杀之,以命偿命,原无不可。乃既

---

① 《英敛之先生日记遗稿》,第1112页。
② 《英敛之先生日记遗稿》,第1113页。
③ 《英敛之先生日记遗稿》,第1117页。

杀而犹剖其心,啖其肉,此等野蛮凶残行径,不期见于二十世纪之中国!""秋瑾之株连被杀,……以一女子身,有何能力,有何设施,而谓为党于革命,以猛狮搏兔之力擒之……既无证据,又无口供,遽处斩刑。斯岂非野蛮已极,暗无天日之世界乎!"文章抨击道:"预备立宪,徒托空言,修改法律,虚应故事。惟其如此也,故外人时有存一轻蔑心。存一轻蔑心,则领事裁判权无日望其收回,不收回领事裁判权,是我甘居于野蛮地位,而不得列于各国之平等。不能居平等则兼弱攻昧,取乱侮亡,一任他人之所为。呜呼!愈不能自立愈野蛮,愈野蛮愈不能自立,盛衰兴亡,殷鉴历历。""今所切望者仍在政府,政府用人行政,果能从此扫除私意,一秉大公,发奋为雄,虚心实力,则补牢未见无术,人心未必皆死。惟疚痼之疾,无瞑眩之药,委靡敷衍则待毙奄奄,倒行逆施则促祸尤烈。……政府乎,倘犹此株连波及,残狠为怀,则内忧外患,交迭而乘,东望勾骊,是吾最新之摄影也。"(按:该文次日载毕)

31日(阴历六月二十二日) "附件"《吴芝瑛女士纪秋女侠遗事》,介绍秋瑾东渡留学事,及其言论主张,提出,当道应"保全无辜,勿再罗织成此莫须有之狱诬"。

英日记:"淑仲近日病大愈,颇欢畅。与梅生欢谈几竟夜……午前,梅生回公立学堂。"①

8月

8日(阴历六月三十日) "言论"《论今日当多设官立私立侦探会社》:"我国十数年来,一创于甲午,再创于庚子。大权旁落,萎靡不振。朝野上下知国权不可一日无也,于是预备立宪矣,修改法律矣,立审判厅矣,除免刑讯矣,诸般设施,莫不因恢复国权之所为。"

9日(阴历七月初一日) "言论"《卢乾斋先生〈也是集〉序》。

13日(阴历七月初五日) "言论"《论科举余孽》,驳斥重兴科举的谬论。

14日(阴历七月初六日) 今日起至20日,刊登《丹桂戏园开演新戏筹办直隶水灾赈捐》:"近日永定河决口成灾,数百里庐舍淹没,人民流离,惨苦万状……本同人等义切同胞,不忍坐视,今特议定于本月十一十二两日白昼演戏两天,所入票价全数充赈。"(按:发起人有张玉顺等14人,赞成员有刘子良、英

---

① 《英敛之先生日记遗稿》,第1119页。

敛之等8人，承办人为万铁柱和郑玉焜）

19日（阴历七月十一日）　英日记：午后至"丹桂戏园演戏筹赈，予登台演说，并挨客劝捐。是日热甚，挥汗如雨，共收三百余元"①。

21日（阴历七月十三日）　"言论"《读查缉党人勿妄株连折注》（遇知氏稿）："自徐锡麟枪毙恩抚一事变起"，朝廷上下，"风声鹤唳，草木皆兵，各营防各局卡严密查拿"，"大肆缉拿党人"，致使"大通学堂被骚，秋瑾女士遭惨"。文章劝朝廷勿以党祸株连酿成更大骚乱，危及国家安全。

27日（阴历七月十九日）　《戏法助赈》：变戏法者，朱连魁第一班戏法，游历西洋各国赛会，无不称赞神奇奥妙。英敛之为赞助者之一。（按：刊登至31日止）

28日（阴历七月二十日）　"要闻"《记停刊〈京报〉》："月之十七日，外城巡警总厅传谕《京报》馆云，奉民政部谕，《京报》馆着于本月十八日起停止出版等因，为此谕知该馆遵照可也。按该报自出版以来，多就事实著论，不为张大其词，颇称日报体裁。乃刊行未久，遽予停止。其个中原因，本报虽无从摸索，然今日报界，为人所大好之者，即为官场大恶之；为人所小好之者，亦即为官场小恶之，是其比例也。呜呼，预备立宪之效果，如是如是。"

29日（阴历七月二十一日）　"闲评"："《京报》之停版，为出人意外乎？曰否否，固在人意中也……该报蛰于辇毂之下，以匹夫之贱，而敢对中朝贵权要漫相呵责，日事吹求，其蓄怨而招忌也固矣。""天下有道，庶民不劳其议。夫庶政公诸舆论者，固含有歌颂赞扬在其中，讵止以掊击排斥一狭义为目的乎？媚悦取容，刚方见忌，今古同情。有傲骨，无媚舌，难乎免于今之世矣。呜呼，悠悠苍天，茫茫前路，吾不能无兔死之悲！"

31日（阴历七月二十三日）　《慈善会演戏助赈告白》："今永定河决口，通州、香河、宝坻、永清、文安、霸州、固安、武清、宁河各属地势低洼之处，都成泽国，伤心惨目，有如是耶。……小小慈善会不揣棉力，惟尽寸心，邀京津名角择期在李公祠演戏四天日晚。所得戏资，悉数助赈，一切费用不能动用分毫。"发起人英敛之等7人。（按：刊登至9月2日止）

英日记："连日商办善会筹捐直隶水灾赈款。二十六、七、八三天晚间在广东会馆戏法助赈。二十七、八两白日在下天仙演戏助赈，俱由予登台演说，除

---

① 《英敛之先生日记遗稿》，第1124页。

买票外,复劝捐,计下天仙两日,入一千九百余元,广东会馆三日,入五百五六十元。"①

9月

2日(阴历七月二十五日) 《同仁善会戏法、电影开演广告》,英敛之为赞助成员之一。

今日起至9月5日,《下天仙戏园演戏助赈广告》:"谨择七月二十七、二十八两日白天全班开演新戏。是日诸君早降是幸。"英敛之为发起人之一。

3日(阴历七月二十六日) 《同仁善会戏法、电影今日开演》,英敛之为赞助成员之一。

12日(阴历八月初五日) 《慈善会演戏助赈广告》:"李公祠演戏助赈……现由京中邀请名角票友来津助善,择于本月初六初七晚间开演,初八日白昼晚间并演……三日卖票入款全数充赈不动分文。"英敛之参与发起。

13日(阴历八月初六日) 英日记:"晚,(英敛之至)李公祠开会,座甚满。"②

14日(阴历八月初七日) "代论"《上袁制军书》(安康陈雄藩)。(按:至16日续完)

英日记:赈灾演讲,"座较少,十二点归后,竟夜未眠,阅书"③。(按:为赈灾开会到的人少,英敛之难过到"竟夜无眠",可见其上心)

15日(阴历八月初八日) 英日记:"天明,雨。六点后赴车站送王祝三赴日游历。归,卧至午。晡,雨略小,偕淑仲乘车至北海楼之最高层眺望,路遇刘伯年,邀之同往。是楼为刻下天津最高者。日前,刘伯年来信,复愿回大公报馆,予允之。彼辞差。"④"赵小鲁夫人邀淑仲李公祠观剧,并于祠中水阁晚饭,并有次帅夫人在座。予同办善会诸人饭。晚,雨甚大,尚来座约二百人。戏中,予登台演说劝捐,竟收四百数十元。"⑤

17日(阴历八月初十日) "言论"《论京师封禁报馆》:"现值预备立宪之

---

① 《英敛之先生日记遗稿》,第1126—1127页。
② 《英敛之先生日记遗稿》,第1128页。
③ 《英敛之先生日记遗稿》,第1128页。
④ 《英敛之先生日记遗稿》,第1128页。
⑤ 《英敛之先生日记遗稿》,第1129页。

际,苟思通德类情,专责虚衷,延访民间有同心所好者,其好实出于大公,我便不得以私意恶之,民间有交口所是者,其是又出于至正,我即不能以偏见非之。盖宪也者,有一定之准则,无两可之模棱。……立宪为近今要图,诚属急不可缓,而预(豫)备之说,亦非泄泄沓沓,不事改弦,泯泯棼棼,仍蹈覆辙,无实心之表见,徒虚语之周旋而遂可以塞责于人曰,吾亟欲立宪矣,吾业已豫备矣。""不料预备立宪之时,乃竟有是倒行逆施之举,此吾所以因封禁《京报》一事感而论之如此。"(按:该文次日刊毕)

21日(阴历八月十四日) 英日记:"刘伯年来馆接手办事。是日,颇不快。"①

25日(阴历八月十八日) "言论"《论续派三大臣出洋考察政治事》。文后"本馆附志":"我中国改行宪政为中国开国以来未有之创举",因而必须在选派人选上要特别注意,考察别国政治精要,"非素知各国政要者不能办"。认为达寿、汪大燮、于式枚不堪重任,再次提出,要破格选用侯官严又陵、丹徒马相伯、南海何沃生、南海胡翼南等诸公,对他们要"优其礼而重用之"。(按:该文次日刊毕)

10月

1日(阴历八月二十四日) "言论"《江西拳匪肇乱感言》:"呜呼! 亡中国者,其为内患乎。庚子一变,国本动摇,勉强维持,幸延残喘。然丧权赔款,元气大伤,转弱为强,正未卜何年月日。"

9日(阴历九月初三日) "言论"《报馆与预备立宪时代之关系》。

20日(阴历九月十四日) "言论"《国民捐议》(郭心培稿):"国之民,民之国,顺言之,莫可分。……国有治乱,民实受之。国有兴革,民必与之。扶一国之危弱,致一国之富强,其责任胥在吾民。对于私,是谓权利;对于公,是谓义务。民之推诿漠视者,又以为彼等乃享权利者,而非尽义务者。"(按:此文于20日开始连载,至24日载毕)

24日(阴历九月十八日) "要闻"《各省设咨议局之原因》:"各省设立下议院一事,政府迭次筹议。"袁世凯大军机以众论纷纷,本定为由直隶、江苏两省试办。"嗣徐大臣世昌向各大臣军机争议,力陈绅民咨议政治之有益。缘各省

---

① 《英敛之先生日记遗稿》,第1130页。

绅民程度不齐,与议院恐有名实不符之虞,故暂名为咨议局。"

26日(阴历九月二十日) "言论"《中国新政之感言》(皖南翠微居士来稿):"屈指立宪之诏已二年,而朝廷之苟安如故,臣下之酣嬉如故,内官制虽改革,而内容腐败如故;外官制虽已颁,而不能实行如故;资政院虽已立,而今日会议明日会议,一事未决,一善毫无,其纷杂芜乱,各存意见,如散沙如乱丝,无一人能奋起而整理之,无一人能承认而仔肩之。""悠悠忽忽,在执政者,不过苟延残喘,乐享余年,保其禄位,安有丝毫之热心为吾民计耶?"(按:该文于27日、28日续载)

29日(阴历九月二十三日) "言论"《为公乎为私乎》:"世事纷纭,人心变幻,支难蔓衍,莫测端倪,总而言之,不外乎公私二字而已!以公心处事者,其事之成就者大;以私心处事者,其事之成就者偏。成就者大,则为益溥,而历久不磨;成就者偏,则为害深,而其机易败。故无公心者不能结团体,不能合大群。彼亦一私心,此亦一私心,势必至同室操戈,酿成萧墙之变,盖其理然也。吾因是深为我中国忧焉。……朝廷深知其然,故肯毅然舍专制而改立宪。专制私也,立宪公也。朝廷之对于国民,既肯一秉大公,不复沾沾于一己之私利,则政府诸公,更必须公尔忘私,方可对君民而无愧"。

30日(阴历九月二十四日) "言论"《论议事会议长之资格》:"所谓监督代表者,与现时新闻记者所自标为监督代表者,名同而实异。报纸之所谓监督,无责任之监督也;议长之所谓监督,则有责任之监督也;报纸之所谓代表,舆论上之代表也。"

11月

1日(阴历九月二十六日) "要闻"《东京政闻社开会之大冲突》东京专函云:"本月十三日,中国留东绅士组织之政闻社,在锦辉馆开会,到会者约二千人。日本各政党名士及下议院长、司法大臣等亦莅会演说……维时梁启超氏到会演说宣示党纲……有革命党多人在座,起而反对,大肆冲突,梁氏旋即避席而去。"

10日(阴历十月初五日) "言论"《论妇女缠足与现在时势之关系》。(按:该文于次日刊毕)

12日(阴历十月初七日) "代论"《论外债之借得不偿失而于苏杭甬铁路尤为显而易见》(来稿)。(按:该文次日接载毕)

"专件"《关于苏杭甬铁路借款事汇录》《《为苏杭甬铁路借款事警告江苏同乡书》)。

13日(阴历十月初八日) "专件"《上海朱有濂上苏路公司总理王廉访张殿撰书》。

15日(阴历十月初十日) 英日记:乘"晚车偕祝三乘头等车进京,祝宿瓦岗利饭店。……(自)进城回家"①。(按:王祝三访日归来后,英敛之又偕之进京,估计至日使馆)

26日(阴历十月二十一日) "言论"《北京视察识小录》。前言:"人莫不爱其本乡,天性然矣。仆生于北京,长于北京,至戊戌秋始外出,作汗漫之游,九年于兹矣。虽有时间亦归省,然不过三五日之流连,觉固陋情形,沉沉终古,从未见有所变更也。顾人每议仆对于北京,多讥斥之谈,少爱护之意,得毋忘本,有辜此父母之邦乎?然非也。夫爱之深者故望之切,望之切者故责之严。且人民对于邦国,负责如子女,而人民之事邦国,则非若子女之于父母,惟以先意承旨敬顺无违为目的,必也导之诱之,督之责之,以期日进夫文明,痛革其陋习,然后始足奠邦基于久远,拔同胞于危难。夫岂献谀贡媚,同流合污,遂得称为社会肖子乎?昨偶至京,有所感触,归而拉杂记之,要皆琐碎无关紧要之谈,至政界荦荦大端,固非草莽所得窥测而妄参末议者。语云,贤者识大,不贤识小,其此之谓乎?若云吹毛求疵,于西施面上故索瘢痕,则失仆爱护本乡之意远矣。安骞附识。"(按:该文于次日刊毕)

12月

1日(阴历十月二十六日) "言论"《忠告争拒借款诸君》:"民气之盛有文明野蛮之分焉。文明则昌,野蛮则亡。我国民自遭庚子之大创,知野蛮之举动,最足以败事。于是程度大进,凡有联结团体之动作,其手段均极文明。"

4日(阴历十月二十九日) "言论"《此之谓预备立宪时代》:"立宪之国家,人民有三大自由,一曰言论自由,二曰出版自由,三曰集会自由,此为立宪国之真精神。人民必享有此三大自由者,其国家方可谓之立宪政体,否则仍为专制而已矣。"苏杭路款问题之后,绅商学界群起,力争路权、国权和主权,然而清廷却不允学生言相关之事,"学生独不当有言事之权乎?乃于学生之争拒路款谓

---

① 《英敛之先生日记遗稿》,第1143页。

其干预政事而禁止之,实属令人不解。且学生等以与己身家有干系之事,合团体以力争之,争其固有之权而不使之失也,非干预政事也。……学生亦国民一份子……遂可坐视其主权丧失而不愿乎? 是禁止学生争拒路款一事,非但夺国民之言论自由,集会自由权,是并夺其一切固有之权也。"

22日(阴历十一月十八日) "言论"《论司法独立》:"司法独立四字之意义也,夫审判员固贵以守正不阿为最要,然对于诉讼案件必以取合乎事实、取合乎法律为归。乃今之膺审判之任者,每讯一案,往往目空一切,并不虚心以求事实之真象,而但凭一己之理想,毅然判断其是非,盖其脑中时时有司法独立四字反射其影于目前,诩诩然曰,吾有司法独立之特权,吾即如是判断,他人其奈我何。讵不知,司法独立云者,系司法与行政划分为二,不相混淆,而其作用要宜以法律为归,并非司法者即应有无上之特权,可以擅作威福以自恣也。"

25日(阴历十一月二十一日) "言论"《续北京观察识小录》。前言:"或曰,《识小录》曷为不惮烦琐,絮聒不休,喋喋招厌如此? 仆乃正色答之曰,勿以善小而不为,勿以恶小而为之。宣德之言,可以明训。语云,此言虽小,可以喻大,亦正吾《识小录》之谓也。……报纸者,其所职司,政府耳目国民喉舌者也。知而不言,曷对社会? 不辞烦琐,再续吾文。""宽严两面之特别法度:……立法贵一,执法贵严。此古今中外立国之要点也。且立法必自贵近始。贵近而不守法,徒于贫贱小民严峻以绳之,未有能悦服人心。……只许州官放火,不准黎民点灯,中国政治大都如此。又岂仅赌博一事禁小民?"接着列举事实,说明中国执法对贵近宽,对百姓严,对外人宽,对华人严。

27日(阴历十一月二十三日) 英敛之汤山养疴。"是日共浴三次,身体颇觉爽快。偶书四绝,录后:汤山一泓如沸水,热度不因寒威消。愿溥恩膏遍寒带,涂汔广燠冷同胞。石山孤蠹高千尺,热水双流暖一方。空叹地灵人不杰,破天重补待娲皇。丁未冬至后四日,狂风撼地尘蔽天。要识冲风胃冷意,都为社会策先鞭。浑噩犹然太古风(时有蒙古王公岁贡驻帐村外),虽无侵畔太颟蒙。分甘尚解贻同类(淑妹以糕点相赠其妃,分众尝之),使我勃兴博爱衷。"[①](按:英敛之西山养疴的消息刊登于27日的《大公报》)

30日(阴历十一月二十六日) "言论"《恭读十一月二十一日谕旨谨系以论》:"开通风气之利器有三,曰学校、曰报纸、曰演说。此三者开明诸国皆视为

---

① 《英敛之先生日记遗稿》,第1161—1162页。

鸿宝,而培植辅翼不遗余力者也。惟是学校之效果大而较迟,管子所谓十年树木百年树人者,庶几近之。报纸之力,拿破仑比之三千毛瑟,言移风易俗之甚利也。然吾国之不识字者十人而八,非实行强迫教育而后,则报纸之力不能健全而无缺。惟兹演说之益,足以辅学校之力所不逮而又含有报纸感化之能力。"

1908年(光绪三十四年)

1月

3日(阴历十一月三十日)　英敛之结束汤山之行回京。此次"汤山养疴"往返九日。

8日(阴历腊月初五日)　"要闻":有关苏浙路款一事,"日前外部诸堂宪并盛宫保等与英使朱尔典在部磋商",英方谓"贵国绅民能在三个月内将款筹足,英亦决无勒借之理"。但在限内不能如约借款,其银公司数年前所有用费洋二百五十余万元,应归两公司赔偿。"并应在约内声明,除此之外,凡英在中国之他项利益,不可以此为例"。军机处会同外务部及代表诸人,已分电该两省督抚及两公司速报筹款确数,以便定夺。

11日(阴历腊月初八日)　英日记:"日西,刘伯年以函述,复就赵侍郎事,辞馆,且云不恤牺牲人格云云。晚,发朱致尧一电,转马相伯,速代延主笔并发致尧一函,及贺遇知一函,令其来津。"①

14日(阴历腊月十一日)　英日记:晚,"鸿宾楼邀王瀛孙、顾叔度、刘伯年、毛瑞堂饭。略谈,伯年去后,王暂代事。八点后归"②。

17日(阴历腊月十四日)　"言论"《天津观察识小录》(黄锡祺来稿)。(按:该文次日刊毕)

19日(阴历腊月十六日)　"言论"《舆论与外交之关系》(录稿):"国家之所以设立外交部者果何为也耶? 将以谋对外之方法,保己国之利益,而为对外行动最高之机关也。故当外交之衙者,必具有锐利之眼光,敏活之手腕,而后可以登外交之舞台。否则,被外人所玩弄,将无往而不失败。中国向来之办理外交,除割地赔款以外,无他能事,可谓著著失败者矣。""舆论者,主张公理者也,

---

① 《英敛之先生日记遗稿》,第1168页。
② 《英敛之先生日记遗稿》,第1169页。

对于政府则代表国民之意思而贡献之,对于外交则为政府之后盾而拥护之,此舆论之天职也。今之当外交之衙者,亦既失算于前,则当此人心惶骇,舆论日进忠告之言,稍自思维,悔一时之孟浪,必将外渐清议,内疚神明,而亟思挽救之策斯可矣。"

26日(阴历腊月二十三日) "言论"《论烟禁之将来》：政府禁烟诏早下,但禁而不止,中国前途由此可知矣。

英日记："十点后,同少白至祝三处,公立学堂行放学礼,为演说归。饭后同内人携申格及怀清、云锄、少白、怀仙看电影归。闻予等去后,碧城搜索箱箧,如鼠窃状,可鄙可恶之至。"①（按：吕碧城与英敛之反目竟至于此）

2月

7日(阴历正月初六日) "附件"栏改为"白话",恢复到正张刊登。

"白话"《恭贺新喜》："我们中国人,专讲究舒服美乐,不虑虑生死安危。赃官污吏是民中的贼,游民惰夫又是社会中的累,专求外面的浮华,不务文明的实事。国家的弱,社会的穷,不是一个人造成的,原来是我们大家伙儿,各怀私心,不顾大局,彼此的尚浮华,讲舒服,但顾眼前快乐,不管下狱升天。当权的就知道擅作威福,恨不得把天下的福乐,一网打尽,在下的就知道苟图一时,混吃等死,久而久之,所以造成了这一个若存若亡,不痛不痒的老大帝国,还有什么话可讲呢？这就是我开宗明义第　章。恭贺新喜的　段吉利话。"

"本馆广告"：《敝帚千金》亦已积至三十册,除附报奉送外,另行装订销售者亦至数万册之多。本馆订有成本,减价出售,每本零售小洋一角,购十本以上者九折,五十本以上者八折,百本以上者七折。

9日(阴历正月初七日) "言论"《闻定报律之感言》："夫莽莽五洲,凡所以放任言论之自由者,非注重言论也,察舆情耳。察情即所以作民气、固民志耳。概要言之,则强国而已矣。世界万国,决未有君德不下宣、民情不上达能长治而久安者也。故言论之自由与否与国家强弱存亡有秘切之关系。"

10日(阴历正月初九日) "言论"《论议立尊孔学堂之谬》：尊孔学堂的"特别尊孔"之处,"不过于拜跪而外,减去他种科学功夫,加多读经讲经功夫已耳"。科举废除后,"各地竞设学堂。三五老朽已私忧窃叹,执学堂兴则孔教废

---

① 《英敛之先生日记遗稿》,第1173页。

之谬说,以群相骇疑。疑其实历来相传之糟粕,废亦废,不废亦废。若精理名言,则正赖学堂之发达而益以昌明。现因旧日学说尊孔过度,一般新少年本有厌薄之思,特以习俗所囿,功令所关,不得不虚与委蛇。倘于斯时别立一尊孔学堂以为提倡,恐此学堂以外之学生,将借口于学堂无尊孔名号而宣言不承认孔子之当尊;而此学堂之学生,反以学堂有'尊孔'名号不复并列于以外之学堂,而为世所诟病。此非记者过虑,盖事有必至,理有固然,而断不容以逃免者也"。文章"正告"官方"主持学务者":"以我国现势之危急,人民程度之低劣,知书识字者什中不获一二,即号称学子士夫,亦大半泥古而不通今。是非锐意进步,于未有之学堂竭力推广,于已有之学堂大加改良,恐前不见古人,后不见来者。数年以后,人才消乏,学术盲晦,尊孔之道,亦将与之俱穷矣。顾乃忽当务之急,而为此无意识之举动,南辕北辙,为他年教育史上留一笑柄。吾知尼山有灵,亦将含悲于九原也。"

"《大公报》二千号祝典增刊"刊登马相伯之题词:"空山投老望升平,每诵高言使我惊。一士敢忘天下责,大千期汝放光明。目星舌电口悬河,为悯危亡涕泪多。墨汁总成勾践胆,笔锋还胜鲁阳戈。"

二千期征文选登(今日登三篇,其余在往后"言论"栏陆续刊出):《实行立宪之政体如何》(一等)(刘献珣)、《强迫教育先从天津试办之方法》(二等)(仲玉)、《今日所为尊经复古果否能挽风俗正人心且征其往效》(三等)(阳羡长溪潘氏)——"通经致用之说,久已为不鸣之鼓、无弦之琴。""各省尊经、存古等学堂后先开办。他日学生毕业,其用之也,则不特迂疏无补,即与东西洋毕业学生分途杂进,必致新旧水火,益滋党派之争;以其无裨实济,仍弃而不用也,则抑郁不逞,必且狂诋西学,为他日新政之敌,而挟其入主出奴之说以风动社会,尤将演成不可思议之变象,益为人心风俗之忧。更可虑者,自开办学堂以来,其有志之士,习完全之科学,希高等之程度者,正不乏人;志趣远大,尚未届毕业之期,而政府方针忽变,风声所播,适足以纷其志而寒其心,遏其研求实学之进步,是为中国前途生一绝大阻力者。"文末"本馆附志"称:"居今日而犹言尊经复古,何异夏裘冬葛?是本馆主持之宗旨也。作者能痛快言之,不顾腐儒咋舌,令人倾佩!"

13日(阴历正月十二日) "附张"刊出《民政部订定之新〈报律〉》,共达四十一条。其中之二十五条规定违反第十四条第一、二款者,永禁发行。此两款为"诋毁宫廷之语"及"淆乱国体之语"。

17日(阴历正月十六日) "言论"《欢迎新〈报律〉》,列举新《报律》限制言论自由的条款进行驳斥。文末说:"新《报律》万岁。"

"要闻":某大军机建议,南洋大局扰乱,皆"逆匪"孙文未获所致。前次悬赏似觉太轻,今宜再加二十万金,晓谕全国一律严拿。若孙文被获,则南洋大局即易平定。今政府已会议此事。

20日(阴历正月十九日) "言论"《论立宪之责任全在国民》:"吾固言之,政府之立宪仅可为其被动者而不可为其主动者。主动者系谁?则吾国民是已。"因为,未立宪之政府为权力无限之政府,立宪后之政府,权力受到大大限制,势必不愿立宪,国民应主动促进之。

21日(阴历正月二十日) "言论"《论速开国会为救亡之唯一要策》。

27日(阴历正月二十六日) "代论"《清国现势论》。文前编者按:"此文为日本大阪之《朝日新闻》所撰,其指摘吾国内政外交之症结多中肯綮,而所述吾国危亡之现象尤足发吾人之深省,爰亟译之,以告我国民。"(按,此文2月27日至3月1日连载)

3月

3日(阴历二月初一日) "言论"《论今年国民当全力为国会请愿一事》(录《时报》)。

4日(阴历二月初二日) 《奉祝〈大公报〉二千号盛典词》(保安韩梯云谨祝);《祝〈大公报〉二千号纪念文》(隐公)。

5日(阴历二月初三日) "言论"《今日所为尊经复古果否能挽风俗正人心且征其往效》(郁宪章)认为,张之洞"有存古学堂之设,有升孔子为大祀之举,余如甄考留学生专重国文、通国学堂必讲五经,诸如此类,咸为尊经复古起见。呜呼!其计何太左哉"!经书"固不可不尊,然欲借尊经之名,号召全国学子舍此之外则无他,适愈见其不可"。当世"学者方汲汲撷取欧美一切文物制度及诸哲学家之蕴奥新发之事业,竭蹶摹仿",期望"有以自存于此物竞天择、炎炎勃勃之世界,不为列雄之强权所压制、所支配。而在上者乃忽倡尊经复古之说,似欲使学者拒绝一切有裨民生日用、国家社会之科学以从事于治经,如竹垞(朱彝尊)、西河(毛奇龄)之徒,何其谬耶!且夫经之可尊,已久有定评。何俟哓哓然悬鹄以相招,方得谓之尊经之勋臣?"

9日(阴历二月初七日) "言论"《中国商业不能发达之原因》:一为工业

不兴;二为交通不便;三为辅助商业之机关不备;四为保障商业之方法不周。(按:该文次日刊毕)

10日(阴历二月初八日)　"电报":日本大辰丸号(应为二辰丸号)运载军火,在中国海界被扣一案,是否走私乃在查。现闻日本态度强硬,索船之外还要索取被扣之赔偿。

13日(阴历二月十一日)　"代论"《马相伯先生于政闻社披露会席上演词》:"以政党之力要求立宪"是"我国根本上之救治法门也"。(按:英敛之原来反对立党。现在从立宪的需要,赞成以政党推进立宪。此后,发文辨析政党与私党的区别。该文于17日续完)

18日(阴历二月十六日)　"言论"《为辰丸事敬告政府》:弱国无外交,中国必须增强国力和兵力。一方面,"今日之外交非口舌所能争,必须有强大之兵力盾夫其后";另一方面,"外交势力之基础在于国民",政府应懂得利用民气与列强抗争,"不敢复肆其恫喝凭凌之惯技"对待民众。

"要闻":辰丸号事件据闻外部与日使议结,其条件四项:立即释船兼赔偿,复由军舰在辰丸号碇泊海面附近鸣炮致谢并惩罚当时扣船官员。辰丸号上之军火由中国收买。对此辱国丧权的外交结果,《大公报》一连两日发表"言论"为辰丸事件敬告政府和国民。

20日(阴历二月十八日)　"言论"《为辰丸事敬告国民》:敬告国民必须关注国家存亡,不要对外交的失败"执一冷淡之态度"。

22日(阴历二月二十日)　"言论"《新〈结社集会律〉》:对清廷相继颁布的新《结社集会律》和新《报律》,认为其谬戾之处不可胜举;并将新《报律》之苛严与前民政部所订者相比较,列举例证。

23日(阴历二月二十一日)　"告白":"近闻有人在外冒充本馆主笔,虽未查得撞骗实迹,然其招摇情形极堪痛恨,大与本馆名誉有妨,特此声明。此后凡遇有称本馆主笔及同事在外招摇者,即请扭送本馆治以撞骗之罪。本馆同人屡经本总理切切严嘱,无不束身自爱。凡于生疏处所,从不准向人称道'大公报馆'四字。如有借端向人称道者,即意在招摇撞骗,遇者务请根究,是幸是祷。《大公报》馆总理英敛之白。"

"白话"《女师范学堂的关系》(来稿)。

24日(阴历二月二十二日)　"要闻":本月二十日下午八时,政府接到广东同乡公电一道:因政府将辰丸号释放,该省民气大哗,聚众三千余人,请政府保护张安帅家眷出省。决计实行禁买日货,倘日人稍有异议,定即与日人抵死开战。遂又集聚两万余人请张安帅出境。势甚汹汹,日人全行逃避。

25日(阴历二月二十三日) "言论"《〈大同日报〉发刊祝词》(英敛之):"中国习俗,凡国家兴亡,世运隆替,莫不委之天命,斯则最为任天而治之弊,以故数千年来多事保守,少所创兴,既惮创兴,则其保守亦不成为保守,不过支离破碎相与敷衍而已。""社会既入文明界域,而联万民情感沟其耳目喉舌而一之者,厥惟报纸。我国士夫虽甚恶,其讪讦庞杂,力事铲除扼抑,然其道久久益盛,其故何哉?人不能与天抗也。""庚子变后,不肖创《大公报》于津门,斯时得于天者半,得于人者半。虽敝报卑之无甚高论,然千金敝帚,私窃爱之信之,谓于社会不无小补拾,虽然,时势造英雄渺乎其小,英雄造时势阔乎其辽。""往者,仆尝戏题一联云:域中四大,世外三公。今政闻社诸公为纯全组织立党,行将刊报于汉皋,名曰《大江》,北京亦有《大同》矣,天津则有《大公》。是今日中国,已有三大矣,所缺一大。……仆既祝《大同日报》之发刊,复不敢不自勉者,域中四大兹已鼎力而三。仆虽不肖,愿执鞭曳履,谨随诸君子后也。"

27日(阴历二月二十五日) "要闻":广东乱事,因释日本走私船而起,军机处闻变大惊。内廷特召唐绍仪中丞询问,粤民何以如此胆大妄为,对以教育未能普及为词。闻慈禧有拟派唐绍仪前往查办之意。

4月

1日(阴历三月初一日) "要闻":粤商自治会因日辰丸号案无理了结,于上月十八日开国耻大纪念会,总计是日到会演说者二十余人,与会者十数万人,无不摩拳擦掌,泣不可抑。有人检日货携往华林寺大雄宝殿前发火焚毁,红光烛天。愤激至不可名状而仍无暴动之举,此殆国民程度日进,而办事者亦知先事预防也。

2日(阴历三月初二日) "附件"《吴敬荣禀陈缉获二辰丸起卸情形》:截查日本船第二辰丸号私运军火之宝壁兵轮管带吴敬荣所陈,有关事发当日细节暨押运军火来省详情,并偕有九龙关洋员那爱脱一名随同作证。

7日(阴历三月初七日) "言论"《论中国宜立宪不宜革命》(孔庆恩来稿)。

8日(阴历三月初八日) "言论"《论国民宜跃起为政治的运动》:立宪希望不能只寄托于政府,指出:"夫国家者为多数人民所集合,国家之意思必为多数人民之意思,然后此集合者可称之为国家,国中多数之人可称之为国民。"

10日（阴历三月初十日）　"言论"《专制之流毒》："中国专制古国也,自政治、学术以至风俗习惯,无不受此专制之影响,故吾国无论何种机关,吾国人无论何种举动,皆俨有一专制之小影焉。""请先论国。国之君主,即唯一之专制者也,一国之人竭其终岁勤勤之所得以贡献于君主,而凡生杀予夺之权皆操自君主,故君主之一颦一笑,动关于国计之安危,人民之生死。天下之仅有权利而无义务,莫有过于专制国之君主者。""次请论家。家之有家长,犹之国之有君主也。""专制者世界之公敌也,推其所以致敝之由,无他,一人智而万人愚,一夫刚而万夫柔而已。故此一人者而善则举国受其福,此一人者而不善则举国蒙其灾。此一人之存亡废置,与夫附缘此一人者之善恶贤不肖,其影响皆波及于全国,国有然家亦有然。呜呼,今后之中国固将由一人之时代进而为国民之时代,由家族之本位进而（为）个人之本位,则此专制制度者宁有幸存之理耶？"

11日（阴历三月十一日）　"言论"《论第二辰丸案敬告我国人》（闽县刘崇佑）："呜呼,第二辰丸一案,我外部已屈于强邻而和平了结矣。我国官吏以适合公理之行动而颠倒变幻,结果乃至于是,在人则为失人格,在国家则为失国家之资格。今日既种此因,吾不知后日复成何果也？"（按：该文次日接载毕）

15日（阴历三月十五日）　"言论"《政党之意义》。前言："中国政党方在萌芽时代,一般之人,多不知政党为何物,或且以为浼己,避之唯恐不速。噫！此即国人政治思想政治能力薄弱之一征也。不有政党,何足以云立宪？爰取日本榁原保人所著《政党之意义》一章译之,以告国民。"（按：该文于15—18日连载）

20日（阴历三月二十日）　"言论"《论各省奏报宪政成绩》："无以制政府之权力,即无以伸国民之主张,保国民之权利。所以倘若无一国民之结合,与之并立,提出国民之请愿书,为国民谋治安,则是永无实行立宪之期望也。"

28日（阴历三月二十八日）　"言论"《论政党》："政党发轫于今世立宪各国。盖立宪国家,皆以庶政公诸舆论,而国民中有俊杰者,必占舆论之先着,为众情所皈依,而政党于以成立焉。又或寡人政治,阳予民权而阴实夺之,百姓愤不得职,因相与组织团体监督政府,要求参政权,政党又因是而成立焉。披观欧洲历史与日本维新以来,政党与私党之别,昭然若揭。是知政党者,其性质公而无私,以国家为目的,凡可以福国家者,牺牲身命财产以趋之；凡可以祸国家者,奔走号呼以救之,其视线总集于国家而无一毫自利之心存乎其间,其

主张足为国家所依赖,足为苍生所托命。"(按:该文次日载毕)

5月

3日(阴历四月初四日) "言论"《国会期成会意见书》:"政治之所以不良,实由政府不负责任,政府所以不负责实由无国会",因而开国会实"今日根本之要图"。

7日(阴历四月初八日) 英日记:"晚,邀日本总领事小幡酉吉氏在馆中饭,共来七人,柴先生、王祝三作陪。九点后散。"①

11日(阴历四月十二日) "言论"《论政府急宜召集国会》(资杭来稿):当下,人民已渐进文明,爱国之心也逐渐发达,应立即召开国会以坚定国民的爱国心。政府若不俯顺民意,反而一味压制,恐激成民变。(按:次文于12日、13日续刊)

14日(阴历四月十五日) "言论"《保存国粹说》:"国粹,新名词也;保存国粹,新术语也。此名词、此术语年来洋洋盈耳,然不出自新少年之口,而出自号称识时务之缙绅先生之口,而缙绅先生每以此名词、此术语钳塞一般新少年之口。一般新少年坐是亦色为之变、舌为之蠕而弗敢置辩。咄咄,国粹何物?保存国粹何事?问之新少年固茫然不解,问之缙绅先生又似守秘密主义,珍惜爱护而不肯明白宣示,岂不异哉?岂不异哉?""节寿之大礼,拜跪之缛文,国粹之一般也。""水旱之祈祷,日月蚀之救护,蒙人之迎活佛,河员之供大王,国粹之一般也。""讲地下之风水,亲亡可停而不葬,重先人之香烟,生女可溺而不举,国粹之一般也。""以五世同堂为瑞,则成婚不必及年,以一夫多妻为荣,则纳宠不妨数十,国粹之一般也。""婚姻自由邪说也,故民间有髫龀之童养媳,国粹之一般也。""宫府内外大防也,故朝廷有无罪而刑之太监,国粹之一般也。"

23日(阴历四月二十四日) "闲评":"查文明各国,信教自由定为宪典。我国虽未十分文明,然传教之事,载在约章。"批评天津审判厅禁止妇女入教"乖谬可笑"。

30日(阴历五月初一日) 英日记:"竟日不能行动。……伯恒、诗峰晚车回京,赠其自写五言联一副,尚健劲,词为'铁肩担道义,辣手著文章'。""连日

---

① 《英敛之先生日记遗稿》,第1182页。

脚病不能行动,敷药洗涤亦不见速效,直至十四日始缓缓行动,初次下楼。"①

6月

2日(阴历五月初四日) "言论"《论中国今日有可以速开国会之理由》(预备立宪公会孟森来稿)。(按:该文次日刊毕)

"白话"《开国会真正好》。

4日(阴历五月初六日) "代论"《金锡侯君年谱叙》(安蹇):"瓜尔佳锡侯者,博达英明士也,仆与之有十年如水之交。自其入官后,仆遂以一己之痼习,概视同今之官者矣。去冬,得见所谓金知事手谕录者,措置警政,井井有条。诸葛公综核名实精心,曾文正不嫌琐碎美德,不图于斯见之,固非尸位素餐、昏贪庸碌辈所得望其项背。窃念如君者,以实心行实政,于微官末职或得效其一手一足之烈,倘位至八座,身领封圻,则顾忌必多,牵掣蜂起,便不复尔尔矣。不意君如此,竟以去职。呜呼,何予见之不广耶?岂微官末职亦有道大难容之憾耶?"

23日(阴历五月二十五日) "言论"《海军经费议》:"呜呼,我国近年来外交之失败,政府则受困于上,国民则号呼于下,遇事坚持,均不能收完美之效果,其故维何?曰无海军以为之后盾也。识者忧之,乃亟亟于海军恢复之计。……虽然一言海军,则军港之难筹,人才之难得,已有莫大之阻力横梗其间,而目前所最切要且最困难者尤莫如海军经费问题。""其恃以解决此问题者约有数端:其一则恃美国退还之赔款以充开办经费也。……其二则恃各省旧有之水师以省开办经费也。"(按:该文23—25日连载)

7月

6日(阴历六月初八日) "言论"《移国民捐以救水灾议》:此举(一)联络各省之爱情;(二)提倡国民之道德心。(按:该文次日刊毕)

14日(阴历六月十六日) "时事"《广东水灾汇志》:广州居民呼吁:缘于两广水灾,自桂林以下,梧州、肇庆、西南三水,并沿东北二江一带乡村均被淹没数百,百万生灵延喘待救,望仁人君子度量捐输,共襄善举。同时刊出香港助赈水灾的东华医院、先施、真光公司、泰盛号、新昌轮船公司及皇仁书院教

---

① 《英敛之先生日记遗稿》,第1188页。

习、学生等的义助、捐款详情。(按：该文于 17 日、18 日续刊)

英日记:"午前,柴先生夫妇等来。梅生忽至,神思大不如前,冷漠已极,不知何以忽翻变如此,未饭去。"①(按：继吕碧城与英氏反目后,吕梅生亦与之翻脸)

15 日(阴历六月十七日)　"选论"《开设国会年限缓急问题》：既不主张急,也不主张缓,要视条件而定,"首观内外目前之情势,次察上下办事之精神是也",认为条件成熟了就开。(按：该文次日刊毕)

16 日(阴历六月十八日)　英日记:"午后,梅生来谈,此后不复亲密,惟心中仍从前云云。后不辞而去,径回奉天。十余日后,始闻同蒋梅生去矣,怪哉!"②

22 日(阴历六月二十四日)　"本埠"《助赈水灾之踊跃》：广东此次水灾,灾区广,灾情重。旅津广东绅商今日刊登谢启及赈灾收捐处,北京亦发起筹款助灾。

25 日(阴历六月二十七日)　"言论"《读二十四日上谕恭注》,对上谕中两点发表看法：其一则各省咨议局限一年内成立,以为国民参政议政与政事之阶;其二则为上下议院俟宪法编成后再行颁布开设之年。此二端皆实行立宪之切要办法并非空言。

28 日(阴历七月初一日)　英日记:"是日,始去河北望河楼学堂为师范班讲解,每星期二、五两日,早九点至十点,课毕少秋处饭。"③(按：1906 年北洋公立女子学堂创设师范班。这是该女校的重大成就之一。"丙午之春,因择其资质优秀者,改设师范一科,厘定课程,力求精进。"见吕碧城：《北洋女子公学同学录序》,李保民注：《吕碧城诗文笺注》,第 207 页)

29 日(阴历七月初二日)　英日记:"连日作大字联,为书画慈善会赈灾用。入款全数充赈,分文不取,一如去年。"④

31 日(阴历七月初四日)　英日记:"早九点,河北教课。……午后,至李公祠,以自书出售,并对众讲解爱群之道,共售去十余联。六点后归。"⑤

---

① 《英敛之先生日记遗稿》,第 1194 页。
② 《英敛之先生日记遗稿》,第 1194—1195 页。
③ 《英敛之先生日记遗稿》,第 1196 页。
④ 《英敛之先生日记遗稿》,第 1196—1197 页。
⑤ 《英敛之先生日记遗稿》,第 1197 页。

8月

3日(阴历七月初七日)　二版头条加框刊登书画慈善会启事：定于8月6日至9日(阴历七月初十日至十三日)止,每日午后一钟起,在李公祠陈列各品,出售所入之款,全数充赈,本会不扣分文,并将购者姓名、钱数详细登报,以彰公德。

6日(阴历七月初十日)　"启者,南省水灾,如两广,如安徽,如湖北,如浙江,而尤以粤省为巨。前在广东会馆集议时,鄙人等提议仍办书画慈善会,各尽心力,以期众擎义举,得款即寄灾重者先。惟愿赞成诸君仍如去年之踊跃,以匡不逮,鄙人幸甚,灾民幸甚。"英华为发起人之一。

英日记："九点后,赴李公祠开书画慈善会,为赈广东水灾也。各件皆由赞成员捐出,入款不动分文,全数充赈。坐落于水阁中廊下陈列字画,是日卖入二百余元。"①

8日(阴历七月十二日)　"言论"《论普及教育必先筹及贫民》(刘宝环来稿)：有人于乡间游历,见上悬初等小学匾额,入而视之,空空如也。"怪而问之,则曰：教习至此月余,村中无一人入学者,教习遂归矣。而其余之有教习在者,亦不过仅仅守生徒二三,此初等小学之现象也。至高等小学内之学生,不过仅二十余人,甚或有不足十人者。"由此可见,普及教育必先解决贫民的温饱问题。(按：该文次日载毕)

英日记："热甚。午至柴处饭。饭后李公祠。是日尤热,作大字甚久,遍身皆生痱子。三日共售四百余元。"②

10日(阴历七月十四日)　第二版加框书画慈善会启事：原议十三日(阴历七月十三日)止的书画慈善义卖,因存件尚多,特延长展期至本月十六日晚停会,仍在李公祠戏楼下陈列。(按：水患殃及两广、安徽、湖北及浙江,尤以粤省为巨)

12日(阴历七月十六日)　"言论"《政府与国会》。

13日(阴历七月十七日)　"言论"《论官办铁路之恶结果忠告邮部警醒国民》,历述林榆、京津、粤汉、卢保、淞沪、沪宁、大冶、龙州等八条铁路的"官办"历史后,指出："此八路者,除粤汉绞尽志士脑血、糜千余万巨款,始挽狂澜于既倒外",其他均适得其反,有的"由官办而变为借款承办",有的"由官办而变为

---

① 《英敛之先生日记遗稿》,第1198页。
② 《英敛之先生日记遗稿》,第1198—1199页。

华洋合办",有的"由官办而变为外国自办"。文章说:"自吾观之,与其谓为官办铁路,毋宁谓为官卖铁路之为当也!""综观已往,默计将来,凡官办铁路,无一不与外人有密切之因缘,既无一不得丧权失利之恶果。吾言至此,不禁愈为伤心。盖政府以畏惧外人为天职,以压制国民为万能者也……呜呼,官办铁路欤,官卖铁路欤!"(按:该文次日刊毕)

16日(阴历七月二十日) 英日记:"慈善会复于下天仙戏园对过拍卖。连日值阴雨。"①

17日(阴历七月二十一日) "言论"《论土耳其实行立宪》。

18日(阴历七月二十二日) "选论"《时局观》:"政府对付此问题,初非真知灼见于立宪之利,欲与民更始也,特借此为牢笼天下之一助已耳。……由是观之,则近日政府之政策从可知矣。夫政府之所以如此者,固以吾民为易欺,而仍袭愚黔首之故智也。即类以推,然则政府近来所谓厉行烟禁也,普及教育也,励精图治也,皆不过以望梅止渴之思,而济之以诪张为幻之手段,以国为戏,相寻于尽而已。"(按:该文次日刊毕)

20日(阴历七月二十四日) 英日记:"偕同刘少平、刘子良至新闻社,核算款项,两时始毕。拨粤赈壹仟弍百元零,送交海关道;拨皖赈四百元,交洪翰香。"②

"专件"《香港六月晦风灾记》。

23日(阴历七月二十七日) 《道府县示》:"近日天津一带,张贴木板刷印之告白,洋洋数千言,并有洋文一篇,皆系仇教语言,任意诬谤。昨经邑尊经见,深恐煽惑愚民,酿出祸端。因会同道府出有四言告示,兹照录如下:'泰西宗教,别类分门,好行其德,恺恻和平,流传中国,道咸至今,诬教臆说,荒诞不经,张贴通衢,淆惑人心,若不严禁,恐煽愚民,明事暗访,立予重惩,出示晓谕,务各凛遵。'"(按:该文次日刊毕)

24日(阴历七月二十八日) "言论"《论新闻纸之势力》(英敛之):新闻纸乃"近世文明之一大原动力也。其笔锋之所至,则有利用人类所禀有之喜怒哀乐爱憎,以左右之……其记述之所及,则有陶冶国家所固有之政治、风俗、人情,以转移之"。"凡势力所能及、感化所必到者,皆莫非新闻纸活动范围之

---

① 《英敛之先生日记遗稿》,第1199页。
② 《英敛之先生日记遗稿》,第1199—1200页。

内。"新闻纸的影响力之大,为宗教、权势等也不能及。在论述新闻纸势力至伟的条件时说,如果没有言论自由,新闻纸的这些功能都发挥不出来。以英国的报纸为例,说英国报纸新闻具有的三大特色:"一曰真实,二曰正直,三曰公平,而且具有教训的性质。故英人称之为国民教化之大机关。"(按:该文次日刊毕)

慈善书画会赈灾,由原定三日延展两次,至为期十天。《大公报》自今日至9月2日,每天用一个版面刊登助件者、购买者名录。其中英敛之助160件,售277元9角,银50两;拍卖174件,洋47.5元。

9月

3日(阴历八月初八日) 第11版刊登《书画慈善会发起人同白》:"天津一隅地,连年劝募赈捐,盈千累万,在势久成弩末,讵知人心乐善,慷慨捐输,久而不倦。我区区书画会,以措大生活,作秀才人情,一而再,再而三,尚能收此多款,实为初想不及。赞成诸君,不辞劳瘁,当此溽暑,毫汗齐挥,一念之诚,殊堪钦佩。虽所济于灾民者,如九牛之一毛,倘人人能各就所长,尽国民一份子即爱国合众之实际,所得不其多乎?"

4日(阴历八月初九日) "言论"《论中国政治之因循》。文章首先质疑"预备"之"无止期":"我国议行立宪既已有年,始则曰预备立宪,继则曰筹备立宪,今则预备立宪时代业已终了,而筹备立宪时代复又开始。"接着对清廷所定立的"期限"表示怀疑:"吾人虽不敢谓九年之后,其所筹备者毫无进步。假使限期已满,而所筹备之各事并未完竣,彼时将宽展日期,改筹备为续备乎?抑或停止立宪,仍为专制之准备乎?"论者甚至设想到立宪不成的结果:"吾恐彼时,虽惩戒一二大臣,撤参三五小吏",把责任推给少数小吏身上,这样做"于宪政之前途,果何补哉?"最后批驳《宪法大纲》无视民权:"夫立宪云者,将以组织民意之机关也,使于未经立宪之前,不许人民参议政事,彼政府虽有执行之权,而人民无监督之实,如是而望宪政之进行盖亦难矣"。(按:1908年8月27日,清廷颁布《九年预备立宪逐年推行筹备事宜谕》,同时颁布《钦定宪法大纲》《议院法要领》《选举法要领》《逐年预备宪政事宜清单》,朝野对此反响不一。《大公报》人担心立宪事一拖再拖,不了了之,便发表此文)

5日(阴历八月初十日) "言论"《振兴中国禁烟尤宜禁赌说》。(按:此文次日刊毕)

16日(阴历八月二十一日)　英日记:"今年秋雨甚勤,北河已决岸成灾。"①

18日(阴历八月二十三日)　"言论"《论国会请愿之无效》,批评《钦定宪法大纲》说,"毫不容人民之置喙","必失钦定宪法之名,而背君主立宪之实"。指出:"吾人观于东西各国立宪之陈迹,殊有大不然者。在君主立宪之国,未尝不用协定之宪法,即在钦定宪法之国,亦未尝不容人民之要求,如以为一有人民之请愿,必有损于君主之大权,是不过保存专制之见,究于立宪前途有何补哉?"

20日(阴历八月二十五日)　"言论"《论国民宜注意宪法大纲》:"我国将有宪法。故虽然此宪法之规定,果能使吾人确立于国民之地位否,是为我国立宪成败之问题,亦即我国家存亡之问题也。"

22日(阴历八月二十七日)　"白话"《国民之母》:"女子为国民之母这句话,原创自西人。我想一国之内,无论士农工商,以及那贵如公卿,贱如乞丐,大概无一个不在国民之内的罢。既然同是国民,这句女子为国民之母的话,也很郑重了。……女子的责任极重,关系极大。他那责任,不止出了阁帮着夫婿,理料家务,支持门庭,凡是他的子女一切的教养,仰仗他的地方很多。"子女素质的高低直接取决于母亲的素质。"女子要是不明白事理的人,糊糊涂涂的管教子女,不是任意纵容,就是朝打暮骂。他还能够管教出来好孩子吗?"故"女子有了好智识,不愁将来的国民没有家庭的好教育"。女子受教育"这件事,要往大处说,关乎国家的强弱兴衰;要往小里说,也关乎风俗人心"。因此,"强国的法子,先由女子教育入手"。

25日(阴历九月初一日)　"言论"《读日本宪法感言》。

26日(阴历九月初二日)　"言论"《宪法与历史之关系》。

28日(阴历九月初四日)　"闲评":"报纸之天职,所以为君耳目、作民喉舌者也。若夫民之冤苦、官之贪邪,知而不言,则有负天职。故一国之有报纸,犹人身之有耳目喉舌也。然则今之官场深恶痛绝于报纸者何哉?为报纸作辩护者则曰,正不容邪,邪复妒正,是正当之比例也。彼明季杨涟、左光斗辈之被害,非其明征耶?为官场作辩护者则曰,报纸之人才果皆聪明正道之人才乎?果无讦人私以卖直,毁人名以图财者乎?果无颠倒是非、混淆黑白、含沙射影、

---

① 《英敛之先生日记遗稿》,第1203页。

负隅逞威者乎？若然，则无怪官场恨之忌之之不已，又从而封之禁之钳束之不遗余力也。曰，然则除官报外，凡报皆为一丘之貉乎？何无一报为官场所嘉许？岂真正不容邪之比例然耶？曰，是又不然。夫报纸者，传疑传信断不免百密一疏，论是论非要不无千得一失。指伏摘奸，虽极正当，而弄权者则情有不甘；口诛笔伐，虽甚精严，而负屈者则犹嫌不切。偶触权贵之忌，则借诬之祸患堪虞；稍事平和之谈，则傍观者督责交至；对于官长，则有莠言乱政，妄事攻击之嫌；对于社会，则有畏避权贵，依阿取容之诮。直是进退失据，赢角跋胡，亦安能批郄导窾，每人而悦乎？夫以巨万之血本，博得焦神劳思，不遑寝处，且日在畏惧法网中，人非至愚，何乐出此？此吾之所以牢骚愤懑，废然思返，直欲蒙袂入市，披发下荒，又谁能荆棘林中打盹睡、面糊盆里耍琉璃耶？噫！"

10月

1日（阴历九月初七日）　"白话"《师表有亏》（耐久）："女学虽要紧，那充当女学教习的人尤其要紧。不但学问要渊博，而且他那品行尤其要端正。""我近来看着有几位当教习的，怎么打扮的那么妖艳呢？招摇过市，不东不西，不中不外，那一种妖怪的样子，教人看着不耐看，又是什么绸子条、缎子条的弄了一头，披松着辫子，满身的香水。究竟我也揣摩不出他是怎样个存心用意？"（按：有论者说，是这篇白话的发表导致吕碧城与英敛之彻底反目，其实，两人矛盾由来已久，这篇文章只是彻底反目的导火线）

3日（阴历九月初九日）　"敬启者，北乡一带，水灾甚重，附近居民田地庐舍尽被淹没无存，啼饥号寒之声，惨不忍闻，亟宜设法筹济以施拯救。兹公同酌议，创办救急善会，劝募赈款，藉惠灾黎。敬乞诸大善长多多筹劝，送至北马路商务总会代收，随时汇放。特此登报宣布。灾民幸甚。"英敛之为发起人之一。

"言论"《中国四害急宜除论》（大城王玉麟来稿）："今日应改良之事，何止万端？虽云百度维新，何克一时并举，惟择害之大而普者，厥有四端，不可不急为严禁之也。……四害惟何？曰鸦片烟、纸烟卷、麻雀牌、清吟小班也。""麻雀牌为亡国奴戏。"

7日（阴历九月十三日）　英日记："碧城因《大公报》白话登有劝女教习不当妖艳招摇一段，疑为讥彼。旋于《津报》登有驳文，强词夺理，极为可笑。数

日后,复来信洋洋千言分辩。予乃答书,亦千余言。此后遂不来馆。"①(按:吕碧城与英敛之彻底决裂)

14日(阴历九月二十日) "闲评":"或问于仆曰:子之报名'大公',果能指伏摘奸,不畏强御,为国家策治安,为人民除祸患,毫无顾忌,一秉大公乎?仆乃踟躇忸怩而答之曰:乃若其志愿则未尝不大公矣。奈事与心违,实难名副。何君今但以大义相诘责,未免不谙时局,不识利害,徒为局外之皮相论矣。当此晦盲否塞之秋,风俗人心浇漓已极,其欺诈奸贪阴险狠戾直为五洲之独有,吾倘燃牛渚之犀,铸禹王之鼎……不惟将巨万之血本浪为一掷,且不欲存一线光明于黑暗世界矣。或曰,子何见之不广而量之甚卑耶!夫报纸者,虽亦商务之一端,究非商家之孳孳为利者比。监政府,导国民,本其天职之所在,今但从事敷衍铺张,取容官府,于一切误国殃民之秕政,凡所以斩国脉、铲生机者,皆缄口不一言,不过日播弄无关痛痒之陈言以塞责,或毛举无权势者之琐碎以卖直,不惟使观者欲睡,直灰国民之心,助凶顽之焰。是国事之日就坏烂,奸邪之肆无忌惮者,皆报纸之不敢直言,实为厉阶,其罪不亦大哉?仆闻之,乃愤然而告之曰,天下兴亡匹夫有责者,是不识轻重之瞽言也。大厦将倾一木难支者,是大有阅历之至论也。夫巨万之血本,无论其为己有为共有,倘一掷而有补救于危亡,则吾何惜而不掷,岂惟血本之不惜一掷,即吾头颅亦何惜其一掷。鄙人……闲评尝谓指伏摘奸,虽极正当,而弄权者情有不甘,夫不甘者岂嘿嘿无为,遂毕乃事乎?必设尽方法钳之束之倾之陷之,务快其报复而后已,此鄙人数年中屡经小试其端者也。今则谓仆为惊弓之鸟也可,谓仆为经露寒蝉也可,不过偷存视息静待果熟,同沦于浩劫已耳。呜呼,吾其太平咒诅耶,吾其谵语无伦耶,愿与肢已残而心未死者一质证之。"

15日(阴历九月二十一日) "言论"《政党与选举之关系》:"政党者有一定的政见",为"一国舆论之导线,即可以为选举之标准者也"。"其政见为社会所欢迎者必得多数"。"此则当选举之时不可以无政党也",进而强调,"我国今日既欲断行立宪",必须组建政党。(按:该文16日、17日续刊)

17日(阴历九月二十三日) "要闻":邮传部奏准,由汇丰、汇理两银行借款,赎回京汉铁路。获借款共计500万镑,以十分之八为赎路正款,十分之二为养路余款,每年归还由直、苏、浙、鄂四省烟酒当契,砂糖及杂项等税提拨

---

① 《英敛之先生日记遗稿》,第1204页。

动用。

25日(阴历十月初一日) "言论"《论今日提倡文学之必要》:"一国文学之盛衰关系于他种科学者至为重要,未有文学不发达而他种科学能以独立进步者。"(按:该文于次日刊毕)

26日(阴历十月初二日) "启事"刊登英敛之等38人发起《北乡水灾劝募赈款启事》:"敬乞诸大善长多多筹劝。送至北马路商务总会代收,随时汇放。特此登报宣布。灾民幸甚。"(按:此启事从该日起至11月1日逐日刊登)

11月

2日(阴历十月初九日) 英敛之作东北游。英敛之应柴天宠之邀作东北游,当日启程赴营口。4日[(阴历)十月十一日]抵山海关。7日(十月十四日)抵奉天。8日(十月十五日)"至女子师范学校,晤吕梅生女士。女士受聘来奉主讲,已逾二年。女学生二百余人,彬彬颇有进步"。10日(十月十七日)"梅生来(英敛之下榻处)谈近作诗章。曾依韵和四律。11日(十月十八日),英敛之离奉天,14日(十月二十一日)返抵津"。(按:见方豪:《英敛之先生年谱及其思想》,李东华主编:《方豪晚年论文辑》,辅仁大学出版社2010年版,第400页。东北游的细节见1908年11月28日至12月8日"代论"《关外旅行小记》(安蹇))

14日(阴历十月二十一日) 第二版《上谕》:十月二十日奉皇太后懿旨:醇亲王载沣授为摄政王,其子溥仪着在宫内教养并在上书房读书。

16日(阴历十月二十三日) 第二版加框刊"大行 光绪皇帝已于本月二十一日酉时二刻御崩。凡我臣民,痛悼呼抢,曷其有极。"

17日(阴历十月二十四日) 第二版加框刊"大行太皇太后已于本月二十二日未刻御崩,当此惊魂未定,噩耗又来,凡我臣民倍深痛泣。"

《本馆谨白》:光绪皇帝和太皇太后"相继殂落,薄海臣民惊闻噩耗,其悲哀恸悼之情,直泪尽继之以血鸣"。太后立宪事业未竟,光绪亦"初志未遂",事变忽来,亦可谓吾民之大不幸矣。"敝报并于二十五日停报一天,以表痛怀"。

28日(阴历十一月初五日) "代论"《关外旅行小记》(安蹇):"岁戊申初冬,柴君敷霖以仆日就尪羸,食量锐减,拉同作关外之游。乃于初九日清早赴金汤桥,步登小火轮赴塘沽,并购搭赴营口之船票。""初十日早登赴营口船,见鸠形菜色之男女,舱内外皆满,拥挤不堪,几无插足地,且儿啼女号,既形嘈杂,视之良有不忍。舟人为予等觅一室,亦隘秽难堪。时南风大作,天气将变,乃议弃船票换乘火车。"当夜近十一点赴营口购二等车票,出山海关。"登车后,人甚满,有守车兵卧于座位,仆乃旁立待之,该兵毫不推让,一似火车专为彼辈优待室者。"车至营口,有侦探员登车,名曰查革命党,实则骚扰旅客。"殊不知节门之炸弹、安徽之刺客,何一剪辫者所为乎?""夜于车中无所见,只有冷而已。天明十一日七点后抵山海关。"

"十五日午后,大风极冷。偕友赴北陵一伸瞻仰。……进城后,至女子师范学校,晤吕梅生女士。女士受聘来奉主讲,已逾二年。女学生二百余人,彬彬颇有进步。沾彼时雨,坐我春风,亦人生大乐事也。"用很大篇幅详记游奉天城建筑,看到许多古迹无人看管、败坏不堪后,写道:"我国为四千年之古国,开化独早,文物最盛,直驾全球而上之。今乃窳败陈腐,因陋就简,日形退步,大有一落千丈之势,顾不大可哀乎?夫欲使一国文明进步,必先使人民有优美志趣高尚感情,然后层级而上,驯致富强。今欧美诸强国无论矣,即日本新进一岛国,凡通都大邑,无不有博物院美术馆之设焉,化私为公,与民同乐,法良意美,为益无穷。"希望政府和有关收藏家予以注意。

"由我国火车之不及外人,乃更忆及邮局。仆在津于初六日早致天一函,为告友人于初八日晚车迎接眷属之事。讵意此函至十三日晚始达……日本邮局既速且妥,从无误事者。呜呼,人欲爱国,难乎其为爱矣!"

"由邮政而推及电报,由电报而推及银行,莫不条条相反,大相径庭。"什么原因使然?"中外政治之异点,于根源处迥不相谋。一则用人行政,量才称能,顾惜舆论,自不得不以国利民福为目的。一则用人行政,情面贿赂,不恤人言,量资本之多寡,视情面之轻重,以为相当之补偿……呜呼,一国而演成此鬼蜮世界,人人自私,同群相贼,欲竞胜列强,生存大地也,得乎!"

旅行记之结束云:"英伦百年前,庶政之窳,无异中国,特水师强耳。迭更司极力抉摘下等社会之积弊,作为小说,俾政府知而改之。此书专叙积贼,意在阜田育婴各院之不善,而司其事者,又实为制贼之机器。窃物为贼,窃国家公款亦为贼,而窃款之贼即办贼之人。英之执政转信任之,直云以巨贼管小贼可耳。又云,顾英之强,能改革而从善也,吾华从而改之,亦正易易,所恨无迭更司其人举社会中积弊著为小说,用告当事耳。"(按:该旅行记从本日起连载至12月8日载毕)

12月

1日(阴历十一月初八日) "要闻":慈禧大行太皇太后奉安日期,已定于明年春宣统元年二月初四(华历)。明日宣统皇帝登基。

3日(阴历十一月初十日) "上谕":满汉文武大小官员,俱加一级。大赦天下。并重申九年立宪:"凡先朝未竟之功,莫不敬谨继述","自朕以及大小臣工均应恪遵前次懿旨,仍以宣统八年为限,理无反口,期在必行。内外诸臣断不准观望迁延,贻误事机。尚其激发忠义,淬厉精神,使宪政成立,朝野又安。"

10日(阴历十一月十七日) "言论"《论摄政时代之钦定宪法》。(按:该文续刊于11日、12日)

30日(阴历腊月初八日) 二版《闻报诸君台鉴》:"本报由十二月初一日,忽被阻格,不能邮递","实因邮局奉有警宪公文,不准寄递。既而忽传准寄,及至将报送局,又被退回,如此往返,竟至数次。且报上所贴邮票,既经邮局盖印,后又退回……邮票竟失效力,此尤各国稀有之事。……诸君不谙此中情形,交相见责,亦所难免。兹幸于初六日晚间,忽又蒙恩准寄。各埠之报一一如数送局。本馆断不敢不守信义,尤不敢妄施戏侮,幸乞垂谅,特此诉陈。"(按:此启事连续刊登3日)

1909年(宣统元年)

1月

4日(阴历腊月十三日) "要闻"《袁宫保开缺之原因》:"袁宫保于十一日忽奉上谕开缺回籍养疴,此事极属突兀。顷接访函云,日前御史江春霖曾胪列二十款严参庆邸及袁宫保,故庆请假而袁开缺云。"

"言论"《论今日之朝局》,对摄政王赞誉有加。内容有:(一)摄政王政见稳固;(二)摄政王出事之明快;(三)摄政王度量之宽宏。

7日(阴历腊月十六日) "言论"《论袁宫保开缺事》:"自袁宫保开缺后,海内舆论颇不一致。在外人视之,以为袁宫保为先朝重臣威望素著,今一旦以小疾去位,未免妨碍大局,阻滞新机,甚非计之得者也。而自吾□观之,殊觉不然。以袁宫保之才智,果为今世不可少之人物乎? 袁之去位,果于外交上新政上有何等之影响乎? 欲研究此问题,不可不知袁宫保所处之地位,及我政府今日之内情。"文章详细分析了两方面情况,最后说:"故吾谓袁之去位于新政可得良果者,即以此也。"(按:该文次日刊毕)

10日(阴历腊月十九日) "言论"《袁宫保开缺后之三大问题》:(一)袁党与非袁党之争;(二)满党与汉党之争;(三)新党与旧党之争。(按:该文次日刊毕)

13日(阴历腊月二十二日) "言论"《何谓大臣责任》:"专制国中,所赖以监督政府者,在乎君主。立宪国中,所赖以监督政府者,在乎舆论。""我国今日以来,言大臣责任者夥矣!然试问大臣责任何自而生乎?……(参照立宪国)舆论所可以监督政府左右大臣,使之不能不负责任者,盖不外乎四种之方式:(甲)议会之弹劾,(乙)政党之反对,(丙)报纸之攻击,(丁)国民之纷议。此四种方法之中我国有机关不备而不能行其监督者,有机关虽备而无监督之势力者,然则居我国政体之下而欲使大臣负一定之责任,果有何种方法可谓完全无弊乎?据吾人所见,仍不外乎君主黜陟之权而已。"

16日(阴历腊月二十五日) "言论"《对于政府退袁宫保之确评》:"袁世凯之开缺果何为也?曰:怨毒之于人也深,虽阅世而不改;罪恶之所极者大,虽有功而不抵。戊戌政变,袁世凯之获罪于景皇帝深矣。景皇帝以天纵之圣,明断英武,千百年以来,环球中外,未有伦比。设非袁世凯节变于中途,则中国今日当为世界上之第一等国矣。今中国之不能与各国比肩,袁世凯迟之也。景皇帝之忧郁终身不得行其志,袁世凯致之也。"现摄政王开缺袁世凯,"景皇帝可以瞑目九泉",宪政也可以实行了。

27日(阴历正月初六日) 《大公报》春节后第一天出刊。
"言论"《宣统纪元之祝词》。

30日(阴历正月初九日) "言论"《论宽赦党人之利害》:"所谓党人者,有二种之派别。其一为革命党,其二为立宪党也。"革命党是"与国体为敌者也",而立宪党是"与政体为敌者也"。"今日既在预备立宪之际",宽赦党人,应分别对待:"大赦立宪党,不究首从,概予宽免,且使之辅助宪政,以为效力之地";而"对于革命党也,则不妨解散胁从,严诛首要","待其穷途末路,匿迹销声,始一举而大赦之"。文章认为,宽赦党人,为"弭乱之道"。

2月

1日(阴历正月十一日) "广告"《救灾恤邻》,英敛之参与发起,继续为北乡水灾灾民劝募赈款。

7日(阴历正月十七日) "言论"《论今日为政治竞争之时代》:"专制政体

必不能达政治改良之目的,自后言之,则必先予人民以参政之权,而后可以逮政治改良之目的。""一国宪政之成立,岂有他哉? 上有贤明之君,以扩张民权而限制官吏,则争权之祸无自而生;下有忠实之民,以拥护君权而监督政府,则政治之兴计只可待"。

8日(阴历正月十八日) "言论"《闻岑宫保起用之感言》:"我国近数年来,其手握重权、左右政界,而为举国所仰望者有三人焉,一曰张,二曰袁,三曰岑。世之评张者,则曰有学无术,其评袁曰有术无学,而其评岑之辞直无学无术而已。虽然,自古大臣在位,但闻其有益于国计民生与否,何论乎学,何更取乎术? 张固以学名,然而非实学也。袁固以术名,然而非治术也。岑以无学无术之徒,而竟负天下之重望,且驾张、袁而上之,是且天下无公评耶? ……当岑之出督两粤,嫉恶如仇,而使吏治有澄清之望。及其入赞中枢,去害务速,而朝廷有严肃之风。世之所谓不学无术者殆以此而名之乎? 据吾人所见,则较之有学有术者之所为有过之而无不及。世固有读书破万卷而成伪君子者,亦有权谋百出而后可称为真小人者。至于真君子之所为,不为情迁,不为利诱,行其心之所安,去其众之所恶,所谓古大臣以德事君,合则留,不合则去者,吾于岑宫保见之矣。"文章希望岑宫保切实推行宪政,不负苍生之所望。(按:岑宫保即岑春煊)

13日(阴历正月二十三日) "言论"《论李灼华之荒谬》:"自项城罢职,谣诼纷起,而最足以惑乱人心者,莫如'朝廷将推翻新政'一语是言也。……有李灼华请复岁科两试一折。此折之内容虽未发布,然既请复岁科两试且交学部议奏是明明欲规复旧"。记者说,如按此折实行,"势必驱全国之学生,相率而入童子之场,举一线开明之机,遮尽断绝,而复变为黑暗世界,其为害尚忍言耶?"(按:1909年2月,御史李灼华上奏称:兴办西式学堂后,"国文将废,中学将湮",并请奏恢复科举。对这种复旧言论,《大公报》发文予以驳斥。之后,于4月3日又发表一篇署名为"寒啸"的《李灼华奏议之批评》,称其奏议是"冒天下之不韪",称其人为"丧心病狂之人")

17日(阴历正月二十七日) "闲评"《论封禁湖北日报事》:"观今日之当道,忠言逆耳,讳疾忌医……竟至于此!"并力陈:"夫讥刺与箴规,想何异固定不得加之罪也。讥刺而出于隐暗,尤不得判定为罪案也。""有则改之,无则加勉,何鄂省官吏不明此义,竟以强横之手段从事?"在此立宪时代,报馆毫无言论自由之权,亦无监督大吏之权。报律本应一面约束报馆,一面限制官吏者也。但视彼时之报律,"但有毁谤宫廷应行封禁之明文,而无讥刺大吏便可勒闭之严令",因之论者不禁叹曰:"呜呼,报律云乎哉!……强权而已!"(按:1909年春,《湖北日报》因在报中登有插画一则,并刊论说《中国报纸于官场有特别之利益》,疑有讥讽湖广总督陈夔龙之嫌,遂以"不守报律"为由,被饬令立行封禁。《大公报》为此发表该"闲评")

22日(阴历二月初三日)　"闲评"《驳某报论逼民入教事》(英敛之):针对某报报道"保定高阳一带教民无故逼民入教,民间不从互相斗殴"一事,文章写道,天主教、耶稣教"最贵信仰自由,尤贵心诚志笃,断无逼人入教之理。今该报据此等无根浮言,遽加论断,虽其识高学邃,言之成章,易耸俗人观听,奈背于事理,殊无讨论之价值。"文章指出,某报的报道,"所据之事,既不免捕风捉影,则所持之理,自属于画脂镂冰",此诚不可惧。"所惧者,该报一人倡之,世俗百人和之,则市虎杯蛇、僵桃代李,庚子之祸不难复见于今日也。"

25日(阴历二月初六日)　"言论"《论近日报界之真相》:"处专制政府之下而欲求报界有真正之言论其势必不易。得观近日来报界之风潮而谓斯言之过当者吾不信也。""袁(世凯)未开缺之先,举国之报纸无毁袁者,袁既开缺之后,举国之报纸而又无誉袁者。然而,袁之所为,并非庸庸碌碌之辈,何以一经失势,毁之者有人而誉之者无人?将谓报界之势利心耶?何以报界之势利不施于他人而独施于袁?将谓政府之专制力耶?然袁之去位,政府方惜才而并未加之罪。然则今日之报界所以有如此现象者,皆袁当日有势力之原因,非今日无势力之结果也。不然,岂举国中皆下落井之石而无一树功德之碑者耶?"

3月

7日(阴历二月十六日)　"言论"《论党人无不可赦之理由》,某国相以"足以彰孝钦显皇后之短"为由说服摄政王收回赦免党人的谕旨。该文痛斥某国相欺君误国,"以一人之私见上违王命,下失人心,而置国家之利害于不顾"。

15日(阴历二月二十四日)　"言论"《论戒烟良方之难得》(钝铁)。

22日(阴历闰二月初一日)　"言论"《禁种鸦片刍议》(寒啸)。

4月

1日(阴历闰二月十一日)　"言论"《论铁路改良事宜》。(按:该文次日刊毕)

13日(阴历闰二月二十三日) 《本报紧要告白》：称"本报发行数载,关于一切宪政事宜记载最详。"

19日(阴历闰二月二十九日) "言论"《政党与选举之关系》：文章强调,应在平日增进国民的政见意识。当下,国民有选举资格而无政见思想,而"政党者对于政治上有一定之意见者也,平日以其政见输入于国民之脑中,一届选举之期而国民始有所择别"。文章认为,要推进组党,各省咨议局选举,必须以政党形式进行,"无政党则舆论不能一致,即宪政难以进行,他者不论,观于近日各省咨议局之选举亦可见一斑"。

28日(阴历三月初九日) "言论"《论土耳其立宪之结果》：土耳其国内出现乱象,是土皇不真心实意实行宪政,而是假立宪之名,以愚弄天下耳目,漠视民意,恣意妄为所致。

29日(阴历三月初十日) "闲评"《报馆与学堂》："报馆开通风气者也,学堂培育人才者也,皆擅通德之称,负先觉之任,作人群楷模,为社会向导,厥职顾不重哉？倘滥厕匪人,岂惟贻士林羞,为国家蠹,其流毒将有不可胜之言者矣！夫报馆、学堂虽皆居于辅翼社会高尚地位,然其点有不同者,则报馆本商业性质,学堂号义务热心；此则货利不妨言明,彼则名誉不容稍玷者也。虽然,又孰知以商业图利者,或竟无利可得；以义务鸣人者,竟居然大获其利,不亦怪哉？""今有人焉,既组织学堂又联络报馆,作名利双收计,以造育人才为言也,今日向政府求补助,以化私为公倡议也；明日言某庙产当没收,不讥某富室奢侈而不热心,即斥某豪商挥霍而不急公益,以教育美名为号召,挟报馆势力为攻击,虎威善假,狼欲难填,其为术诚黠,而居心亦狡矣哉。"

30日(阴历三月十一日) "言论"《论扩张绅权必要之条件》,提出"以地方自治为入手",先扩张绅权,以监督官府。"扩张绅权云者,换言之即监督官府之谓也。"

5月

10日(阴历三月二十一日) "闲评"《报病》："报纸者,社会之耳目,传播各种消息之机关也。近年以来,报纸日益发达,有官办之报,有商办之报,有官督商办之报。惟其间真能传播消息直言无讳者,素不多觏,就京津各报论之,大半耳目不全,五官不具,几失其报纸之能力者。兹特分为数类：……访事无多新闻失实,谓之聋报；力避权贵缄默不言,谓之哑报；捕风捉影见地不明,谓之盲报；销数无多推行不远，谓之跛报；喜笑怒骂不中情理，谓之疯报；满纸烟花引人入胜，谓之魔报。"

11日（阴历三月二十二日）《本报征文广告》："本报出版以来，八年于兹，其间经历之阶级各有不同，要无不随社会之进步，恳切立言。自去岁颁行宪政，种种问题皆待解决，本报虽有所贡献，然苦于学识浅陋，所见不免一偏。兹特沿旧例，设题征文，用昭公论。如有鸿篇巨作，即祈惠寄本馆，合格者按三等报酬。头等第一名酬洋二十元，其次十元，二等者一律酬洋伍元，三等者三元。……拟各题开列于左：1. 实行立宪期限应如何始能缩短；2. 满汉问题之根本解决；3. 国会未开以前政党进行之方针；4. 清理财政之责任安在；5. 吏礼二部应否裁撤；6. 开党禁议；7. 移民实边策；8. 直隶咨议局本年应行提出之议案。"

14日（阴历三月二十五日）"言论"《论咨议局议员分配之标准》："咨议局为一省舆论之机关，而咨议局议员即有代表一省舆论之责。然欲使全局议员能实际代表全省之舆论，非先使全省地方皆有选举人不可。""吾人既认议员之选举当以多数为凭则，对于议员之分配以选举人之多寡为标准者，应亦毫无异议。"

18日（阴历三月二十九日）"言论"《敬告有选举权者》（贺培桐稿）："（一）不可存自私之心""（二）不可受运动之误""（三）不可存慕名之心""（四）不可存附和之见""（五）不可有矜异之心""（六）不可存玩世之意""（七）不可存畏势之心""（八）不可因投票生方域之见""（九）不可误认初选当选人为复选当选人之预备"。此外还提出了五点注意事项。文章最后说："有选举权者，即为吾民请命选择良医，一疗吾数千百年之沉疴，而冀得长舒吾民郁结之气，大开吾民拘促之心者也。"（按：该文21日续完）

"要闻"《张相国之宪政谈》："据闻，摄政王日前召见军机时，曾对南皮相国讨论京外官场筹备立宪是否实心办理，现土耳其风潮甚烈，我内外文武咸宜借观，努力同心，以促宪政之实行等语。闻相国答，谓今岁应筹备者，各省尚能依次举办。虽无何种特别效果，而亦未见有何放弃之处，果能循此以往，不患宪政不能成立。"

6月

7日（阴历四月二十日）《本报征文揭晓》："本报征文已于今日揭晓。凡为评定之佳作，自当照赠酬仪。"今日始，选登优等征文。

"言论"《实行立宪期限应如何始能缩短》（征文头等第一名，赵鹤）。

8日（阴历四月二十一日） "言论"《开党禁议》（征文头等第二名，夏雨生）。（按：该文次日刊毕。该题入选者，还有二等第五名"天囚生"、三等第四名"不惑"的文章）

10日（阴历四月二十三日） "言论"《清理财政之责任安在》（征文头等第三名，刘崇本）。

"要闻"《路款又借定矣》："粤汉、川汉两路，议借洋款。闻某相国已与外人定议，不再变更，共借五百五十万镑，常年五厘行息，九五扣，按十年摊还。英法德三国亦均甚满意，毫无异辞。"

18日（阴历五月初一日） 自今日起，每天固定两篇"闲评"。"闲评一"在"言论"后，"闲评二"在第二张头条位置。今日"闲评一"《天津电话租值两歧之可怪》，"闲评二"《不平之鸣》。

24日（阴历五月初七日） "各省新闻"《湖南·长沙投票之怪现状》：选举人员要求乡人"写我之名投入瓯内，即谓之投票"。

7月

3日（阴历五月十六日） "本埠"《匿名来函者鉴》（英敛之）："鄙人办《大公报》，八年于兹，虽学疏才浅，不无汲深绠短之虞。然丹心一片，热泪两行，清夜自思，可告无罪于社会。乃一般昧良瞎眼者流，不识邪正，不辨是非，每以卑贱鄙陋之词，捏风捕影，来相污蔑。此等鬼蜮伎俩，本不值读者一笑，又何足劳吾笔墨。但报纸者本辨别是非之物，倘概置之不理，则此辈必自信得理，愈将肆其狂吠。今与诸君约，凡有妒恨鄙人、不满鄙人者，不妨堂堂正正，出以真姓实名，来相诘责处置，鄙人日日在馆拱候，绝不畏避也。不然，但能为此匿名揭帖，暗中诋谤，则断非正人君子之所为，且为中西法律所不恕，鄙人亦绝不甘受也。今对此下流，姑一答复，识者幸毋笑为量狭。"

5日（阴历五月十八日） "各省新闻"《河南省·选举之怪状》：选举中，公然作弊，冒领选票。

6日（阴历五月十九日） "各省新闻"《甘肃省·筹赈电文》："甘肃三年不雨，苦旱成灾，待赈孔亟，已拨库币及各省协助，约有十五六万之谱，再行公同议定。"

8日(阴历五月二十一日)　《答匿名揭帖诸君子》(英敛之)："今敝报对于津浦铁路一案,不过立于中立地位而已,不过未尝呵墙骂壁,吠影吠声,如诸君之愤戾汹汹而已,不过欲诸君批郤导窾,扼其要害,无为不根之言,自供鄙陋,终陷劣败而已。"针对揭帖说《大公报》在李德顺一案的报道上偏袒倾向,英敛之说："鄙人自办报以来,即矢志公正,不阿流俗,与诸君异。……今与诸君约,凡能于敝报指出袒护李德顺之一言,凡能于鄙人指出受贿之证据者,无论多寡,情甘受极重之罚。……鄙人对于社会,以一片真诚,一腔热血,今竟蒙疑负谤如此,意何能平?"

　　14日(阴历五月二十七日)　"言论"《舆论代表之责任》："报纸者,所以代表舆论,而亦所以铸造者也,有铸造舆论之精神,而后可以有代表舆论之价值。若不能铸造舆论,惟日日迎合社会,以求推广其销路,此等报纸无宗旨无政见,不过如一种营利之广告,安得谓之报纸哉?既曰报纸,则必有正大之宗旨,有确实之政见,不为官场之机关,不为私人作辩护。每遇一事,必审核精当而后出之,如是者始不失代表舆论之身分,始可以有铸造舆论之能力。……吾辈托身报界,亦当以扶植民气、鼓铸舆论自任。惟吾辈之所扶植者,乃欲使民气立于最强之地,而非使民气立于自败之地;吾辈之所鼓铸者,乃欲使舆论得社会之信用,而不愿使舆论遭社会之冷视。"

　　16日(阴历五月二十九日)　"要折"《陕甘总督升允奏甘省旱灾奇重设局筹办赈抚折》。

　　19日(阴历六月初三日)　"言论"《异哉某国相》："某国相历任三朝,身负天下之重望,而其所私心忿恨,日日落井下石者,乃在党人。""吾知之矣,今者宪政方兴,百端待理,使党人一经起用,阁下将无地以自容。阁下若果为此,是全出于把持政权,实行专制之见解,以此见解而欲行于今之世也,其自误亦实甚。夫实行立宪期限,距今不过八年耳,此八年中,党人虽可不赦,八年以后,难保党人之不兴。今阁下已七十有余,九年以后之宪政能否身亲目睹,尚难预料。阁下于此八年中,既不能手成宪政,造福将来,又不能推荐贤豪,扶翼王室,阁下妨贤病国之罪尚可图乎?假令八年以后,宪政风行,党人群起效用,恐阁下虽可为专制时代之功臣,而亦不免为立宪时代之罪人矣!"(按:某国相指张之洞)

　　23日(阴历六月初七日)　第六版为救甘省奇灾,在《速救灾黎》标题下刊登"筹办甘肃赈捐处""天津救急善会""艺善会"的启事,说现值甘肃奇荒,赤地千里,小民易子而食,其惨状实不忍闻,亟应劝办义赈以协解济。甘省旱灾,日前天津慈善团体已作筹赈之举,今上海继新舞台演戏助甘赈后,复又有发起女伶演戏助赈,假座丹凤茶园连演两晚。

8月

8日(阴历六月二十三日) "闲评一"《汉奸之气焰》:"近数月来,报界之风潮,亦云巨矣。前此《神州日报》以纪印人不法事,致与亡国之印奴涉讼,今日《民呼报》又因甘肃赈捐事,为著名汉奸之蔡乃煌所诬陷,诚属一波未平一波又起矣,乃《神州报》事竟得和平了结,而《民呼报》事反致危急万分"。"异哉,以工部局全体之力不能推翻《神州报》,以蔡乃煌一人之力,竟能欺压《民呼报》。呜呼!号称汉奸者之气焰虐于亡国奴多矣哉。"

10日(阴历六月二十五日) "言论"《论用外人为海军顾问》指出,"任用客卿之风,久不行于独立国"。"无论如何,军事顾问总无任用外人之必要,筹办海军事务当慎之于始。毋轻易自解曰彼备顾问而已,军权自在我也,则他日之覆军辱国即伏于此矣!"

15日(阴历六月三十日) "闲评一"《希望于午帅者四》:"于右任之办《民呼报》,筹赈甘肃旱灾,此亦人之所共知也。而孰意竟有以此诬于右任者!"

"闲评二"《致问蔡乃煌》:"日昨沪道蔡乃煌致顺天府尹一电,传知北京报界如再干预《民呼报》案,必于伯循不利等情。异哉!蔡乃煌其恫吓报界,欺凌于伯循,竟一至于此耶?但吾不知于伯循果犯何罪,乃一经报界之干预,而其罪反难宽免。吾更不知报界果犯何罪,乃一干预于伯循之案,而其罪反可加增,此我报界之全体所急欲质问蔡道者也。"

"各省新闻"《江苏·陕西同乡会之公电》:旅沪陕西同乡会为于君右任被拘事,于本月五日上午十二钟开临时大会。到会者八十余人,共议电甘督申辩。电文称,"甘赈系刘定荣等办,与本会会员于伯循无涉。沪道言奉宪电拘于,冤甚乞赐湔雪。陕同乡会李瑞椿等八十七人泣叩"。

19日(阴历七月初四日) "来函"《为中国灾民讨上海道蔡乃煌上〈大公报〉书》(灾民九顿首):言蔡乃煌钻营得上海道一缺,专为权要走狗,剥民脂民膏数十万金,先以七万金夺《中外日报》于商务印书馆,继则自开报馆多家。本年三月,有《民呼报》出现,大声疾呼,拒绝贿赂。蔡遂借查甘肃筹赈公所账目之名,而逮《民呼报》总理于君伯循(右任)于狱,公堂会审之日,指于经手筹赈公所时吞赈铜洋二十三元,于君入狱,赈灾所撤散。

9月

11日(阴历七月二十七日) "言论"《论朝廷不去蔡乃煌无以服舆论》:"沪道蔡乃煌不顾公理,不恤人言,竟以其一手遮天之伎俩,显然与朝廷立宪之宗旨相反对。使朝廷果实行立宪,与天下相见以真,即当立予罢斥,以慰人心。""蔡乃煌之诬陷于右任,推翻《民呼》,我报界笔伐口诛,不遗余力,而蔡乃煌竟得逍遥海上,无毫末之损伤。是岂蔡乃煌之势力果足以动政府耶?毋亦政府轻视蔡乃煌而优容太过之故耳。不知蔡乃煌自任沪道后收买报馆,贿通言路,内而军机外而督抚,大半恃之为爪牙。"

"闲评一"《袁世凯之保语》:"据北京某报载,那相国回京以后,即力保开缺袁世凯办理外交有功北洋,并谓无前日之袁世凯,必无今日之北洋云云。是言也,其有心保袁耶,抑有意诋袁耶?诚不敢知。惟据吾人所见,无前日之袁世凯,今日北洋之权利未必多授外人;无前日之袁世凯,今日北洋之财政未必如此困难;无前日之袁世凯,今日北洋之冗员未必如此之多;无前日之袁世凯,今日北洋之民气未必如此之馁。使袁世凯而果起用也,将来及于北洋之影响徒可知矣。"(按:袁世凯开缺后,那桐等人出面保袁,说他"办理外交,有功北洋"。《大公报》发表此文予以驳斥)

25日(阴历八月十二日) "言论"《论政党机关报与官僚机关报之不同》:"(甲)政党机关报,自有一定之政见,不以他党之反对而变更;官僚机关报,却无一定之政见,多视君主之命令为转移。(乙)政党机关报,虽有争论,多以国利民福为前提;官僚机关报,一有争论,专以攻击个人为事。(丙)政党机关报发表之政见,注重于多数之信仰;官僚机关报之政见,则以政权较大者为是。(丁)政党虽失政权,机关报之势力不衰;官僚一失政权,机关报之势力顿减。""以上数种之差异,皆因其目的不同之故。"

27日(阴历八月十四日) "闲评一"《有闻不录》:"报馆有闻必录,此常例也,然使所登载者有害他人之名誉及公共之治安,固不得援有闻必录之例而辞其责。若所登虽不尽实,然既无害于他人之名誉及公共之治安,不妨据报律之明文要求更正"。如果"既不要求更正而即兴问罪之师",那样,必为"有心钳制报馆,而使之有闻不录"。

10 月

5 日(阴历八月二十二日) "言论"《书秦崧年拟请都察院代奏呈后》:"本报数月以来未用代论,非无可代,以无代之之价值耳。数日之前忽得秦岳来先生《拟请都察院代奏之呈》,捧读之下,曷胜叹服。盖以秦君之所言者,皆本报之所欲言者也,至其立论……直可以代表举国之人心。记者非有所私于秦君,而故为是贡谀之辞。诚以国之兴亡匹夫有责,我辈同为匹夫,不能不为是有责之言耳。……专制时代之君主虽有万知万能之力,立宪时代之民气实有百战百胜之权。当此宪政进行之际,苟不利用民气以救危亡,而欲凭藉君权而延国祚,岂非天下至危极险之事哉?"

7 日(阴历八月二十四日) "要闻":监国摄政王在府邸闻张相国之凶耗。(按:张之洞 10 月 5 日逝世)

"言论"《对于张国相死后之论定》:"世之善于论人者,皆曰盖棺而后论定。余谓张相国之为人,不必论定于既死之后,已可论定于未死之前。何则?张相国一毫无宗旨,毫无政见,随波逐流,媚主以求荣之人也。惟其无宗旨,故无晚节之可见;惟其无政见,故无效果之可言。吾人欲为相国列传者久矣,而卒惮于笔墨迟迟不果者,以我国近代之历史即可代表相国之政绩耳。我国近数十年大臣中,如李文忠、刘忠诚、岑西林、袁项城诸辈,其政权有消长,圣眷有隆杀,或起或仆,迁调无常,惟我知几善变之张相国,内任外放,历仕三朝,知遇之隆,先后如一日,是岂相国之公忠体国足以上格君心哉?毋亦假忠君爱国之名为希荣固宠之地?故君主有更易而相国之禄位安然,时势有变迁而相国之声望不减。使相国果明忠君之义,何对于戊戌之政变,忠于后而不忠于帝?对于各国之借款,忠于外而不忠于内?相国之生平所恃以训勉全国者,惟在忠君二字。乃深考相国之一身,其臣节果何如也?向使相国有臣节,吾恐失败者屡矣,安得有今日哉?""张相国之于政界固无何等之功烈足以折服人心,而其于学界何如乎?相国执掌文衡历有年所,至今门生故吏遍满天下,诚哉学界之泰斗也。然自中外交通文明输入,世界之大势已变,而相国之脑筋不变,一《劝学篇》之作,流毒于海内外已深。复有学部章程之规定,几于趋天下人才尽为奴隶……当此民智大开宪政进行之日,相国以顽固之头脑专制之精神,立足于此二十世纪之世界,亦可谓危险之甚焉。"

29 日(阴历九月十七日) "要闻"《伊藤公被刺之专电》:"昨晚本馆接奉天专电云:日公爵伊藤博文氏此次至东省游历,九月初九(华历)行抵奉天……十二由奉启行取道长春,十三日在长换坐俄国火车,即日抵哈尔滨。下车后正阅看俄国军队,突有一短发洋装男子从俄兵后挤出,连向伊藤施放手枪,均中胁腹,日员三人亦同受伤。行刺者经俄兵当场擒获,口呼'朝鲜万岁',了无忧惧。……据日领称,伊藤前统监朝鲜,韩绅反对者甚多,此次行刺,当由该党主使云。"

11月

2日(阴历九月二十日) 《劝赈湘灾鄂灾启》:"敬启者,鄂湘两省连年水旱偏灾,筹赈筹捐,几无虚岁。"在历叙灾情后说:"为全楚生民请命。素仰仁人君子好施乐善,见义勇为,具己饥己溺之怀,宏爱国爱民之愿。伏望仁浆义粟,济彼饔飧。……不禁为两省灾民预祝也,是为启。湘鄂两省旅津同人会同英敛之、方药雨等谨启。"

12月

5日(阴历十月二十三日) "告白":"湘鄂赈灾久已布告。今定于月之二十四晚与二十五日早晚,借座南市丹桂茶园演戏助赈。将登台诸名角热心为善,发起与赞成芳名登录于后……发起人孙菊仙、杨小楼。"英敛之为赞成人之一。

"言论"《法律慨言》:中国"修订法律之举,震动于世界之观听,劳企于吾民之心目者已数载于兹。自草案颁行,内而枢部,外而督抚,此驳彼诘,聚讼纷纭。于是有斟酌新旧,重行订定之谕,自时厥后,不问不闻,盖几几如石沉大海矣……至于暂行二字尤漫无限制,既可暂,何不可久?旧律消减,新律实行之时,殆终无望矣!"

7日(阴历十月二十五日) "言论"《摄政王一年以来之大政》:"先帝之用人也,不拘成格;……今摄政王之用人,迟徊审顾;……先帝之行政也,明决果断,所有改革诸政,无不实力奉行;……乃观今日之朝局,何竟相反,若是乎一旗制之变通,筹办一年,毫无成效。"(按:该文次日刊毕)

12日(阴历十月三十日) "闲评二"《裙带议员》:"我国之官吏往往有以亲戚攀援而得者,故名之曰裙带官,不谓近来公举之议员亦有自裙带而来者"。

13日(阴历十一月初一日) "言论"《论政府无立宪之能力》:"今者预备立宪之说,倡之政府,乃起视政府诸公,其有立宪之精神,而具立宪之能力者能有几人？以枢臣之老耄昏聩,疆臣之畏葸不前,但足以亡国而有余,绝不足以唤起沉疴,挽回危局,以共臻于立宪之一境。""一面提倡新政,一面任用旧人,南辕北辙,怅怅何之。"

14日(阴历十一月初二日) "言论"《对于中国现势有感》(王景贤):周边形势之严峻,"俄英窥于西北,日法伺于东南,强邻逼处,群起开放中国之门户。……于是以机会均等、利益均沾之说,以制我死地。……挟维持世界大同之美号,而施其经济侵略的政策,阳为交好,阴蓄祸心"。

15日(阴历十一月初三日) "言论"《为农工商界悲》:"立宪国中最占政治上之势力者,莫如农工商界。"但是,"我国近数年来,新政繁兴,百端俱举,预备立宪之声,遍于朝野。然其间食宪政之福,蒙宪政之利者,绅界也、学界也,而农工商界无与焉……自有学校以来,农工商界但有出捐之义务;自有新政以来,农工商界但有纳税之义务;而其充学校职员、为新政领袖者大半出之绅学两界"。咨议局成立,"起视各局之议员,仍属绅学两界居多,而农工商界寥寥无几"。"呜呼悲哉!我预备立宪时代之咨议局,我预备立宪之农工商!"(按:该文次日载毕)

24日(阴历十一月十二日) "言论"《要求速开国会之理由》:1909年底,全国各省出现国会请愿风潮。文章称"今者各省咨议局特派议员赴沪会议,拟代表全国人民呈请政府缩短预备立宪之年限,猗欤盛哉!我国宪政之成败将于此一举基之矣!"

1910年(宣统二年)

1月

9日(阴历十一月二十八日) "要闻"《湘鄂铁路未来之工程师》:"湘鄂铁路现已筹集巨款四百万,约于明春实行开工。惟工师一缺尚未聘定,闻该铁路会会长与该省集股之绅商等互议,拟仿照川路办法,公聘詹天佑观察为该路工程师云。"

12日(阴历十二月初二日) "闲评一"《千钧一指》:"鄂路代表之晋京也,学界中有断指以赠别者;湘省代表之赴沪也,军界中又有断指为血书者。夫一指何足惜,不过表示吾民之决心耳,不知我政府诸公亦鉴及吾民之心,而顾惜吾民之指否?""或曰今日政府不敢公然反对国民者,正恐有国民之指摘耳。今使国民皆断其指,吾知政府更肆无忌惮而为所欲为矣,是不能不为吾民惧。"

14日(阴历十二月初四日) "要闻"《张相国身后之遗恨》:"鄂路借款一事,政府为省却纠缠起见,多欲照张相国(之洞)前定办法含糊了结。近因鄂省拒款甚力,诸大老始知民气可畏,亦稍为变易其宗旨。惟四国要求不已,殊形棘手。日来一筹莫展,左右作难。每一提及,辄归咎于张相国。"

16日(阴历十二月初六日) "言论"《朝廷立宪真伪之评决》:"世界立宪之迟,莫中国;若世界立宪之易,亦莫中国。……我中国立宪之进行,俨然有若决江河,沛然莫驭之势矣。然而,内而国民,外而友邦,对于我政府之举动,举不免将信将疑,而无从判决其真伪。诚以朝廷之上,日日言维持民气,而于遏抑民气之官吏不闻加罪也;日日言尊重舆论,而于摧残舆论之官吏不闻惩处也;日日言开诚布公,而于国权得丧之要件、民命存亡之大计,方秘密断送而不许国民之闻问也。以故诏旨愈谆详,人民愈危疑,文告愈剀切,人民愈彷徨。政府之用心,虽大略可知,然终无确实之证据以表暴其真相,使天下释其疑而解其惑。"

18日(阴历十二月初八日) "言论"《论军人宜与闻国会请愿之事》:军人要关心国是,要"明乎势,灼然于国存与存、国亡与亡之关系,而闻风兴起,各营各标各举代表以追随于各省代表之后,为正式之请愿"。

20日(阴历十二月初十日) "言论"《倡办义捐以促开国会论》。(按:该文于21—24日、26日、27日续载)

28日(阴历十二月十八日) "言论"《民气民智之进步》。

2月

19日(阴历正月初十日) "各省新闻"《东三省·安重根之供状》:"旅顺日本法院开庭审讯伊藤暗杀一案。安重根受审时状颇从容……曰吾之目的在东洋和平及韩国独立,并不在仇杀一伊藤。故伊藤虽死,我之目的尤不能谓之达到……安重根判定死刑,余三人受一年以上之惩役。"

3月

20日(阴历二月初十日) "要闻"《梁士诒甘为万人之敌》:"鄂路拒款一事,徐尚书本极赞成,惟梁士诒因受某国运动,力主借款。去腊鄂省代表张密(密字疑有误)二君等屡谒徐尚书,尚书亦颇欢迎。梁恐计不得行,于是造作恶语以惑徐尚书。听闻尚书因之不复接见各代表矣。"

4月

17日(阴历三月初八日) "各省新闻"《安徽·铜官山案洋款已付》:"安徽铜官山矿,经皖绅抵死力争,收回自办。英商凯约翰理屈词穷,不敢作强暴之占,惟以用费丧失、要求赔偿为是案之结果。……经……磋商,四十五万两了案。"

25日(阴历三月十六日) "要闻"《通电各省查办灾区》:"枢臣近议,以上年甘省、本年湘省均因疆臣蒙蔽,灾情几至酿成巨变,于大局关系非轻。查近年来各省灾区正复不少,诚恐各疆吏均此蒙蔽,激成祸端,于大局殊有关碍。日前特通电各省督抚详查所属,如有地方偏灾情节稍重者,应即奏报,分别赈恤,毋得蒙混,致干严惩。"

5月

1日(阴历三月二十二日) "要闻"《京师要案业已讯结》:"上月二十三日夜间,监国府第旁出一重大要案,当时因禁止登载,故各报仅含混其词,并未宣布。今悉与此案最有关系之要犯,即日前内城左一区拿获守真照相馆之汪兆铭、黄复生等三人,由民政部讯取确供,奏请钦定罪名。昨奉廷谕,汪兆铭等均着交法部永远监禁。"

6日(阴历三月二十七日) "来稿"《湖南救荒善后提议案》(旅奉湖南同乡会寄湖南咨议局原稿):去年湖南水旱两灾交煎,全省饥民数十万,官吏不纾民困,仍将米粮出口,而激起饥民暴动,为数十年来所未有也。(按:此文续刊于8日)

"言论"《论祝京津各日报之发达并述报业之困难以告同业》(膡),论说中国报业发展快慢的原因,指出"文字之高下"是其中重要因素。"各国报纸之所以风行全国者,以其言文一致。凡曾受初等教育之人,其学力即可以阅报……吾国言文隔绝判若天渊,非有数十年读书论文之功候不能阅普通之报纸。"虽说"报纸虽为开通文明之利器","然自今日之我国言之,只能行销于上流社会,非一般普通人民所能过问也"。(按:此文续刊于7日、8日、9日)

6月

9日(阴历五月初三日) "要闻"《湘路代表之凯旋》:"湘路拒款代表粟君戡时、曾君继辉、石君秉钧、陈君炳焕等……齐集京师,专以拒绝外债全归商办为目的,粟君曾断指上书,慷慨陈词,其事已宣传各报。……邮部有鉴于此……准予完全商办。"

7月

5日(阴历五月二十九日) "言论"《忠告国会代表》(省庐来稿):"呜呼,国会已矣。谕旨一颁,第二次国会之请愿全归无效。雷霆震耳,心神迷离,冷水浇背,手足战栗,凡有血气者,莫不问天搔首,慷慨而悲歌。"当此国势日危之时,希望代表千万不要心灰意冷,必须要重整旗鼓,作第三次请愿。

7日(阴历六月初一日) "言论"《论派员分往各省考查宪政》(大):"吾国自宣布立宪以来,自表面言之,各省官吏对于分年筹备事宜未尝不汲汲皇皇,奉行唯谨,谓非有一番新气象而不得也。惟默察内容,则其所以汲汲皇皇奉行唯谨者全出于不得已,而非行以实心。"文章列举例证后说:"专就奏章考核,则各省所陈无不井井有条,言之成理,究竟实际何如,殊难遥度",故朝廷须派员亲往各省实地考核。

8日(阴历六月初二日) 《附刊国民常识广告》:"《国民常识》一书乃志伊斋主人所著。篇中灌输人民以普通之智识,渐进国家于富强之基础。言近旨远,词约意赅……朴实说理,表一己之政见。……故特陆续登报,以供参考。……本馆启。"

即日起在各省新闻后连载《国民常识》。

8月

30日(阴历七月二十六日) "要闻"《起用袁项城志闻》:"日来各报宣传前外务部尚书袁世凯宫保有出山消息。近经本馆确实调查,日前枢府曾函询袁疾,并讽其出襄新政。闻袁当即复函,历陈受国重恩,睹此时局艰难,深忧国是,非不欲出,奈近时足疾未愈,且较之从前加剧,实难应命云云。"

9月

2日(阴历七月二十九日) "言论"《第二次忠告国会代表》(省庐来稿):"呜呼,今日之中国,一将亡之中国也,今日之时势,一垂危之时势也……亡国之惨剧已在目前……此所以国会代表不得不为卷土重来,再接再厉之举。……今之时势,国会开则存,国会不开则危……此第三次之请愿所以不容已也,国会之开幕所以不容缓也。"并且摆明了此次请愿的有利条件,原来阻挠国会的老臣,"今则皆退出于军机处矣……天假良机,此其时矣"。

8日(阴历八月初五日) "言论"《论中央集权之非》,文章极力谴责专制之不合时宜,提醒政府说:"吾恐事变日繁,人心日去,大权虽集于中央,以中国之大,必非中央数人之所能遥制也。"

12日(阴历八月初九日) "要闻"《三次国会请愿允准有望》:"三次国会请愿书,已由代表团拟定,年内呈请都察院代递。兹闻,日昨监国特召各军机大臣及各部尚书到新府邸会商国会问题。其赞成速开者……七,……反对者……五。……俟三次请愿书上,即下谕暂缩三年,以宣统五年为召集国会之期。"

18日(阴历八月十五日) "各省新闻"《报界俱进会大会纪事》:"本月初一日(即阴历八月初一日,公历9月4日)午后一时,全国报界代表数十人,开俱进会大会于南京劝业会公议厅,各界来宾约600人。……北京各报代表雷继兴君演说'报纸为民之口而民为心,必须心口如一始成有效'之言论,语语精当,闻者鼓掌如雷。……初二之夕,开第一次讨论会,……决定仍用俱进会名称不改,……而但承认其为代表,并议决为每年大会一次……推举雷继兴君为起草员。……第二次讨论会以决定重拟之会章。"

27日(阴历八月二十四日) "要闻"《〈报律〉悖谬之一斑》:"宪政编查馆前此奉旨核订民政部重定《报律》,闻于日昨复奏内有一条,各报登载关于个人之事,无论失实与否,一经本人出首控告,即当处以二百元以内之名誉赔偿金。……'悖谬已极'。"

10月

19日(阴历九月十七日) "言论"《三次国会请愿之感言》(无妄):"夫此次之请愿,不啻全国人民之请愿也,若仍不得达其目的,则咸晓然于立宪之虚伪,国会未必有开设之一日,势将人人丧气,人人灰心……革命党且得利用其时机相为鼓煽,则各省不逞之徒,因是蠢动,而大局立见其危。迨至乱象已成,始幡然萌悔祸之心,则天下之所失者已多,而元气愈蒙其斩削,何如于未乱之先亟为收拾人心之计之为得矣乎?"

30日(阴历九月二十八日) "代论"《北京报界公会上资政院陈请书》(寄):"据宪政编查馆特派员章宗祥报称,《报律》自光绪三十四年颁行后将及二年,政府体察报馆情形,诸多不便,报馆亦有以窒碍为言,遂由民政部上奏提出请饬修正,奉旨依议等语。是此次修正案系为报馆力谋便利起见,钦感莫名。乃细阅条文,比原案制限尤苛,其疵谬颇多。"故北京报界公会上书资政院,并列举世界一些保护言论自由的报律条款,希望议会将《报律》"改良之"。

11月

30日(阴历十月二十九日) "言论"《贺〈大公报〉第三千号出版辞》(申浦唐莲苏):"英君敛之创设《大公报》于天津,适值二十世纪之初,其时国民智识尚未开通,宪政萌芽尚未发动,专制之余威未替,社会之势力尤微。英君独于旋涡震荡之中,巨浪掀腾之际,稳持篙橹,把定方针,不为势力挠,不为威权慑,不因艰难而变其方向,不因摧折而阻其进行,再踬再起,愈挫愈厉,以达其唤醒国民之目的,以遂其希望立宪之热心,得于中国报界中放一异彩。今者国会之成立,屈指非遥,宪法之欲行,为期在即,而第三千号之《大公报》适于此时出现,此非但为《大公报》之前途贺,并可为中国之前途贺。顾鄙人之所以为《大公报》贺者,非仅为此谀美之辞,盖实有见其成绩之所在也,综其要点厥有三端:一曰,提倡社会主义……一曰扩张慈善事业……一曰增长舆论价值……以上三端,举其事之荦荦大者,若夫内容之详备,体例之完全,论著闲评之精确,足为二十世纪文明之导者。"

"闲评一"(无妄):"本报一千号出版正五大臣出洋考察宪政之年,二千号出版正颁发筹办宪政清单之年,今当三千号出版,又值缩短国会期限之年。将来四千号出版适值实行开设国会之年。前后十年间,皆得附国家特别之大典以作为纪念,伸其祝贺,而本报与宪政之开始、宪政之成立,婉若有固结之缘。吾既窃为国家前途颂,且私为本报荣遇幸。"

今出《〈大公报〉三千号祝典增刊》。首语:"本报三千号祝典征文,承高明赐稿,所有八题共得百有余卷,琳琅满目,美不胜收。本馆同人学识浅陋,未敢妄事月旦,特延京津淹博之士,详加校阅,兹经鉴定甲乙,并承告此次佳卷虽多,然足称超特等堪媲美前此本报二千号征文者,实难其选。本馆踌躇至再,既恐贻盲目之讥,见笑于大雅,又恐蹈悭囊之诮,失信于诸公。不得已姑为降格之求,聊附从长之义,特取特等四名,一等四名,二等六名。特等酬洋二十元,一等十元,二等五元。"

增刊上除刊黄锡祺的《〈大公报〉三千号祝词》外,还刊登获奖征文《论政党组织之要领及政党首领之责任》(特等,孙鑑秋)、《论统一国语之方法》(特等,直稿)、《市面恐慌借债补救为急则治标之策而其治本之道安在》(特等,许剑樵)、《立宪国之要素一曰国会一曰宪法,然当预备立宪之时,究应先开国会而后定宪法欤,抑应先颁宪法而后开国会欤》(一等,唐祖绳)、《拟质问路政不必遵守公司律之理由上邮传部书》(一等,省庐)、《司法独立之精神在司法官有绝对服从法律之义务必有绝对不服从命令之权利说》(一等,王旭庵)、《论政党组织之要领及政党首领之责任》(一等,北平中学袁世麟)。

12月

4日(阴历十一月初三日) 今日共出七大张,不加分文,如有缺少,请向送报人追问。

19日(阴历十一月十八日) "言论"《论东三省人民请愿国会之强烈》(梦幻):"自日俄协约宣布,其吞并东三省之谋昭然显露……若不早图,将为三韩之续矣!覆巢之下,焉有完卵?此该省人民所以泣血锥心、吁天请命而日盼国会之速开也。……朝廷俯鉴其忱,为之缩短三年,似亦可稍慰人民之望矣。然以全国民情而论,三年之期犹以为缓,以东三省现势而论,虽一年犹恐无及,遑论三年?""朝廷而果欲开国会,亦何惜此三年宝贵之光阴,靳而不予哉!"

29日(阴历十一月二十八日) "闲评一"(梦幻):"当东三省代表之启行也,绅商学界之送者几数千人,甚有截指割股以作赠送品者,何其荣幸之甚也!比其返也,民政部之警兵,步军统领之护军,同车而送者又数十人,沿途观者几至不可数计,又何其威武之甚也?虽然警兵也,护军也,平时所用以捕治匪人,押解盗犯者也,今乃以之送代表,不知代表诸君何以为情也?东三省人民见之更何以为情也?呜呼,东三省之代表已矣,后之继此而来者其亦可废然返乎?吾为东三省之代表哭,吾更为各省之代表危。"

1911年(宣统三年)

1月

4日(阴历腊月初四日) "要闻"《肃邸维持舆论之心理》:"政府昨与肃邸会商取缔报馆之法,以免再有种种讥讽官场及评议朝政之处。肃邸对云,现在《报律》已经资政院核改,颁行在即,他日报馆均应实力遵守,民政部亦即按照防闲务令,举凡言论不得出乎法律范围。至于法律以外之干涉,本部实不能甘冒大韪,致受全球之唾骂。"

14日(阴历腊月十四日)　"要闻"《请赦党禁各折之交议》:"政务处消息:日前资政院奏请昭雪戊戌国事犯,并请赦免党禁各折,又杨京卿度专折奏请召赦梁启超一折,均于日前交政务大臣会议。闻昨十二日已由军机大臣拟定先行面请监国饬下各省督抚核议具复后,再行斟酌办法,请旨裁夺。"

25日(阴历腊月二十五日)　"言论"《庚戌年之大纪念》(梦幻):国会请愿一再受阻,"国会将来之效果不卜可知,此可为庚戌年之大纪念者一也"。资政院成立以来,开会不少,但一事无成。近来有"核减预算案一事,各省督抚反对于前,政府破坏于后,其不能成立可知。则一百日之会期岂非终成泡影乎?此可为庚戌年之大纪念者二也"。外交一败再败。"日俄协约有以启之。此盖于本年外交史上最可惊心之事也。各省人民睹此现象方且号呼奔走,冀筹抵制之方针。而秉国钧者,乃如燕雀处堂,不知大厦之将覆。迄今追忆及之,犹若芒刺之在背矣。此可为庚戌年之大纪念者三也。"朝鲜三百年来为中国藩属,现在转入日本之手。日本得韩后,又欲西来。我"东三省之安危随之,即我全国之祸福系之。殷鉴不远,尤吾国民所不能一日忘者也。此可为庚戌年之大纪念四也"。最后说:"欲觇中国之兴亡,请观明年之宪政。"(按:该文次日刊毕)

2月

4日(阴历正月初六日)　"要闻"《今年外交之方针》:"闻枢府诸公集议,以我国外交事件一再失败,非妥筹补救之方,则丧失利权将来不知伊于胡底。因决定知照外部,转知各出使大臣及各省交涉使,嗣后无论何项交涉,务须根据法律切实解决,不得任意出入,致多损失。"

5月

1日(阴历四月初三日)　"言论"《论资政院亟宜要求宣布外债合同及其用途》(梦幻):"资政院为国民代表,岂可置而不问,一任政府之独断独行耶?吾谓资政院对于此次借款所亟宜要求之目的,大要有二:一曰宣布合同。盖今日重要之事无过外交,借款亦外交之一,稍不审慎,其贻误于外交者甚大……一曰,宣布用途。盖今日浮縻之弊,莫如财政,借款亦财政之一,稍有弊混,其影响于财政者必多。"

《四国借款合同全文》:"四国借款合同,政府现尚秘密,外人早已宣布。兹觅得洋文全稿,急为译登,以供关心此项问题者一览。虽所译字句难与原稿万全吻合,然大意则不差。"所借为一千万英镑,五厘行息。1910 年 10 月 27 日在北京签订,合同共 18 条。

11 日(阴历四月十三日) "要闻"《鸦片耗财之调查》:有人调查,自西历 1860 年(即烟约初定之年)至 1910 年之 50 年内,鸦片入口最多者为 1888 年,计一年入口 82 611 箱。入口最少者为 1910 年,计一年入口 47 000 箱。平均算之,50 年每年入口当有 6 万箱,50 年共入 300 万箱,合 3 万万斤,即 48 万万两。如照每两烟价 1 元核算,此 50 年来鸦片"洋药"耗财当在 48 万万元。又有人调查,中国 50 年内自种之烟,按至少数计算,当有 240 万万两,每两烟价照半元核算,须耗财 120 万万元云。

15 日(阴历四月十七日) 《中日借款合同之全文》:"盛宣怀擅借日债,兹从西报译载其合同全文",分今明两日刊出。共计 16 款,以英华日文缮写。宣统三年二月二十四日于北京签押,借日洋 1 000 万元。(按:该文次日刊毕)

17 日(阴历四月十九日) "言论"《论邮传部收回铁路之辣手》(梦幻):盛宣怀和邮传部以商办铁路碰到的暂时困难为借口,"出此迅雷不及掩耳之手段将历年各省集股商办之干路悉数收回,并将从前批准各案一律取消"。恐民众闹起来,又"以不顾大局、故意扰乱路政、煽惑抵抗等词,借上谕以压制之","邮传部之对待商民竟出此狠心辣手也"。"当此国库空虚财政困难之际,政府……非但不为民众兴利反欲与民争利,……悍然不顾众怒不惜人言不念大局,夺民已兴之利为国家专有之利,是商民未受外债之利先受外债之害,既受外债之害,又欲迫胁之使不敢言,钳制之使不敢抗,不知邮传何厚于外人何仇于商民而为此倒行逆施之事也?"(按:该文于次日刊毕)

18 日(阴历四月二十日) "要闻"《新内阁与资政院之关系》:"监国以新内阁业已成立,其总协理大臣责任甚重。本年资政院开幕,应由该总协理等逐日到院监视,以觇群情之向背而识舆论之从违,不准再蹈去岁军机大臣之覆辙。"

31 日(阴历五月初四日) "要闻"《从严对待抗收干路之由来》:"谕旨从严惩办,其有聚众滋扰者格杀勿论等语,兹探悉此举全由于某部大臣所鼓动。"

"闲评一":(无安)"格杀勿论四字,在专制时代止准施诸巨盗乱匪,乃立宪时代,竟一施诸江苏饥民,再施诸浙江饥民,今且施诸铁路股东,岂立宪国之对于饥民股东固当与巨盗乱匪一律看待乎?""民犹水也,官犹舟也……水能载舟亦能覆舟，万一激之过甚，怒涛骇浪席卷而来，藐藐枯槎，不遭淹没几希。"

6月

5日(阴历五月初九日) "言论"《论政府对待湘鄂等省争路之风潮》(梦幻)：政府的铁路国有政策致使"四省人民于为山九仞功亏一篑"，在此"灾荒迭告"、革党蠢动之时，"复益以强迫收路之事"，是"不啻为……欲弭乱而反以速乱也"。建议：一方面"俯顺民情奏请，收回成命，或改为官督商办以促其成"；一方面速颁谕旨，"补偿商民损失"。总之，应将强硬手段易为平和手段，切勿"强迫从事"致大局糜烂，不可收拾。(按：该文于次日刊毕)

11日(阴历五月十五日) "言论"《论朝廷宜成全庆内阁之退志》(无妄)：6月初，各省咨议局投递都察院代奏《关于亲贵不宜充内阁总理大臣之奏折》，《大公报》该文对咨议局的奏折表示支持。(按：该文于次日刊毕)

14日(阴历五月十八日) "要闻"《某某两国又欲承借路款》："外交界近息，外部刻又发现最碍难之交涉两件，关系路款问题，一为某国要求承借蒙古干路款，一为某国要求承借由滇达黔路款。措词极其强硬，并声称如中国不允所请，嗣后未便再由他国承借等情。……传闻如是，未识确否。"

19日(阴历五月二十三日) "要闻"《盛大臣又得借款机会》：此次广东商民反对国收干路政策，纷纷提取官银行存款钞票，因关系路政，故交通银行所受影响尤大。粤督已连电邮传部速筹维持办法，并请借用外国银行现款三百万两以救目前之急。闻盛大臣对此请极表赞成。

23日(阴历五月二十七日) "言论"《鲁抚反对皇族内阁之卓识》(选)：对鲁抚孙宝琦电奏反对皇族内阁，表示赞同，称皇族内阁"以立宪之名行专制之实"，并指出："皇族政治之阶级不破，立宪之真谛已为根本之取消"。(按：该文次日载毕)

7月

9日(阴历六月十四日) "要闻"《外部与各使商定之条款》："外部以近时内外交涉事繁，凡有碍主权及有损国体者，必须据理力争。故日昨该部特将关系紧要各端，与驻京各国使臣彼此商定，并通行各省一律遵照。其大致如下：(1)不得私运军火入内地，以保两国治安；(2)不得任令乱党在属地团聚，听其筹饷运械为自由之运动；(3)军舰不得游弋内河致生事端；(4)招募工人应先知照核定章程方准应招;(5)两国所订路矿条约逾期即作无效,不得延宕要求;(6)教案当持平办理,不得以国力相要挟。"

15日(阴历六月二十日) "闲评一"(梦幻):"丧失国权何与报馆事而必刺刺不休,可恨一;断送土地何与报馆事而必刺刺不休,可恨二;滥借外债何与报馆事而必刺刺不休,可恨三……收回铁路何与报馆事而必刺刺不休,可恨八……有此十大恨虽昭告天地,誓不与共戴天可也,何况取缔?"(按:此文讥讽7月中旬民政部推行新《报律》)

25日(阴历六月三十日) "闲评二"(梦幻):"报馆股东何事不可营而必欲开报馆以树政府之敌,其罪一;报馆经理人何事不可办而必欲组报馆投政府之忌,其罪二;报馆编辑人何事不可说而必欲借报馆以暴政府之奸,其罪三;报馆探访人何事不可侦而必欲假报馆以泄政府之秘,其罪四;报馆发行人何事不可就而必欲借报馆以广售抵触政府之物,其罪五;报馆印刷人何事不可学而必欲投报馆以排出讥讪政府之文,其罪六。是则报业中人皆政府之罪人也,故人谓其不应取缔,吾惜其不早取缔。"(按:此闲评写作目的与7月15日"闲评一"同)

26日(阴历闰六月初一日) "言论"《论社会教育与国家教育》(选):"近世列强之所以兴盛发达者有二大主义焉,一曰国家主义,一曰社会主义。国家主义,所以发达国家全体之机关,以国家为主体,以竞存为目的。社会主义,所以发达人民个体之权利,以人民为主体,以平等为目的。二者目的虽有异,而效果则同。"故"教育者,为人民生存之要义,亦国家盛衰之枢机。"

8月

12日(阴历闰六月十八日) "闲评"(梦幻):朝廷"以不知政者柄政,以不知法者司法,以不知礼者典礼,以不知兵者治兵,以不知学者监学,以不知律者修律,以不知业者劝业,以不知路者办路,以不知界者勘界,以不知赈者筹赈"。

20日(阴历闰六月二十六日) "闲评一"(无妄):"政府敷衍新政之方法有个四字诀,曰从容筹议;政府保存旧政之方法亦有个四字诀,曰变通办理。"

27日(阴历七月初四日) "闲评一"(梦幻):"内阁大臣职任重要,非皇族不得与焉;军咨府大臣职任重要,非皇族不得与焉……凡系职任重要者无一不用皇族……"全国各督抚等职何不尽用皇族?如此,"就使弄坏,不至抱怨他人"了。

9月

5日(阴历七月十三日) "各省新闻"《湖北·取缔汉口各报馆》:"湖北当道现在对于汉口各报馆,几视为附骨之疽,百般取缔,不遗余力,或无理干涉,或任意摧残。除《大江报》一家外,其他各报馆与地方官辩驳均根据法律,虽占优势胜地位,究亦自觉危险。"

8日(阴历七月十六日) "要闻"《川省抗路罢市之风潮》:"昨接旅蜀英人某氏来电,云川省路事风潮,日形激烈,保路同志会各员及川省各界极力反对……反对国有,不达目的不止,现将有燎原之势。……电饬端督办大臣即行赴川查办。"

13日(阴历七月二十一日) "谕旨":川民暴动为"逆党勾结为乱,于路事已不相涉,万难再予姑容",电饬赵尔丰"相机分别剿办"。

14日(阴历七月二十二日) "言论"《川乱慨言》:朝廷对川路风潮已经做到"仁至义尽",而办事诸公不负责任,不恤民情,"上罔朝廷,下践川民",乃至酿成川乱,"数千人凶扑督署,肆行烧杀,伤及弁兵"。并且,川乱发生后,阁臣和盛宣怀等人上推下卸,"朝廷之耳目终为政府所蒙蔽,为盛宣怀所荧惑"。责任在政府官员,而不在朝廷。

15日(阴历七月二十三日) "言论"《论对付川乱之正当办法》(梦幻):"目前第一紧要办法必当分别民匪,统筹利害",既"不可姑息以养奸",更不可"恃其军队之力强施压制"。最好是"简素有民望大员前往镇压,专主剿抚,……则路事自路事,乱事自乱事,绝不相混"。这样,方可做到"不至冤杀良民,激成巨变"。

18日(阴历七月二十六日) "要闻"《三省大吏联电志闻》:"日昨,内阁接粤鄂湘三省督抚联衔要电一道,详陈对待川路乱事一切办法,力请从速平息风潮,否则影响所及,他省路事亦将因之棘手。"《廷寄端大臣纪闻》:"日昨,内阁总协理曾奉监国交谕,饬即廷寄端方大旨,谓此次派令带兵入川,属朝廷不得已之举。抵川后务当查看情形,详慎办理,不得专恃兵力、从事杀戮无辜,以致激成巨变。"

23日(阴历八月初二日) "要闻"《岑春煊统带鄂军入川》:"廷寄一道发致岑云阶制军,内称川乱日急,川中官兵不敷调用,该大臣抵汉时酌量统带鄂军赶程入川,毋得延误。"

25日(阴历八月初四日) "言论"《论民乱之祸甚于匪乱》(梦幻)。"今政府对于人民之反抗,非指之为叛党,即目之为匪徒,以为用兵之解释。"人民的反抗是有原因的,政府切不可强兵镇压,以致"官逼民反"。

27日(阴历八月初六日) "言论"《鸣呼商困》(选):"吾国今日商业之现象如一囚徒,然寸寸受缚,欲动不得,长埋黑牢,不见天日。吾中国货物与各国货物相遇之现象,如一群缚倒之羊而遇出柙之虎,岂第商人独承其祸哉?""各国货物之入吾口岸也,征税一回,得飞行遍吾国各地,关卡不敢向之阻扰矣!""对于出口土货,不惟不保护之、扶植之,且困之以无限之重税。"(按:此文于次日刊毕)

10月

12日(阴历八月二十一日) "电旨":"八月二十日监国摄政王钤章奉旨瑞澂电奏,探知革党潜匿武昌,定期十九日夜间起事,正饬防拿。旋据齐耀珊电称……与统制张彪等督派弁兵在省城内先后拿获匪目匪党三十二名,并起获军火炸弹多件。……该督弭患初萌,定乱俄顷,办理尚属迅速。"

13日(阴历八月二十二日) "谕旨":"瑞澂电奏,十八夜革匪创乱,拿获各匪正在提讯核办,革匪余党勾结工程营辎重营,突于十九夜八钟响应……览奏殊深骇异。"对瑞澂平定武昌乱事不力进行处置:"著即行革职,带罪图功","以观后效"。

"要闻"《武昌革命党起之警电》:"鄂督电致内阁军咨府陆军部请代奏称:华历八月十九日夜(公历十月十日)革匪余党勾结工程营、辎重营猛扑军械局,纵火辎重营,斩关而入,分数路来攻,其党极众,来势极猛,瑞澂退登楚豫兵轮,以往汉口,已电调湘豫巡防队来鄂会剿,并请派大员多带劲旅赴鄂剿办,以救燎原之火。"此外,还有各种关于武昌起义的消息。

14日(阴历八月二十三日) "要闻"《京师戒严之近闻》:"日昨政府以武昌失守,革党势甚汹涌,京师不得不事先预防,业经拟定办法数则:(一)责成民政邮传两部对于京汉京奉等火车须严行取缔侦查;(一)责成邮部对于外省到京电报信件如稍可疑即予扣留;(一)责成民部通饬各区警兵一律荷枪守望,遇有形迹可疑之人须严加盘问;(一)责成学部严密核查此次游学生以及各省到京复试学生身家履历,试毕即行出京各回本籍;(一)责成军咨府陆军部对于驻扎近畿陆军严防暴动。"《武昌乱事近闻一束》:详报武昌起义见闻。

"各省新闻"《湖北·鄂省乱事前之戒严》。

16日(阴历八月二十五日) "要闻"《禁止租界报纸登载鄂乱》："陆军外务民政三部日昨会议,以鄂省军情紧急,最宜严守秘密,故所有京内外各报馆已严饬对于此项问题须遵守报律,暂缓登载,惟查租界内各报纸非报律所可范围,拟先照会各该领事转饬本管界内各报暂缓刊鄂省乱事,如有不遵,即停止其发行权。"

"闲评二"(无妄)："川乱急,起用岑;鄂乱急,起用袁。不意岑、袁起用之机,竟与乱事相须！"

18日(阴历八月二十七日) "闲评一"(无妄)："近闻京官之财多而胆小者,纷纷购买金磅;或竟送眷南下。以致金价骤见高涨,海轮倍形拥挤。"

"要闻"《袁岑兵权由涛朗所特请》：袁世凯、岑春煊已于本月十四日重新起用,并准两督有节制调遣军队特权。

19日(阴历八月二十八日) "代论"《军变民变之纷纷》(选)："治国之要道,首曰得民心,次曰得军心。若军民之心俱失,则社稷未有不颠危者。"当下,由铁路大借外债问题,"迫之川省之军民已首先发难,同时反对矣。然在政府犹曰,是乃四川一省事也,彼固有蓄志叛逆者居中主持也,小丑跳梁,大兵一集,如汤沃雪,曾何足虑？今则鄂省又告军变矣。此外,各省伏莽遍地,蠢然思动者,复时有所闻。如谓皆有革党居中主持,试问,政府果有何失政,使各省之军与民皆甘心从革党以内乱乎？是必有大失军民之心者矣。军民离心决非一朝一夕之故,使无所感触,历久相安于无事,谁肯弃财产、轻性命以自蹈于危亡？"

20日(阴历八月二十九日) "谕旨"："两月以来,四川湖北相继肇乱,均系匪党潜谋不轨扰害治安。朝廷向来政尚宽大……惟念迫于不得已之被胁兵民类,皆情有可原,不能不网开一面,其有为匪所逼、身被裹胁者如早自拔来归,无论兵民均准予以自新,不咎既往……如搜获逆党名册,立即销毁,毋得稍事株连,致滋扰累。"

21日(阴历八月三十日) "言论"《论政府猜防咨议局之非理》(无妄)："近闻政府诸大老竟以川鄂乱事皆有咨议局议员附和,特电各省督抚须于开会时严行取缔,并饬派巡警道到场监督。……不以议员视议员而以匪徒视议员也……议员之灰心丧气固不待言。地方官吏平日对于咨议局本已怒目而视,政府既为之发纵指示,假以阻挠之权,则将来摧残议员之举动势必无所不用其极,而宪政前途将永无进行之望。"

"要闻"《是亦催袁速驾之一法》:"袁项城自奉旨简授两湖总督后,政府恐其固辞不就,除派阮忠枢赍书敦请外,复饬荫午帅造庐劝驾。兹闻政府因欲宫保之迅赴事机,昨又特挽袁公子克定速发家电劝其封翁迅即起程赴鄂,以便指日剿平乱事。"《袁项城已专折谢恩矣》:"袁项城奉旨简授湖广总督、内阁总协理大臣,恐其固辞,公函劝驾,派阮忠枢持去,昨二十六晚阮已回京,带有项城复书略云:世凯本受先朝顾命之臣,值兹世变孔亟,决不敢勉焉",矣。但仍以抱病,"首途之期尚须稍缓数日"。《武昌乱事近闻一束》:城中告示又云,凡属旗人尽行杀戮,又有凡容留旗人者斩立决。故武昌所有旗人多数被杀害,有一未满月之婴儿亦被杀戮,其惨忍可知。

25日(阴历九月初四日) "言论"《对于政府之敦促岑袁之感言》,一方面批评政府的用人政策"平时溺佛头,急时抱佛脚",一方面质问袁宫保"果能戡乱? 果能不招外人干涉?"

26日(阴历九月初五日) "言论"《受鄂乱之影响者》(无妄):鄂乱事"虽仅一隅,而受乱事之影响呈剧烈之变动,使全国之事事物物莫不顿改其常度……吾请就共见共闻之端及有关大局者,约举之以为有心人告"。"一影响于京师。"京师尤须稳定。"乱事之初起也,京师得信最早、戒备最严,而慌张亦最甚。无端而罢秋操,无端而停邮电……且东调西征,如逢大敌;朝令暮改,靡所适从。""乱党之势力未能骚扰全国,而政府先自骚扰也;乱党之气焰未能慑天下之人心,而政府反助之扩张也。政府其将为革党树之先声乎?"由于政府先乱阵脚,致使"人心浮动,各省靡不皆然","一影响于政界","一影响于军界"。(按:该文次日刊毕)

27日(阴历九月初六日) "要闻"《长沙失陷警耗之由来》:"长沙失陷之警耗,北京于初二日始有传言,其消息系得知外人,政府尚严守秘密","现外人均深信湘抚余诚格已逃,至省垣是否已为革党占据,则尚无确耗"。

28日(阴历九月初七日) "要闻"《袁慰帅启行之不定》:"慰帅定于初十日起节南下,已志昨报。兹闻阁臣以鄂省风声益紧,敦促慰帅克日启程。然帅昨已复电谓,惟所调军弁及所需军饷倘重阳节前不能齐备,恐初十日尚不能成行云。"

"言论"《论上海市面之扰乱》(梦幻),文章描述上海金融界、商界、生计界的"恐慌"状,说这都是受鄂乱影响所至。最后说:"即此金融界、商业界、生计界已有不可终日之势,市面一坏,恐无形之扰乱其患更甚于有形。"

11月

3日（阴历九月十三日） "要闻"《各亲贵联请重用党人》："各亲贵于初九日见朝廷实行开除党禁，是日午后咸诣庆王府讨论一切，以各省乱事，强半为党人所鼓动，现既从事宽赦，即不应再用兵力，宜奏请速颁上谕，将党人孙文、黄兴、黎元洪等召京重用，其党中军兵即责成孙文等招抚编入新军。"

"言论"《祸乱其渐有消弭之望乎》（无妄）：朝廷赶紧自我革新，"不待党人之革我而先自革之"。

4日（阴历九月十四日） "要闻"《监国对于皇族之宣言》：监国近来连召各皇族王公贝勒贝子等在西苑密议。初十日下午曾宣言，近来大局紧迫，朝廷已成孤立，现决计允准军民之请，不以皇族充当国务大臣，尔等与朝廷休戚相关，不得私行去京，急谋逃遁，如有政见，尽可随时进言，以资襄赞。言毕欷歔良久，各皇族亦皆有不胜凄苍之状。

"言论"《恭读连日上谕感言》：武昌起义以来，朝廷协赞宪法、下诏罪己、开放党禁、黜退皇族，表明朝廷真心"实行立宪"，"慨然以公天下之心，与民更始"。并预言说，朝廷"经此一番大改革既可杜革命党之口实，而人民亦憬然于朝廷实行宪政，不终为群小所蒙"，国家即可转危为安。（按：10月底，朝廷连续发布谕旨，表示开放党禁、改组皇族内阁、准许民众协赞宪法等）

5日（阴历九月十五日） "要闻"《宣告实行组织内阁》：政府于日前宣布实行改组内阁后，即由外部宣告驻京各国外交团实行立宪及改良政治。闻各公使均极赞成，并申明各国对中国此次革命不支持，而深望为政治之革命。

6日（阴历九月十六日） "闲评二"（大心）："天发杀机，龙蛇并起，于尸山血海之中涌出一旧店新招牌之人物焉，曰袁世凯。武昌陷而袁世凯总督湖广，长沙陷而袁世凯钦差大臣，山陕陷而袁世凯总理内阁，是大清帝国之命运与袁之命运适成一反例……袁真时会之骄儿哉……"

7日（阴历九月十七日） "要闻"《汪兆铭已经开释》：北京消息，前被拿之汪兆铭已于昨十六日午后三点释出，现寓骡马市大街泰安栈。

8日（阴历九月十八日） "要闻"《汇纪江浙变事要电》：十六日上海电云，革党十三、十四两日完全占领上海城及江南机器局、龙华火药局、沪宁车站等处。现在力图恢复秩序之际，民心亦归安静，各国租界极为平稳，只长江沿岸及南省各地人心甚为惶恐。吴淞口炮台毫无抵抗即被革命党占据。

"闲评二"(梦幻):"袁世凯一出,而赵秉钧署民政大臣矣,唐绍仪补邮传大臣矣……凡系袁之旧人如段芝贵等皆有一人成仙鸡犬皆升之慨……如果确实,则是由皇族内阁进而为袁世凯内阁矣,此之谓完全内阁。"

13日(阴历九月二十三日) "要闻"《袁项城通电各团体》:"顷闻袁项城自接到资政院公电之后,自知总理一席难以推却,乃遍电各省咨议局、商会、教育会各团体,略谓朝廷决议实行立宪,采用资政院之议,颁布宪法信条十九条。今各省对于朝廷所颁之信条如有不满意之处,尽可陈明意见。袁某一人必能担此责任,若持种族革命主义,则非袁某之所能办到云云。"

15日(阴历九月二十五日) "要闻"《项城到京时之状况》:内阁总理大臣袁宫保世凯,由孝感北上,已于10月13日下午5时25分抵京。闻袁内阁系主抚不主剿,并无战取之意。

16日(阴历九月二十六日) "代论"《革命之前因后果》(热心冷眼人剑秋氏来稿):"呜呼,赫赫堂堂之政府,平日威权自擅,生杀随心,假立宪之面具,行专制之淫威,贿赂苞苴,苛敛重征,尤复标其名曰政策,饰其制曰改革,而内容之黑暗,有索诸九幽而不得,诸森罗更甚者,盖其暗无天日,以视英皇查理士第一、法皇路意十六之行为倒置,措施乖戾,残无人理,任意恣睢,有过之无不及也。"

17日(阴历九月二十七日) "言论"《论排满排汉之谬见》(梦幻):"比年以来,不逞之徒倡导革命,以标识仇满为惟一之目的",殊不知,"满族、汉族,名虽分界,实则同胞","普天率土,一视同仁"。文章认为,革命党把"排满"作为救国"起死回生之绝妙药"的主张是荒谬的。并提出了一系列包括改满姓为汉姓等形式上的"融化满汉"区别的方案,作为"谋弭乱之方"。

18日(阴历九月二十八日) "言论"《论今日政体上之解决》(梦幻):"中国专制政体不适用于今日之世,不但人民言之,即朝廷亦已承认之矣。"文章在分析世界各国政体之优劣后说,主张中国实行联邦帝国政体:"仍以帝统归之朝廷,改为中华联邦帝国。由各联邦公举代表,晋京组织联邦国会,改造联邦政府。……皇帝除代表国际外,所有外交、军事、财政、交通诸大端,均由国会议决,政府执行。既可达人民之志愿,仍不失皇帝之尊严,而万世一系之基,因之而固,种族相仇之祸,因之而消。"

"要闻"《袁内阁两大政策》:"政府近日对武汉军事库款支绌,不得已而开放内帑,无如内藏有限,军需浩烦,故对于诸种政策,极形棘手。闻日昨新内阁袁总理于召见时即出两大政策",即重借外债备军需,俟大局稍转急当严剿鄂乱。按袁氏初出,力主平和,今忽变方针,未识何故。

21日(阴历十月初一日) "要闻"《电请派员协议和局》：黎元洪有电致袁内阁,请再派人赴武昌协商条件,盖实有就抚之意。闻袁亦致电黎元洪请其速派代表进京协议云。

23日(阴历十月初三日) "代论"《调停政府与革命军之政见书》(文生来稿)：清王朝"大势去者什九,存者什一。各省无可调之兵,无可筹之饷。大小臣工除一二有人望者外,皆不学无术,非临战而逃,则残民以逞,与之同享富贵则有余,与之分担患难则不足",而革命党人则是"大开招贤之馆,高材卓荦之士,皆在其中"。(按：该文次日刊毕)

"要闻"《黎元洪电袁内阁之传疑》：京函云,上月二十七日黎元洪曾由武昌致电袁内阁,外间传称系请再派员赴武昌,黎实有就抚之意。昨经调查,此电词意与外传极相反。乃谓如能设法使今上逊位,则和议无不可商办之处。倘此节不能办到,仍须以兵戈相见等情,此处并无另有就抚之语云。

28日(阴历十月初八日) "言论"《论中国现在及将来之大势》(梦幻)："以现在而论,则为皇室存亡问题。盖自鄂事发生以来,人心瓦解,全局土崩。……故为今日计,如朝廷能承认民主,或革军能承认君主,则战祸自消,否则别无调停之术。岂仅仅以立宪二字,所可解决乎,此就现在之大势而言之也。""以将来而论,则为中国存亡问题。闻革军新政府,将次组织,以此与旧政府相比较,革军有后援,官军无后援；革军有接济,官军无接济；旧政府之人才,不及革军；旧政府之财力,不及革军；旧政府之民心,更不及革军,揆之优胜劣败之理,淘汰固不待言。"(按：该文次日刊毕)

12月

5日(阴历十月十五日) "言论"《君主民主立宪问题之解决》(第三者)：民主君主之争实际上是"心理上之竞争不能解决,非事理上之竞争不能解决也"。"所谓君主者,仅拥虚位而已,若必并君主之虚位而欲蔑去之,则舍种族革命外,恐无正当之理由。"指出革命阵营中存在的问题,"此次乱局除首倡诸巨子或具特见,其他则强半近于盲从。试执附和之军民而诘之,其能语君主与民主实际上之利害者,盖十不一二。靓至各省官幕士绅之昌言独立,或出于自保之政策,或激于极端之理想,或藉为投机之举动。"故革命基础并不牢固。该文还从历史上之关系、领域上之关系、外交之关系、财政上之关系、宗教上之关系、政党上之关系等六个方面,论证了革命的不可行性与君主立宪的合理性。〔按:该文次日刊毕。此次征文获奖者,除一篇获三等奖的(作者张省庐)是赞成民主立宪以顺民心外,其余获一、二等奖的均为主张君主立宪政体。认为在当时的情势下,君主立宪是上上之策。今日"言论"栏刊登的是入选征文第一等〕

6日(阴历十月十六日) "闲评一"(梦幻):"当革军未起事时,张勋在宁已久,何以南京之人民安堵如故,南京之市面繁盛如故,未闻遭此惨剧",革命军与张勋指挥的官军在南京一战,官军、革军和商民死者若千数。对此,文章说:"若以人道主义而论张勋固残酷,然革军糜千万人之膏血,换一空城,亦觉于心太忍。况以张勋一人,革军合三江之财力与兵力血战经旬仅乃克之,亦可见战事之未可轻量矣。"

"要闻"《黎元洪停战之通告》:武昌停战三日,已见昨报。内阁官电,兹闻黎元洪又于日昨通告各省电云,余欲休战,今特通告各共和政府,各派代表从详计议,倘或讲和不成欲再战,余惟有挺身而立于战场耳。

7日(阴历十月十七日) "谕旨":奉隆裕太后懿旨,监国摄政王退位,不再干预政事。

"征文发表"《君主民主立宪问题之解决》(汤捷南):赞成君主立宪,规劝革党放弃共和。(按:此文为征文二等)

"要闻":接苏州来电云,湘、鄂、桂、豫、鲁、直、闽、浙、皖、苏代表公决,临时政府设于南京,定组织大纲二十一条,七日内各省代表须会于南京,有十省以上代表到会,即选举临时大总统并公决。未举总统以前仍以鄂都督府为中央军政府,有代表各省军政府之权。

9日(阴历十月十九日) "征文发表"《君主民主立宪问题之解决》(金采):赞成君主立宪,规劝革党放弃共和。(按:此文为征文二等。次日接载毕)

13日(阴历十月二十三日) "闲评一":"革军以君主立宪问题前曾质问政府,曰满人非具有特体必欲临我四万万同胞之上,不知是何理由,真驳得无词可答。""然吾谓孙文、黄兴亦非具有特体,必欲举为大统领、大元帅以临我四万万同胞之上,又不知是何理由?""况此次革命发起者为军队,响应者为人民,并非孙黄之能力,乃倡议之黎元洪、程德全辈反瞠乎其后,更不知是何理由?"

14日(阴历十月二十四日) "言论"《驳反对议和者之谬》(无妄):官兵和

革军自开战以来,死伤无数,商民受累,"斥议和为非策者,必其无人心者也"。

16日(阴历十月二十六日) "言论"《此次革命时期中国民之损失》(无妄):"革命军之起事也,非欲损君而益民乎?非欲使君失而民得乎?然试思两个月来,革军中所伤之性命,所耗之军需,共见为国民之损失者,已不在少数。而官军中所伤之性命,所耗之军需,何莫非国民之肝脑之膏血乎?不但此也,兵乱各省,百业废歇,土匪横行,暗中之损失,尤属不赀,即最号安靖之北方数省,因受乱事之影响,而士休其学,工辍其业,商贾停其贸易,以及金融之困滞,迁徙之耗费,非经五年十年之休养生息,不能回复其元气。加以事定之后,外人之赔偿,军备之搜集,城郭宫室之缮完补葺,其连带发生之损失,又不知几千百万。为问我国民拚掷此无量之代价者,非欲所益之大于所损,所得之逾于所失乎,今何如哉?"若"惹起外人之干涉,仍不得不出于和之一途,万一争持不协,再启兵端,外人之强硬主张,势所不免,政府更摒弃其觊觎之国产,割地以求援。"

18日(阴历十月二十八日) "言论"《议和后种种为难问题》(梦幻):"今政府与革军,得英公使之介绍,已各派代表,在沪公开谈判矣。如政府能曲顺民心,革军果肯顾全时局,无论政体如何,名号如何,必可达和平解决之目的,则两方面之战祸,从此可以永息,非但人民之福,亦中国前途之幸也。"接着提出,双方议和成功后应解决好"选举内阁总理""位置革党首领""统一南北官制""剿抚各省匪乱""整理全国财政""抵制外人干涉"等六大难题。文章希望议和双方"就此收局,相与协筹善后之策,以图补救之方,则失之东隅,未尝不可收之桑榆也"。(按:清廷代表唐绍仪、南军代表伍廷芳1911年12月18日在上海公共租界市政厅正式开议。议和的中心问题是政体问题,即是君主立宪还是民主共和。该文次日刊毕)

20日(阴历十一月初一日) "闲评一"(无妄):"此次南北议和,南则以沪军政府为主体,北则以袁内阁为主体。……盖自外人居间调停,南北两方已由主位而移入客位,而外交团则以客位而竟居主位。南北两方之主张,非经外交团之承认,即不能成立。试观日昨袁世凯与伍廷芳,彼此以违反停战条约之说,互电诘让,英使即嘖有烦言,谓彼既出而调停,两方即不得直接交涉。聆其口吻,俨然以盟主自居,欲苴两造而执牛耳……窃愿双方以国家为前提……毋以阋墙始以破家终,则庶几我中国之主权,不致尽为外人所左右乎?"

22日(阴历十一月初三日) "闲评一":"中国数千年来狃于专制之习惯,

但知翊戴一尊,效忠一姓。凡有以臣叛君,以下犯上者,非指为大逆不道,即目为聚众作乱。历史昭然,千古一辙,所谓胜则为王败则为寇也。""然自此次革命以来,所颁一切诏谕,不过于武昌失陷之初,露一匪字,汉阳克复以后露一逆字,其余一则曰该党,再则曰该党,未闻加以痛詈。而革党则骂之咒之并举其祖宗而污辱之,报馆之推波助澜者,复盈篇累幅以蛮骂之,以数千年加之于下者,举以还之于上,且又甚焉。虽曰专制之报应,然革命军根据已定,但须一檄文足矣,何必浪费笔墨以口舌为文明之累耶?"

"各省新闻"《陕西·陕省革军之残暴》:"陕西自闻鄂乱,一二青年学子急于举事。……满城旗人,屠十之七八,既而不分旗汉华洋,恣意戕杀。"《山西·山西革军之贪狡》:"自新军起事……即抢取库银,继而肆行焚掠。"

23日(阴历十一月初四日) "各省新闻"《江苏·南京旗人之惨状》:江宁自经革军占据后,被难人民以旗城界内及孝陵卫镇为最。《广东·广东乱事汇志》:盗贼蜂起,有洋教士三人亦被杀。

28日(阴历十一月初九日) "要闻"《是革军耶是土匪耶》:革军抢劫山西临汾,杀戮河南遣送停战信函人员,占领陕西凤翔府,刀剐知府知县及其亲眷。

"闲评一"(梦幻):"政府以北省铁路,抵借洋债,民军亦以南省铁路,抵借洋货,是谓同一政见;政府以某国援助,接济军火,民军亦以某国援助,接济军火,是谓同一外交。政府以鼓吹民主,仇视报馆,民军亦鼓吹民主,仇视报馆,是谓同一专制;政府以爱国公债,强迫亲贵,民军亦以爱国军饷,强迫商民,是谓同一手段;政府以停战期内,违约进兵,民军亦以停战期内,违约进兵,是谓同一计画;政府欲以君主政体,运动外人承认,民军亦以民主政体,运动外人承认,是谓同一心理。呜呼!政府乎,民军乎,现象如此,其将为一丘之貉乎?"

"闲评二":说革军洗劫山西平阳、临汾,将临汾县南郊之尧庙放火烧焚。"呜呼,尧若有知,恐对于今日革命军必将抱痛九原而悔作法之自毙。"

29日(阴历十一月初十日) "言论"《论此次和议关系中国存亡》(梦幻):呼吁民军审外势,察内情,"相与和平解决,不令外人参议其间,保中国之主权,杜列强之口实"。

"要闻"《关于和议阻碍之种种消息》:南北议和,革命军坚持共和政体不退让,若不允,和局必将决裂;袁内阁一连多日召各国务大臣筹议,并率各大臣进内面奏。

英敛之踪迹：辛亥之岁，英敛之"患病于津门，约两月之久，未尝下楼，日惟以批玩各帖作消遣"①。

1912年（大清宣统三年）

1月

1日（阴历十一月十三日）　"要闻"《南京公举总统消息》："南京初十日选举大总统一事已纪前报。……又据上海电则谓：……举孙文为临时总统，到会投票者十八名，孙得十七票之多数，当选就职。……孙与美大将郝未里、粤军都督胡汉民乘英国邮船……定由香港赴沪……与伍廷芳晤商一切，再赴戈登路寓所。刻闻孙已赴南京。"

4日（阴历十一月十六日）　"要闻"《外人对于两军之评议》："又据外交界人云，民军所组织之临时政府，各国迄未正式承认，而近日民军又以十七票选举孙文为大总统，外人亦未承认，并有藉为笑柄者。"

6日（阴历十一月十八日）　"要闻"《撤销专使之要电》：袁内阁致电伍廷芳，谓闻南京忽已组织政府，并孙文受任总统之日，宣誓驱逐满清政府，是显与前议国会解决问题相背。特诘问贵代表：此次选举总统是何用意？设国会议决为君主立宪，该政府暨总统是否立即取消，希速电复。

8日（阴历十一月二十日）　"言论"《论政府迁延和议之非》："民国之总统已受任，政府已组成"，如今议和"不过标共和之名，以实行革命而已"。召开国会公决政体根本不可能，劝政府勿再"侥幸和议，迁延时日，坐使其根基愈固"。无论和战，应速定大计。

9日（阴历十一月二十一日）　"要闻"《预备和议决裂之阁令》：闻前日已有阁令到各军队，略以和议恐不可恃。惟目前尚未决裂，如果革军违约来攻，即行痛剿。

"闲评一"（无妄）："伍廷芳请袁世凯往上海，袁世凯亦请伍廷芳来北京。实则伍也万不肯来，袁也万不肯往，伍也知袁万不肯往，袁也知伍万不肯来。不过空口说白话，两家斗斗口，燥燥脾。徒劳打电送电者之几番手续而已。""夫议和业经匝月，始则为君民问题之争，继则为开会地点之争，今更为议和地点之争。时期愈延缓，主见愈分歧，而去根本问题愈远而愈非。"

---

① 《题刘文清公真迹》，周萍萍编：《英敛之集》（下），广西师范大学出版社2013年版，第276页。

10日(阴历十一月二十二日) "言论"《论专制之变相》：十七票选举大总统，"少数人之推戴可强多数人以公认"，政治见解上"党同伐异"，以"一党之势力括尽天下人之势力"，无异于专制。

11日(阴历十一月二十三日) "闲评二"(梦幻)："今民军动以共和政体号召于人"，而民国政府中多半为粤人，因而至多为"一省之共和""一党之共和"而已。

13日(阴历十一月二十五日) "言论"《国民会议何为乎》(无妄)：公开批评民军主张限制选举及暗定代表资格。讽刺说："窃不禁叹临时国会之为多此一举"，"合中国二十二省，省各出代表三人，蒙藏各为一省，亦各出代表三人……凡七十二票"。"一省之大，人民之众，岂一人以上三人以下之意见所能……以如是寥落之寡人国会，定如是重要之国体问题；于最少数之中取决多数，是何异以八十七票选举大总理……更何异以十八票选举大总统而居然以十七票为多数当选乎？""阳托赞同之名，阴则上下其手。"

17日(阴历十一月二十九日) "要闻"《民军中之各种信息》：南京组织临时政府，黎元洪虽得充任副总统，实则投闲无权，黎对于此事异常不平，与南京政府恶感已深，现拟自据武昌，与南京断绝关系。闻南方革军政府共分九党，内容极复杂。所谓九党，曰孙文、黄兴、黎元洪、程德全、伍廷芳、张謇、陈其美、王宠惠、章炳麟。

18日(阴历十一月三十日) "言论"《论大总统应兼具破坏建设之能力》(梦幻)："汉儒董氏之言曰，琴瑟不调甚者必改弦而更张之，政令不善甚者必扫除而更化之，此千古不刊之论，而破坏与建设两主义已包括其中矣。……况中国专制政体相沿二千余年……今欲改专制政体，一跃而为共和政体，非将数千年政治之学说之风俗之习惯，一举而廓清之不可，此今日革命军之所由起也。盖今日专制政体，已达极点，国民于共和主义，尚不知其真际。故欲建设共和政体，而不先有以大破坏之，则建设终不无安全。然所谓破坏者，乃破坏专制之政治学说，风俗习惯……然知有建设矣！而移头换面，徒窃共和之名，未得共和之实，仍不过袭自古帝王之故智。专制之根，不能铲除，专制之毒，必将复发。故欲缔造共和国家，不可无大破坏、真建设之能力，兼此者，始可为新共和国之总统。""今南京组织共和政府，第一任总统首举孙文。夫孙固以洪秀全第二自命者，频年漂泊外洋，屡起屡蹶，是其才尚不足言破坏，何论建设！观其受任之始，首以排满为唯一之目的，以改历为伟大之政策，仍不脱易姓改元之旧知识,谓其无帝王思想,吾不信也。而且党见太深,省界太重,功高如程德全、黎元洪,则疑忌之,人望如汤寿潜、章炳麟则疏远之,新政如此,则将来之建设可知。"

21日(阴历腊月初三日) "闲评一"(梦幻):"日前,御前会议,解决政体问题,近支亲贵承认共和,内阁总理承认共和,皇太后亦将承认共和,惟蒙古王公极力反对,以致未能决议。非但反对,并具书质问总理,痛骂亲贵,且某蒙王已发马队勤王矣……不意二百余年无声无臭之蒙古,有此斩钉截铁之手段,彼同休共戚之亲贵,托孤寄命之总理,能无愧死?虽然,今大势已趋共和矣,蒙古王公虽具忠爱之热忱,其如一木难支何?"

22日(阴历腊月初四日) "各省新闻"《北京·袁内阁未列御前会议之原因》:系袁内阁已有拟决主张共和之政见,惟不愿居强迫皇帝退位之名,故未致列会议。

23日(阴历腊月初五日) "要闻"《直豫咨议局之代商政体》:直豫咨议局1月下旬致电孙中山,询问"能否举袁内阁为头任大总统及北军与南军能否同一待遇各节"。

"各省新闻"《北京·袁世凯内阁请病假之原因》:其致病原因并非专为炸弹之险……惟因闻蒙古王公与各军队之反对允认共和,一时急火暴发,政躬即至不豫。(按:1月16日,袁世凯遭遇革党炸弹袭击。随后,袁氏开始请病假)

"闲评二"(梦幻):袁世凯"出将入相……忽而君主,忽而共和,忽而强硬,忽而畏缩",不过是为了以秘密手段实现其政治野心罢了。

24日(阴历腊月初六日) "言论"《阅直豫咨议局与民国总统来往两电书后》(梦幻):豫咨议局"要求袁世凯为大总统一事",不过是"受意于袁,甘为爪牙心腹";而孙中山"公然以总统一席私相推让,置国民多数于不顾"。

"闲评二"(无妄):"革命党杀保皇党不奇,革命党杀革命党则奇……陶焕卿,纯粹的革命党人也,奔走革命事业有年,此番浙省成功亦陶之力为多,今忽被党人暗杀,岂非奇闻怪事!"可见革命党刚夺取政权,内部矛盾就公开化,勾心斗角,争权夺势。

26日(阴历腊月初八日) "要闻"《民政府提议之纲要》:探闻民军政府孙总统此次电致袁内阁,提议三大纲要如下:(1)北京政府应速实行皇上退位;(2)民军政府不承允将所有一切统治权附委一私人办理;(3)皇上退位后,官革两方一律取消现在政府,应须另建设新政府,并将设立新政府之办法委任南京政府办理。又谓云袁内阁如认真赞成共和政体,孙文立即辞职,推袁世凯为大总统等语。

29日(阴历腊月十一日) "言论"《读上海〈大共和报〉书后》(梦幻):"一报必有一报之宗旨,无宗旨即无信用,无信用即无价值,若随一方之势力为趋向,个人之利害为转移,甚或为政府所利用,为党人所挟持,而不能发表其平日之政见,不已失其监督代表之天职乎?"又写道:"无如民军起事以来,攘夺权位,蹂躏富绅,以指派之代表,妄称全体,以少数之选举,武断公权,而且党界、省界之争,牢不可破,勒捐派捐之事,时有所闻。甚至流贼、土匪肆无忌惮,弹丸剡注,布在市间,人民未被其福,先受其祸,至于政治上之得失,国际上之利害,绝不注意。"所以认为"如此假托共和,实行专制……则何若留君主之虚名,行共和之实政……此则本报始终主持之宗旨也。"

31日(阴历腊月十三日) "代论"《中国新政局建设之危观》(啸沧投稿):"今日之所谓破坏者,犹是形式上之破坏,非精神上之破坏也,犹是名义上之破坏,非事实上之破坏也。盖真确之破坏,必伴于建设而始见,破坏为造因,建设为结果,破坏为手段,建设为目的,故破坏之有效力与否,当以建设之有效力与否为断。"(按:该文于次日续毕)

"闲评一"(无望):"仆于十年前,盱衡时局,默察人心,为直捷了当之一言曰,中国不亡是无天理,诚以朝野上下,四维荡然,道德扫地,直无国于大地之资格矣。乃不幸言中,今秋革命事起,海内沸腾,不匝月间,摧枯拉朽,大势竟去……静观革命中人物之举动,则尤嗒然气丧矣。缘彼乖张愤戾,残忍贪淫,邪僻卑污,丑态百出……一国之兴盛,一国之人格所支撑而成者也。今观于我国南北新旧各人物……贫贱而思富贵,富贵而贪权势,忿而争,尤而悲,穷则滥,乐则淫,凡百所为,一任血气。呜呼,以此人格而望其造福斯民强盛宗国,何异缘木求鱼、炊沙作饭?今特为之偈曰:迩来南北势胥同,消尽脂膏即有终;不战不争纷自灭,别开机局困英雄。"(按:据考,这篇署名"无望"的言论出自英敛之之手,表达了此时英敛之对时局"无可奈何花落去"的心态)

"要闻"《临时国会尚未解决之要点》:袁内阁现与南京政府及各外交团会筹临时国会,各办法已渐就绪,闻系由双方退让及英美等使竭力调停所致,约日内即可发表。惟其中尚有最要紧问题——皇帝退位之时期。盖袁内阁拟在国会解决以后,南京政府则拟在国会未开以前,互相纠葛,尚难核定。

2月

5日(阴历腊月十八日) "要闻"《袁内阁已奉密旨授为全权》：隆裕皇太后密旨，授袁世凯为全权大臣，与民军妥订优待条件。

7日(阴历腊月二十日) "要闻"《退政懿旨已交内阁》：皇太后俯顺舆情，不忍为一家一姓之尊荣而使天下涂炭，着派袁世凯为全权大臣与民军商谈退位条件。

13日(阴历腊月二十六日) 《谕旨》：即清帝退位诏书。

"告白"：本馆于腊月二十七日停报，明年正月初六日出版。

"言论"《辛亥年回顾录》(梦幻)：南北议和辗移多日，"政府知非改建共和不足以挽回人心、保全领土，皇太后亦力顾大局，不忍以一姓之尊荣陷生灵于涂炭，慨然允行虚君共和国体，以政权让之国民"。"今年为专制共和过渡之年"，"兹当本报年假之期，适当值宣布共和之日，敬援笔而为之颂曰：辛亥年万岁，新中国万岁"。

四、存续时期(1912年2月—1916年9月)

1912年2月英敛之隐退北京香山,"遥控"《大公报》,《大公报》处于存续发展状态。这种状态直至1916年9月报馆产权转手王郅隆为止。

1912年(民国元年)

2月

23日 《大公报馆白》:"本馆总理英敛之外出,凡赐信者,俟归时再行答复。"如是一连刊登12天。从此,英敛之隐居北京香山,遥控《大公报》。英敛之退隐后,《大公报》报务和笔政由樊子镕、唐梦幻等人维持。

从即日起,《大公报》版面进行大幅度调整:刊头右边的清朝纪年改用大中华民国纪年。此后,西历、旧历(阴历)和大中华民国三种纪年并列,不久,原第二版首刊邸抄、谕旨,改为首刊新选总统布告、命令;原"要闻"栏多报道朝廷、皇室活动,改袁大总统和临时总统府的活动。当日刊《新举临时大总统袁布告》:"现在共和政体业已成立,自应改用阳历,以示大同。应自阴历壬子年正月初一起,所有内外文武官行用公文,一律改用阳历,署大中华民国元年二月十八日即壬子年正月初一日字样。特此布告。辛亥十二月三十日。"

3月

1日 "代论"《论袁项城被选总统》(选):"项城者,才足以济变,识足以通时……其知人不在曾湘乡之下,而得人尤在李合肥之上。至其不避毁谤,不恤人言,虽以政学淹贯、负海内重望之张南皮,亦且不能及……顾尤所难者,孙中山则谓其熟有政法经验,以和平手段达到目的,黎宋卿则谓其化干戈而讲揖让,大功所在,国人称道不置,黄克强则谓其苦心孤诣,致有今日,其功实不可没。嗟乎,孙、黎、黄者,一为民国临时大总统,一为民国临时副总统,一为民国临时陆军部长,皆为革命中之元勋,民军中之功首,其钦服项城且如此,则项城真能操纵天下之人,而天下之人又无不为其操纵。"

"要闻"《专使与总统之相见式》:欢迎专使蔡元培二十七日(初十日)午刻抵京后,当日即同汪兆铭等随阮斗瞻接待员等齐赴迎宾馆会见袁总统,闻会见时,首由袁总统慰劳,次该专使随呈南京委任状并致贺词。

6日 是年春,英敛之有奉天之行。该日随笔:"仆向不能做联语,壬子春偶于奉天道上成一联云:何必嗟困穷,但看眼前温饱,犹多不及我;无须伤老大,莫论身后生存,尚作未亡人。"①

11日 "要闻"《大总统举行受任礼纪盛》:中华民国元年三月初十日,即壬子正月二十二日午后三时,新举临时大总统袁在京师石大人胡同府内举行受任礼。

《黎副总统在武昌受职》:京函云,黎副总统昨日有电到京,声明不能来京情形,拟即在武昌城内行受职典礼,即驻武昌,如有紧要国务,电商大总统办理。

12日 "言论"《时事痛言》(无妄):"足召意外之祸"之大者,"一政治问题……今何如乎?利国福民者其口,徇私专制者其心。凡诸设施,好人所恶,恶人所好,无一不以亡清之覆辙,为前事之师,不过稍变其名目而已。以内阁总理之重任,而授之于出尔反尔之唐绍仪。郑五做相,时事可知!""一法律问题。民国法律,尚未编行,然杀人越货罪在不赦……溺职之官吏,依然养尊处优,政府无片言之责备……法律既无,人道亦将随之而灭熄。"

14日 《临时大总统命令》:特任唐绍仪为国务总理。

24日 "要闻"《申请孙中山来京之要电》:日前,袁大总统致湖北黎副总统要电一道,探系请其劝说孙中山北上,词意甚为谦恭,愿以师生之礼相待,无不惟命是从。且云,彼游于外洋多年,阅历甚深,民国成立,全系彼一人功力。

4月

10日 "要闻"《孙中山赴鄂之报告》:京中得江宁电告,孙中山君连次接到黎副总统电邀,已于初六日(十九日)由沪溯江赴鄂与黎副总统会商要件,盘桓数日后,即下江由海道回粤,以图维持桑梓之秩序。并云汪兆铭、胡汉民二君亦随同孙公赴鄂。

---

① 《英敛之先生年谱及其思想》,李东华主编:《方豪晚年论文辑》,第401页。

25日　"代论"《社会主义平议》(选)。

28日　"要闻"《袁唐密议借款问题》："关于比国借款,日来各国公使又经提出要求唐总理谢罪之举。二十五号,袁总统特约唐至府密议一切对付之法。"《比国借款问题之波折》："唐总理现已决意向四国公使具状说明中国政府财政详状,并拟解约比国,拨出之借款尽数清还。即请求六国财团随时拨款,以救时艰。"

5月

3日　"要闻"《详纪参议院举定正副议长》：参议院于初一日(十五日)下午一时开选举会,议员出席者75人,公推谷钟秀为临时主席。会议投票选举吴景濂为正议长,得46票,汤化龙为副议长,得44票。

27日　"要闻"《各省都督电询借款》：六国借款情形失败之远因,是由于唐总理不顾信用。总统府近日连接各省都督询问借款情形之电,其措词虽不一,大致声言此事关系重要,万不可含糊解决,并斥责唐总理之外交失败。而东督赵尔巽之电,词为尤烈,内有唐氏不去,国耻不雪之语。闻袁总统已将六国借款前后之真情,一一电告各省都督,并告以大局初定,总理一易,立见摇动,万不可推倒之语。

6月

6日　"各省新闻"《北京·特派招致张勋专员》：张勋现在徐、颍一带,仍拥重兵,不肯来京就都统之职,外间颇滋物议。大总统极为注虑,拟即特派专员段芝贵前往招劝,令其速解兵柄来京,以免疑谤。

19日　"要闻"《关于唐总理出京之紧要消息》：国务总理唐绍仪总理十五日(初一日)突如来津,总统即于十五日赶派梁士诒赴津劝驾。十六日再派段芝贵、段祺瑞劝说,均无效。闻总理以心神违和不堪烦剧为辞,坚拒不应。梁、段等无法,皆于即日怏怏回京。十七日由总统宣发临时命令,有定于明日回京,不咎既往等语,否则即行黜免,使陆徵祥署理暂代。

24日　"各省新闻"《北京·孙中山辩诬之要电》："前南京大总统孙中山君于日前致电国务院,略谓近阅京沪某报,揭载唐总理在宁曾与中山银一百万两,更有谓系比款者,全属子虚,请即由院宣明,以释群疑等语。"

26日　"要闻"《唐绍仪辞职书之批准》："国务总理唐绍仪前曾提出辞表,

已于星期五日由代任总理陆子兴代递迓,未奉批。兹闻迎宾馆确切实消息,此辞表业于二十四日上午奉大总统之批准。"

7月

2日 "言论"《今之所谓舆论者》(无妄):"街谈巷议,民俗歌谣,实产出舆论之根据地。而必赖有正当之舆论机关,鉴别而阐扬之,使之风行天下,以备刺取,以示劝惩,以作指导,以归划一。所谓舆论代表也,代表舆论之正当机关,大别之分为二种:一曰各种议会,一曰报馆。而今之议会报馆,果皆能以代表舆论为天职,而不以一己之私意庞杂其间乎?吾有以知其未必然矣。"

8月

5日 "要闻"《孙中山北来之五大志愿》:孙中山已于七月三十日由沪启程北上(来),兹探闻其此行宗旨有五:一调停党派之攻击;二改组同盟会;三运动单独借款;四与袁(大)总统会商要政;五在北京开《民生报》,鼓吹民生主义。大总统已饬赵段两总长预备一切接待事宜。

14日 "各省新闻"《北京·孙黄力辞欢迎仪文》:"孙中山、黄克强两君来京,大总统已预备特别欢迎。孙黄甚不以为然,已谢绝兵轮,改乘新铭商轮北上。昨闻初九日又致电大总统,力请免去各项欢迎浮文,以撙縻费。大总统不愿重拂盛意,已交饬……接待专员将前拟欢迎仪文分别裁减。"

25日 "要闻"《总统府密议对待弹劾案》:参议院弹劾总理案已经通过,是内阁又将摇动。闻大总统对于此事极为焦灼,特由秘书厅通知国务院,本日国务院会议闭会后,各国务员均请赴总统府开特别秘密会议,表决最紧要之问题。

26日 "要闻"《北京欢迎孙中山纪盛》:孙中山先生于前日下午五时四十分到京。大总统特派梁士诒、梁如浩、蔡廷干诸君代表总统预到车站迎迓,陆军总长段、内务总长赵均到车站。孙乘特别马车由正阳东门入,经大清门吏部街、旧皇城根东长安街东单牌楼入石大人胡同外交部迎宾馆,即前袁大总统所住之总统府也。该胡同及堂子胡同一带均驻扎拱卫军以资保护。

27日 "要闻"《大总统之借重孙中山》:孙中山此次来京已声明决不干预政治,故与大总统初次会晤并未于政治,惟闻大总统之意,仍有借重中山之处。

9月

23 日 "要闻"《大总统八大政纲将颁布》：袁大总统所拟八大政纲已得到孙中山、黄上将、黎副总统之赞同，现袁已将该政纲特派梁士诒详加解释，说明其间种种关系，并由袁总统将第七条主旨自行注释，盖该条系关于集权问题。日内即行密电各都督矣。

24 日 "言论"《论道德与共和真理》（无妄）："慨自国体改革以来，人心风俗，几于一落千丈，苟有以道德相劝勉者，辄视为迂腐不经之谈，而相与目笑存之。"中国道德何以败坏，根本原因还在于政体。以往千年之专制政体，养成之旧道德，"曲学小儒，附会粉饰，辄举孝悌忠信礼义廉耻，以迎合君主之淫威，以便利专制之作用"。而当今之世，"对于共和真理，大都在十里雾中。上焉者，借共和二字为攘权夺利之媒介；下焉者，借共和二字为奸淫贼盗之护符"。

25 日 "言论"《其斯以为人才内阁乎？》（无妄）："当唐绍仪出走，陆徵祥尚未投票，同盟会国务员相继辞职，政党内阁、混合内阁、超然内阁聚讼成雷之际，大总统曾排绝众论，独标己见，曰，内阁在乎得人"，组建"人才内阁"。但是，"合全阁人物而观，泰半皆前在北洋时，钻营容悦于大总统，而为大总统之牛溲马勃，以备不时之需者……则内阁既成为大总统之内阁；参议院亦不过大总统之参议院焉耳。于共和国家何欤！与共和国民更何欤！"

"要闻"《参议院昨日之照例投票》：参议院二十三日星期一开会决议于二十四日循例投票，选举袁总统提出的赵秉钧任国务总理。到会 71 人，同意的为 69 人。

10月

9 日 "闲评一"（梦幻）："孙中山得了全国铁路权，黄克强得了全国矿务权，今闻陈其美又欲得全国邮电权。在大总统固有求必应，在诸君亦如愿以偿，可谓身入宝山，不空手而返矣。""诸君固日以国利民福挂诸齿颊者也，今大总统既以路矿邮电为酬庸之具，不知果能以利身者利国，福己者福民乎？"

10 日 "闲评一"（无妄）："特既曰国庆，则必全国之人，无一夫不庆而后可。环顾中原，熟观人海，果已皆出水火而登衽席耶？抑入水益深入火益热耶？吾恐尚有吊之不暇者，庆于奚有？"

11 月

2 日 "各省新闻"《湖北·副总统荐黄自代》：黎副总统自起义至今，中经无数波澜。近因忧愁过甚，致患怔忡之疾，拟电大总统、参议院，请将副总统一职取消，所兼领参谋总长、湖北都督二缺均请解去。

12 月

16 日 "要闻"《大总统赶筹正式政府成立》："临时政府展期一节，已经打消。现大总统对于此事特别注重。昨闻特召各国务员密议，拟即设法赶筹提前成立办法。已拟定通饬京外各机关，迅将在正式政府成立以前之应筹各政务，于一星期内一律检齐，以便入手赶筹一切。"

1913 年（民国二年）

1 月

12 日 "要闻"《大总统将颁宪法起草之命令》：袁世凯大总统将于日内颁布宪法起草之命令，将政府筹备之法布告全国，以免种种纷议。

14 日 "言论"《闵时篇》（选）："共和民国成立既一年，举凡吾民所企踵延颈，以为政治当修明，法律当完备，财政基础当稳固，外交交涉当胜利，数者皆不有功。而国内之民德乃日趋于亡国之途！横流滔滔，江河日下，所谓日暮途远、倒行逆施者非耶？选举之怪象……纲纪凌乱，廉耻丧亡，百王以来，于今为极！"

30 日 "要闻"《总统府交议宪法起草案》：宪法起草案，总统府已就程督意见拟定说略，交由国务院核议，并限于三日内核覆，如得国务会议之通过，即行咨交参议院核议。

2 月

22 日 "言论"《论国民误解共和之害》（梦幻）："共和二字，为世界最优美之政体，亦为世界最难得之政体。欧美诸国至有掷无量头颅，捐无量生命，以为购此共和二字之代价者，然此非徒尚学说也。必有法律以为之范围，有道德以为之团结；以政治为竞争，不以权利为竞争；以国家为观念，不以名位为观念；使人人知有国而不知有身，知有公而不知有私，知有是非而不知有毁誉。是为共和之真精神，即为共和之真解释。若徒侈共和之名词，视法律为敝屣，鄙道德为迂谈，不但帝制自为者，固足以破坏共和，即民权偏重者，亦足以扰乱共和,则共和不足以利国,而反以病国,不足以福民,而反以祸民。此岂共和之误人哉,乃人自误之耳。"

23日 "要闻"《清太后噩耗之惊传》:"前清隆裕皇太后抱病已久……昨接北京专函云,皇太后实于昨早三钟崩御,北京各机关均下半旗志哀。"

27日 "要闻"《大总统与孙中山往返密电》:总统府二十四日拍发加急密电于孙中山,据闻系关于两项要件:一联日问题,政府全体赞成,请由中山妥谋进行之策。一借款问题,立待解决,请由中山作稳健之主张。又闻大总统昨又接到孙中山自日本来密电一道,字码极长,约及千字之谱,内容约分三项问题:一系密陈中日两国最近之国际关系。一系请袁总统迅速厘定预备正式国会及大总统之大政方针,以定国是,不可敷衍观望。一系哀悼清皇太后之仙辂升遐,请为转致清帝云。

3月

2日 "言论"《呜呼中国之舆论》(梦幻):"舆论者,一国人之公言,非一部分之私言,即所以表示人民之意思者也。然个人不能各表其意思,于是有所谓团体者,政党是也;有所谓机关者,议会是也;有所谓言论者,报纸是也。凡此者皆代表人民意思,对于政府,实处于同等之地。""今观我国舆论,武断而已,无所谓公是非也,偏护而已,无所谓公好恶也,挟以私心,出以私见。所谓一部分之私言,非一国人之公言也,既不知有人民,又不知有国家。"

20日 "要闻"《大总统预拟举行国会开院期》:"正式国会限于四月一日成立,大总统已通电各省在案。……拟于四月十日以前届期,无论议员到京若干,先行开院礼,如不足法定人数,俟人数到齐再行开会议事。并闻已粗定于四月六日行开院典礼。"

23日 "要闻"《宋教仁在沪被刺之确耗》:"宋教仁久拟来京,因事中止,乃于二十日拟由沪乘车赴宁,以便由宁乘津浦路来京。及是日晚十时半,偕同黄兴赴沪宁车站,正与新议员等谈话至十时四十五分,突有匪徒连放三枪,宋君受伤甚重。"路透社电云,昨夜十一点钟,宋教仁中一弹,由肋骨穿入直至小肠,立时送入医院,凶手由火车站大厅突出大门逃逸。《宋教仁因伤逝世之确电》:昨接沪电云,宋君已于二十二日早四点余因伤逝世。

25日 "代论"《说幼稚》(转录《庸言报》梁启超)。(按:该文从此日起连载,至28日载毕)

"闲评一"(梦幻):"宋(教仁)为革命巨子,固主张政党内阁,有国务总理之希望者也,此次被举为参议院员,由沪赴京,车轮未展,枪弹骤来,以致因伤殒命。其为政治上之关系乎?或为党派上之关系乎?抑为交际上之关系乎?三者必居其一,此又今日一大疑案也。"

30日 "要闻"《关于宋教仁被刺案之种种》:"上海法租界拿获行刺宋凶犯武士英,已在会审公堂供出应夔丞主使。……闻应既被获后即经会审公堂密讯,不料应不承认,谓与武士英素不相识,其刺宋与否无从得知。……又闻,当在搜应寓搜检时,曾搜获最新式之快枪一枝,其枪身镌有陈其美三字,内贮子弹三枚,与宋教仁身中所取出者同一式样。"

4月

9日 "要闻"《正式国会第一幕开演》:"初八日上午九点半,两院议员齐集众议院,即北京财政学堂开国会。到会参议员179人,众议员498人。梁士诒君代表大总统行开幕礼,国务总理赵秉钧率各国务员出席。

26日 "要闻"《大总统关于宋案之密电》:"关于宋案问题,袁总统于二十三日特致孙中山密电一件,闻系详述两项要点,一该案暂缓移京之理由,一特别法庭暂行缓组之理由。"

27日 "要闻"《刺宋凶犯猝毙之传疑》:"探闻上海自认行刺宋遁初之凶犯武士英(即吴福铭)已于本月二十四日身死。其致死之情形,该管官吏严守秘密。外间传说系武氏见罪无可辩,故自尽以免受刑。惟经医生细验,则谓不似自尽,现时正在调查。"

28日 "要闻"《众议院选举议长之大笑剧》:二十六日午后二时,众议院开会,原拟选举议长,为定座位事已有争执,继而为投票事,有人退席,后更有李君肇甫跳起大骂,满场哗然,顿足声、叫骂声、劝告声,旁听席上外宾谈笑声,同时纷起,忽而又闻议场有哭骂而出者,种种怪现象,不一而足。七时四十五分,议场人及旁听人始稍稍散去,至休息室,各议员犹有骂不绝口者。"呜呼,此等议员,诚狗彘之不若矣。"

5月

1日 "要闻"《孙黄对于大借款之质问》:五国(英、法、俄、德、日)大借款现已成立,国民党大起反对之风潮,参议院已决议提出质问案。闻孙中山、黄兴前日又致电大总统质问此事,电文极为激愤,大总统已有覆电解释矣。

6月

1日(阴历四月二十七日) "言论"《吾亦为国祈祷》(无妄):"语云,谋事在人,成事在天,我中国成事之最大者,莫如辛亥革命。民军一起,全国响应,曾不数月,清廷退位,民国成立,专制之毒,如距斯脱,共和之号,如芽新萌。……吾侪国民,但当感天之厚贶,各事其事,建设完全之国家,以无负上天之德。""今日而欲为国祈祷,徒哀告于天无益也,宜先求诸人事。吾愿我国早定宪法,有共和立宪之真精神;吾愿我国选出正式总统,为才全德备之大英雄;吾愿我国代议士,淘汰捣乱分子,克举其监督与立法之职;吾愿今后之政府,恪守公理,顺从民心,勿延专制之余臭;吾愿今后之官吏,痛改前非,力图振作,勿为地方之禄蠹;吾愿元勋伟人,从事于赞助建设,勿以醉心权利,作混世之魔王;吾愿全国军人,服从纪律,勇公战而怯私斗,妄干政治,充野心家之傀儡;吾愿法律完备,可谓人民之保障,吾愿教育普及,改革社会之人□,尽趋于道德;吾愿百业振兴,为国家足财源,且以辑游民而裕生计;吾愿我全国上下,激发天良,实事求是,俾国家雄飞东亚,有完全自立之实力,勿受外人维持保全之辱惠。"

16日 "闲评一"(梦幻):"自民国成立以来,报馆林立,报纸风行,言论界之发达,几有一日千里之势。然究其内容,或由政府收买,或由政党收买,或由一机关收买。故一言一论,必须随买主之旨意,而不能自由。其有卓然独立,而不为金钱利用者,又不免为两方所忌,此报界所以日趋黑暗也。""本报以纯粹营业性质,为代表舆论机关,故所抱宗旨,必求吻合多数人之心理,维持一地方之公安,不为谀言以结政府之欢,不因威吓以堕党人之术,始终如一,有目共知,固不待本报之喋喋自辩也。""乃近日竟有人以本报不肯专袒某党,又以每日要闻中,首列总统府各事,诬为政府机关,其为吹求乎,抑为爱惜乎?姑不具论,不知纪载与言论不同。本报既非党报,则何必罗织人罪,以讨好要人?又不敢捏造谣言,以扰乱秩序?自不能不详访事实。总统府既据中央,即为政事发生之地,况大总统为民国首领,不论为甲为乙,他人业已公推,吾人即应承认,此为法律所当然,至于行事之是非得失,则有言论以判别之。此体例也。""诸君如能取消袁氏总统,别举他人总统,以确立中央政府,本报亦赞成之,而愿尽监督之责焉。"

"要闻"《大总统关于赣事之密电》:自江西都督李烈钧免官后,大总统与黎副总统之密电甚多,兹据传闻数端撮举如下:一李烈钧亏用公款甚巨,亟应查明令其如数补偿;一江西新任护军使要塞司令本系某党党人,应密侦其行动。一李烈钧卸任后不可令其在赣逗留,对于各项军队并须预加防范,免被煽惑。一所有宗旨不正结会及藉故扰乱地方者,务应随时查禁严惩。

21日 "要闻"《大总统两致陈炯明之密电》:大总统十九日上午及下午均有密电致新任广东都督陈炯明。"第一电系令勉任粤督,毋畏难而固辞,并须严诫军队、恪守军纪,不得干预政府任免官吏之命令。第二电系令注意下列各端:一、胡汉民是否有亏空公款情事;二、胡汉民免官命令到粤后,胡之私党是否有违法及不轨行为;三、省议会态度如何;四、胡汉民不交篆务,应和平对待,不可故激其怒。"

7月

13日 "闲评一"(无妄):"中俄条约,既通过于国会,外蒙之脱离中国,乃竟成为事实。"

"各省新闻"《北京·参议院密咨政府之传闻》:闻参议院于十号咨送政府密封紧要文书一件。据政界人士云,中俄条约已获参议院多数通过。

"条约"《中俄蒙古条约全文》(转录):正文六条,第五条下之附件十六条。(按:此文至16日载毕)

15日 "言论"《南北果开兵衅耶》(无妄):"果也警电遥传,操戈推刃,已起于同室之中",无论结果如何,中国从此"兵连祸结,危乱将无已时"。"彼无端倡为南北论者,其亦知遗祸之烈至于此耶?呜呼痛哉!"

19日 "命令"《临时大总统令》:任命交通总长朱启钤暂行代理国务总理,张勋授为陆军上将,任命赵秉钧为步军统领兼管京师巡警事务。

20日 "要闻"《关于南京独立之续报》:南京独立已成事实。该处有布告文遍贴城中,内有"俯顺军情,以讨袁逆"二句。程都督因不服从该党,几遭不测,已于十七日晚带印赴沪。大总统已专电慰问。又据京函云,程德全于十七日曾有电到京,闻其大略与欧阳武等不同,只称东南各处民心已赞成独立,不得不顺从民意。只劝袁总统宣布解职,以免涂炭民生。云谅亦托名之电也。

23日 "闲评二"(梦幻):"自近日内乱发生,北京内务部取缔报纸,天津警察厅亦取缔报纸。报纸之厄运至今日共和时代而极矣!""政府为消弭变乱,镇定人心起见,不得不从严取缔,果尔,则自今以后,吾辈对于中央,但当颂扬威德,不当指摘瑕疵,对于战争,但当刊布捷书,不当登载警耗,庶可苟全于乱世乎? 报纸如此,则将来之所谓民国史者,亦概可知矣。"

24日 "要闻"《政府会议南方军事之概略》:"江西李烈钧事起,大总统已特派正副专使前往宣抚,另会同黎副总统分拨军队往剿。"

8月

6日 第二版《声明假冒》:"今有李增荣者号俊臣,直隶沧县人。其名片上职衔甚多,其中有一条书明天津《大公报》馆访员。查本馆访员并无李增荣其人,似此明目张胆假冒访员,难保非借词招摇,实与本馆名誉大有妨害。特此预为声明,除由本馆访查澈究外,如有李增荣在外借本馆名义招摇等情,请即扭送该管官厅惩办,本馆概不负责。本馆谨白。"

21日 "要闻"《新内阁克日成立之确耗》:熊秉三总理近日延缓来京。各处电催新内阁之成立者,日有数起,袁总统尚无确当之答复。昨闻已通电各省都督、民政长及驻外各公使,略谓……现熊总理约于二十五日以内可以到京履任。其各阁员之组成至迟于两礼拜内必当成立云。

24日 "白话"《忠告请求国教者》(竹轩)"近日报载,孔教会某某人,呈请参众两院,采仿意大利阿根廷土尔其等国宪法,明定孔教为国教。……要借以挽回世道人心,补救国家残局。"文章指出,定某某教为国教"有悖乎五族共和的真理",并驳斥请愿者所谓的中国大多数国民信仰孔教的理由,指出中华民国五大民族中,回信摩哈、蒙、藏信佛,已有三族不信孔教,汉满两族中,还有信天主、耶稣和佛的。可见"孔教在中国算不了是多数信仰"。(按:该文续刊于26日)

31日 "言论"《斥孔教会请愿之非当》(竹轩):"报载八月某日,孔教会全体代表陈焕章等请愿参众两院,于宪法上明定孔教为国教,并许信教自由事。虽其请愿目的,未必即能达到,然而我人不可不对此一尽纠正之责也。""夫孔子之教,不足完全宗教之资格,海内外名儒,久有定论";并且,请愿者既要定一教为国教,又说要信教自由,两者"大相反悖";再者,中华民国为五大民族的共和国,五大民族均有各自的信教,提出定孔教为国教的做法是"挑衅五族之感情,违反信教自由之约法……种宗教相争之祸根,以纷扰五族共和之大局。国民宜用全力反对之。"(按:该文于次日续毕)

9月

5日 "言论"《不可思议之战事终局》(无妄):"自南方乱事发生,以迄于今,前后不足两月,而独立者反正矣,负固者克复矣,大军所至,如风扫籜,如汤沃雪,滔天大乱,弹指敉平。世之抱乐观主义者,举欣欣然有喜色而相告曰,此政府之处置有方,用能制敌死命也。""命将出师,海陆并进,大有一鼓而擒灭此朝食之概。""彼党之中坚人物,如孙、黄、岑之先期远扬者,且勿论,若赣之李烈钧……皖之柏文蔚……再三独立之何海鸣……上海之钮永建、出没淞沪间之居正、陈其美辈……粤之陈炯明、闽之许崇智,湘之谭人凤、蒋翊武,鄂之季雨霖、詹大悲,蜀之熊克武……据公私传闻,言人人殊,而此十余子者,无一阵亡,无一被擒,依然身体自由、起居无恙。……自古平乱之结果,未闻有如是之儿戏者也,未闻有如是而得长治久安者也。吾无词以论定之,名之曰不可思议之战事终局。"

6日 "要闻"《关于组织新内阁之种种》:熊希龄组新内阁之名单:财政总长熊希龄兼任;外交总长孙宝琦;陆军总长段祺瑞留任;海军总长刘冠雄留任;司法总长梁启超;内务总长朱启钤;工商、农林总长张謇出任;教育总长汪大燮;交通总长周自齐。

11日 "闲评二"(无妄):"连日中西电报,述官军克复南京后之焚掠淫杀,骚扰已极,而以张军为尤甚,近且因害及外人,惹起恶感之交涉。是张勋之纵兵残民,固以无可讳言。""夫政府之兴师平乱,亦曰救民水火而已。乃堂堂国军,公然效强盗之行为,贼梳官篦,南京人民殆亦有水益深火益热之痛乎?""日昨,大总统特电张勋,责之曰尤而效之,训之曰天良何在,勖之曰刷洗万一。不知张氏此后,果能力肃军纪,抚慰民生,以勉尽江苏都督之天职否。"

24日 "言论"《拟天主教全体公民请愿信教自由不定国教上参众两院书》(竹轩):民国后,"信教自由载在约法",然而,"有所谓孔教会者,复生独擅特权之野心,破坏共和平等之大局,而欲特定其教为国教者欤",实质上是行"宗教专制"。天主教乃"道贯中西、风行六洲之圣教。对于不足完全宗教资格之孔教,固未敢多让也"。当然,"吾人决不为一教之私,而出请定国教之非干求"。"吾人,国民也;他教同胞,亦国民也。吾人爱自由,他教同胞亦爱自由;吾人爱宗教,他教同胞亦爱宗教。吾何人斯,敢思凌驾同胞之上,而破坏平等耶?"定孔教为国教之主张实为"挑衅他教,使素所崇奉者,为他教之公敌,生五族之恶感,起阋墙之纷争,授强邻隙,召瓜分祸,使数千年祖国,不亡于专制,而亡于共和,不亡于叛徒暴民,而亡于诗礼发冢之辈哉?此吾教之静观默察,惊心怵魄,

惧流祸之无已,所以主张信教自由不定国教者也"。(按:该文从此日起连载,至 27 日载毕)

10 月

8 日 "要闻"《选举正式总统投票之详数》:初六日,国会选举正式大总统。759 人,上午投票结果:袁氏获 471 票,黎元洪 151 票,孙武 3 票,康有为 11 票,梁启超 4 票,王庚 3 票,孙文 13 票,段祺瑞 13 票,伍廷芳 33 票,张绍曾 1 票,唐绍仪 5 票,熊希龄 4 票,汪兆铭 1 票,蔡元培 1 票,冯国璋 2 票……此外,尚有废票 20 余张。因所投皆不足四分之三法定票数,下午三时进行第二次投票,结果:袁世凯 497 票,黎元洪 162 票,伍廷芳 22 票,孙文 12 票……仍不足法定票数。下午五时四十五分进行第三次投票,袁世凯得 507 票,黎元洪 196 票。袁世凯以得票最多,当选中华民国正式大总统。《关于总统选举会场之怪象》:详报场上出现之怪相。

10 日 "要闻"《今日正式大总统就任之礼节》:正式大总统于十月十日(今日)上午十时就任,预定本日上午九点三十分钟由府登礼车至天安门,奏军乐,下车易肩舆……鸣炮 101 响,宣誓,接见外国公使,接见清室代表,接受文武百官祝贺。是日,总统府备西式大餐,所有各国公使及各项庆祝人员均得与宴。各署停止办公二日,学校一律放假三日。

11 日 "要闻"《关于大总统受任礼节之种种》:昨日大总统在太和殿受任礼节毕,登天安门举行阅兵。

11 月

4 日 "闲评一"(无妄):"自孔教会无端撰出国教二字,以捉弄宪法起草会,遂令起草委员无端而受国民之攻击。"文章列举主张将反对孔教者处刑的两例后说:"幸而国教否决,未定于宪法之上",否则,"将来苟有反对孔教者,吾知必且凌迟赤族矣"!

"要闻"《大总统对于争议宪法之意见》:关于宪法问题之种种争端,宪法委员会与政府方面颇有对峙之势,自经汤议长出为调停之后,双方始有活动意思。兹闻大总统昨已将各项意见一律函致汤议长,请其详细研究并约其于星期二日到府谈话。想前此种种误会不难迎刃而解矣。

5 日 "言论"《余之国教观》(宪民投稿):"异哉,代表信教自由之国民之代议士,竟悍然不顾信教自由四大字,而大声疾呼曰:国教国教,定孔教为中华民国之国教,其丧心病狂,悖法乱治,竟一至于是耶?""敢敬告于同胞之前曰:反对国教,曰:反对孔教为无形之国教。"

6日 "命令"《大总统令》:据警备司令官汇呈,查获乱党首魁李烈钧等与乱党议员徐秀钧等往来穆密鸿密各电数十件,本大总统逐加披阅,震骇殊深。此次内乱,该国民党本部与该国民党国会议员潜相构煽。李烈钧、黄兴等乃敢于据地称兵,蹂躏及于东南各省,我国民身命财产横遭屠掠,种种惨酷情形,事后追思,犹觉心悸,而推原祸始,实属罪有所归。……本大总统何能宽容少数乱徒,置四万万人利害于不顾,不得已始有解散该党之令。

7日 "代论"《中华民国定国教意见书》(来稿):定孔教为国教有数端不利:(一)定孔教为国教不合民国之精神;(二)定孔教为国教乃贻害共和政体惹起战祸;(三)定孔教为国教不关道德之进步;(四)定孔教为国教与民国之名誉攸关;(五)定孔教为国教实行时之种种障碍。(按:该文于8日、9日续刊)

"要闻"《追缴国民党议员徽章证书》:四日解散国民党本部之令,于是日晚五时执行。所有该党议员徽章、证书大半由警士面向索取。《关于国民党解散后之种种》:京内国民党党员限于令下十日内将徽章党证送缴本区警署;京外国民党党员于令下十五日以内将徽章党证送缴本县知事署;在此期限外倘获有个人携此徽章或党证者,与乱党一律处治。大总统于昨日(六日)邀请驻京各国公使商酌此事,拟电令驻外各公使与各该国政府商议,协同将海外国民党支部一律解散,勿贻后患,未知能否办到。

12月

15日 "言论"《证明孔子非宗教家》(无妄):"孔子非宗教者,其证有四":"(一)孔子以前,中国久有宗教。"(祭祀祭礼)为"古代宗教之代表"。"(二)孔子未立宗教之名。孔子所著书,偶有言及教字者,皆指教化教育而言。上施于下者为教化,师授于弟者为教育。""(三)唐宋以前,孔教之名未立。《汉书·艺文志》,列儒家为九流之一,称儒行家,不曰儒教。""(四)中国普通人民,并非崇奉孔子。"中国人历来信鬼信神,孔子既非鬼又非神,"则孔学无宗教之意味,确然可征,其证四。"(按:该文于次日刊毕)

"要闻"《副总统到京后之要闻种种》:此次黎副总统来京,袁总统决定将中央政务一切情形对之说明,俾得共谋进行之策。刻已决定于十四日(昨日)在府中开特别茶话一次,所有国务总理各部总次长均令出席,报告各项政务进行大略,并将各该部财政情状详细报告,俾资研究。

1914年(民国三年)

1月

3日 "各省新闻"《北京·参众两院之末路》:近两月以来,国会已奄奄待毙。参众两院气象极为萧索,各议员均不到院,两议长虽不时到院,亦不过二三小时即去,秘书厅各员无公可办,每日兀坐看书而已。

19日 "代论"《各教联合请愿团上大总统副总统国务院政治会议反对大政方针以孔教为风化之本书》:"近读政府大政方针宣言有云,政府所主张者,一面既尊重人民信教之自由,一面仍当以孔教为风化之本等语,玩味再三,不胜疑虑。""夫行政者,原为一国之法人,分当遵循法律,以求国之利民之福,固不容硁硁然效忠一教者也。"文后附《各教联合请愿团上政治会议书》。

4月

9日 "要闻"《北京报界之大惶恐》:新《报律》已经颁行,北京报界极为惶恐,而保证金七百元一款最为碍难,恐倒闭者不止一家。闻有联合上书政府要求宽免之举,未识能否核准。严苛报律若实行,报界难堪属小事,民情之涣散则实大巨矣。

19日 "要闻"《外交团仍要求扩充租界》:驻京英法德俄日本各国公使前曾联衔要求外交部,拟扩充汉口租界,当即由外交部正式拒驳,以此事于中国主权军政均有种种妨碍,断难允认等情。

22日 "代论"《公教救国演说会之演说》(英敛之):"鄙人数年以来,身体多病,精神大减,又因时局日益危急,故此枯木死灰,厌世之心,已达极点。恹恹一息,苟活人间,不愿再向社会中摇唇鼓舌,励袭模仿,逞其一知半解,博热心爱国虚名誉矣。但隐无可隐,逃无可逃,死又不死,今承雷大司铎开救国演说会,谬委鄙人为演说人之一,不得已拉杂敷衍,姑且将平日浅见,略为宣布,请诸君略其词,会其意,倘微尘或有补于泰山,蹄涔或有益于沧海,亦鄙人残败之余幸事也。中国无宗教不能立国,不能挽人心、维风俗,此语为近今普通所承认。然宗教不一,必当以何教为最妥适、为最完美。此最当研究之问题也。""中国数千年来,鼎足而立者,曰儒释道三教。"释道二道"降及今日,世衰道微,二氏之徒,高明者如龟毛兔角"。惟有孔子之道如日中天,无以复加,但是"中国数千年来世道人心,究竟如何,不过一治一乱之局,终未能到一德同风的地步"。何以至此？因为儒教教人"明哲保身",令其"门徒也要危邦不入、乱邦不居"。而天主教教人"舍身救世",示其教徒,要仿效耶稣的牺牲精神。"孔子之道,人性之道理也；天主之道,超性之道理也。孔道以人的眼光看天下,天主的道以天主的眼光看天下。以天主的眼光看天下,凡天下顶天立地的人没有不是同胞的。故此见有一夫不得其所,自己是如背负芒的,必要设法救了他,才去这心病。""愿众位勿以人废言,虚心察纳,毕竟究个真假、是非、邪正,然后热心毅力,特立孤行,当仁不让,见义勇为,所以成己成人,由近及远,这真是为天地立心,为生民立命,为往圣继绝学,为万世开太平。……众位,爱群在此,救国在此,舍妄取真在此,超生灭死在此。"（按：该文于次日刊毕）

5月

6日 "各省新闻"《四川·英国要求川矿之溯源》：近顷英国要求四川矿山采掘权事,中外纷纷喧传。兹据某外报述,该要求之由来已久……英国在华之活动颇可刮目,已获得种种之伟大利权,其野心犹未已,今更伸巨腕于四川,思获得其全省矿山采掘权以为垄断巴蜀天富之计。

17日 "代论"《马相伯先生在静宜女校第一次周年大会演说词》："静宜园者,为皇清五大园之一,前岁由喀拉沁王福晋领衔奏请隆裕太后,借给为办女学女工之用。既蒙俞允,即由英敛之君夫妇着手经营。只因经费全无,学校与工场,不能同时并举,故止先开女学,即命名曰'静宜女校'。今日为静宜女校第一次周年之期,于是开周年纪念大会于园中。成绩之佳,来宾之盛,令人无量欢喜。然予有一言,愿为诸生告焉。"随后,演讲"女学要义,所以明人道也"的含义："一说为人之道在不为畜生,二说为人之道在有益于人。"

"专件"《香山静宜女学周年纪念会纪盛》：男女来宾约二千数百人。会场摆设学生制作各式工艺品,供人参观。纪念会开始,先有本校学生唱歌……次由英敛之君报告开办缘由,即取得的成绩和今天开会感情：一感激,二惭愧,三欢喜。

6月

10日 "各省新闻"《湖南·湘省洪水为患》：上月十七号迅雷疾雨,河水暴涨,平地水深数尺,入夜尤雄。十八日又大雨滂沱,南北两城地势低洼顷刻即成泽国。自道光年间遭大水后,近百数十年无此奇灾,居民均不及堤防,漂没民田、庐舍、牲畜、财产无算。

7月

6日 "各省新闻"《广东·粤省西江水势之凶猛》:西江水道影响粤省之上游,故一遇水患,梧州水长二丈,肇庆等处水势长八尺,其余多处水长七尺,为近年罕见。

8月

5日 "要闻"《德俄法宣战之情形》:德俄宣战,青岛宣布戒严,因青岛租界与德国,德国向俄国宣战,并炮击英船。我国政府连日会议决定宣告中立,并派将军蔡锷前往观战。

23日 "要闻"《大总统再询平和会对欧战办法》:欧战发生后,平和会曾有居中调处之议。刻已延至多日,尚未据该会宣布处理之法。《再颁中立申令之先闻》:政事堂及统率办事处,日前曾奉大总统谕令,将此次日德两国为青岛租借地之交涉问题再行公布申令……中国遵照中立国条规,对于青岛战事区域之限制,拟日俄战争时办法限制区域。

11月

9日 "言论"《论社会教育为当今之急务》(杜权投稿):"所谓社会教育之事业者何?即报纸、演说、补习学校、露天学校、改良戏曲、改良唱本、改良小说,以及天然戏新剧团诸种事业,皆社会教育所经营,以发表宗旨作用之机关也。"(按:该文于10日、11日续刊)

16日 "要闻"《大总统电询日军接管青岛情形》:青岛地方已由日军接管,兹闻大总统昨特电饬蔡志庚巡按等将日军接受之地面,关于布置上一切情形,详细探查,电覆来京,以备核办。

12月

29日 "闲评一"(无妄):"《修正大总统选举法案》,约法会议昨已三读,谅早完全通过,内容大概,报纸已多登载,转瞬即将正式公布。""论者辄谓此项法案,实为世界共和国所未有。……惟窃有说者,案中所定将来总统任满改选时,由现任总统推荐三人,就中选出一人为新总统。其策似奇,却犹未极其妙。""为贡一言:今大总统既能上契天心,下孚众望。不妨一连任再连任,十连百连,乃至无疆连。连至不高兴更连时,但由现总统指定一人以继其任。盖三之数虽少,尚不免有得失之争,定之于一,何等简捷,何等光明。若总统肯效法祁奚,内举不避亲,尤可杜绝野心家之觊觎,而免运动竞争之怪剧。"(按:1913年10月,国会制定的《总统选举法》规定:大总统由国会选举,总统任期五年,如再被选,得连任一次。对此,袁世凯深为不满,于是,1914年12月29日,国会通过《修正大总统选举法》,规定大总统任期十年,可连选连任,并可以推荐继承人,实际承认了总统可以世袭。《大公报》为此发表这篇短评)

1915 年(民国四年)

1 月

14 日 "要闻"《又有新签注之条约》:总统府设立之条约签注会,由陆子欣主持,系为详细解释签注各项旧约,以为将来各交涉之预备。近闻业将中俄、中英、中德各旧约签注……又续提出中日、中法、中葡、中美各重要旧约多件,饬令再行详慎签注云。

22 日 "要闻"《大总统封交密议案》:驻日陆公使前曾密陈中日国际上一切重要关系,并举出关于互相提携上一切要件。大总统昨特将该使所陈各节分别标出,交由外交部详细讨论,以便决定应对之策。

31 日 "闲评二"(心森):"中国外交人才,中外悉推陆氏徵祥为今日第一,独大总统为尤甚,故民国元年大总统曾任陆为一度外交总长,今又任命陆为外交总长矣。一般不解事之人民闻之,辄以为前度刘郎今又来,意盖视为前后一人耳,又岂能超乎前? 予则甚不谓然,盖前者为临时之外交总长,今者为正式之外交总长。"

2 月

5 日 "要闻"《大总统与英公使之密函》:日前大总统曾以个人名义致驻京英使朱尔典君密函一件,次日朱公使亦有密函作复,往返均由外交部传递,其内容非局外人所得悉。有谓为关于现在中日交涉者,有谓系另有别项密要问题,并无关于中日交涉者,二说未知孰是。

7 日 "要闻"《政府秘密交涉之不得已》:"此次中日交涉,政府严守秘密,各界虽均极力探询,仍均不能得其头脑。昨闻有某军界要人曾谒见国务卿,质问此事真像,并云,政府抑何懦弱至此,即谨遵日使之要求,严守秘密如此。国务卿答以此次交涉秘密,并非纯依日使之要求,其中实有最困难之处,不得已而出此,将来诸公自可明悉。《中日交涉之第二次谈判》:"中日交涉现于五日下午一点在迎宾馆开第二次正式谈判,中国列席者为陆子欣总长、曹润田次长、某秘书、某参事及某翻译,日本列席者为日置益公使、小幡参赞及某书记、某某翻译。会谈至四点四十余分始各退散,关防仍极严,秘其详情未易访悉。略闻陆总长发言仍极简单而有力,曹次长则力辩不能承认要求之理由极为充足,日使态度虽仍强硬,然亦渐有可趋商榷之意,仍无正式解决,拟一二日内再行继续谈判云。"

3月

1日 "告白"《本馆股东诸君台鉴》:"有股诸君务请于一个月内(由旧历正月二十日起至二月二十日止)将股票交下,改换新股票并分派红利,愿查详细账目者请来本馆。《大公报》馆总理英敛之谨白。"(按:此广告连续刊登十天)

2日 "要闻"《大总统饬令派员安慰留日学生》:"留日学生因中日交涉问题,曾有长电来京,痛陈利害,政府前曾电饬该生等,对于该案,毋庸参预,静俟国家解决。兹闻大总统以该生等激昂过甚,诚恐酿成意外风潮,因饬教育部派员东渡,安慰各生,以释疑虑。"

4日 "要闻"《大总统详检中日交涉要案》:本月二日,大总统在办公室特召国务卿检查中日交涉之谈判纪录及某某项要案良久后,遂交陆总长及曹次长严缄密函一件,闻系关于现在中日交涉之山东方面问题,已研究其中紧要者三节,饬令于谈判时务须特别注意,断勿稍涉含浑,致发生损失主权之纠葛云。《大总统特派内史出京》:中日交涉现正在谈判进行之际,其是否有何变局尚未可定。大总统对于鲁奉闽三省之现在中日交际极为注重,已连次密电饬特别慎重,昨闻仍恐有未能详切之处,乃分派内史王次钱赴鲁、王古愚赴奉、刘襄孙赴闽,赍密函指示各该巡按使中日外交上之密要机宜云。

5日 "要闻"《四国密议中日交涉之电报》:闻外交部于日昨下午译呈大总统密电一道,系接到驻美夏棣山公使(夏棣山即夏偕复,字地山,又作棣山)所来者。内容非常严密。大略系报告美英法俄四国大使连与美政府密议远东问题,即系由于中日交涉而起。其是否干涉及如何手续,尚未能详悉云。

9日 "要闻"《大总统批出中日谈判说明书》:中日交涉现已经过七次谈

判,闻所议者系为关于东蒙、南满之条款,其中关系中国主权,至为重要。陆总长曾依据两次谈判纪录各条款并附以说明书呈请大总统查核。七日晚已经批出。陆总长所主持各办法尚均得体,未经批驳,即饬依照进行交涉云。

20日 "要闻"《大总统连次召集紧急会议》:大总统以中日交涉问题日来又渐趋于紧急,因于十六、七两日连次会议,筹画外交紧迫时种种办法,闻已略具端倪矣。《大总统交令严守外交秘密》:昨闻大总统曾又交饬陆总长曹次长亲笔密函一件,略谓现在中日交涉各秘密尚无泄漏之处。惟中外之极力调查者极多,所有最近筹画之某某等要端关系非常重要,倘稍有宣泄,贻误无穷,应责成随时慎重云。

4月

16日 "要闻"《规定中日交涉进行手续》:中日交涉刻已开议二十一次,所有案中正纲亦将一律议及,昨大总统复将该案收束手续亲为厘定,密谕陆总长查核,并闻此次所指者凡三项,其略如左:一各项细目之审查,一难决问题之筹议,一争持及退让要点之研究。《二十一次谈判之鳞爪》:中日交涉又于十三日开第二十一次正式谈判,仍延至下午七点余始经散会。当日日公使态度变幻无常,忽提出此款,又提出彼款,词意之和平强硬亦颇不一。陆总长始终抱定惟一宗旨,不认轻就最后结果。

25日 "要闻"《外交密议提出要案》:中日交涉现虽停止谈判,政府仍连开密议为各种预备之讨论。二十三日下午,大总统又特开密议,各参预外交要人均得列席。由大总统提出四项意见:第一为中日交涉如果牵动世界外交之办法;第二为列强对于此事态度之悬揣;第三为日本如果出于强压之对待;第四为日本或旁生枝节之对待。《中日交涉牵动各国之见端》:现驻京英使朱尔典君与日公使日置益君已开秘密谈判两次,昨闻美使芮荫修君亦与日公使谈判,特开密议,其地点系在美国使馆,所谈之内容虽不甚详悉,大致则确为中日交涉之关系云。

30日 "要闻"《中日交涉内容之批露》:日本公使于一月十八日径递于袁总统,要求全文包括日本公使本月二十六日递交给中国政府的修正案,并在报上披露。

5月

2日 "要闻"《中日交涉开议消息》:自日本方面提出修正案后,我政府特开会筹议应付方针,致星期四会议停止一次。兹悉我政府已经决定对付方针,定于五月一日下午在迎宾馆续开会议,当局作正式之答复。《陆总长口中之外交近状》:目下中日交涉又极危险,政界颇生惶恐,惟其确实内容政府仍严守秘密。昨闻曾有某要人质询于外交陆总长,陆之答复极为含混不出于秘密困难之范围,并无确切之词。询以能否决裂,则答以未必。询以是否忍痛承认,则答以未可。询以他国是否干预,答以未敢定云。

8日 "要闻"《日公使致公文于外交部》:驻京日本公使日置益氏于七日午后一时有密封公文一件致送外交部,当经陆总长持呈大总统。惟是否外间所传之最后通牒(哀的美敦书)抑系别一种之公文,现尚未详。

9日 "闲评一"(无妄):"亡国至痛之事也……而我国人以此种话头,澜翻于舌端,云涌于腕底者,几二十年矣。由是以观,似乎我国人早知此事之可惨矣!然而说自说,做自做,至于今日,而妖梦殆将践矣。语曰,游于羿之彀中,若我国人者,斯真善游羿彀者乎?呜呼,天下事不知而误蹈之,犹可说也,若既明明知之,且常常言之,而仍不求所以自拔之道,其痛也,其惨也,又安能免欤?"

"要闻"《政府承认通牒之传闻》:昨日午后,得北京电话云,日本公使呈递最后通牒后,大总统邀集国务卿徐世昌、外交总长陆徵祥、次长曹汝霖、各部总长各顾问及参政院院长黎元洪、参政熊希龄、赵尔巽、李盛铎、梁士诒、杨度、严复、联芳、施愚等八名密议后,即已大致承认,所未允者,学堂、铁路、兵工厂、军警权顾问数条而已。答以参政院即日开议,俟该院议决后再商办法。又据一函云,总统接到通牒后,列强亦劝总统暂且应允云。《关于交涉之又一要电》:昨夜九点余,得北京来电云,本日政事堂各参政大会议,日本最后通牒已让步,无伤主权,议决由外交部即日答复允诺,此案已结,中外敦睦,各荷署无得惊慌,并已将此情形通告驻京各公使。同时又得北京电话云,我政府已决派曹汝霖于当夜八时将正式承认书提交日使馆云。

11日 "闲评一"(无妄):"我外交当局忠于谋国如是,已出吾民意料之外。又复亲劳玉趾,将承认书双双恭赍至日使馆。似此鞠躬尽瘁之忠良,求诸中外古今,除五代冯氏、汉末谯氏、三韩李氏外,有几人哉?""乃我民不知感恩戴德,恭上大勋位,以酬其劳,反多口出怨言,甚且作申申之詈,母也天只,不谅人只,出力不讨好,能毋为外交当局呼冤不置。……其实公等劳苦功高,正宜休养政躬,以备他日再遇盘根错节时出而为送终之医国手,奚为不自珍惜,犹复朝会议,夕讨论,耗宝贵之脑筋,画多余之蛇足,若□子之不惮烦也。寄语诸公,尚其为国自爱。"(按:1915年5月8日,袁世凯政府决定接受日本"二十一条"。该文针对此事而作,故多讥讽之言)

12日 "闲评一"(无妄):"中日交涉解决后,我全国人心,除庞大官僚及无知愚氓,不知有何感触外,其余普通人民,凡略知时事者大都不外两种口吻:一则曰,我国外交如此失败,即为实行瓜分之动机,大可吊也;一则曰,我国经此巨深创痛,实为瞑眩瘳疾之转机,虽可吊而亦可贺也。"

"录件"《外人在中国租借土地之历史》:由《澳门条约》1842年8月29日始。

15日 "要闻"《谕令颁布中日交涉全案》:中日交涉解决之后,各省将军巡按使等迭经来电,对于政府颇有责言。兹闻大总统面谕陆总长饬将此次中日交涉全案,自日使开始照会及第一次至第二十五次会议经过情形并最后通牒,一切事宜,分别检齐编辑全录,通颁各省,俾知中央对此次问题种种争执情形并非甘为让步也。

17日 "要闻"《中日新约交换期》:十五日日刊《新支那报》云此次中日交涉解决之结果,中国政府所承认之事项由日本政府与中国政府商妥,作为条约及附属公文宣言书三种。日本外务部按照以上三种形式业已制定全文书,于十一日提出内阁会议通过,十二日电致日置公使,令其遵照办理。中日新协约现已将次签字。《中日新协约之文字关系》:中日新协约现已将次签字,闻将来正约文字系以法文为准,中日两种文字作为参考之件。

20日 "要闻"《中日协约签字期及交换地点》:中日外交当局于十七日在外部迎宾馆将协约副本联署签押一节已略纪前报。兹悉现经双方议定,月之二十日(即今日)再将正式约文签押,即于二十一日在北京交换云。

21日 "要闻"《中日新协约签押之确期》:前日午后三时,日本公使馆书记官小幡、高尾两人同到外交部之迎宾馆于新约中关乎字句修正有所协议,至六时散会,据闻今后尚须一次修正协议方臻妥洽,故正式签押之期须在下星期一(二十四日)云。

23日 "代论"《痛告朝野勿再偷生苟安》(施振模投稿):"此次邻邦之意外要求(按:指日本向中国当局提出的'二十一条',即上所谓'中日新约'),我外交当局,费尽如许之心思口舌,卒以利权奉送,而后得以苟安。再三思维,难咎当局之失败,实时势使然也。""自甲午之役,庚子之变,日俄战争之后,我国屡受挫折,实天演之道,冥冥作我国之当头棒喝,使我国卧薪尝胆,早趋大同,以期自存矣。不谓每值危祸甫过,而根尚未除,当局者又因循,在野者又苟安,所谓国耻者,又放之脑后。一旦意外复来,又束手无术,以退让主权损失领土为外交之目的。吾知至让无可让之时,势必送尽主权,丧尽领土,四万万黄帝之圣裔,相率为亡国贱种而后已也。""吾今又疾呼曰,我国命运,乃残喘苟延之命运矣!今仍不肯服此救生之剂,是犹秦人不暇自哀也。救时之法惟何?一曰立时强迫教育,遍立宣讲所,地方官当负筹款监督之责,教育部总其成,十年后,人民对于当兵合群各务,皆有国家之观念;二曰军械军需之扩张,使护国之利器,不至仰给于外人,优奖军械专门,使其竭脑力以图进步;三曰工艺实业之发展,政府立公诚之章程,招集资本,或筹内国公债,以兴工艺,实业盛则贫民有谋食之路,专门人不致荒废,利权不至外流,野心家不至垂涎,如民立之工艺实业,政府则诚心保护维持之;四曰用人推重有德,裁汰素餐,勿以巫当医,勿以医作巫,实行取缔并侦察地方官行政之进步,斥革因循不振之流。窃以为此四大端,实救大同危亡之急务也。有国家观念者,当不以多言为渎也。亡国灭种,祸在眉睫,我上下宜一致发奋,共襄国是,庶可免于淘汰之列也,痛哉!"(按:1915年1月18日,日本驻华公使向袁世凯提出"二十一条"。5月9日更发出最后通牒,袁遂承认丧权辱国的"二十一条"。值此次外交惨败之际,《大公报》发文,痛斥自甲午以来,我国历届当政的尸位素餐者不思进取、一味苟且的行径)

6月

1日 "各省新闻"《湖南·湘省志士之热血与生命》:"湘省自中日交涉解决后,发现血书九纸,用纪如下:一'以身殉国',王洪润书;一'立志不愿国破家亡',彭超书;一'永永毋忘',胡镇群书;一'生至死不变',周乃武书;一'毋忘此仇',宋子植书;一'爱国同胞勿忘国耻',李书田书;一'誓雪国耻',张道书。又有两纸,一为'雠仇宜复',一为'为国捐躯真男子',均袁宗元书。并闻张道为湖南造币分厂之工人,十六号为星期休息日,该厂工人在厂内开工人国耻会,由工匠黄开运等先后演说,后由张道登台,极言中国之屈辱,痛哭流涕,旋出小刀将手指砍破,用血涂书誓雪国耻四字,同人大为感动。"

10日 "言论"《论人民爱国心》(选):"自中日交涉解决后,中国一般人民,奔走呼号,救国之声,遍于道路。一种悲痛愤慨之情状,实为前数年所无,此何故耶?此无他,前数年为专制时代,国家之存亡治乱,恒视官吏为转移,而人民不得与闻也,益以列强取势力平均主义,中国尚可苟延岁月,而无所迫切于中,今则人民为国家主体,有国而后有家之义,已共了然于胸中,我数千年文明之古国,四万万神明之胄,遽甘为他人之奴隶为他人之牛马也哉?"

《大公报》自今日起,重刊《主制群征》(德·汤若望著)。是日登马绍良《重刊主制群征序》。

13日 "告白"《阅报诸君注意》:"《主制群征》一书系远西汤若望所著,阐道精细,实操天人之元钥,清初诸大佬叹为奥博宏赡,即置之周秦诸子中亦为别开生面之杰作,惜近世流传绝少。鄙人抱残守阙,珍为枕秘者垂三十年,兹见真理日晦,人心日非,非有切实情当之名言,不足以唤醒尘梦而挽回狂澜。爰出是编,仿书版式,由阳六月十日起,每日随报附印一页,以便裁装成册。复请马相伯先生作序文一篇,更拟将清初诸大佬赠汤公寿序贺文若干篇,附印于后,以备知人论世者,得识当时梗概。阅报诸君幸注意焉。英敛之谨白。"

7月

5日 "白话"《公德说》(京师第八宣讲所讲员谢启勋稿):"私德能守,公德能尽,然后才成个完善的人。"

9日 "白话"《中国官吏之特征》:"中国官吏""第一的特征,是善于奔走运动;第二的特征,是善于营私舞弊。""中国官吏善于营私舞弊,世界各国所未有,普通人民所不及!"靠"奔走运动"得来的官吏多置国难于不顾,中饱私囊,监守自盗。因为"此种官吏,竟毫无心肝,发生这种流弊。稍有天良者,谁能去作呢?""前清之亡,不亡于君主,不亡于人民,实亡于一般官吏。所以亡于一般官吏的原因,就是亡于'奔走运动、营私舞弊'这八个字。现在虽然民国,号称共和。究其实际,有名无实,不成为国家。而一般官吏们,又人人具有这两种特征,不能铲除。国能不亡,种能不灭吗?""言之可不痛心!言之可不痛心!"

8月

16日 "要闻"《识时务哉筹安会之发起人》:兹闻杨度、孙毓筠、严复、刘师培、李燮和、胡瑛诸人发起组筹安会,以研究美国古德诺博士倡言之"世界国体君主实较民主为优,而中国则尤不能不用君主国体"。"凡愿充本会会员者,须由发起人二人以上之介绍。"

21日 "要闻"《筹安会之通告及启事》:启者,本会宗旨原以研究君主民主团体二者以何适于中国,专以学理之是非与事实之利害为讨论之范围。例如中国数千年何以有君主而无民主,又如清末革命之结果何以不成君主而成民主,又如共和实行以后,究竟利害孰多,又如世界共和国家何以有治有乱,诸如此类皆在应行讨论之列。

9月

2日 "来件"《君宪救国论》(湘潭杨度著)。(按:此文分上、中、下,逐日连载,至8日载毕)

3日 "要闻"《参政院代行立法之开幕纪》:代行立法院于九月一日举行开院式,莅席参政员五十二人,徐国务卿偕同内务总长朱启钤、农商总长周自齐、内史官工士通均于午后一时出席。两钟三十分,全体参政出席,行开会式,由国务卿宣读大总统召集立法院之申令及训词。旋即散会。是日,黎院长因病未出席开会。

4日 "要闻"《宪法委员会缮印新参考案》:宪法起草委员会前所审定之参考案多件近已封存,大约又认为不能适用……宪法起草之宗旨,将因筹安会之转移而渐变矣。

7日 "录件"《异哉所谓国体问题者》(梁启超)。(按:梁启超的这篇明确反对帝制文章8月20日首先在上海《大中华》月刊发表,《申报》《时报》等大报迅速转载。该文于8日、9日续刊)

10日 "要闻"《筹安会之积极推行》:筹安会对于变更国体问题,已决定无论若何艰难,必使中国恢复君主为唯一之目的。闻该会全体意见极主张确定中国为纯粹君主立宪政体,将来宪法之制定,即以日本成法为根据,以英德等国宪法为参考云。

11日 "代论"《拟重刊〈辩学遗牍〉序》(辅仁社课杨葆初)。

15日 "要闻"《国体问题之现势志闻》:有人得东京学界来函报告,此间自闻北京组织筹安会以来,一般爱国志士愤激欲死。昨(九月一号)在美士代町青年会开留日华侨大会,到会者不下千余人,对于此筹安会莫不同声反对,经全体议决,以全体名义致电国内各报馆、商会以及各重要机关,请死力抵制此筹安会之倡言而维持铁血换来之共和国体。并印刷宣言书,宣布首倡者之罪状,以昭示天下。

25日 "要闻"《各疆吏之二次密电陈国体》:近来各省疆吏纷纷电陈国体者甚多,业均由大总统分别审核,昨闻二十二、三两日各疆吏又二次来电仍系关于国体上之问题，其中对内对外确有真实政见者，以冯华甫将军、许俊人、王揖唐两巡按及朱介人将军为最，颇为大总统所嘉奖云。

27日 "要闻"《将有宪政讨论会出现》：筹安会分湘粤两派，兹闻某派之团体欲争改变国体之首功，现正极力进行，俟其组织就绪后，即跳出筹安会范围之外，另行改组（为）宪政讨论会云。

30日 "要闻"《筹安会三大要素》：筹安会于变更君主一事内容，所最注重者有三，现已分途进行，俟有端倪，即可实行改元。兹闻其最要之三事：（一）运动友邦赞成君主，（二）联络蒙古王公及清皇室不生异议，（三）网罗海内名士及清室遗老云。

10月

10日 "要闻"《今年国庆日情景》：因军人以国体将改不愿庆贺共和成立之日，故统率处奉大元帅谕，此次国庆停止阅兵，至于赏勋之典礼亦拟停止。

14日 "要闻"《竟筹备实行帝制种种矣》：十二日上午，大总统办公后在澄衷堂内厢特召集临时密议。又闻宪法起草委员会特邀某参政于十二日下午在该会茶话，所议均关系改建君主国体后组织临时政府机关制度。又闻国体解决之期日益逼近，政府现已拟组织两项筹备机关，一为同议会，一为筹备国体委员会。

17日 "闲评一"（无妄）："欧洲战局终了，为期当已不远，将来媾和之时，中华民国天然得参与会议，则事前之准备，不可不为未雨之绸缪。""试观日本政府，对于议和条件之准备，业已大致楚楚，乃我中国，全不以此为意，而内外大僚群殚精奋力于国体问题之捣乱，急其所当缓，而缓其所当急，诚不知其是何心也？""夫此次列强议和，对于远东问题，必有若何之解决，切言之，即与我中国有死生存亡之关系者也。我国而欲保存其国家资格也，则必先要求参加会议而后可，欲参加会议，则必先为参加之准备而后可。""嗟乎，国家重乎，君位重乎，国之不存，君位将焉附乎？愿我当局者一审思之。"

"要闻"《国体声中之礼乐忙》：更变国体已决计于国民代表大会投票解决之，政府诸人表面上似颇镇静，实际上筹备各项手续甚为忙碌。昨闻礼制馆现已奉交筹议新天子登基朝贺祭天各大礼，内务部所属之乐部乐舞生等，亦演习登基朝贺各大乐，均限于三礼拜内预备告成云。

23日 "要闻"《预议待遇清室旧臣之办法》：国体改变后对清室之待遇，

政府迓开会议决定,并将大概电告各省军民长官,惟对于前清旧臣之待遇尚未议有妥当方法。闻政府中要人所提议者,系凡清室大员愿立新君之朝者,则授以相当位置,或当元老院议员,或充行政官署顾问、咨议之职,皆免其称臣,并免拜跪。

28日 "要闻"《异哉东鲁之劝进筹备会》:闻鲁人有刘河清等二十四人近组成一会,名曰山东公民劝进筹备会。兹录所布公启如下:伏思我大总统手戡大难,力持危局,丰功伟烈,中外同仰。拟于国体确定君主之日,立请俯顺舆情,即正九五,免过渡之危险。

11月

1日 "言论"《君主复活与专制复活》(无妄):"变更国体问题,付诸国民代表投票解决,其业经开票,一致赞成君主者,已有直吉湘三省树之先声。各省代表,苟非识时俊杰,决不能充此番之妙选,则将来陆续开票,所得结果,亦必能如直吉湘三省同其美满君主国体。死后之冥谴,殆已折受渐尽,而魂兮归来,即在指顾间矣。惟特别国民之所以一致赞成者,无非恃有立宪二字为之招,故能毅然以少数人之私意代作多数人之公意耳。既派定为国民公意矣,多数之寻常国民,自不得不受少数特别国民之挟制,而服膺当世名仕之论调,付诸成事不说、遂事不谏之列,故国民此后之所兢兢危惧者,已……在专制复活问题。""中国数千年来,蜷伏于此二种专制之下……辛亥革命,聿建共和,而君主之旗鼓斯倒,方谓从今以后,永无专制存留之痕迹,永无专制复活之时期矣。不意荏苒四年,余威仍烈,至于今日,君主居然复活,而专制之是否还魂,尚在未定之天。"

"要闻"《财政部又有借款之消息》:关于改更国体特别之用款,中央约需七百万元上下,总计各省,势非二千万左右不敷届时支用。财政部奉总统交谕后,因断难如数筹足,仍出借款办法,向英、俄、德、法、日五国团息借一千万元,以中国国税为担保,此外并指定入款,清还期限定十五年。闻已与五国银行团磋商两次。

6日 "要闻"《庄严华丽之辞职书》:国会表决后,总统对于国民之辞职书,现已有内史监秉承意旨,详细厘定,兹已完全脱稿,闻其内容万余言也。现各省国民代表投票,除一致赞成君宪外,并推袁总统为皇帝。斯时各界即呈递劝进表,其中以军人之劝进为最要。盖一经军人劝进,即为最后之一步。

14日 "要闻"《长江下游不靖之风声》：国体变更议发生以来，谣言繁起，而尤以长江下游一带为最，因之该地方人心颇为摇动，大有风声鹤唳、草木皆兵之势。政府探悉后，于是特调北方军队开往长江下游一带驻扎，以资镇慑。闻陆续调往者现已有十三旅之多云。

15日 "要闻"《关于帝制延期之种种消息》：闻陆总长正式答复四国公使，略云："我国政府本无恢复帝制之意，惟因全国国民不愿共和，一致主张恢复帝制，政府不得已顺从民意，举行决定国体之投票。但由共和变为帝制，其间必须之种种预备以及一切法律手续，极为繁重，本不能急遽从事，将来实行帝制，自应审度情形，选用适当之时期，无可延缓，亦无可急遽云云。"政府将于日内派国务卿出席参政院，即本此意，表示不得不延期之理由。

16日 头版《本馆紧要启事》："本报自出版以来，颇蒙各界欢迎，销路日增一日，而在北京销数尤多。现自本年阳历三月起，京奉路由津至京，每日增加夜车，本报当晚即由该次夜车邮寄到京，每早准九点钟即可派送北京阅报诸君。欲先睹本报为快者，幸注意焉。"（该启事载于19日止。）

21日 "要闻"《蔡将军辞职已决》：昭威将军、统率办事处办事员兼经界局督办蔡锷两次请病假已纪前报。兹闻蔡氏于呈递请假呈文之先二日即已赴津，其所有书籍行李等已于数日内由家属陆续搬运出京。其辞职之决心，可以概见矣。

"要闻"：政事堂筹备帝制国礼典礼处，已于二十二日成立，暂以梁士诒为处长，二十二日已开第一次会议，其议案仍以前次筹清单为依据，再另行酌核一切手续，分缓急而定进行秩序。

12月

4日 "著述"《〈万松野人言善录〉序》："有个万松野人，隐于万松谷中，拥古今书万卷，终日里批阅把玩，到了疲倦时，随便携杖出游，或升高望远，或临流长啸。水流有意，云出无心。一种活泼天机，随地悠然自得。而且布衣适体，野藿充肠，富虽不能有余，贫尚不致断炊。当此水旱饥馑之秋，纷扰战争之世，竟得居常待终，安时处顺，无荣无辱，不忮不求，似此清福，浊世中岂可多得？消闲岁月，转眼不觉三载，何幸云霞供养，邱壑娱游，静极生明，豁然有悟，于上下五千年，纵横九万里，古今中外哲理名言，大有归于一炉而冶之之乐。所谓东海西海，此理此心，求则得之，非由外铄者也。故纸生涯，钻研既久，于古人胸襟志趣，颇能窥其深浅，得其是非，读书尚友之乐，真有超出寻常万万者。……"（按：英敛之1912年退隐北京香山后，自号"万松野人"，置家中古今万卷书中，终日"批阅把玩"，悠然自得，从而"静极生明，豁然有悟于上下五千年，纵横九万里，古今中外哲理名言，大有归于一炉而冶之之乐"。同时，企冀"推己及人，与人共善。"为此之计，将他"所见之善言，所发之善念，不论长短，不拘雅俗，一一录于纸上，使人共见，相互磋磨，相互勉励，以期无负惟皇降衷之恩"。《万松野人言善录》是一部反映英敛之晚年人生哲学、道德、宗教思想的著作，值得一读）

6日 "要闻"《国民代表预备会之公启》：国民代表大会中央特别选举会已定于下星期举行选举。各选举人曾于四日午后二时在铁安门庆会馆开预备会，一致主张君主立宪，并推举袁世凯总统为皇帝。

9日 "要闻"《正式宣示帝制期之预闻》：顷得京讯，政府前议改行帝制之期，讨论数次，迄未确定，于七日总统府会议始行议定，本月二十五、六两日一准发表，其手续系由今大总统依照国民代表大会投票结果，一致赞成君主立宪，并勉徇代行立法院代表全国臣民劝进帝位之旨，改中华民国为中华帝国，并宣告允承帝位，其程式仍用大总统之申令云。

《议向清室借用銮驾之决定》：帝制实行后需用之銮驾，因一时筹备不易，故向清室借用。曾由江统领面商太保奏明清太妃允准。自公府接收后，即派人分司其事，在府中演习已有月余，均臻娴熟。

13日 "专电"：北京电，代立法院自大总统退还推戴书后，已议决再行咨送其咨文，措词以大总统不可违背全国民意，请速正大位以遂舆情为主旨，准十二日呈送。惟闻大总统尚须再行推让一次，大约必经三次恳请，方能俯允。

14日 "闲评一"（无妄）："二次劝进，业蒙俞允，但须筹备完竣，便可奏请施行，恭读十二日申令，然后知延期延期之风说，洵无异梦中说梦。""至于今日，大代表之功，于焉大成，大帝国之大局，于焉大定，大皇帝之大位，于焉大正。信乎，大势所趋，有不期然而自然者。回忆共和初建，掷几许头颅，费几许唇舌，才能勉强成立，何等凶残艰难？今日君主重生，不过几篇文章，几通电报，便尔轻轻成就，何等安和闲雅？由是以功，君主民主改变之难易，不亦显而易见哉？所可怜者，此短命之共和，不知尚有人焉为之开追悼大会否？"

20日 "闲评二"（心森）："近年来中国之捐税名目，不可以数指计。有印花税、有屠宰捐、有房铺捐，此外尚有种种，皆近年所增加者也。"这些众多的捐税，"一言以蔽之，皆人民之脂膏血汗而已。""以国家之名义，吸收人民之脂膏血汗,用处果尽当、办理果尽善,无论用何种名目取之,人民断无怨言。用处尽不当、办理尽不善,无论去何等名目、留何等名目,殆犹五十步与百步耳!"

22日 "要闻"《转录〈京报〉反对帝制之风说》:据昨日《顺天时报》载,据京师某处所接之电报称,云南、贵州、四川、广西等各省,联合反对帝政,由云南将军唐继尧、巡抚使任可澄等致电政事堂及统率办事处。其内容略谓,国体变更非真正民意,宜按紊乱国宪之罪斩杨度、孙毓筠等以谢天下。倘执意决行帝政,其结果将不可测……云云。《本报记者附注》:"按《顺天时报》所记两消息其确否虽未可知,但时事多艰,何堪再有此种惊扰?记者亦深愿其出自传闻之误,只以事关重大,姑照录之,俟访明真伪,再行续志,以释群疑而免谣诼。"

29日 "要闻"《交密谕确查梁蔡之实证》:新皇帝于二十八日已密谕,设法确查梁启超、蔡锷是否入滇,与该省反抗帝制有无关系上之确证。

1916年(民国五年)

1月

1日 《大公报》开始使用白报纸两面印刷,仍保留书本式。报头右边印中华帝国洪宪纪年,左边为西历。

5日 "本埠新闻"《学校添设读经》:城内中营模范学校于本年一月起,就学期之始,加添读经科一门,高等生讲《论语》,初等生讲《孟子》,系属遵照部令,藉以保存国粹。

16日 "要闻"《新皇帝龙袍之异彩》:大典筹备处昨日又进呈皇帝龙袍一领,系用真赤金丝绣成盘龙64条,下铺寿山福海,光彩炫耀,装饰极为华丽,每一龙眼全以极大珍珠镶嵌。

27日 今起在第三张连载《大西利先生玛窦传》。(按:后成单行本)

29日 "闲评一"(无妄):"但据东西各报所载,辄谓官军(按:即袁世凯军队)所经,奸淫掳掠,无所不至。乱军所过(按:即当时的云南护国军),间阎安堵,秋毫无犯。初阅之而甚讶,继而思之,殆或感于用情之偏,故事实与记载相反乎?如其不然,北方官军,非所谓训练之师乎?滇中乱军,非所谓乌合之众乎?曷为而身份与行为竟成一反比例也?"

2月

9日 "专电":"北京电,攻陷湖南晃县者闻系李烈钧所领之兵,陷晃后,即分兵攻陷黔阳,黔阳距沅州仅九十里。又,距黔阳六十里之洪江地方亦恐难保。""又电,参政熊希龄得家电,黔阳失守,沅州危急,凤凰县距沅至近,熊即请假回籍迎母北上,政府允其请,已于八日乘京汉车南旋。"

20日 "言论"《论今日商战之世界》:"商哉商哉,固竞争世界立国之要素哉。"当今"重商主义磅礴于全球"。"我之商力愈堕败,而则异日之战祸愈剧烈。"因此,为了与之抗衡,必须"奋发商业"。(按:此文次日续毕)

26日 "特约路透电":"重庆电,贵阳函云滇军四千人抵贵阳,现有大部分已往四川及湖南边界……星期六日离境往云南贵阳,现甚太平,本城各报纸连篇累幅登载民军在四川及湖南之胜捷,并载有数省经已宣布独立。"

3月

5日 "要闻"《关于取消年号之所闻》:"近日关于帝政之种种传闻,如取消年号、取消帝制之说,已迭志本报。兹据某要人消息,元首于本月二日在怀仁堂召集会议,各重要人均皆列席,秘议三小时之久,所议之结果,政府对于洪宪年号已决议取消,克日拟以申令颁布。刻下内史处正在起草之中。"

19日 "专电":"北京电,政事堂十七日致广西巡按使王祖同密码长电一道,系因前曾致电陈炳焜及该巡按使关于该省宣布独立问题,限期答复,恐系党人所为,故复电饬查。惟尚未接复,已呈明元首。又电,贵州宣抚使陆荣廷、广西巡按使王祖同与梁启超等二十七人联名致电政府宣告广西独立,词甚激烈,并限三日答复。"

23日 "专电":"北京电,日前,某巨公力请取消帝制,措词极其沉痛……取消申令,业经脱稿,二十二日午后三四时付印,二十三日可见公报。""又电,帝制决定取消,现已任命徐世昌为国务卿,即日视事;陆徵祥仍回外交总长本任;段祺瑞为陆军总长。"

24日 "命令":"政事堂奉申令:……前据大典筹备处奏请建元,现在承认帝位一案业已撤销,筹备亦经停办,所有洪宪年号应即废止,仍以本年为中华民国五年。此令。"

"要闻"《元首急流勇退之传闻》:"自广西独立,南中数省震动,元首渐悟前此之民意确难凭信,复于二十一日召见安武将军倪嗣冲,垂询政见。闻倪将军于表见其军事政策之外,复痛言时局阽危,人心浮动,万不可拘泥成见,恐大局将陷于不可收拾之地,请元首明决果断,勿一误再误。……二十二日,遂由元首亲嘱内史处草出命令，取消帝制，并拟辞去大总统之职。尚有一申令正在起草中，系迅令提前召集国会，由人民另行选举组织政府，并申明前此种种不得已之苦衷，不日颁布云。"

30日 "闲评一"："当帝制盛倡之时，帝制派人物在政府中大出风头，及帝制取消以后，非帝制派人物，又在政府中大出风头。出风头一也，而其人物异也。""当帝制盛倡之时，非帝制派人物纷纷潜逃出京，及帝制取消以后，帝制派人物，又纷纷潜逃出京。潜逃一也，而其人物又异矣。""出风头之人物虽异，而其所以出风头者，非为国家，非为政府，只为一己之功名富贵计，则固两派人物之所同也。"

4月

9日 "要闻"《广东将军龙济光宣布独立》："广东将军龙济光于本月六日下午七钟正式宣布广东全省独立。惟时，市民翕然欢呼共和之声与爆竹声沿街充巷，彻夜不绝。"

11日 加花边广告《〈万松野人言善录〉出版》："全书及序跋都八十页，外插影片一张，装订雅洁。近因纸价奇昂，每本只收工料费大洋三角。购十本者九扣，百本者八扣，外埠函购者，每本加邮五分。《大公报》馆白。"（按：此广告始在第二版，自13日起移至头版，直刊登至22日止）

"要闻"《梁任公致电徐段之内容》："徐国务卿日前接到梁启超来电，于调停事项外，另有一电系特致徐段者，大致以袁公如一定抱定权位思想，不允退位，亦不先行请假，待国会解决去留，彼军拟即将中央无诚意言和及不愿由真正民意机关解决国是之理由宣布列邦，并另请友邦为最公平之评议云云。"

13日 "特约路透电"：上海电，浙江省于是晨（十二日）三点钟宣告独立。

15日 "特约路透电"：上海电，江西省于十三日宣告独立。

16日 "专电"："北京电，袁大总统已允认退位，惟甚望黎黄陂出而继任，近曾令人示意，但黎始终坚辞不就。"

28日 "命令"：大总统令，任命王揖唐督办京都时政事宜，此令；任命吴鼎昌为农商次长，此令。

5月

18日 "要闻"《东报谓各国将承认南方临时政府》：十一日大阪《朝日新

闻》云,南军即在广东组织临时政府,为有系统有秩序之行动,将请各国从速承认其为交战团体,俾得达其目的,不久将引起交战团体承认问题,实不容疑。

"闲评二"(心森):"山东潍县独立之警耗将至,而山西大同独立之警耗又闻,东崩西应,其此之谓欤?吾闻古时仁者之师,有东征西怨者,何以反乎古如此之甚?当战事未开之初,独立之省,只在边隅,尚未及于腹地。至战事既开之后,中央挞伐之威虽张,而大局瓦解之势益著,喻以铜山、洛钟,当不为过。呜呼,长此扰攘,吾民何日可以安居?怅望前途,诚令人忧心悄悄。吾不知天心厌祸,人事修明,究在何时?吁嗟乎,悲矣。"

23日　"要闻"《官场谓段国务卿面请袁总统退位》:"袁总统退位之举,刻已将成事实。兹据官场人云,此事纯系出段国务卿之催迫。"《政界传述袁总统已允退位》:"昨据政界人言,最近经袁总统及中央政府各要人议决,袁总统实行退位,以期早日解决时局。"

6月

6日　"专电":袁总统二三日来每进饮食则立时呕吐,夜不成寐,中西医生均谓非静养不可,似已有倦勤之意。闻已有善后办法数条通电各省,为某督办系从中阻扰,故此电竟未拍发。

7日　"专电":北京又电,"前大总统袁世凯于前晚三句钟因病逝世。闻昨晨尚略进薄粥,午后病忽增剧,立召段国务卿、徐东海等重要人物入府筹议后事,口授遗训。遵照约法,应请黎副总统代行职务,并令各省军巡长官及统兵官维持地方秩序云云"。"又电,黎副总统已于昨日午前十时就职。"

"言论"《对于袁总统出缺之善后希望》(守黑):"忽有袁总统逝世、黎副总统代理职权之耗传来,令人不能不惊且喜也。盖惊之者,袁公以一世之雄杰,秉政亦已五载,乃以帝制未成,抑郁忧愤,遽为二竖所苦,与世长辞。姑不论其个人之行为何似,而吾人为表示尊重国家元首之意,不得不聊以示哀悼也。而喜之者,以我国纷纭飘摇之大局,将从兹底定,危亡之惨,或可幸免耳。良以南北相持各不相下者,即惟此退位与否之争,使袁公早能内审国情,外察大势,不作恋栈之思,亟为勇退之计,固可留去后之怀,而国是之奠定,于今且可以观厥成矣,又安有陕浙川湘之继续独立,致地方多遭一番糜烂,人民多受一番惊恐也哉?"袁已溘然长逝,黎黄陂以副总统之资格,出面代理,国家"经此一番践踏蹂躏之后,端赖群策群力,谋所以整顿改善之方,维持现状,规划将来,免招灭亡,获臻上理。当局诸公,所以利我国家、福我人民者,在于此而已。此诚记者所额手称庆而且馨香以祝之者也"。

"闲评一":"呜呼哀哉,轰轰烈烈中外注目之袁大总统,遽尔奄化矣。……总统之位既固,皇帝之瘾忽发。于是乎惹起全国唾骂,引动遍地干戈,生灵涂炭,国是阽危,至不可收拾之下,及以一瞑不视了之。虽亦由命尽禄绝,然神龙见首不见尾,其解决大局之手段,亦狡狯矣哉! ……然而今日之事,已成不可解决之势,乃毅然以一死解决之,快刀乱丝,一朝断决,论其一死之有功民国,殆较四年余之辛苦经营,盖尤万倍也。吾闻京电,敬为袁公吊,且为国民贺!"

8日 "专电":北京又电,袁总统弥留之际,召其家人至前,唏嘘语曰:吾自误矣,吾自误矣,悔也何及!又指诸公子曰:汝辈好自为之。语毕,旋张目四顾,痰涎上壅,遂至不救。

23日 "言论"《论军人政治之足以亡国》(公是):"立国于世界,不可以无兵。兵也者,所以防御外侮,而非可以干预内政者也。一国之内政,当取决于舆论,而不能诉之于兵力。盖以舆论决是非,则民气昭苏,而是非立辨;以兵力争胜负,则全国骚然,而是非莫白。况一国之政治,千头万绪,欲皆诉之于武力,则其国未有能国者也。我国数千年来,以专制立国,军人参政之风,至近代而未尝稍减,然在专制时代,以一人而统驭万方,若不假以兵力,不足以收统一之效。而在共和国中,庶政皆取决于公论,若复加以兵力,必不免于纷争之祸。"

7月

9日 "言论"《论中国第一步当提倡道德以正人心》(笑生投稿):"国于天地,必有与立,与立者何? 非土地之广袤,生聚繁夥之谓也,必其国内上下一般人民,具有一种光明正大抽象的特性,而后可以团全国之精神,定一世之民志,作轨物之指南,巩国家之基础。此种特性非他,即道德心是也。管子曰,礼义廉耻,国之四维,四维不张,国乃灭亡。韩非子曰,安危在是非,不在于强弱。""中国自辛亥国体革新,道德一落千丈,而最甚者可大别为二:一官界道德之堕落……一伟人之道德急宜培养……"

8月

3日 《〈大公报〉五千号祝词》:"大哉言乎,公而无私。报界巨擘,五洲所师。千人月旦,号曰先知。祝尔万岁,词藻纷披。马静侯祝。"

"言论"《本报五千号纪念》(无妄)在回顾十四年来国家遽变历史后说:"本报于此惊涛骇浪之中,惟秉一片天良,牢握罗针,逆流而渡,始终所持之宗旨,惟在扶植民气,牖迪民智,诱掖民德而已。始终所认之目的,惟在救济国危,消弭国患,振强国本而已。"

4日 "言论"《本报五千号后之自励》(心森):本报出版五千号,收到很多贺词,"本报却之不恭,受之觉无甚可说","惟有从五千号之日起,记者以后当益加自励。自励的功夫从何下手? 就在保住天赋群良,不问国家如何,社会如何,记者天赋之群良到底不使丧失,此乃记者在国家与社会上,不自暴自弃,为国家与社会一分子之天职。"

9月
英敛之将《大公报》盘售给王郅隆。

第二编

王记时期年表
（1916年9月—1925年11月）

说 明

王记《大公报》是指王郅隆和王景杭父子经营时期的《大公报》，时间跨度从1916年9月1日至1925年11月27日，其间以1920年8月12日为界分为前后两个时期，前期的老板是王郅隆，后期的老板是王景杭。王记年表记录的是王记《大公报》发展、演变的大事。

资料来源主要是这个时期的《大公报》版面、《胡政之文集》（王瑾、胡玫编，天津人民出版社2007年版），以及相关回忆录和研究文章。

一、王郅隆时期(1916年9月—1920年8月)

1916年(民国五年)

9月

王郅隆盘购《大公报》馆，自任总董。编、经两部仍为原班人马，包括"闲评"在内的"言论"栏还由樊子镕(笔名无妄)、唐梦幻(笔名梦幻)主持。社外来稿作者也多为英敛之时代的老人，并且报纸刊头照旧，刊期刊号无一日间断，版面上也没有刊登有关主人变更的任何文字说明。

10月

胡政之进入《大公报》馆。胡政之，1889年6月25日(阴历己丑年五月二十七日)出生于四川成都，原名嘉霖，后改为霖，字政之。1897年，随做知县的父亲胡登崧到安徽，先入私塾，后进安徽省高等学堂学习。他在这里不仅结识了不少当地朋友，而且受桐城文化的影响，有浓厚的安徽情结。1907年赴日本留学，主修法律。1911年学成回国，考取律师资格证，在上海与人合伙开了一家律师事务所。次年，受聘章太炎主持的《大共和日报》，先后担任该报新闻栏日文翻译、总主笔、驻北京特派记者等职，具有丰富的办报经验。后又跟着安徽籍人王揖唐辗转吉林、北京。1916年9月，迁家至天津，住宏济里①。因为王揖唐等徽人关系，王郅隆对胡政之的名字并不陌生，对胡政之的办报经历早有耳闻，他接办《大公报》后，立即聘其为《大公报》报馆经理兼报纸总主笔，全面主持馆务和报务。

1日 "闲评二"(无妄)："外交唐总长已奉令准其辞职矣。新内阁将为抽象的更动，此即其动机乎？夫唐总长自任命以迄于今，始终未曾到任。不就之说，固已籍籍人口，然不来则已，既经北来，固莫不谓其将大展新猷矣。卒之莅

---

① 王瑾、胡玫编：《胡政之文集》，天津人民出版社2007年版，第1162页。

津经旬,仍未入都门一步,遂有力请免职之举,岂唐氏此来,竟如剡溪访戴,兴尽即返欤? 抑飘然而来,倏然而去,故示人以不测欤。虽然,阁员易人,又不知须费若干之手续,始能再观厥成矣。"

4日 "言论"《谈奢侈》(李培禄来稿):"奢侈之必不可成长,已成铁案。毫无疑意矣。矫之之法,亦错综不一。……总之,戒奢侈而假手于简易生活不可,借重于法律亦不可。戒之之道,在道德方面,苟能敦崇道德,奖励节俭,俾人人各怀自爱之心,为应分之消费,而不为孤注一掷之谋,则社会繁荣可期而万民得所矣。我国诚能自上焉者提倡节俭之风气,力辟浮靡之恶俗,则国势复振,或易可期,而民贫之病,亦不难少瘳矣。"(按:该文于此日刊毕)

6日 "闲评一"(无妄):"陆徵祥之外交总长同意案,既不能通过于众议院,于是政府续拟提出之人物,或云为曹汝霖,或云为陆宗舆,或云为汪大燮,虽尚未定,大都不外此数人之中。夫此数人者,论其外交上之经验,与平日之资望,即个人之人格,较诸陆徵祥,殆亦鲁卫耳。"

12日 "闲评二"(心森):"日前顺直国民禁烟会,假南开中学校开禁烟大会,对于禁烟之事,筹划进行手续,是诚当务之急,且更能兼注意于吗啡,尤为思虑周密。盖禁烟不严,则吗啡为害尚少,烟禁一严,则吗啡为害必多,事之所必然。且闻之人云,吗啡之毒较鸦片之毒益烈,实与人命有关。倘顾于彼而失于此,良非所宜,今该会筹议及此,实为去毒根本之图。特是贩卖此物者,恒多在中国官府权力不及之地,若因官府权力不及,而但办在中国境内发觉者,是仍毒根难去也。苟能对此筹一妥善良策,施行无阻,庶真造福吾民匪浅矣。"

17日 "闲评一"(无妄):"内务部裁员案,经平政院缺席裁判,呈请大总统勒令内务部取消前令,兹因总统交部执行之批令,孙总长不肯副署,此案尚未完全了结。"

"闲评二"(心森):"现在内政外交诸多待理,新阁员皆已得人,惟外交总长一席,仍属虚悬。前者提出之人,辞职者辞职,未通过者未通过。今日当局又提出征求两院同意之消息,闻同意不同意之人,各居其半,此虽出之传言,然亦可见其难也。呜呼,风雨飘摇,险象日甚,长此不能一致,岂国家之福乎? 窃愿当其事者顾全大局,勿始终吹毛求疵也。"

22日 "本埠"《法人占地风潮种种》:法国强占海光寺洼地方一案,迭经交涉而法领一味蛮横,竟禀由法公使向中央政府宣言,如中国不将该地方退让,该国即将自由行动等语。本月二十日,北京国务院会议对法公使严加拒驳。乃二十日晚八钟,驻津法领竟将该地方所驻华警一棚(共九名)全数拘留。

23日 "专电":北京电,天津老西开交涉,法代使词极强硬,政府拟令驻法公使与法政府直接交涉。

"闲评一"(无妄):"老西开交涉案,久悬未决,而法领事竟自由行动矣,且拘留我岗警,占据我警局矣,丧权辱国,至此其极,是可忍孰不可忍。夫自由行动,惟对于无主之土地,野人之荒岛,则可耳。若老西开地方,固堂堂为中华民国之领域,非外人所得无端侵占者也。法人之觊觎是土也,垂十余年矣,至上年而旧案重提,又萌侵据之意,我国民呼号奔走,风潮渐息,方谓政府必已设法消融矣。讵意今日突有迅雷不及掩耳之举,非惟侵我土地,抑且辱我国权,虽我省长交涉员,均有以死力争之言,省会诸公亦愿誓死力争,其奈政府之送礼自由何?呜呼,与我国素敦睦谊者,岂独法国哉?法国如是,苟不予以相当之对待,恐尤而效之将大有人也,杞忧所极,殆不将全国化为租界不止。"

"要闻二"《现任总统子弟不许继总统之条陈》:总统府某秘书上书大总统,拟于宪法内加入现任总统之子弟不许继任为大总统一条,以杜绝将来野心家希冀世袭大总统。闻黎公颇以为然,已将其意见书送达国会,以备参考矣。

27日 "闲评二"(心森):"夫国无论古今中外,凡能淑世者必先能淑身,万无有自身不能淑而遽能淑世者也,此一定之理。今国会既欲以勤俭二字定为立国方针,国会诸公之足迹,自兹而后,八大胡同当杳如黄鹤矣"。

11月

1日 "专电":北京又电,顷段总理得上海孙文、唐绍仪、温宗尧等来电,黄兴于三十一日早二句钟在沪寓因病逝世。

"闲评一"(无妄):"传信传疑之补选副总统问题,至前日而春然解决,三次投票决选之结果,副总统一席,遂为江苏督军冯国璋所得。"

2日 "闲评一"(无妄):"昨据京中消息,谓夏次长辞职将准。夫夏次长前日来津,狂发不负责任之言,致人民大失所望,其辞职也实属知耻,政府之准其辞职也亦属该当。"

7日 "论评"《财政与外交》(冷观):"夫今日国政,经纬万端,或尚待精细之研求,或不需立时之解决,独财政与外交两端,一则已有焦眉之急,一则关于百年大计,自非有切实之办法,周密之布置,不足以过度支之难关。"关于财政,文章认为,不积极开发财源,只靠借款过日子,"是则来源尽竭,实已成汲汲不可终日之势"。关于外交,文章写道:"今者欧洲战事,虽无终了之期,然战事一了,外交局面,必有大变,此不待智者而后知。吾以积弱之国,际兹列强竞争之会,国际地位,何以保持;外患之来,何以因应,此岂可不先事布置者。以日本之强,此次犹且毅然决然改组强健有力之内阁,以应时势之需要,而我乃两三月来,无外交总长,泄沓因循,对于人之有所要求者,勉为应付,此外则几若闭关自守者焉。呜呼,此非安坐而待人之操刀宰割者耶?夫内政之失当,或仅害于一时,外交之失计,则贻祸于百祀,此何事而可忽视耶。"(按:这是胡政之在《大公报》发表的第一篇"言论"。并且,自此,《大公报》"言论"栏改为"论评"栏)

"闲评"(无妄):"外交总长一席,闻已确定伍廷芳氏……故使伍氏之长外交,本人既能同意,国会亦表同意。樽俎折冲间,得此老斫轮手,为敏妙之肆应,我国种种牵藤蔓葛之交涉案,不难次第结束,而外侮于以渐消矣。"

10日 版面变化:由书本式改成通栏式,将垂直的两栏改成四栏,新闻标题开始由一行题变为多行题。

"北京专电":蔡松坡在日本福冈医院养病已经两月。政府昨得福冈来电言,蔡于八日午后四钟在院病逝,今上午十钟入殓。政府已电驻日章使办理丧事,给治丧费二万元。参众两院今日(九日)休会一日,以志哀悼。

"论评"《关于老西开交涉之研究》(冷观)。主要内容为:法国要求之无理;政府对待之失当;(英、日、俄)三国干涉之索隐;国民注意之要点。"吾国因外人在我领土有领事裁判权,故与外人特立条约开辟商埠,俾其杂居于一定地域,免为吾国法权之障碍。至于租界之设,则又为商埠之特例,即划一定区域为各外国专管之地是也。故租界地方,固犹是中国之领土,不过因条约关系,土地主权受一层制限,是以要求扩张租界,即是要求在我之完全领土上多加制限,于法理上绝不得谓为正当。然设使该地人口繁殖,商业兴盛,固有地区不敷居住,在事实上不得不求扩张,则法律上虽非正当,情理上犹有可原。今法人之要求扩张租界,远在十数年以前,其非有事实上之必要理由,固不待言。"接着,用数据和事实,说明法人要求扩张租界,是没有根据的。况且法人"以其武力逐我巡警而拘执之,则其手段之蛮横违法尤堪发指矣"。文章指出,英、日、俄三国趁中国与法国交涉吃紧之时,"借解纷之名,行干涉之实","实行攘夺扩张之计划",望国人对此保持警惕。文章说,面对列强的无理要求和蛮横干涉,国民出于爱国热情发出一些过激行为是可以理解的,但是要诉诸理性。

(按：该文10—12日连载)

13日 "论评"《对于新外交总长之责望》(无妄)：新任外交总长伍廷芳在参众院均获通过。"尤有望者，伍君既承认担任，国会又多数推许，则当念今日外交形势十分危亟，迅宜启程北来，出其伟画，以纾国难，以张国权，万不可如唐氏之迁延观望，贻人以畏难之讥，盖事机多停顿一日，外交上即多生一日之变端，而办理即多增一分之困难。勖哉！伍君好自为之，毋负我国民倾倒属望之热诚也。"

"时评"《正告政府敬告国民》(冷观)："老西开交涉迁延许久，全国激昂，乃外交当局不能以诚意待国民，不能以忠实尽职务，唯唯否否以有今日，今民心愤激极矣。吾望政府宜唤醒其责任心，勿再以办外交之手段待国民。吾天津同胞，因中法交涉愤慨极矣。然当知争执须抱毅力，不可虎头蛇尾，反对须有条理，不可扰乱秩序。"

15日 "论评"《国会不可自侮其特权》(无妄)："国会屡屡提出查办案，未几而暗中消灭矣；国会屡屡提出弹劾案，未几而暗中消灭矣。""夫查办与弹劾，乃国会神圣无上之特权，而为监督行政之至大机能，可偶用而不可常用，宜慎用而不宜轻用者也。……敬告诸君，国会乃国家立法之机关，国会议员之法权乃全国人委托诸君以整理国家大政大法之具，非诸君得以任意舞弄者也，吾观于国会提出查办弹劾案之屡屡自起自倒，不禁惜议员之自侮，而转以侮庄严神圣之国会也，比者常会之期将满，势必续行延会，国事方殷，诸君其勉之哉。"

19日 "论评"《秘密借款》(冷观)："中央财政困难，非筹借外款以求维持，即增发纸币以资挹注，两害相较，后者尤烈，故吾人为保持国家信用计，主张宁借外债，不增发兑换券。""今假使为维持国家银行而筹借外债，吾人深谅当局者之苦心，尤不愿反对其计划。惟是挖肉补疮，诚非得已，要须有济于现在，无大害于将来。故当局者筹借外债，第一须确定借款用途，必使用得其当；第二须研究抵押品价值，勿令外人乘虚而攫我过大利权，得不偿失；第三须注意债权者之性质及条件之用意，勿贻后日之纠葛。""今财政当局又有秘密借款之说矣，窃望当局者以兴亚借款为前车之鉴，勿复饥不择食，卤莽赴事，则国中明达之士，必能为公等谅，否则即欲以秘密手段，幸逃国人之攻击，岂可得耶。"

22日 "论评"《望政府慎选阁员》(冷观)："段内阁自成立以来，政潮起落无常，国事大受其敝，推原其故，皆由内阁组织分子杂糅混合，与责任内阁之性质绝不兼容。今孙洪伊免职，害群之马虽去，后继之者尚不知定为何人。吾望段总理以孙氏入阁事为鉴，慎选内务总长，勿再用调和敷衍之手段，轻于援引，致再种他日纷扰之因，尤望国会议员诸君明察大势，当知段公既不可去，则凡段所提出之人慎勿轻予否决也。"

"北京快信"："内务总长闻已定为任可澄，但闻任现尚未到京，国务院已有电催其速来。一说谓将调许世英长内务，而以杨士琦任交通，但杨必不能通过国会，段总理未必不知此说，似不足信。"

30日 "论评"《弹劾国务总理》（冷观）："国务总理内阁之领袖也，弹劾总理即弹劾内阁全体，其事在政治上固非寻常事也。""弹劾内阁，乃国会之职权。国会议员提出弹劾内阁案，乃欲实行其法定之职权，其事在法律上又非可怪异也。""虽然在行政党内阁制度之国家，政府若与议会多数党立于反对地位，则或由政府解散议会，而另行选举，或因议会弹劾而内阁辞职，以让贤路，是皆有政治一定轨道可循也。""今国会中既无显明之政党，有何多数党可言？政府又非政党内阁，益不足语于世界政治之常轨。是今日政治纯是事实问题而非法律问题，若以法律问题论，则外交总长两次否决，内务总长一次否决，议会既已不信任总理，总理宜决然引退矣。然而总理不去者，正可证明其不可以世界政治之常轨相绳也。""夫今日之内阁既非法律问题所可解决，则议员中纷纷扰扰以谋提出弹劾总理案何为者？谓自信其有效而出此耶？以议员之明，当不若是其愦愦，谓明知其无效而姑为之，以激怒段氏使其自去耶？则激怒段氏之计，用之者固已多矣，段不愤而求去于前，何能必其愤而求去于后，以议员之明，又当不若是其愦愦？""或曰，议员此举乃出乎感情，作用报复行为，然则诸公此举，不更轻议员之身份损议会之价值而羞天下士耶？呜呼，是亦不可以已乎？"

12月

6日 "论评"《我亦赞成中日亲善——请日本先示亲善之实》（冷观）："（日本）讵寺内内阁既成，中日亲善之声乃洋溢乎，日本此诚，吾人始望所不及者也。虽然国际之亲善，非口头表示所可尽其能事也。尤非口言亲善而心怀别意所可售其奸也。……夫吾人所望于外国者，第一，尊重我国家之独立与尊严。第二，即承认我社会、我个人之人格。吾人执此以绳日本近年对我之行动，则盘旋于吾人脑际者，惟怨恨与愤怒而已。呜呼，'二十一条'之无理要求，五月七日之最后通牒，其令人没齿不忘者，亦已甚矣。居今日而言中日亲善，则吾甚望日本政府与国民先示亲善之实。""所谓彻底表示好意,于我国民者何?第一,宜速了郑家屯交涉;第二,宜刷新在满蒙之政策。现在,郑家屯案所尚在交涉者,设置日警与聘用军事顾问两事,后者,绝应任中国当局之自由,实无订为约章之必要;前者,则日本之意以为系为保护日侨起见……况中日条约载明,杂居日侨服从中国警察法令矣,既服从中国警察法令矣,更何能容日本警察之设置?……日本而果有求中日亲善之诚意耶,则此项交涉不应坚执己见,以新增我国民之恶感。""夫政府乃国民之代表,只求两国政府亲善,而不求国民的同情,则终于绝望耳。往者袁政府时代,日本人因不慊于袁氏个人,于是,对吾全体国民亦若重有恶感者,侮辱之言辞,讥嘲之论调,时时见于有力之报纸,故养成吾国民之对日恶感,实以新闻之力量为最大。今欲求中日国民的亲善,则日本新闻家应当刷新其对中国评事论人之态度。"(按:此文次日刊毕)

14日 "论评"《欧战媾和与中国》(冷观):"两年以来,欧洲战争行将媾和之说,传道不止一次,读昨日路透社电,又以通知讲和闻矣。近来俄国内阁方易总理,英国内阁亦适易人,协商国方面,团结之步骤正紧,决战之心理正强,是否已达可以停战媾和之机,实为疑问。然姑假定各国疲于战斗,愿释干戈,则大战两年,未见最后之胜负,即此言和,势必各挟战斗之余勇,以角逐于东方,其于吾国运命,所关至巨,此诚爱国者所宜热心研究其利害得失也。然而,回视国中,则议会捣乱,政府敷衍,伟人要钱,举国混沌,无丝毫清明之气。呜呼!是岂厝火积薪所能喻其险耶?"

20日 "论评"《政治之中心点》(冷观):"国家为有机体之组织,故政治上之活动必赖机关以资表现,而为统一国家之意思,与敏活政治之运用计,尤须有确定之政治中心点。今中国之政治中心点果何在乎?就法律言,现行政制系内阁制,则政治中心点当然应在内阁,然事实上,今之内阁内部意思尚不统一,外部障碍又复至多,政治失其中心,于是运用不灵,而政潮乃纷纷起矣。窃以为今日解决时局,第一当先令政治中心点确定不动,运掉自如,其他问题自当迎刃以解,若不从此大处着眼,决不足以除政局纠纷之病原。"

25日 "社说"《去年今日之回顾》(冷观):"呜呼!今日何日?非云南起义光复共和之纪念日乎?……慨自袁氏当国、怀秉雄才,不为国利民福是谋,而乃包藏祸心,觊觎帝位,伪造民意,假托劝进,群小荧煽,正士钳口,九县飚回,三精雾塞,共和之运不绝如缕。蔡公松坡,独于是时,沉机先物,志存护国,定策津门,运筹海外,奋起滇池,转战南蜀,滇黔景从于前,川桂趋附于后,不出数句,袁势遂蹙,且愧愤以殁,民国卒得保全。今日吾人方欢欣鼓舞以迎此纪念日,讵知去年今日,正护国诸贤劳心焦思,排难冒险,以为吾国民争人格,为吾国民护共和,吾人此日得以安然为共和平等之民,受庇于五色国旗之下之者,皆为吾护国诸贤丹心铁血所赐,则居今日,而回顾去年之今日,能不有感于中耶!"(按:《大公报》上第一次出现"社说"栏,相当于后来的"社评""社论")

　　27日　"命令专电":大总统令,任命蔡元培为北京大学校长。

　　28日　"论评"《报律》(冷观):"南京政府时代有报律……因章太炎先生在报上大骂孙黄故也。袁世凯政府时代有报律……因袁世凯专制欲钳制舆论故也。今民国复活,又要定报律,且其出于议员出身、崭新人物之司法总长,而国会议员赞成之,又互相推让起草提案焉……为报纸攻击某党,攻击国会故也。前两次制定报律,为怕骂,此次要订报律,亦为怕骂。然则定报律之动机殆后先一辙耶?呜呼,张耀曾!呜呼,国会议员!"(按:该文省略号为原有)

1917年(民国六年)

1月

　　3日　"社说"《本报之新希望》(冷观):"报界惯例,每值新年出版,必述种种希望之词,弁之报首。兹当本报新岁发刊之日,记者亦当循例有所叙列,惟不愿言其远者、大者,而愿言其近者、小者,即本报自身之新希望是也。""本报入世历十数寒暑,与恶政府战,与恶社会战,其间殆不知经几许艰苦,而后乃能随世运之进步,以有今日,是本报之历史,一奋斗之历史也。不慧主斯报方三阅月,窃不自量其棉薄,欲举吾报奋斗之历史而光大之,以应时世之潮流,以求长足之进步。""顾吾以为新闻事业之天职有二,一在报道真确公正之新闻,一在铸造稳健切实之舆论。而二者相较,前者尤重。盖新闻不真确、不公正,则稳健切实之舆论无所根据也。吾国政治,习专制之余毒,好以诡秘相尚,而政治无一定轨道,虽极推理作用,亦往往不能与实际相合。新闻家探访新闻,因是乃大窘苦,而恶德之新闻记者,乃不得不出于伪造之一途。""新闻者,天下之公器,而非记者一二人所可私,亦非一党一派所可得而私。不慧自入报界,以不攻击私德不偏袒一党自誓,更不愿以过激之言词欺世而盗名。故本报向来报道多而主张少,今后亦当如此。盖记者之愚以为,今日新闻界非先从改良新闻记事、博得社会信用入手,不足以言发表言论。即发表言论,亦不足以言铸造舆论也。""要之,本报之新希望在秉其奋斗之精神,益益改良新闻记事,以为铸造健全舆论之基础。"

9日 "论评"《日本果应在中国设警乎》(冷观)："郑家屯中日军警冲突案发生后，日本要求条件数项，以设置日警一节最为重要，政府因事关主权，未敢轻许，而日政府则似持之甚力。吾人以为，此事日本在满洲本久已实行，不过藉此次之谈判，使事实之办法成条约之形式而已。日本在满洲历来皆系利用我国官吏之愚昧，锐意为约外之行动，迨历时既久，我益习之不以为意，而彼则认为确定之事实，遇有机会，即提出求我承认。彼既已造成事实，此时我若允之，便可以得条约上之保障，我即不许，亦无碍其事实之存在。故读者当知，日本已在满洲造成种种超越条约之事实，而此等事实之构成，固属日本人之努力，亦泰半由于我国尤神经之官吏所双手奉送者也。"就如何应对此事，胡政之从法理上提出许多意见。(按：此文于次日刊毕)

10日 "告示"《本报特辟教育实业专栏预告》："本报同人以为今日救国大计惟在教民、富民，故教育实业乃国家存亡关键。拟即日于本报特辟教育实业专栏，广搜名家论著介绍、调查报告，披露各种成绩，以供爱读诸君参考，海内外同志如以关于此类资料惠寄刊登，无任欢迎。"

13日 "论评"《读梁任公对京师报界演说感言》(冷观)："夫新闻之天职，一须报道明确，一须态度公正。非是，则新闻之人格不立，其言绝不能为世所重。使全国之新闻皆不能自成人格，则社会舆论何由得正确之指导？故吾以为，今日新闻界所最宜努力者，首为报告消息之须确实，与发表言论之公平不偏，亦犹人生，首宜努力于为人之本分，而后乃有事业可言。也望我全国报界，闻任公之言而共勉之。"

15日 "广告"《阴历新年本报大改良广告》："本报创刊十五年，销行极广，信用素著，近来应于时势，益求进步，阴历年后，更加改良。约略言之，计有四端。(一)中央政闻公正灵确，世有定评，益将自勉。宪法会议二读会开议在即，本报指派专员旁听，当日笔记寄津，次日与北京各报同时揭载，决不落后，而详略得宜，尤具特色。(二)各省要埠或招聘访员，或委托妥友，重要新闻随时报告，藉使读报诸君周知南北大势。(三)设'特别纪载'栏，随时介绍海内外名流意见，使读者兴趣横生，多得实益。(四)特设实业教育专栏，披露调查报告，介绍时贤论著，以资有志者之观摩。以上四端，阴历年后同时实行，谨布区区，伏希公鉴。"

"论评"《郑家屯交涉案了结》(冷观)："郑家屯交涉案将了结矣！案中主要

要求条件之设警问题、顾问问题均搁下矣。吾闻日政府之言曰,该两问题之缓议,乃表示中日亲善也。吾又闻日政府之言曰,该两问题作为事实问题,将来随时与地方官交涉也(以上均根据前昨两日本报紧要新闻)。然则兹事非吾所谓许亦设、不许亦设者耶?呜呼,此亦狙公之智也,国人其识之。"

28日 阴历新年后,《大公报》第一天出报,版式大变化,由原来的一版四栏变为六栏,栏目的编排有参差错落,并且预告的各专栏陆续开办起来。

第二版"冷观小言"开栏。第一期刊登"小言"4则,依次为《将军府今日尚能存在》《交通银行借款》《日本外相议会演说》《都下无定见之政团》。最长一则带标点224字,最短的94字。篇幅短,议论深。该栏目是胡政之开辟的最具个性的言论栏目。

第二版"特别记载"开栏。为胡政之亲自主持的采访栏目。每期刊登一位名流谈话记录,并配发照片,谈论的话题从政治、外交、财政到社会、文化、教育、思想,无所不包,且采访对象不限于中国人,也有外国在华名流。为保护知识产权计,每期都标明:"内外各报有转载本栏记载者,请书明系由本报转录。"第一期刊登《军民分治与军民合治》,为采访李经羲的谈话笔记。配发李经羲小照。

第九版"实业专纪"开栏。首期刊登"论著"《中国生产之发达与交通机关之关系》(交通部顾问中山龙次)、"丛谈"《模范公司节省经费之实例》、"来稿"《中国畜牧事业》。此栏隔日一期。

29日 "教育专纪"栏目开栏。第一期上刊登《科学的教育》(日本法学博士水野鍊太郎)、《演说》(大学校长蔡孑民就职之演说词)、《记事——南北洋球团竞争记》、《美国名人对中国现状之乐观》等。此栏目隔日刊出一期。

30日 "冷观小言":"大隈内阁提出'二十一条',条件曰为中日亲善;寺内内阁提出郑家屯案之要求,亦曰为中日亲善。两内阁标榜中日亲善相同,而其手段则异。据所实行与所发表者观之,则大隈重政治,而寺内重经济。要之,吾人所希望者,既亲且善,若亲而不善,非所堪也。然而立国于今日世界,我能自强,则人之亲善我者,足为我利,否则徒供亲善二字之牺牲而已。我虽不敢受彼之亲善,而彼偏要与我亲善,大势所趋无可抗避,则一利一害,仍视吾国人之自处如何耳!""吾尝言,中国有政府,有政团,有政客,而无政治。所谓无政治者,无主张,无办法之为过也。日本政府解散议会矣,准备操纵总选举矣,此有主张也,有办法。日本议会提出不信任案矣,准备解散后之政战矣,此有主张也,有办法也。惟其有主张有办法,故有政治,有进步。开岁以来,我国两院已少少改良其态度矣,今但问,政府有主张否,有办法否? 若其有之,则堂堂正正厉行之可耳。若其无之,则今日哄去一总裁,明日换却一次长,其于大局有何裨补?"

"特别记载"《梁任公今后之社会事业——任公先生与记者之谈话》:梁启超在谈到今后的社会事业时指出,"吾国人精神界有二大弱点,一为思想卑下,一为思想浮浅",称"此种精神的病根不除,则多一种主张即多一重争执,多一人活动即多一重纷扰。无论如何终归无望也"。他为此提出两条针对性的救济方法,"一为人格修养,一为学问研究法"。

2月

1日 "特别记载"《论古文之不宜废》(林琴南)。

2日 "冷观小言":"社会事物,复杂万状。吾辈新闻记者,日与社会新事件相接触,即令学识过人,亦何能周知万事? 故吾报以多报事实、少下论断为主旨,吾人观于王长庚案之平反,益知吾辈论断新闻,不可轻率。"

4日 "冷观小言":"近来官吏犯赃作弊之风,较数年前大盛,而其胆大心凶,尤为前此所少有。闲赏推求,其故不外两端:(一)政治黑暗,久无清明之气,上行下效,如传染病之流行;(二)政局动摇无定,官吏进退太易,不肖者,既不敢存久于其任之希望,于是利用地位,争为一攫饱飏之举。风气所播,京内外同此一病,使非政局早定,纲纪修明,将不知伊于胡底!"

5日 "冷观小言":"吾国人好浪费金钱,亦好浪费精神。如国会中,国教问题之争执,即浪费精神之一例也。夫孔子之道,沦浃人心无所不在,定为国教与否,于孔子之道有何损益? 而乃纷纷扰扰激起轩然大波,是亦不可以已乎!""此次厦门设日警事件,日领事所执理由,吾人殊不敢服其正当,吾意此案重要,直在郑家屯以上,望政府切勿忽视。盖此案如承认,则以后外人所到之处,即外警所到之处,不止厦门一处如此,亦不止日本一国如此,缘兹事不啻于领事裁判权外,加一附件也。"

"特别记载"《北京大学校长蔡孑民先生与本报记者之谈话》,分为教育界之注意点、欧洲战事之观察、对大学之计划三个部分。

6日 "北京特约通信"《段总理不赞成消灭政党》:云南唐督军前有电主张消灭政党,段总理日昨复电,大意以东西各文明国无不有政党,中国自亦不能偏废云云。《都人士对于吴鼎昌之感情》：财政次长易人问题，近日盛传政府拟以国务院参议兼天津造币厂长吴鼎昌继任。吴为某系之巨擘，在总统继任之时，以昔时奔走甘石桥（梁士诒住处）之手段移而用之于府学胡同，以是颇见信用，得保其参议兼厂长之职。最近更发挥其手腕以取容于当道，故有财政次长之拟议。但中交停止兑现之政策出于吴之主张，都中人士每一念及此事，为之悚然，故对于吴氏之任财政次长，除政府之数人外，大多数人皆取反对之态度。《美德间之战云勃起》：华盛顿电，昨日下午，威尔逊总统在国会报告与德外交决裂；巴黎电，美国又宣布与奥匈国外交决裂。

8日 "社论"《敬告国民注意老西开交涉案》（冷观）："老西开中法交涉案自去年十月二十日驻津法领拘留华警，激起津埠同胞公愤，通电全国，举世感愤，官吏人民，同声反对……我国民对于重大问题，向有始热终冷之弊，此次事关国权、国土，吾知爱国君子，必不至复蒙五分钟热心之消，然则当兹正任法使康悌君回任之日，斯案解决为期不远，我国民能不表示一种坚毅之态度，以为政府折冲樽俎之后盾乎？"接着，就本案"交涉经过情形，重述一遍，以促读者之注意"，并提请政府在解决此案时当注意之事项。（按："社说"始改称"社论"。此后，"社论"与"论评"交替使用。该社论9日续完）

"北京特约通信"《政府发送抗议》："政府昨经国务会议，决定办法，即向驻德顾公使发训电，饬即对于德国政府声明，抗议其潜航艇政策，俟得复再定举措，加入战团与否，现不表示。"

13日 "社论"《国民性与时局》（冷观）："吾国数千年来，囿于闭关主义，举国以泄泄沓沓相尚，较诸英人之保守持重，尤远过之，遂至一与外力接触，则败衄相循，失望之极，卑怯之念，随之发生，益以多一事不如少一事为信条。虽世界潮流相逼而来，吾则一以消极主义应之，然国际形势不容我久于消极，乃有本月九日对德抗议之提出，此实与国民精神上一大刺激，正可利用为改造国民性之机会。"

"外交界确讯"《英法俄日要求中国加入战团》：上星期六（十日），驻日本之英法俄三国大使赴外务省与本野外相密议，要公退出后，即经外务省发训电至日本驻华代理公使芳泽。芳泽于前日（十一）赍电往谒段总理，闻电内容，不仅赞成中国向德提出抗议，并请求中国加入战团。

15日 "冷观小言"《美德关系》："我之抗议于德国，乃根据中立国之地位，为德之潜艇战策有违公法也。德如以和缓其潜艇战策答复于我，则我之抗议目的已达,不但加入战团绝对毋庸实现,即邦交断绝一举亦当然可免。"

《外交后援会》:"抗议是一事,断绝国交是一事,加入战团又是一事,在政府负实行之责,此时当然应统筹并顾步步虑到。"

16日 二版《对德提出抗议后之时局》:日本代理公使之谈话、旅京德国人士之恐慌、英法驻使之最近来电、外交声中之财政总长。

17日 "论评"《今后外交之进退》:"中国之对德抗议乃中立国地位上应有之举动,今后之进退则当审慎为之。惟有两事政府须注意者,第一,进退之际须旗帜鲜明,态度不可暧昧;第二,我之利害须我自行决定之,凡与友邦接洽,只可以其意见供参考,不能受其意思之支配。"

"紧要新闻":入春以来,大气渐渐和暖,欧洲交战国双方均作种种筹划,以为决一死战之准备。近据军事界所得消息,春季大战时,德奥军队数加入土耳其、保加利两军较之昨春又见增加……其人数有六百万之多。

18日 《对德提出抗议后之时局》:"十六日,在法国公使馆邀集联盟国公使会议中德外交事件,某国代使欲于外交上取得特殊之地位,因提议代表联盟国劝诱中国加入战团。各国公使以中国既已提出抗议,事势之所趋,中国自有应付之道,似可无庸再事催迫云云。"

20日 "冷观小言"《第二步与第三步》:"对德之第二步为断绝国交;对德之第三步为与德宣战。""夫第二步之是否必须实行,且在不确定之数,乃第三步之进行,人已代我打算,宁非怪事?虽然,无论如何,望政府与国民注意记者所谓'不可以现在之牺牲,易将来之代价',及'正我国收回利权之好机会,不可任他人乘机进一步'数语。"

23日 "社论"《吾所希望于改组内阁者》(冷观):"自欧战发生后,协商国对我早成一致行动之局……自此次外交重要事件一起,吾即主张宜改组内阁。而吾意之尤为重要者,即将乘此时机,振作政府之精神,唤起国民之活气。""吾之主张改组内阁,故自有条件,即阁员之选择:第一须有世界眼光。勿又将前世纪之旧人物请出,致不能与今日之时势需要相应;第二须为有气骨之人。凡人居于有责任之地位,自当侃侃谔谔,本其确信之主张,以求实行。不当含意不吐,退有后言,更不当一无所主,随势附和,此两种性格,官僚中具者固多……第三须为明白之人。此一条件虽似平常,然吾以为,今日所谓政府要人,合于此一条件者,正如凤毛麟角,故吾望今后阁员,宜用常识丰富,头脑明晰之人,否则难保不因卤莽灭裂而误大计也。"

25日 "论评"《外交新闻可造假耶》(冷观)："夫公府会议何等重要,而偏偏有访员敢于假造,又居然有报馆为之登载,若不辨其为假造者,访员之胆大、编辑之无识,皆新闻界之大耻也。吾国政治,夙尚秘密,政界与报界隔阂尤甚,故政界要闻至难探悉,况事关机密,虽国务员亦不能人人尽知,知之亦绝不肯轻于漏泄,内政如此,外交犹然。虽总理总长左右亲昵之人犹不能知其真相,故吾侪新闻记者只能博访周探,然后略可得其近似。乃京内外报纸,近于外交事项,或载会议情形,或载决定事项,排列叙次,如数家珍,凡稍有常识者,一见即可断为访员捏造之新闻,而主持舆论指导社会者,漫然以之充溢篇幅,其于职务未免太不忠实,对于读者亦未免诈欺取财。况一纸谣言传播社会,又以淆乱观听,尤非爱国者所当为。……未知京内外同业,能为新闻界一洗假造新闻之耻否?"

3月

5日 "北京特约通信"《段总理到津纪》：详细记录其出京原因、抵津后之状况。

6日 二版中《总理辞职出京后之时局》。

7日 二版中《总理回京,政潮已定》：段总理于昨晚十时二十分偕同冯副总统专车抵京,在车站迎接者甚多重要人物,如参谋总长王士珍、财政总长陈锦涛等均在其内。并有军乐一队、陆军一大队恭迓下车,出站,军警警卫甚严。

8日 "社论"《世界未来之经济战与中国》(冷观)：详细分析了世界当下经济形势及未来走向后说："吾国今日,惟当因应其机,以求自存之术。"并具体提出两点：第一,在外交上,"以吾国地位言……利于列强之均势,而不利于一国之垄断,就世界大势观察,均势之局,虽不无变化,而决不能消灭,则吾国政治上、经济上为国际之应付者,当消息斟酌于列强共同竞争之形势,勿偏于一方,以自取束缚,此就外交上言也。"第二,"经济方面",针对我国为农业国的实际,采取行之有效的措施,"以期渐进于工业国之列"。(按：此文于8—11日连载)

9日 二版中《总理回京后之外交形势》。

12日 二版中《中德断交决定》。

13日 二版中《中德断交决定》：今日(十二日)国务院开特别会议,所议事项如下：(一)发表与德断交之布告；(二)接收德租界；(三)护送德国公使领事出境办法；（四）德领事裁判权应由中国派员办理；（五）通牒各中立国；（六）通牒德国，断绝国交；（七）侨德之华人应如何设法保护。

14日　"社论"《为中德断交后之办法告政府》（冷观）："中德断交之举，政府国会意见一致，此不独在中国外交史上开一新纪元，即内政上亦为破天荒之快事。……余于此次外交局面，自始即认为受国际潮流所驱迫，不能以理论上之是非论断，主张宜在办法上研究。""兹政府方针既定，则断交后之办法，尤不可不深思熟虑，愿就所见，分述于次，以促当局者之注意"："一、国际政务评议会组织之缺点。……政府今后，宜集合各部熟悉部务之事务官，即择参事司长科长中之资深而富于识解者，使其各就所管，互相研究，为事实上之准备。""二、对于德人之待遇。中德断交后，最不易处理得当者，即为待遇在华德人问题。政府于此当就三方面[按：即德人之性格与境遇、我国之弱点与地位、他国（指日本）之不满与野心]特别注意，待遇宜严而不宜宽。""三、加入战团之条件。中德断交而后，继兹而起者，即为加入战团问题。就大势言，此问题似已确定，不过于宣布之迟早，容有斟酌之余地。"文章最后说："协约国之望我加入战团，在目前欲增其物资人力之供给，在将来欲扫除德人商战之根据，大抵物资人力之供给，利于彼者即难保不有害于我，而扫除德人在远东商业之势力，是否为我之利亦未易断言。"（按：此文续刊于15日、16日、19日）

14日　二版中《刻刻逼近之中德断交》。

15日　二版中《中德断交宣布之详情》。

19日　二版中《俄国革命详报》。3月18日北京电话：俄国皇帝退位诏书已披露，俄皇确退位诏书，此间已有电传来。17日纽约特电：纽约所传之俄国革命消息。18日华盛顿特电：革党宣言不改国体与战局。十七日哈尔滨电：哈尔滨之俄国革命最新消息。

21日　"论评"《中德断交之牺牲》（冷观）："德人在上海所办之同济德文医工学校，学科完善，规则严肃，为全国中外人办理各校所仅有，在中德断交将实行时，政府本有设法保全之议，乃今日一议明日一电，迟延复迟延，遂致为法人所暴占，于是五六百勤苦力学之学生乃为中德断交之第一牺牲，流落海上，废学失时，此政府之责也。此政府好空言不务实际之罪也。记者于政府对外之事所窃虑者，即在上有清谈之人，下无实行之吏，于是公文与办事截然为二，而误事大矣！今日同济学校学生所遇之祸殃，政府非应负维持赔偿之责任耶？然而外交总长聋无所闻，外交次长耽于女乐，名流政客只解议论，继同济诸生而被牺牲者将不知凡几,呜呼,余欲无言!"

31日 "论评"《收买烟土案》(冷观):"改革以还,政治不进,而社会道德非常堕落,共和复活,其毒甚深,金钱主义之盛,至将数千年来所谓道德观念驱逐殆尽。利之所在,不惜违反法律,勾心斗角以求苟得。观于此次收土案之黑幕,宁不令人生无穷之感。事关重大,吾人殊不愿于政府调查未明实据未经宣布以前,多所论列。吾惟愿政府国会须知,国于天地必有与立,法律无效何以为国,高等人物之犯罪,在各国检举尤严,我国国家人格之有无,胥于兹案之前途判之,望政府其勿疏忽,望国会其勿漠视。"

"紧要新闻":俄京消息,尼哥剌维池大公爵宣言,俄国经此番革命后,决不得再发生帝制云。

4月

1日 "时评"《烟民听者》(无妄):"昨日为鸦片禁绝期之末日……今日者为我国烟民出污更新之纪念日,亦为我国汰尽惰民之纪念日。"

"紧要新闻"《俄国革命后之好消息》:俄国新政府成立以后,民心一致抗拒外敌,然德军拟乘俄国革命之虚突袭俄京,两军遂在哈啦若维齐车站大战,俄军大胜。

2日 "紧要新闻"《俄国革命后之新气象》。

3日 "论评"《今后实业界之隐忧》(冷观):欧战结束后,列强对于我国主要转为"经济的侵略",国人要对抗之,只有大力办实业。"夫办理实业,不外三要素:一资本,二技术,三劳力。我国除富于劳力外,资本、技术两者均缺。今日救国之术,既系舍振兴实业无他道,则利用外资,借才异国,实当然之理,无可反对。顾吾人以为,借外人之助,以办实业,利可与人,权则不可与人。而默察趋势,隐忧殊多。""外人知我国民不长于办理实业也,于是以合办之名义,攫企业之实权;知我国民好名也,不惜以虚名相饵;知我国民好利也,不惜以小利相结。内乘我之弱点,外藉彼之国力,实权在握,则命脉已归于彼,使发挥而扩张之,则经济的势力,即政治的势力之别名耳,吾人所谓今后实业界之隐忧者,即在于此。""夫今后世界眼光观察我之实业界,则首先发生者,不外两个问题。第一各国在我国行经济战争将何以抵抗;第二我于世界经济战场将如何活动。此两大问题,举非国民独立所可解答,必赖政府保护奖进,始不致为世界商战潮流所卷逐。"(按:此文续刊于5日)

8日 二版中《美德宣战》:"六日,华盛顿特约电,美德交战态度,案下议院讨论数时后,已大多数通过。美总统已于本日(即六日)向德国正式宣战。"

12日 "冷观小言"《悼蔡》:"今日为蔡上将锷举行国葬之期,吾知拜倒墓门者,盖不知有几许人。从此铁血功名,长垂天壤,而青燐碧草,幽闷年年。吾人追念蔡公再造民国之功,更放眼一观今日之国事,诚不能不疑天绝吾民,故夺我爱国伟人如此其速也。"

27日 "论评"《正告段总理》(冷观):"一国政治,经纬万端,机枢之活动,不可一日停滞。顾中央政局,麻木不仁也久矣,因麻木不仁之故,于是有不得不立行应付者,即不免出以卤莽灭裂,有可以苟缓须臾者,又不免出以泄泄沓沓,二者固均失之。"

29日 "论评"《日本寺内内阁之成功与中国》(冷观):"国人皆知寺内内阁,以中日亲善为对我之方针。"日人"对华政策之具体的内容者,不外三事:一、不干涉中国内政。即无南无北,不党不偏。……二、满蒙特殊地位之确立……三、从经济上谋亲善。"面对此种情形,中国政府和国人,必须明白:"夫立国于今日之世,孤立固不足以图存,而欲不孤立,必先自立。使不自立,而欣然以人与我之善为幸,则亦求亡之道耳。以我国天产之饶,如利用外资,借其技术以开富源,固两利之道,如泄泄沓沓仅以虚名为满足,则经济命脉一入外人之手,敲精吸髓终有已时,其去亡国亦仅矣!……望国人其速自觉。"

5月

6日 "紧要新闻"《南游杂记》(冷观):"久居京津尘壒间,与政界恶空气长日接触,精神上苦闷已极。适有事须赴沪一行,乃以报务托社友代办,于上月二十八日买车(票)南下,留沪四日,留宁一宿,昨晚归社。……爰追忆七日来之闻见,与私心所感触者,拉杂记之,聊备谈资而已。"(按:这篇通讯主要记载上海各方面的情形,重点报道商界、文化新闻界和娱乐界的情况。后于7日、9日、12日、13日、14日分五次续完)

13日 "广告"《本报第三张增辟文艺栏广告》:"本报第三张自特设实业、教育专栏后,备蒙社会赞许,兹为保存国学奖进文艺起见,定于本月十五日起,在第三张增辟文艺栏,已商请林琴南、马通伯、姚叔节、吴辟疆诸先生将最新著述尽先寄登本报,以增读者诸君文学之趣味,海内名人硕彦,如以鸣著诗古文词见赐,无任欢迎。"

"时评"《中央与川祸》(冷观):"四川之事,误于中央府院之意见不和,此举国所共知者也。近闻滇军仍节节逼川,而川军亦严行戒备。……滇人仇杀之大,惨剧不止。呜呼,使中央不起政潮,则仰赖政府声威,川民或可免于浩劫,今政府形势如此,则四川之大祸其可幸逃耶?哀哉!"

15日 (第三大张)《本馆紧要启事》:"阅者注意:从本日起,添辟文艺丛录,排日分登诗文词各类,按次编列页数,俾便阅者装订成册。"当日"文艺丛录"刊登署名"叔节"的两文,一为《蜕私轩诗文经说跋》,一为《清封中宪大夫姚君墓志铭》。

21日 "时评"《呜呼罗斯福之言》(冷观):"美前总统罗斯福氏,近论中国衰弱,不能自保,故常引起他国之战争,实为扰乱和平之危险地。呜呼! 此言也,可以发吾人之深省,而足以代表世界名流对于中国之观察矣。然而回视吾国,则权利之争,党派之见,犹相激相逼,不知所悟,是岂特非国家之福,又岂希望世界和平者所愿闻耶? 噫!"

24日 "论评"《疑问》(冷观):"国务总理免职,此民国以来第一次之举动,顾吾人有不能无疑者。国务总理之免职命令,是否可以不须国务员之副署? 如曰无须副署,则《临时约法》第四十五条于义云何? 此法律上之疑问一;免去国务总理之职,又任命代理部务,任命警备司令,是等命令是否经段祺瑞副署,抑或经伍廷芳副署? 如其无之,则《临时约法》第四十五条又是否有效? 此法律上之疑问二;《临时约法》系内阁制非总统制,既行内阁制,则公府秘书厅是否可以直接通电公布命令,其所公布者是否有效? 此法律上之疑问三。"

27日 "论评"《国之大忧》(冷观):"执政更替,国所常有,正轨正多,何取乎诡术策略,正因前此有所超越,以致继任总理之任命,军人竟可干涉,假使撤回另提,而别方面又有反对之声,则将何如? 使军人而于执政以上更有所干涉,则更将何如? 呜呼! 恶例一开,后患何堪设想耶? 噫!"

31日 "论评"《时局感言》(冷观):"民国成立六年,革命之事三见于南方,此次不幸军人政客恶感固结,而政客不自敛抑,兴致过豪,遂至一人倡议数省响应,此固政客离间挑拨、任情播弄之所激成,实为国家极不幸之事,吾人惟望举事诸省以保国卫民为信条,勿使人民因此受一丝之苦痛,尤望政府慨念时艰,幡然省悟,在相当范围内,容纳军人要求,俾免国家分裂之祸,慎勿各趋极端,使所激之祸相持不下,更生枝节也。"

6月

1日 "紧要新闻"《大政变之爆发》:"自皖、豫、奉、鲁宣布独立,政界风云腾地陡起,本报连日……从各方面探得真确消息……一一纪之于次":(一)陕西、浙江独立矣;(二)上海外人之消息,浙、晋、闽先后宣布独立。

6日 "来稿代论"《解决时局评议》(卢剑秋):"(一)誓守共和,对于国体不得有问题发生,以维国本;(二)解散国会,依法律手续于三个月内另行选举召集尊重民意机关;(三)总统退位后,组织临时政府以行政委员长执行总统职务,议决临时法规以资遵守,俟宪法产出再举总统;(四)组织完全责任内阁,对于各方面势力采取平衡主义,免致新旧冲突再起纷争;(五)修改宪法不适之点,以国度民情为标准,期适合我国现状;(六)援民国元年南京政府先例,各省举参议员两员集合适中地点重修宪法,武力不得干涉,以重法治;(七)去岁首义各党魁均派人接洽,宣布意见,以期融和免再误会。"

7日 "论评"《告独立军各当局》(冷观):"自皖奉兴师,各省响应,旬日之间,大兵云集于京畿附近,此诚民国以来所未有。顾独立各省标救国救民之帜,则今日首当注意者,要在勿因此贻国家以大祸,陷斯民于浩劫。方今立国,非孤立所可图存,则外交之关系实不容忽略,如因内政问题引起外交困难,则外人操左右之权,国命于以危殆,固非兴师各省当局之初心,又岂能逃现在将来之清议?此对外之说也。"

12日 "启事"《王祝三启事》:"敬启者,郅隆曩在京津经营商业,兼办理安武军后路局转运事宜。近以时事纠纷,丹帅驻扎蚌埠,凡京津间遇有与各方面接洽事件往往托郅隆转达。昨接丹帅庚电云,绍帅到津时,一切问题自有正当解决,我军转运事繁,请兄仍专办局事等语。此后,郅隆除专办安武军后路局事外,他事不再与闻。特此奉白。"

14日 "社论"《敢问今之登台奏乐者》(冷观):"国会问题既决,独立各省自当撤回军队,恢复原状,徐图善后。西南虽有组织护法军之说,如仅解散舆望不孚之议会,在理似未必发生重大反动,脱令有之,在滇不过出兵四川,偿其兼并西蜀之谋,在粤不过逼走朱庆澜,以排除异派,同床异梦,各有所怀。值此人心惧乱,公私困竭之时,苟无强固之目标,似不足以号召而团结。惟吾人从大局着想,今后难题正多,几于无法解决,姑举大端以质当世元首,保全国会死不违法,对内对外一再宣言,今次牺牲两院,虽曰具有苦心,然违法食言,公私两失,威信堕地,何以施治?此其一。变则势力异军突起,枢府要人俨归卵翼,俊义之才孰肯自洿,下驷庸流联翩登进,内何以致疆吏之钦崇,外何以得友邦之信赖。政府之机能一失,将置国家于何地?此其二。对德宣战,段内阁之政策,而议员倒阁之武器也,顾倒阁派健将丁世峄亦曾于倒阁运动之时,招宴外人,宣示意见,谓非反对宣战,实乃反对段内阁之宣战,可知反对宣战乃对人问题非对事问题,后此执政如仍循建威之政见,则前之反对段氏个人者,仍得执此问题以为攻击之口实。且国会既散,已无交议同意之机关,则结束此案尤无可着手。将谓仍其搁置,则国家人格政府信用,对于友邦均不免丧失,此其三。各省独立,目标实在宪法,今解散国会命令,一则曰另行选举,再则曰改组国会,本旨原以符速定宪法之成议,则是制宪之权,仍属改选后之国会组织。如旧权限依然,是否能浃于各省督军意理?如曰不能,则昨日命令如何转圜,且宪法制定如失其平,无往而不可以引动革命。《临时约法》成于南京临时政府时代十数都督委员之手,破裂纰谬,以致行之数年屡酿政潮,今后改定宪法,如照一部分军人所主张,选派代表以当其任,则矫枉过正自在意中。姑无论督军委员之宪法不能得全国之承认,即令能之,亦不过为无穷革命之张本。将欲两得其平,谓宜由各省以诚挚之意志,罗致急进缓进各党优秀卓越之士,敦恳公任制定国家根本大法之劳,尊重各党派之意思,使能融洽无间,成为完美之宪典,或即取两院所审议讨论之宪法草案,去其偏畸,改从公平,同时改定国会组织法,从新召集以建新猷。凡兹事业数月可成,虽属非常之举,究出爱国之忱,既泯党派之猜嫌,复树百年之大计。所难者,军人干宪,是否能容异党自由发挥主张,感情激荡,党人是否能暂时冷静以成此大业,如不可能,则吾惟见反动循环祸患靡止而已,此其四。凡兹四端,在在可危,特不知今日傀儡登场者有何成算也。"

18日 "论评"《日本统一满蒙行政策》(冷观):"日本之于满蒙,素有三头政治之名,盖关东都督府、南满铁道会社暨各地驻在之领事,其权限往往混淆也。上届日本议会开会,本野外相演说,于满蒙之特殊地位,一再言之,近来决议满鲜铁道合并经营,假大权于铁道会社,盖欲力祛三头政治之弊,而于经营满蒙政策一新面目。满铁会社,名虽经营铁道,然政治经济实业教育实无所不问,今再将对内对外之大权集中该社,则其魄力之大,远过于前。吾人观于日本经营中国进行之猛,益不能不悚然,于国人内讧之祸,终将危及国本,不知政治界各方面其亦有所警悟否?"

19日 "论评"《西南举兵说》(冷观):"解散国会,改选议员,既非取消立法之机关,实乃新求民意之表现,此在立宪国家,并非创举。国人今日急务,惟当敦促政府速行改选,重召议会耳。借辞兴兵,希图南北分立,果何为者?"列指西南各省兴兵理由不能成立:驻粤滇军兴兵乃因"饷糈久已无著,呼吁迫于无门",于是"粤人怀以邻为壑之心,诚愿滇军开出境外以轻负担"。更有一派人,希望"藉举兵筹饷之名,偿其大开赌禁之欲。要不外乘火打劫,分一盏革命饭而已"。云南执政唐继尧的心理,是希望川粤之滇军出兵北伐,勿回云南与他分享地盘。

24日 "北京特约通信":李经羲就职通电发出后,定于25日下午一时就任。

7月

2日 为报道张勋复辟,今日起,在第二版中间位置设"共和果从此告终乎"专栏。是日刊登《实行复辟的情形》《处置黎总统述闻》《任命官吏之种种》《清皇室态度纪闻》《北京秩序何如乎》《交通机关之禁制》《关于复辟之津闻》《外交界种种消息》等几则。第一则有关"张勋复辟案"详报:"三十晚定武军即陆续移驻天安门一带。天安门大围墙内,业为张军驻满,天安、东华两门禁止交通。张勋于三十晚尚在江西会馆听戏(按:张勋的家乡观念极强,民国时期在北京的江西会馆,是张勋出钱所建。并且,京剧是张勋沉醉多年的爱好,且算得上发烧级的票友),十二时始入宫拥宣统复位。"第二则:"闻昨日下午一时半,江朝宗等同到公府代草之奉还大政折底稿,逼黎签字,黎坚辞,谓个人生命固不惜,虽危及全家,亦决不签字。"第四则:"传闻大内得复辟消息,世太保、清太妃等均大哭云,每年四百万元恐亦难保云。"

"论评"《复辟》(冷观):"复辟之说传之久矣,自张大帅拥师入京,康圣人秘密北上,识者固已窃窃,然虑其事之终不可免,今果堂哉皇哉挟幼帝以统治民国矣!吾不知民国伟人巨子睹此事变其感想者何如。六年来涵育于共和空气中之共和国民,其感想又何如。吾人读法国革命史,诚知此举为必经之阶级,吾人观袁帝时代之往事,又不难推定其结果,然则又何必戚戚?"文章预言,其必短命。

"时评"《革命与复辟》(无妄):直言复辟为倒行逆施,"今得京中警耗,夺门复辟之举昨已演成事实,拂全国人好恶之公心,悍然倒行而逆施,尊清室适以灭清室耳,是一方正百计以巧变革命之把戏,一方又拼命以制造革命之资料,莽莽神州，恐自此遂无宁日矣，哀哉！"

3日 "共和果从此告终乎"报道19条消息。其中，《外交界之态度如此》：外交使团一致主张保护总统安全，竭力不使其受暴力之侵犯，不赞成中国复辟帝制。《昨日召见时之状况》：昨日清帝共召见两次上殿庆贺者一百二十六人，无论有无发辫，均翎顶、袍褂，行跪拜礼，张勋并率侍卫多人携械随同上殿。《冯河间有电倡反对》：冯国璋在南京通电反对复辟，声言，如不取消，以武力取决。《青木中将保护总统》：日本军事顾问青木中将，昨早八点由黎总统入公府，现在与黎总统同居，声言彼为中华民国之军事顾问，现总统既处危难之中，彼当参赞左右，以尽职分。实即保护黎总统之表示也。《内阁宫廷现状纪闻》：清宫内部已开始为权位而争，瑾太妃等痛哭不已。《黄陂自戕说之不实》：澄清黎元洪自杀的传言。

"论评"《两日来之成绩》（冷观）："今将复辟后两日来之成绩，摘要开列于左：一、恢复红顶花翎，二、恢复三跪九叩，三、恢复总督巡抚大学士，四、新增忠勇亲王一尊，五、骇走北京住民数千，六、骇倒北京报馆十数家，七、骇跌中交票价。呜呼复辟……呜呼民国。"

4日 二版中"讨贼之师起矣"栏今日刊登17条各地反对复辟消息，其中第8条为《段合肥反对复辟之电文》。

5日 "启事"《本报特别启事》："本报日来销数飞涨，工人印刷劳苦异常，兹为便捷起见，暂将第三张停刊。一俟大局平复，再复原状。阅者谅之。"

"论评"《忏悔之机》（冷观）："张勋复辟固死有余辜，然使张勋敢为今日之举者，则历来之政府，各派之政客，有智识之国民，要皆不能辞其咎。故今日实予吾人以忏悔之机。今后国中智识阶级之人，务当各养实力，各尽职责，勿图利用他力以排异己，勿更逾越常轨以致两伤。今日讨贼之举，南北相同，理势俱顺，自易收功。然宪法问题，国会问题，外交问题，清室问题，皆无不关系重大，各派能否调和，南北能否融洽，要视各派人物局量之广狭，与宅心之公私如何。"

"时评"《同声讨逆》（无妄）："遍国中凡有血气之伦，莫不骂张勋为逆贼。……今讨逆军起矣，逆运指日告终，一般新附逆之徒，何苦贪数日之伪虚荣，殉老逆贼以同归于尽，噫，不太浑欤？"

6日 二版中"薄海争传讨逆声"栏，头条《段总司令回津情形》："昨日午后七时三十分钟，段总理已到，在新站下车，同来者有梁任公、汤济武诸人。……

陆军部高级武官百余人、洋员数人到站迎迓,即由警兵拥护入省公署。闻今明即可设政府办事处。"其余各条为各地反对复辟之消息和讨逆电文。

7日 二版中"逆贼无死所矣"栏:"逆贼张勋现已处四面楚歌之绝境。……昨又据天津某方面确息,张逆昨曾在京求某公电致天津某公转向段总理恳求投降,当经段总理完全拒绝,盖段总理已具决心,不将张逆枭首于国门,不足以平天下之愤。"

"时评"《辫子军之末日至矣》(无妄):"逆军一战即溃,如此不经斗,何苦闹这大乱子?……辫子之末日矣。"

8日 "紧要新闻":昨日逆军腹背受敌本已难支,现闻西路、中路、东路各军今早将开始总攻击,合围兜剿,今日必可大功告成。

"南京特电":冯副总统鱼日(六日)在南京依法就代行大总统职务,已通电宣布。闻并宣告责任内阁由段总理全权组织。

12日 "紧要新闻"《京外辫子军均已效顺》:京外辫子兵去逆效顺,效忠民国。

13日 "讨逆成功"栏《张勋逃入荷使馆》:昨日午前十时十一时,张逆因我军枪炮并用,为力极猛,乃由外人保护乘汽车逃入东交民巷荷兰使馆。

14日 "社论"《善后问题》(冷观):"讨逆不难,善后实难,此今日有识者之公言也。虽然,使国中各方面有力者不以私利蔽公理,不务伸己而绌人,秉推诚相与之量以周旋,则善后问题又有何不可解决者,述私见以告国人。"国会问题:"解散国会非约法所许……从法律上立论,则国会固仍然存在,但数年以来,法律效力往往屈于政治作用之下……且就旧国会本身言之,一次会期两经解散,神圣之威严已失,内外之信仰久堕,覆水难收,何必再复,所望国中明达共捐意见,组织会议同商国会之善后问题。"清室问题:"优待条件……关系宪法问题,或留或去,宜任之后来制宪机关,言保存与言废止,皆非今日有责任之议论也。"军队问题:"此问题实民国成立以来之宿题,如不乘此解决,则财政困难亦永无解除之望。……段总理以清介之资负军界重望,所应尽力于国家者,当以整饬军队为最大责任,此实善后问题中最有关系者也。"

15日 "紧要新闻":"黎大总统已回私邸""段总理入京纪""张勋现已在德国兵营"。

16日 "北京特约通信"《段总理回京后之行动》:段总理昨召集随行诸人及在京重要人物商议善后诸事,首列议题为犒赏前敌士卒及抚恤商民因战事死伤……

"紧要新闻"《黎总统引咎辞职之通电》:"黎黄陂昨日通电:元洪引咎辞职久有成言,皎日悬盟,长河表誓,此次因故去职,付托有人……矜其本心,还我初服,惟有杜门思过,扫地焚香,磨濯余生……息影家园,不问政治。"

19日 "社论"《不可召集临时参政院》(冷观):"御世抚民之术,不外理与力。……此次国会再遭解散,是又理力被压于实力之□种事实,以今日政府之实力,是否能果于抑压理力,已属一大疑问,乃近来有力之名流、政客竟弃国会而倡召集临时参议院之说,前日且有实行之议。为此说者,自谓于约法有根据……今请根据法律,再伸吾说,甚望此议之打销也。"接着引用《临时约法》中之第二十八条和第五十三条,说明"召集临时参议院"之举为不合法。

24日 "时评"《何不防患未然》(无妄):"徐海辫军溃散后流寇之势已成",政府应"思患预防,出先发制人之策",防止辫兵变为流寇。

26日 "论评"《危险之思想》(冷观):"国家不幸,迭遭变故。各省不苦于兵,即苦于匪。富者不能安业,贫者无以求生,颠连困苦,盖达极度。无论朝野之人,今日均当一德一心谋秩序之安宁,促政治之入轨。乃近来一部分政客中,颇有人谓,南北统一终不可望,而主张实行流血者。近阅内务汤总长对某外人谈话,亦公然有诉之武力之言。此等思想,可谓危险已极,而在政府负责任者,怀抱此种成见,尤为危险。……今政界危机四伏,而危险之议论,乃出于内阁要人之口,此更不能不为大局前途忧矣!"

28日 "时评"《水患又将告矣》(无妄):"连日大雨倾盆,又届伏汛之期。……直隶水患历岁频仍,办理河工者,向以偷工减料、吞款发财为职志,故国家岁糜巨帑,专员修治而溃决依然,人民之生命财产葬送于滔天大浸中者,奚啻恒河沙数。……今者雨水过量,险工炭炭,不知负保民之责者,肯一念其鱼之惨,严惩积弊,切实修治,为小百姓预防浩劫否?"

29日 "论评"《护法者之言如是》(冷观):"今之反对政府者,莫不标护法之帜。抑考其言行,则无一合于法律之轨道。海军一部分之自由行动,固非法矣。彼孙中山之请国会议员到粤开紧急会议,不知见于法律几条,彼张开儒之主张,推大元帅,设内阁,又不知根据于何种法律。""夫无论何国,政治界中,必有在朝在野之两种人物,如因政治失势,遂相率以武力竞争,破坏秩序,则东西洋立宪国家,党派迭代者,将永无一日之宁,是岂政治之正轨耶?"

8月

1日 "时评"《政府将何以处分川事》(无妄):"川中各军在成都互相攻杀,无非为个人权利起见。今刘存厚恃其兵力竟敢戕杀中央命官,其跋扈凶狠,实为从来所未有。中央若不声罪致讨,国法军纪将荡焉无存,各省效尤,奚以收统治之效?故为平定川事计,不可不有严重之办法,况关系全国大局乎?愿政府毋仍持敷衍主义可也。"

7日 "论评"《川事感言》(冷观):"刘存厚前次奉令入京,迟迟不行,滥招冗军,为祸桑梓,论其罪恶,诚应严惩,但今兹刘戴之争,曲直尚未大明,戴既结托滇军,自不免招川人之恶感,而黔军在成都之烧杀残毒,历见私家报告,亦均信而有征。故今日处置四川之事,当将界限划清。"除了搞清楚"刘戴冲突究由何方起因"外,还必须弄清楚:(1)刘存厚手上到底有多少军队,而后"去其兵柄";(2)惩办刘存厚,如何对待川匪,如何安插冗兵;(3)如何对付在川横行之滇军。"凡此种种,皆办事者所不可不先事筹维者"。对"今政府已派吴司令为四川查办使"一事,表示支持,"望政府更就四川各种情形为精密之调查,公平之判断,然后立周到之计划,岂惟川人之幸,实国家之利也"。

10日 "时评"《救灾之治本计划》(无妄):"河水暴涨,直隶水灾已成怀襄之势,于是官府绅董急谋筑堤防决,筹款施赈,其意甚盛。然筑堤施赈仍不过治标之计。……治本之道,要在浚治河道,疏通沟渠,使天行虽酷不能成灾,盖救患于已然,不若防患于未然之为得也。"

18日 "论评"《应付西南》(冷观):"云南宣布脱离中央关系一事",是"一部分党人,既力图于西南方面从事破坏事业,则现于该方面握兵柄之人,为保持地方治安、维护本身势位计,非量予敷衍不足以抑遏横流。窃意政府于此,宜拿定主意,一以保全统一为职志,断不能容居心破坏者逞其奸谋。"进而向政府提出"应付西南"之策略——"防守""抵制",而非"攻伐"。

"时评"《辫军自效之机会》(无妄):"中国对于德奥虽经宣战,而派兵赴欧与否,此刻尚未提及。窃谓平逆以还,辫兵四出抢掠,正苦无法安顿,不如乘此机会,将该项兵丁重行编练成军,运往欧洲战场,以备交战之用。"

23日 "时评"《以工代赈为救灾良法》(无妄):"洪水泛滥,哀鸿遍野,官绅商民纷纷集款助赈,只以灾区太广,灾民太多,已有难乎为继之虑。近日复阴雨连绵,凉飙骤至,转瞬秋冬,衣食交匮,数万户之灾黎其将何以自活?杨厅长以工代赈之建议诚今日救济良法,凡有力之绅商所当合力亟办,以为苦同胞开一线之生机者也。此不独津埠为然也,各乡各镇之灾状较诸津埠有过之而无不及,而乡镇之间,巨富小康所在而有,尤宜速筹开办各种简易工场,以安插灾民为实行代赈之计。盖此辈困无复至,势不得不铤而走险,小之则杀人越货,大之则绑票行劫,而本地富户必先蒙其殃,何如预为绸缪,隐弭后患,则救人之中实寓有自保之道也,敢告有力者,盍急起图之。"

24日 "时评"《临时与非常》(无妄):"广东民党议开非常国会,中央政府议召集临时参议院,非常与临时,皆暂且之名词非固定之名词也。""然广东之事,固出于非常;而中央则明明可召正式国会,何取乎临时?不必临时而偏欲临时,是谓非常之临时。""若广东之非常国会,不过一时之结合,决不可以持久;则非常国会之运命只一刹那耳,是谓临时之非常。"

26日 "论评"《感想(二)》(冷观):"民国六年来之历史,一失望与怨嗟之历史也。"历数袁氏称帝到党人入阁,再到府院之争后说:"凡兹陈迹,胥足痛心。盖往复成败之间,国家不知失去多少机会,社会不知毁丧多少人才,所余者,外债若千万,土匪若千万,冗兵若千万,与夫国民精神上之无量苦痛而已。虽然往者已矣,今日能否逃出此失望与怨嗟之公式,吾人实不敢持乐观之言。何则?明明能力不足,而偏自信过度,各抱不惜牺牲、踊跃自杀之勇气以临事,欲逃出此公式,在理殆不可能也。"

9月

5日 "冷观小言"《好对照》:"从前谈到借外债人人反对,各处攻击,而今则以借外债为能,且以外债到手为成功;从前以贿赂为耻,今则以贿赂数额太少,收贿手段太笨为病。如陈锦涛之受贿,人所以齿冷之者,非为取贿,为其收得太少,手段太笨而已。"

21日 "时评"《中日何多故耶》(无妄):"中日亲善之论,日本倡之,我国和之。……乃自盛唱亲善以来,中日间不幸之事反较前而愈多,已往者且不论,即最近旬日之间,奉吉一隅之地,辑安之案、锦州之案、珲春之案、公主岭之案(详纪前昨各报),一波未平一波又起,何中日间之多故也?夫国际之亲善,不仅甲国政府与乙国政府相亲相善,要须甲国军民与乙国军民亦莫不相亲相善,而后亲善之谊乃历久而弥永。不知日政府对于以上各案,果能秉公办理,以表示其亲善之诚意否?慎毋徒责我以片面的亲善之义务,一任其军民有不亲不善之行为,而漫不加察,致生国际上亲善之阻碍焉可。"

23日 "时评"《津其为沼乎》(无妄):"今年天津之水患实为二十年来未有之浩劫。……官绅奔驰查勘,亟修堤埝,严禁开闸,固为防御洪流之急策,然治水之道,首要在于疏浚,苟能宽其去路,则上流之水自能缓缓归槽。"

25日 "本报布告"《为灾民请命》:"本年京畿水灾为数十年来所未有,近来本津贤长官与地方热心公益之善士奔走筹赈,不遗余力。本报同人牵于报务,未能随诸大仁人之后为苦同胞效力,良用歉然。惟念本埠为通商大地,人财两富,调查劝捐较易著手,若夫省外各县或屯镇村庄,受灾或烈于天津,而灾情反无从吁诉,本报窃愿尽其力所能及,宣布各处灾情,以辅官署调查之所不及,且代各处苦同胞呼吁于诸大仁人义士之前,而求其拯援,尚乞各县人士或身受奇灾或目击惨状,迅将现在被灾之状况、善后之办法录锡,本报当为披露,吁求救济,不但本报之幸,被难同胞实拜其惠。敢布赤忱,伏乞公鉴。"

26日 因天津发大水,《大公报》即日停刊。

10月

2日 《大公报》在北京恢复出版。

《本报特别启事一》:"本报因被水害,不得已于九月二十六日暂行停刊,兹以水退无期,未便久停。爰暂移至北京出版。"编辑部设在宣武门外椿树下头条十二号,发行处在琉璃厂铁老鹳庙协通印字馆内聚兴报房。

《本报特别启事二》:本报在北京出版,准每早五点时即可印齐……赶当天头班火车运到天津。

《本报特别启事三》:因为借用"友馆"的印刷机印报,"为简便起见",篇幅不得不减为一张半。

"紧要新闻"《大水灾之要闻丛志》:报道有关灾情和社会各界救灾赈灾的情况。

11日 《大公报》编辑部和印刷部迁回天津。次日恢复在天津出版。

12日 "论评"《敬告读者》(冷观):叙述本报在此次水患中如何从天津到北京,"勉力出版":"溯自本报发刊十余年,与专制政府战,与暴民政治战,屡经奋斗,以成今日之历史。每年除照报界公例停刊外,中间未尝有一日之间断。此次不幸,以不可抗力之天灾,使本报停止出版者七日。此故本报之奇殃,同人等实引为深疚,不得不更励其奋斗之精神,以与自然力相抗。此半月以来,所为辗转京津,不遑宁处。卒于本日复其原状也,同人等以刦余之身,念过去与现在之痛苦,益用兢兢于民生问题之不可忽。自今以往,更当努力于斯。"

照片《呜呼天津大水(一)》文字说明:"日本租界四面钟本报馆门前之状况。"照片上街道被大水淹没,报馆前有人撑船。

13日　照片《呜呼天津之大水(二)》文字说明:"此图系张家祠后安置灾民,大小一千七百余口,搭窝棚三百九十余座。"

14日　照片《呜呼天津之大水(三)》文字说明:"日本租界荣街之水景。"

16日　"时评"《治河为救灾本计》(无妄):"盖今日祸水滔天,人民流离荡析,目睹惨状危象,固不得不急治其标。然仅仅致力于筹款放赈打垱排水,不过暂救目前之计,究不足以弭灾祸之源。治本之道,要在截其来源,宽其去路,非从河道入手不为功,于浅淤者开濬之,于淤积者宣泄之,务使山洪纵有时暴发再不能殃及生灵,方谓功媲大禹。否则,目前之沉灾虽澹,而后日之祸根犹存,仍不能无惕焉。一劳乃能永逸,窃愿当事者毋畏难而徒鹜近功也。"

23日　"时评"《水退后之田地房产问题》(无妄):"打垱排水之法,日界已大著成效,各处亦着手进行,滔滔祸水,谅不难于数星期内排除净尽,恢复灾区之安居乐业,庶几其有望乎!惟是水退之后善后问题千端万绪,而要以田地房产之纠葛为最甚。盖此次巨灾中凡地主房主典户租户莫不受绝大损失,只以大难当前为急救计,自然不分畛域,劫后重来,难保不互相推诿,互相责让而纷讼以起。窃谓与其胶扰于事后,不如未雨绸缪,由官府核定一适宜之办法明示遵行,以预杜将来争议,此亦负办理善后与维持地方之责者所当早为注意者也。"

25日　"社论"《无意义之兵争》(冷观):"民国成立以来,国内兵争不止一次,护国之师,讨逆之战,胥有一纯洁高尚之旨趣。……独此次湖南刘林之叛变,四川滇军之妄动,两广陆陈之抗命,始终以个人权利为目标,引动兵争,扰乱大局,是直庄生所谓人与人相食者,乌有丝毫意义可言。政府若再苟且求安,则是纵容个人主义之横行,以国家供私欲角逐之牺牲,辗转争杀,宇内宁能有片刻之安?""吾人固极爱和平者,然而国家主义不应为个人主义所压倒,此吾人良心上之主张也,则于当世流行之割据主义,乌敢容认,抑吾于近日西南时局,犹有一沉痛之感想。""方今欧战方酣,俄都愈陷,野心之国家,方幸吾国之糜烂破裂,藉收渔人之利,乃西南诸帅,私利是耽,不惜破坏大局,起无意义之兵祸,而自命具有新思想之大人物,且匍匐于三数野心武人之下,歌颂功德,乞求容纳。呜呼,此非新人物之耻耶?"

31日 "时评"《防疫中之应同负其责者》(无妄)："大水灾之后必有疫疠，此其理，夫人而知之。方今官绅之办理救灾事宜者，现已为种种之调查，并为种种之设备，曹督军近又特设灾民善后卫生局，专为灾域防疫起见，其慎重民命造福甚伟。惟是防疫与民命有密切关系，而与民最亲悉者莫如警察，欲为各灾区预消疫疠，必赖警察有卫生思想；实行其干涉主义力为赞助，而又赖地方团体为切实之警告，以辅官力之不逮。盖氓之蚩蚩，往往有不知卫生为何事者，暂求目前之苟安，不顾将来之疾病，苟无人提撕儆觉之，则卫生政策之效果，终不能普及，诚可惜而又可悯者也。故吾于善后卫生局成立之始，谨贡一言，以为保卫闾阎之警察与爱护社会之地方团体告。"

11月

5日 "论评"《日本不应在山东设民政署》(冷观)："世界之战争，兴日本之机会。至青岛一役，逐德人而占领。形胜之地，扼北地之要害，成南满之联络。年来种种设施，何一非有久远之规模。近更布置民政，俨然视为第二之关东州矣。夫日德之战，虽生占领青岛之结果，但其地固中国之土地，而日本特以军事占领之耳。且民国四年五月中日条约，日使照会，明明曰本公使以帝国政府名义对贵国政府声明，日本国政府本于现下之战役终结后，胶州湾租借地全然归日本自由处分之时，于左开条件之下（条件从略）将该租借地交还中国。是该地将来必归中国，固有盟约可凭。然则今之设立民政署，果何心耶？望主张中日亲善之日本当局，其有以解吾人之惑。"

6日 "论评"《唐继尧与陆荣廷》(冷观)："唐继尧非将督师入川耶？滇军在川之抢劫焚烧不已酷耶？陆荣廷非已离南宁而赴粤耶？陈炳焜至今非犹盘踞广州耶？唐陆之态度固已鲜明若此，而中央则犹委蛇敷衍，此真令人百思不解。"

7日 "论评"《川粤湘形势之新观测》："西南问题发生已久，政府费许多苦衷，不得已而诉之武力"；"吾人虽希望和平，至此亦不能不希望有武装的解决之办法"。然后就如何处理川、湘之事，为政府出谋划策。

16日 "时评"《宜亟行以工代赈法》(无妄)："散放米麦，施给棉衣，搭盖草屋及窝铺，灾民之衣食住已草草苟完，筹赈诸公之热心苦志诚为灾黎造福不浅。但仅给之以衣食住不过图目前之暂安，若数万户灾民永久仰给于赈济，非特难乎为继，抑且适以长惰。善后之道要在振兴各种工艺，使灾民得以自食其力,有恒久之生计,所谓以工代赈,其功较直接施赈尤巨也,望诸公其致力于此。"

20日 "论评"《所谓调和者如是》(冷观):"平和者,人人所希望者也,然而得之当以其道";"吾人希望平和之心不后于前敌将士";进而指出,南军无"求和之诚意","满心期望平和"的"王汝贤先生湖南督军尚未到手,即狼狈被逐以去。此诚足以唤醒吾人爱慕平和之大梦而为此自相倾轧者垂鉴戒矣。"

28日 "论评"《究竟如何》(冷观):"吾国数年以来,政局倏扰,几无一日之宁。揆厥真因,胥属人的问题纷扰其间。与我好者便为好人,与我恶者便是恶人,何尝有真是非与真毁誉存乎社会。近来南北构衅,在政府为不得已之举。今舆情虽希望和平,而双方实尚无办法。"指出:"目下重要问题,欲和则宜莫过于议和之条件,军事之收束,善后之整顿。"段合肥辞职后,今后无论谁做总理,都应考虑"大局之何以善后","或和或战,均当研究办法","早一日解决,早一日减少民生痛苦"。

29日 "论评"《平和之疑问》(冷观):"今者调和之说,诚哉最合时宜。然而滇黔川之战决非一道命令所可停止,党人攻闽图浙之野心又岂陆荣廷辈所可制抑。""吾侪所梦想之平和者能否得达,终为一大疑问也。"

12月

11日 "北京特约通信"《日人在山东设立民政署之近闻》:日人自山东设立民政署一节侵权违法,业经鲁省人士迭电政府严重交涉,详情已屡志本报。兹据外交部人云,日使馆对于此事亦觉不甚妥当。

13日 "时评"《究竟是谁大》(无妄):"新出产之大广西主义,大云南主义,昨已以其奇特而加以评论,兹阅沪上报载,谓主持两大主义者时常发生冲突,现特组西南联合会议以调和之,然则所谓西南联合会议者殆将合两大为一大乎。"

"紧要新闻"《日人在奉滥用警察权》:"日本在奉省各县设立日警察署或派出所者……计有十余处之多,凡日人与吾民系因细故口角,当地日警即出而干涉,甚至滥用警权,潜行拘捕华民带至日警所,用刑逼供,或以煤油冰水等倒灌入鼻,种种非刑,见于华民,呈诉者不胜枚举。"

19日 "时评"《为富不仁》(无妄):"今年直隶水灾之重为从来所未有,凡有血气者罔不为之伤心下泪,愿牺牲个人所有以推解于灾黎,俾免于冻馁。人皆有不忍人之心,益信古人之言不我欺。乃据奉省来函,竟有利用机会广收红粮,高抬价格,以冀于赈灾期内大获厚利而操灾民生死之权者(详要闻)。呜呼! 诚有是事,则其人存心之毒,手段之辣,实较洪水猛兽而尤甚,地方长官与负救济灾民之责者正宜切实调查。如事属非虚,即应将其所已收买者悉数充赈,以为为富不仁者戒,庶几嗷嗷哀鸿不致为奸侩所厄死乎。当局者慎勿以其事出于官营业之机关而徇情不究也可。"

27日 "论评"《停战布告与时局》(冷观):"停战布告下矣! 时局之不能解决,当无以异于前日。盖元首停战之电令,前此盖已两下。然而粤军之攻闽,滇军之攻渝,初未因之而停止也。"分析战事未息之缘由后说:"故吾以为,停战布告直与时局无干,岂特无干,且恐益滋困难。"

29日 "中西特约电报"《哈尔滨俄军投降》:中国军队之派驻哈尔滨者,曾令俄国军缴械,要求俄军即于23日退出。

"北京特约通信"《停战布告所得效果竟如此耶》:自停战布告发表后,吾人亦以为好治而恶乱、去危而就安,人人心理所同,似如大总统布告所断言者。然数日来,各方情形并非如此。各方消息汇记如下:(一)西南拟表示意见;(二)李督军真善调和;(三)福建之危机如此;(四)王占元仍来告急;(五)程潜正谋攻岳州;(六)南方增兵之鄂电者。

"紧要新闻":俄德停战全文之披露。(按:1918年1月1日接载毕)

30日 "北京特约通信"《停战布告之效力究竟如何》:依然一片杀伐声。

"时评"《停战后乃有是乎》(无妄):"不谓明令方饬停战,而某处某处开战之耗,某处某处告急之电,转雪片而来,较未令停战时反形险恶,岂布告令之效力,实隐类于催战符乎?"

31日 "启事"《本馆特别启事》:"时序匆匆,已届岁暮。屈指回溯国内外发生重大事件,实以今年为特多。本馆爰撮一年间之时事要端,特编民国六年大事记,佐以关于大事之各种插画数十幅,精印一大张,于阳历新年号增刊随报附送,不取分文,以供阅报诸君之雅赏,藉留民国六年之纪念。……《大公报》馆预告。"

1918年(民国七年)

1月

1日 《新年之辞》(冷观):"吾侪久业新闻,与社会最接近,诚知以此愚暗之国民,堕落之社会,欲求产出良善之政治,殆绝对不能。自今以往,惟求国民觉醒,社会改良。如国民之精神生活能富于活泼贞健之性质,则社会现象不难进于光明之域,而今日纷纷扰扰之徒,胥常敛其妖迹。苟非然者,主人翁之国民,既昧然不自振作,则必有土匪来作总统,人妖尽充要人之一日。吾人虽怀种种希望,亦惟有终于太息悲愤而已。兹敢于献岁之始,一贡责言予国民,吾人亦愿黾勉自励,期诱导国民于新生活之途,发扬新社会之光辉。请于来年此日相与课其成绩可乎?"

12日 "时评"《兵战乎战民也》(无妄):"国内兵斗数阅月矣。胜败之报,南北互见,而亦南北互异。惟有一事相同者,则每战之结果,从未闻此军击死彼军几千几百人或彼军击死此军几千几百人,只闻两军交绥之下,某军溃败时或某军进追时沿途大肆焚掠杀商民数千百人,刮商民数千百户而已。呜呼!此之谓为国家而战,此之谓为法律而战,此之谓为人民生命财产而战?"

13日 "北京特约通信"《国民外交后援会上政府书》:"日本在山东设民政署一案,鲁省人民极端反对,推举代表奔走呼吁,迄今并无圆满之解决。"

2月

1日 "启事"《注意阴历新年后之本报》:"本报年来编辑纪事益图改良,今从阴历新年起,再求精进。聊举数端预告当世,幸垂察焉:(一)增加篇幅:本报原只两张半,兹后添成三大张,以广揭载;(二)添置访员:本报除于北京特聘得力访员六七人外,上海、汉口、奉天、开封、保定、济南、广州均聘有访员,专司采访,兹更添聘成都、长沙、南京等处访员,使南北消息捷于影响。(三)改良印刷:本报印刷向极精良,今更将各号铅字一律换用最新式,益令面目一新;(四)特撰小说:本报现聘定最有文名之小说家,撰述趣味浓厚之小说,按日排登,鼓舞阅者兴趣;(五)增置讲坛:特于新闻栏中辟出讲坛一门,介绍中外学者实务家之学说意见,以期提倡学术,且供事业家之参考;(六)注意民生:特设社会之声一栏,广收来稿。凡地方利病人民疾苦,悉为揭志,为民请命。并设公布栏,揭载各官署公布文件,以便各界查阅。(七)特别赠品。……本报敬白。"

15日 "社论"《社会与政治》(冷观):"今之士夫,盖莫不摇首蹙额于政治之腐败溃坏矣!然试问今日各种社会,有一不腐败溃坏者否?吾人之先辈先觉,固尝有欲藉改进政治,以改进社会者矣!然试问其人自身,有不为腐败溃坏之社会所能镕毁者否？呜呼！今之社会直杀人之社会耳。以社会救济政治，成效诚不可期，若夫藉政治以图改良社会，直无异自即于刑场耳。"

"……是故今日欲救中国，当先救社会，欲救社会，当制造中坚，此则今日智识阶级之人物所当自觉自奋者也。……自来风气之转移，往往由于少数艰苦卓越之士，树之风声。今社会之腐败溃坏极矣，举世之人岂尽满意于今日之社会？使有志士者，起淬厉精神，卓然自树，与恶社会相激战，则行见清新之气将由社会之一隅，受举世之欢呼，以征服浑浊之世风矣。使今日智识阶级之人物皆能保持本身之性行，不为恶社会所熏染，复能发展其能力，各从事于社会事业，不复局促于政治生活，恋恋于行险徼幸，则社会各级必有向风慕义者，国民之精神生活既为之一振，则社会自能发生健全之中坚。夫如是，则似是而非之爱国者、攘权谋利之野心家，自然不能容于中国，错综纷扰之政治问题不解自决矣。"

21日 "论评"《为富人贵人危》（冷观）："政治黑暗自民国以来，盖未尝有若今日之甚。社会间民生困苦既达极度，失业咨嗟之上，满坑满谷怨气中，于一般人民，物极必反，吾窃为今之富人贵人危之。一旦激起生计革命，恐诸公财多位尊，适足为致祸之媒也。"

28日 "社论"《世界大势与中国》（冷观）。这篇长文首先说："数年以来，内争频仍，民无生气，教育不兴，智识未进，普通社会，不知世界问题为何物，夫复何怪？特世界潮流行将贻大影响于我国，心所谓危，窃愿一述其默念所及者，为政府与国民告。"接着仔细分析欧战五年来世界形势的变化，尤其是英、法、德、意、俄、日几大强国纷争中关系的变化，最后说："国际竞争再接再厉，近东问题已引起五年之战斗，远东问题尚不知将掀何等波澜。彼日本已著著布置地盘，则问题本身之于我国人，顾安能久于闭门自杀坐待处决耶？窃愿我政府与国民一深长思也！"

"命令专电"路透社香港电《香港赛马大惨剧》：二十六日香港春季赛马大会华人观赛棚忽尔倒塌，压死生命无数。同日火灾爆发，被烧死者亦多，至夕火仍未息。华人观赛棚皆建竹木盖以篾席，故火势蔓延甚速，全场尽毁。西人观赛亭改为临时医院，所有私家车均用于载伤人。赛马场附近坟场死尸满布。日本益友会之观赛棚亦被焚毁，死去日人多名，葡萄牙人亦不少……现已搜出尸烬五百七十一具。

3月

1日 "命令专电"路透社香港电《香港赛马大惨剧续报》：赛马场惨剧焚毙人数内，有汇丰银行人员某阖宅连妻室姑姨及子五人，并副管账及妻等均罹于难。随又寻获尸烬七百三十具……日本人受伤者二十人，烧毙者十一人，失踪者二十三人。

9日 "命令专电"路透社俄京电《俄政府已决计迁都》：政府已决议放弃伯搭格勒，将行政公署等分迁至莫斯科那夫格洛及加善等城，外交大臣及路政大臣均已首途，人民迁徙者纷纭于路。

17日 "时评二"《饥民抢粮之危机》(无妄)："民食问题，本报不惮再三忠告，以期唤起当局之注意，诚以欲保地方之安宁，第一在维持民食也。兹据访员报告，五凌地方竟有饥民抢夺日商粮船之事，是将由民食问题而牵入外交问题矣。夫饥民之抢粮，志在得食而已，固不问其为本国人之物或外国人之物也。今既由领事函请严拿，政府自必竭力惩办。然当念饥民之苦况而慎重处理，万勿因事涉外交，遽行操切从事，致以小事而激成大祸也。"

25日 "论评"《敬告段总理》(冷观)："今当三度登台之始，吾人惟望合肥追鉴前失，慎选阁僚，勿使引为我助者反为后此拆台之人，振作精神，勿复如前之敷衍。而尤要者，考察内外之大势，确立收束时局之方针，开放用人之门户，汲引各方面之人才，在个人补褊狭之失，在国家广登庸之路，而消弭乱源，平其不平，更收釜底抽薪之妙用。要之，多用一番心思，即多一层效果。当国大事，讵可以随便为之。自来政治家之出处进退，必具真意义与真抱负，固非仅为左右近习挣得一二高官原官而出也。望合肥好自为之。"

4月

5日 "论评"《西比利亚问题与中日关系》(冷观)，在分析了日本出兵西比利亚问题"实大有长虑却顾之必要"后说："乃近据中外人间传闻，日本方以共同出兵为口实，向我国为军事上财政上之种种协商，甚至外人宣称，'二十一条'之第五项要求复活。以理度之，或不若是。惟望政府当局，细心一察世界之大势，再就中日两国共同出兵西比利亚一举，反复推究其本身之利害，勿震于参战义务、共同责任之说，自绳自缚，贻悔将来。至于东北西北，我国国境内之边防，实无引人协力之必要。此中界限，尤应分明，甚望当局者深思熟虑，勿受人愚也！"

7日 "译论"《美国报之排日论》(冷观)。记者附志:"美国纽约美利坚报 New York Hmrican(按:疑为 American)于三月四日登一社说,题曰《日本之入西伯利亚非以助协约国实自坚壁垒也》,呼号人种战争,将美国一部分人疑惧日本之心理尽情发挥。爰亟译以供国人参考。"原文观点为:"日本之插足西比利亚……利用欧洲之俶扰,以建造亚细亚大帝国,将为全世界白色国民之大患也"。

15日 "论评"《为中日交涉告两国当局》(冷观):提醒政府,对日本犹须格外防范,"若夫日本政府,方标中日亲善之国是,当知亲善之实存于国民,断非当局一部分之交谊所可代表。日本对于中国,既往之事,久刺激国民之头脑不可拔除。如果利用一时之事机,复为不利中国之要求,悉如中外之所传,则招致中国国民怨恨愤怒,正不亚于大隈内阁之廿五条件。欲弭谣言,当揭真相"。

17日 "时评二"《放弃选举权之非》(无妄):"闻此次直隶初选调查,多有志行高洁之士,以议员为当世所诟病,不屑随波逐流,自愿放弃其选举权,而深自韬晦者。呜呼,此大不可也。夫运动选举作种种丑态,固为贤者羞称,然矫枉过正,甘心放弃,则议会中将益少优秀分子,而无耻钻刺之徒更易夤缘当选,将来选举结果,愈不堪闻问矣。故吾人对于运动选举者,既不惮口诛笔伐,而对于放弃资格者,尤不禁为议会叹惜也。"

5月

1日 "论评"《中日新交涉》(冷观):"日本人每谓中国人好排日,其实排日之种子,固历年来日本政府所莳也。中国人对于日本,无时不怀疑惧惶惑之心。此无他,日本当局好以种种交涉,不时刺戟中国国民之神经故也。日本之对俄方针,尚未大定;西比利亚出兵问题,又已下火。乃于中日共同出兵细则,积极进行,迫我速决。中国国民非尽童稚,观于此种行径,证以从前事迹,求其不疑不惧,乌乎可得?"

2日 "时评一"《剿匪要策》:"匪患遍全国,而以鲁省为尤烈。据近来报告,竟至连陷名城,焚杀掳掠,行所无事,实有愈剿愈多之势。何匪之猛而兵之怯也?此无他,盖官吏与军警辄暗自与匪沟通,以故匪焰所至,如入无人之境,而人民之生命财产遂悉供其牺牲,是匪犹虎而官吏与军警实伥也。欲除虎必先灭伥。"

4日　"启事"《本报特别启事》："本报为提倡经济学识起见,于第二张特辟经济专栏,披露国内外最新经济论著及各国关于经济界之设施并记述各地经济状况,以供国中留心经济事业者之参考。每星期一日登载一次。即从下星期起实行。"

6日　"时评二"《直鲁宜联合防匪》(无妄):"鲁匪窜入直境行劫,已屡纪报端。……呜呼,匪焰愈炽,匪胆愈张,直隶骎骎乎为山东之续。况乎剿此则窜彼,剿彼则窜此,将永无肃清之望。故剿匪之事,万不可划分省界,此联防政策之所以不再容缓也。"

"经济栏"开栏,第二张一整版。辟"论著""译件""参考资料""调查文件"。

14日　"北京特约通信"《留学生归国风潮近讯》:留日学生因反对中日军事协约,本月六日晚相约汉阳楼及维新两中国餐馆开会时,被日刑警捕去四十余人,且当盗凶看待。学生愤不可言,决定罢学回国。据东京驿之调查报告,已有千人以上归国。

18日　"论评"《中日军事协定案》(冷观):"中日共同出兵条件,两国磋议已久。因关涉军事,政府严守秘密,以致揣测四起,舆情不安。吾人初望政府,略布真相,以释群疑;继则更望中止谈判,以息谣诼。今竟以交涉终了,双方签字闻矣!""惟兹案最要之点,即在共同行动之范围,效力终始之制限。甚望政府能就此两点明白宣布,则国民疑念或可涣释。"

20日　"论评"《条约与事实》(冷观):"吾国为尚文之国,于名义与表面最为注意。狡黠之外人,洞察此国民性之弱点,往往于攫夺权利之时,美其名称保我面目,而实则权利损失。""此次中日军事协定……惟吾人所欲促政府与国人之注意者:第一,文字之解释,是否确定无疑;第二,今后着手预备,即已涉及事实问题,在事各员能否固守条约之精神。不贻约外之损失。"

21日　"论评"《中日军事协定签字余感》(冷观):"该约犹有应当注意之两点,即协同出兵地点,约内并未载明。""预备之事是否签字之后即要着手",开始后,因执行人的"愚昧无识、媚外弃权"所造成的约外损失,约中未写明,应防止日人于约定外另有所图。"凡此两端,似为全案命脉,心所谓危。"

22日　"时评二"《直把选场作战场》(无妄):"县公署为初选之选举场,日昨举行投票时,万头攒动,毫无秩序,书记与选民屡次混打,而从中呐喊之声又轰轰如雷,此真极选场之奇观也。夫选举所以求优秀之士,为国家议大法决大疑者也。今其初出茅庐,即如投身恶浊之殴斗场中。呜呼,我国应选之国民与办理选举者之程度亦可见矣。"

"北京特约通信"《北京大学专门全体学生为中日新协商晋谒总统详志》:北京大学、国立法政学校、高等师范及高等工业学校四校学生约两千人,昨晨集会派代表往见冯总统,要求解释中日军事协商条文。总统当面朗读并剖析之,学生代表乃满意退出。前些时,蔡元培校长因劝阻学生无效,曾表示将向政府辞职。即晚(二十一日)北大全体学生召开大会,设法挽留蔡校长,今日(二十二日)照常上课。

23日 "时评二"《选举舞弊》(无妄):"据洙县选民来函云,该县调查表有选举资格者有六千余人,前日到场投票者,只有三百余人,岂彼五千余人均自放弃其选举权耶?逆料开票之时,票数决不止三百,知必有所谓七出七入之票友,在其中各献其好身手也。然选举舞弊,随地皆然,似此情形者,恐不仅一洙县为然也。"

30日 "论评"《异哉日本出兵问题复活》(冷观):"此次中日军事协定,形式上虽似以互助之精神,为防敌之行动,究之我国,国势衰弱,军力幼稚,人才缺乏,何能与日本并驾齐驱?脱竟实行,则利权损失,万不能免。吾人固不敢如政府诸公之妄存乐观也。多数识者以为,事后补救、釜底抽薪之法,惟冀出兵之举不见实施,则约载诸文无殊废纸。""西比利亚之形势初无变迁,论干涉俄国之内政亦无是理。"日本"殆别有作用耶,敬告国民注意"。

6月

4日 "时评二"《直隶内部亦有匪祸矣》(无妄):"直隶各边县发生匪祸,已屡纪各报章。……栾城居直省中心,与鲁省绝不相连,今亦以巨匪肆劫闻,是则直隶境内之匪类,固亦皆蠢蠢而动矣。鸣呼,蔓草不图,燎原难灭,循是以往,其不致为山东第二者几希。"

5日 "时评二"《联防治匪策》(无妄):"直属东光各县,为预防匪患起见,特订十县联约之法,此策甚善。"如此,而使得"匪盗既无地以容,非就擒则散伙耳"。

22日 "论评"《吉会铁路借款观》(冷观):"吉林至朝鲜会宁铁路,日本于前清宣统元年图们江中韩界务条款第六款,即已约定将来与吉长铁路一律办理。当时用意,盖为防俄而设,实带军事眼光。嗣后,国际形势一变,日本更无积极防俄之必要,遂不复催筑此路。至于今日,朝鲜清津至会宁铁路闻已筑成,而南满北韩经济上之联锁,亦成自然之需要。……惟吉长铁路当年自办之时,按约系将所需款项之半数,向日本南满铁道会社商借。上年中日条约之结果,吉长路约根本改订,遂成委托南满会社代办之局,路权改属日人。……今之借款,不过权抵我国应出资金之半数,将来实行建筑之时,另一半数,或当仍由南满会社承借。夫使先后资金,悉为日款,复有与吉长一律办理之成约,则此路建筑后之主权所属,不难就吉长路现状推之。呜呼!南北满交通之脉络,嗣后殆将全掌于日人之手,而东北国防亦将撤尽藩篱,借款虽无多,关系诚不小也。"

25日 "论评"《日本对俄出兵与中国》(冷观):"日本对俄出兵之议,近又嚣嚣尘上。盖由西欧战场德势猖獗,英法诸国希望日本出兵俄国,以牵制德军于万一。"文章在分析各方面对此事诉求后总结说:"俄国人种复杂,政情诡变,而各国国际利害又复错综不一,兹事体大,断非一时所可决定。吾国于此要当冷静慎肃,多求研究之资料,以得独立之判断力,更为周密之筹划,以定独立之方策。若以耳代目,周章盲从,则贻误国家。"

28日 "时评二"《亟筹贫民生计》:"欲谋社会之安宁,首在开辟贫民之生计。欲为贫民辟生计,惟在设立各种大工厂以容纳之。直隶之贫民众矣,生计之窘迫极矣,而工厂之设立尚属寥寥,此社会之所以日见穷困也。"

29日 "时评二"《宜划平米面市价》:"近畿田亩,自经大水之后,土性滋润,顿形肥沃,闻今年麦秋预计可获加倍丰收,农民颇有苦尽甘回之望。"米面市价降低,而商埠价格未动,"商家只图厚利,殊与贫民生计有碍,地方官吏正宜严查晓谕,以平市价而便民生,勿任市侩之居奇焉可"。

7月

2日 "北京特约通信"《章太炎看破红尘》:据可靠消息,向在重庆羽扇纶巾聚米策划之章炳麟,以西南不用其谋,且与唐继尧意见甚深,业已看破红尘,于六月十三日在四川峨眉山祝发受戒,宣言不再与世俗通问。

6日 "论评"《共同出兵案之将来》(冷观):"中日共同出兵之约既定,吾人即逆料此约终须实行,而隐以人才不足应付为忧。近来,西比利亚形势益见变化。日本方在着着筹备于军事,与外交齐头并进,一旦华盛顿之反对态度一改,则一岛健儿必将飞跃于北满之野。"我国中央政府在这"共同出兵案实行之利害关头",须指定专人制定周到之计划,不可草率行事。

14日 "时评一"《森林借款之反对声》(无妄):"吉林人民为反对森林借款事,前日开公民大会,集谋进行办法,风潮十分激烈,此种情形,政府正未可漠视也。按此事之发生,实缘于一二宵小(范厚泽、胡宗瀛辈)见政府日日以借款为生活与经手借款之肥利,加之以外人勾结,遂投机献策,为大发横财之计。政府方醉心借款,竟惟宵小之言是听,而置地方长官之谏诤于不顾。……为今之计,惟有速罢斯议……否则大错铸成,人心解体,国命亦相随以终。"

19日 "时评一"《无量之债务国》(无妄):"日本明治维新之初,亦一债务国耳。经营三十年,一跃而为债权国。即以对华投资论,自寺内内阁成立至今,已有一亿四千二百七十万之巨。以前者无论矣,于此可见彼国当年所得之外资,悉用于生利事业,而罕用于消耗事项。故能收如是之速效耳。""我国昌言维新垂二十年矣,盛行借款亦十余年。至最近数年更大借特借。""然而,徒见债台之增级,不闻国力之滋长,是我国专受借债之损,难享借债之利,亦终于为埃及之续而已,尚安望有清偿宿通之一日哉?及早猛省或者犹可为乎!"

23日 "时评一"《怪哉使庇匪者收匪》(无妄):"防营之设,所以除匪;若以防营而庇匪,或且通匪,则营兵亦匪,营官亦匪矣。"鲁省之所以匪势蔓延,很大原因是防营庇匪通匪。鲁省都督对于"李德厚前因其庇匪殃民而黜罢之,现又将任之为收匪司令","殆犹以匪祸不烈,而又令与匪通气者为之扬其焰而助其势乎?"

8月

3日 "时评一"《不可招匪为兵》:"招匪当兵,本非正当办法。盖匪徒苟非穷蹙,决不肯投名应募。所来应募者,无非穷无复之,藉此以为息足地耳。招此项匪兵入伍,在欲仓卒成军者,固觉易于招集,然入伍之后,非惟不堪应用,且将为全军之累,并为地方之害。"

11日 "论评"《金币借款与币制改革》(冷观):"吾国币制改革之议,争论十有余年。""年来,世界大战,金贱银贵,国际贸易与国际借贷动带投机之危险。是以币制改革问题,复为内外有识者所注意,尤以经济关系最密切之日本特别热心。""近者,政府向日本借金币八百万元,标榜为改革币制。察其主旨,亦在统一银币,预备改行金本位。然据世人所传,则借入日本纸币,仰日本银行准备金为准备金,是直替日本金票推广用途,为日本银行开设分号而已。以此而曰改进币制,果得为名实相符,无有流弊者耶?诚令人不能无疑也。"

12日 "时评一"《新国会开幕》（无妄）："吾人对于此次开会,较诸前两次之开会,不免稍异其感想,盖新国会虽告成立,而旧国会仍藕断丝连,在别一方面为同样之组织,纵老店新开,其势已成弩末,而一个国家中竟有两个国会对峙,尚复成何国体？不知济济多士,果能一洗捣乱之旧污,力展福国利民之伟划,以表示有正式国会之程度,而慰国民之望否？"

14日 "论评"《国会与制宪》（冷观）："旧国会两次召集,成绩不良,为世诟病,其最愧对国民者,即在制定宪法,拘执党见。卒令根本大法,未克成立,国家基础时虞动摇。……昨者,新国会已开幕于北京（按：作者谓广州孙中山主持下成立的国会为旧国会,故有此说）,所负之责任,亦以制宪为第一重要,兹事体大,非短篇所可尽其言,惟窃愿议员诸君,首宜注意三点",并以此作为"今后制宪之前提条件"：一、"旧国会之宪法草案,一部已经过法律初读二读之手续者,其效力今日仍然存在,不能偏于感情,妄主推翻"；二、"原宪法草案迭经研讨,用力已多,其内容虽不少缺点,然大部分颇为完善,今后只能择草案中最有流弊之条文,于法律范围内,谋补救之计,不宜多所修正,致滋纷扰"；三、"宪法中重大问题,本来多未解决,去年国会将解散时,各党自行觉悟,所提意见多半允协……此次继续制宪,去年妥协各案,大可供议员诸君之参考"。

17日 "时评二"《联防为治匪上策》（无妄）："防匪与防敌异,防敌可以各分汛地,防匪则须通力合作。盖敌军之来有一定之趋向,防御之者自不妨此疆彼界各负其责。若匪徒则行踪飘忽,东窜西突,苟非四面兜剿,终难奏效。直隶藁城等县因东匪窜扰入境,预结七县联防之法,此诚治匪之要策,然仅仅七县联防,彼七县以外,犹不免受邻邑为壑之殃,必也由全省联防,推而至于各省联防,庶几有肃清匪祸之望乎？"

19日 "论评"《今后之国防问题》（冷观）："今者日本出兵满洲里已成事实,前车已覆,来轸方遒,新疆蒙古之国防布置,诚不可一日缓矣。呜呼！国家设官养兵为纾国难耳,国防危急至此,不容再缓,彼据高位拥重兵者,其亦有动于中否耶？"

20日 "时评一"《大股女匪出现矣》（无妄）："山东发现女匪,报纸已屡经记载,然所记女匪,不过大股匪徒中偶有一二妇女而已,非纯粹的女匪也。今单县发现之女匪竟拔载自成一队,以与官军抗战,且不能敌,此路女匪之雌威,亦可惊矣。世之言强国策者,方盛唱通国皆兵主义,今之匪即变相之兵也,男匪之外,又有女匪,或者通国皆兵,骤难办到,而通国皆匪,将先见诸事实乎,呜呼,强哉!"

"时评二"《直隶防匪不可缓矣》(无妄):山东匪患扩张,"今则肆虐于濮县,距直境仅三四十里……仅恃县署之少数警备队,乌足以遏方张之寇?则直长官之握有重兵者,盍先出其一部分,以预杜匪源而保民命乎?"

25日 "论评"《解决时局与总统选举》(冷观)论述"解决时局"与"总统选举"两者关系。针对有人提出先解决时局再选总统的主张,提出"先选举总统再解决时局",选举总统有利于时局解决:"今者,总统选举将届实行。国人惟望藉元首递嬗之机,造局面一新之势,得一信望兼隆之总统,解此纷纠固结之时局。"并且,"总统选举有法律之规定,时局解决系政治之问题,法律地位苟得一适当之人物,则政治难局之收拾悉能有正当之归宿,本末先后,所关至巨,不容倒置也"。

29日 "时评一"《白饭黑饭之出入观》(无妄):"近日南北报纸记载,最多者除军事外,一曰收买烟土案,一曰运米出洋案。人民不愿烟土入口,而政府竟乐其入,人民不愿米粮出口,而政府竟许其出。此二事皆大反乎国民之心理,政府顾毅然为之者,果何谓欤?"

9月

3日 "时评二"《慷他人之慨》(无妄):"允济日本之米数,又由一百万石,推展为二百万矣。恐出洋之确数,犹不止此。盖既许出洋,则源源而去,无须请益,而自有贱商市侩,暗中为之继续输出,且政府虽令以江苏为限,又安能禁其在他处收买,不然何以数日之间,津埠米价亦日渐增涨耶?呜呼,自今以往,不知又须以几许饿殍,供亲善二字之牺牲矣,尚何言哉。"

4日 "北京特约通信":昨日之总统预选会;安福部最大盛会;一致推举徐东海。

5日 "论评"《徐东海果当选大总统》(冷观):"徐东海果当选大总统矣!……武人政治,久为世病。……徐公夙以学者的政法家得名,其所以受举国欢迎者,亦正以系文治派人物,谓足以挽武断政治之狂澜。然而,徐公其将以何法疗此政治之痼疾耶?和平统一,人人所望然。……大凡政治家,躬际难局,必先有统筹全局之方针,绵密周到之办法,秉其所信,负责而行,无取乎规避敷衍,如世俗巧滑小吏之所为。天下所责望于徐公者至大且切,徐公将以何等大经纶慰吾国民耶?"

"专电"《记昨日之总统选举会》：新国会参众议员四百三十六人，昨参加中华民国第二届总统选举，投票结果徐世昌以四百二十五票当选，段祺瑞得五票，王士珍得一票，张謇及倪嗣冲、王揖唐亦各得一票。

7日 "时评二"《亟宜平粮价》（无妄）："直隶并无准米出洋之事，而津埠米价逐日飞涨，此事良堪怪异。"今年麦秋丰稔，量价低落，而市面上米价却蒸蒸日上，"苟非奸商希图出洋牟利，预为囤积居奇，则何致有此贱卖贵买之现象"，希望"关心民食之长官，详查其原因，严加以取缔，勿牵于中央弛禁之政策，一任奸商之为厉于社会也可"。

10日 "论评"《民生主义》（冷观）："中华民国之执政，忘其人民也久矣。徐东海当选总统以后，通电南北，拳拳以颠连困苦之民生为言。近日政界传说，且谓新元首之新政见，以民生主义为指归。呜呼，仁人之言，其利溥哉！即此爱民之声已足令普天下颠沛无告之人民苏其垂尽之气矣。"然又言道："先定根本之政见，然后始能立具体之计划。仅曰民生主义，固无是非善恶之可言。忆项城时代尝设所谓国民生计委员会矣，书生空谈，无裨实际。……前事不远，吾望东海坐言起行，终有以起吾民于沟壑也。"

12日 "论评"《欧战前途与中国》（冷观）："西欧战场，近日协约军迭奏胜利。德国武力主义，行见失败。……吾观之，军事战已近尾声，外交战与经济战将日趋剧烈。吾国若不自求回复秩序之道，则欧战一毕，必有受外人共同干涉之日。日来所传英美协会之调停提议，实其先声，国人奈之何？犹不早为计耶！"

"时评一"《匪事燎原矣》（无妄）："鲁省各县之被匪攻陷已屡见报告，今则濮城、阳谷又相继失陷，鲁匪之猖獗，盖愈闹而愈烈矣。夫土匪之行为，不过拦截行旅抢劫村落而已，今乃竟敢攻城夺邑，掳掠一空，是已由土匪而变为流寇矣。……苏督军发起四省联防之法，洵属治匪上策。然实行之效，须视各军之得力与否，若徒托空谈，终无肃清匪祸之望也。"

17日 "告示"《本报特告》说："德势东侵，联军西发，中日军约实行，北海风云方急。本报关于此等消息记载，向极周详，惟国际关系至为复杂，军事情态尤多变化，事实真相不易明了。本报记者胡冷观君有鉴于此，特于十二日出发，为北满之游，将以该方面各种情形，举其调查所得，通缄本报告之国人。特此广告，请留心时事者拭目俟之可也。"

"专件"《旅游漫记》（一）《汽车之客》（冷观）：报告他此次北满采访的动

机、计划,以及从天津出发的情况。(按:胡政之的"北满之旅"是日从天津出发,至奉天,再从奉天至吉林,由吉林至长春,从长春到哈尔滨,由哈尔滨到海参崴,10月中旬回到天津。在一个月的时间内,胡政之马不停蹄,足迹遍布整个北满,采访了各色人等,了解了大量情况,写了14篇通讯,从9月17日至10月14日在《大公报》"专件"栏陆续刊出)

18日 "专件"《旅游漫纪》(二)《奉天至吉林》(冷观):报道一路见闻及感受:"入南满车,觉与两年前有异者,第一俄国人之多,第二日本人乘头等车者之众。前者大致系受俄国变乱之影响,后者足征日人生活状况之增侈。""自奉天以至吉林,令人尤感苦痛者,货币之复杂以外,辅币尽绝是也。""民间生活程度日高一日,官厅竟无人过问。但图军政费之便利,滥发又滥发,而外人吏因而加厉,人民膏血,转瞬为无数之小钞票吸削尽矣,宁不痛哉!"

20日 "专件"《旅游漫纪》(三)《吉长路之今昔》(冷观):"现在该路(吉长路)实权渐次移于日人之手,除总局职员多用日人外,各站副站长悉为日人,其权实在正站长之上。车上用人如车队长之类,则仍为华人。车资近来增加三分之一。凡此皆与两年前不同,令人不胜慨唁。"

21日 "专件"《旅游漫纪》(四)《北满情形一席话》(冷观):在吉林与一"政界有力者"的谈话。他说道:"日军初到北满时,态度极为强横,硬索营房,求守桥梁,确有其事;近来行动少少敛迹,中外颇能相安。"还说,"日本态度所以近趋和平者,大致与美国有关"。胡政之强调说,此君因为系"政界有力者",他的话很有参考价值。

22日 "专件"《旅游漫纪》(五)《中东路之过去与现在》(冷观):"中东路名虽中俄合办,实则法俄合办,盖我国初未投资也。"通讯详细记叙华俄之间的关系,以及华人员工的工作状况:"以予所调查,俄国各处铁路,向来定章工员薪水,悉按劳作多少,照等累进,最低者一月不过羌帖十五元……另加津贴,七十元起点,津贴之数视其薪工多少为反比例,薪多者津贴较少。……自过激派得势,工人地位为之增进,中东路工因要求改按工累进制为分等给薪制,以是拿钱不作工者比比有之。"

"时评二"《匪乱遮断交通》(无妄):"鲁匪猖獗,津浦车因之停止开驶。南北商旅所受影响诚巨……且闻此项匪类,多已就振武军之招抚,将使之南下援闽者,今竟中途作乱,为害闾阎。招匪为军之效果,竟至于此。主张抚匪政策者,亦可以鉴矣。"

23日 "专件"《旅游漫纪》(六)《西比利亚政府首领之访问》(冷观):西比利亚政府首领窝罗郭特斯基于17日午后一时半,由西比利亚抵哈尔滨。胡政之以新闻记者资格,往车上欢迎,并请他发表谈话。窝罗郭特斯基在谈话中详细分析北满地区的军事、政治形势。该通讯详细报告了窝罗郭特斯基谈话内容。(按:次日刊毕)

30日 "专件"《旅游漫纪》(七)《海参崴道中》(冷观)。胡政之于9月19日午后二时,由哈尔滨乘东行车向海参崴出发。该通讯报告沿途及抵达海参崴所见惨状:"车中无电灯,入夜燃洋烛,俄役犹靳不多著,每次仅置二三寸许,燃之少顷即尽,时时成黑暗世界。……入夜十一时半,车抵海参崴。街市大抵暗黑,无汽灯,车疾驶声与军队巡逻声随处可闻,足见戒严时代与形势紧迫之一斑。"

10月

1日 "专件"《旅游漫纪》(八)《军事其名外交其实也》(冷观):胡政之在海参崴历访俄国霍尔瓦特中将、日本大谷总司令、捷克军总司令部参谋基尔沙博士暨各国有力者,该通讯综合报道这些谈话内容:"所谓举世注目之西比利亚问题,实以军事为名而外交其实,英、美、法、日为制止德势东渐起见,各欲建筑地盘于俄国,而以出兵为获得发言权之根据,其间勾心斗角,观察之极有趣味。某外人语予,西比利亚事,外交占九分,军事仅占一分,可谓一语破的。"文中详细介绍各方在西比利亚"勾心斗角"的外交活动。

2日 "专件"《旅游漫纪》(九)《霍尔哇(按:应为瓦)特之访问》(冷观):9月21日午后四时,胡政之访问自称俄国摄政之中东路总办霍尔瓦特中将。双方问答了以下问题:"西比利亚形势""俄穆斯克之西比利亚政府""西比利亚战事的将来""莫斯科方面的消息"等。该通讯详细报道以上谈话内容。

3日 "专件"《旅游漫纪》(十)《日本军总司令部之访问》(冷观):胡政之9月22日午前十一时到海参崴日本军总司令部,访问"大谷将军"。访问结束,"告辞而出",有日人告知大谷将军的出身及戎马经历,并说"今兹当兹重任,盖以资历得之云"。作者的结论是:"大谷虽任联军总司令,不过有其名义而已,凡各国军队所负任务,均于军事会议时自行声明,担任总司令,再以公函式之命令委任之。军事会议多以日军司令部参谋中岛正武少将任主席。"

4日 "专件"《旅游漫纪》(十一)《捷克军总司令部之访问》(冷观):9月23日午前十一时,胡政之偕领馆译员黄君访问捷克军总司令部,在这里同参谋基尔沙博士进行了访谈:予询西比利亚今后形势,渠谓战事大体告一结束;予询捷克族在东部西比利亚者几何,博士答称约有七万人;问将来是否赴欧,答云须视西比利亚形势如何再定云云。文章还就捷克族的特点以及捷克军此次任务做了分析。

"外电杂报"《德人民要求停战》:"路透电报公司接报告云,九月二十八日,德国人民在柏林群队出游,要求政府停止战事,并聚集于普国使署门外,欢呼震野。德警察出而弹压无效,酿成暴变,毁拆铜像甚众。"

6日 "专件"《旅游漫纪》(十二)《领馆与军舰》(冷观):报告中国驻海参崴领馆情况,先说:"华人之在崴者,既无大规模之事业,其智识有远不足语于海外经营,故步自封销岁月于烟赌生活者比比皆是,因之夙受俄人所轻视,屡被苛待。俄政素腐败,警察尤恶,华侨为暴警所苦者有年。"后说:"现任总领事邵恒濬君到任数月,于侨胞之保护不遗余力,虐待华侨之不法俄警因邵君之抗议指责而下狱者,至数十人之多,故华侨深德之。……领馆人员不过三四人,外之外交谈判,内之侨民词讼,均赖肆应主持,而国际情态之调查,军事行动之报告,几亦为领馆之责任,邵君独力支持,其勤苦有足多者矣。"通讯对中国"驻崴海容舰长兼海军代将,节制驻崴海陆军队之林建章君"赞赏有加,说他"为海军中有名人物。……(与现任领事邵恒濬两人关系)近已水乳交融矣。舰兵共三百余人,从前曾与协约各军登岸分任巡逻卫护之责,颇不辱命,故侨民对于水兵感情殊佳也。"

8日 "专件"《旅游漫纪》(十三)《日本军用手票》(冷观):"日本以出兵西比利亚军资浩繁,特发行军用手票,强制通用,大为俄人所反对。"

9日 "专件"《旅游漫纪》(十四)《日本人在北满之活动》(冷观):日本人在北满势力大,日本军人态度剽悍。"商工业者姑不必论,仅就政治上关系言之,哈尔滨一地,实为日本某方面对俄计划之策源地。""日军所到之处,拉夫役征车马,种种骚扰自不可免,最为世人周知厥为让营房之事。"文章详述日军与中国军队为营房事大起冲突的事例,指出中国军队在日军面前的懦弱,令人担忧:"我国驻防各军怵于日人之虚势恫吓,不待总司令部命令,仓皇撤兵,擅离防地,国军威誉,扫地净尽,外辱之来又何怪耶?吁!"(按:本文续载于14日)

为报道欧战消息,今起设"欧战媾和消息"专栏。今日载:"德奥意三国向协约各国请求停战议和,兹得消息特记于次,以供阅者快览。""柏林电云……德国政府转致瑞士国请美国威尔逊大总统停战媾和之原书:德国政府恳求美国大总统兴办恢复和平之手腕,并以此意转交各交战国,请各派全权代表开始和平之谈判。德国政府承认美国威尔逊大总统于一月八日提交国会之条件及后来一切之布告,尤注意于九月二十七日之演说以为和平谈判之根据。德国为免除流血之惨剧,计特请速订停战条件,停止海陆及空中一切之战事。(签字)德国伯丹亲王(新任)国务总理麦斯拜。"

10日 "社论"《敬告今日就职之徐大总统》(冷观):"今日之世界,一民族竞争之世界也。……吾以数千年闭关自守之国,拥有萎靡无识之国民,一旦迫而与习于奋斗之诸民族对立,其不足以相竞也明矣。然数千年之古昔,既已不可复返,则亦惟有勉从新兴诸族之后,谋向上发展之途径而已。""国家之无政治也久矣!爬梳建造,无虑万端,然纲领所在,首当裁抑军权,发展生计。非裁抑军权不能求民政之树立,非发展生计不能固社会之根本。"

22日 "论评"《欧战平和会议与中国》(冷观):"此次欧洲战争,参列之国几遍东西洋,本为历史上从来未有之事。……我国对德宣战后,虽未派兵参与战事,然间接亦未尝无助于协约诸国。……平和会议当然应为我国代表留一席。我系独立之国家,国家利害自当由我自身衡量,断无许他国越俎代庖之理。日本欲以退还赔款之小惠,攫夺我国平和会议发言权。以理言之,万无其事。本报前此一再揭志者,惟望唤起国民之注意。事关重大,甚望中央当局明白否认,以释海内外之疑也。"

25日 "论评"《徐大总统始政固如是耶》(冷观):"东海徐公就职总统后,国人喁喁望治。顾其所表见于世者,除二三爱国保民之文章外,别无具体之事实。今乃突然发表撤销张勋通缉命令,是殆东海始政之第一事欤?呜呼!吾诚不料全国属望之徐公,乃以此为劈头第一新政也。""民国肇建,庶政俶扰。前乎张勋而帜法乱纪者,诚不知有若干人;帜法乱纪而获邀特赦免缉之宽典者,亦不知有若干人。是则张勋今次之特荷殊恩,又奚足异!虽然民国即无法度,何至并颠覆国家变更国体之元恶,亦公然置之不问,而今而后人又何苦不为张勋,成则建不世之功,败则有辫帅之先例,安然逃于法律之制裁耶?"

11月

1日 "紧要纪事"《鲁省日本民政署取消矣》:日昨《华北明星西报》济南

通讯称，日本在济南设立之民政署业奉青岛总督令饬取消，此后华人词讼不得再由日本官员审问矣。至威县及周村两处之日本民政署，因中政府特许，日本在直隶山东江苏三省有建筑二铁路之权，亦即同时取消。兹据鲁省人士声称，日本于该三省建筑铁路问题，虽经省议会出面反对终无成效，且此项工程转瞬即行动工云云。

"启事"《本馆特别启事》："近因纸料奇昂，本报赔累甚巨……同人再四筹商议，只得暂行减少半张。……为省纸料，新闻多用五号字，以省篇幅，内容不至减少。"

10日　"时评"《善后之恶果》(无妄)："我国之举善后借款也已数次矣。……自善后之名目出，每破坏一次，即有一次之善后。大破坏则大借款，小破坏则小借款。七年来，供破坏之代价者，已极浩繁而不可记极。外国资本家方利用我之屡屡善后以发展其经济势力，我国借贷家更利用反对派之屡屡破坏，以活动其回佣生涯，而最可怜之小民膏血、国家命脉，遂尽牺牲于善后二字中矣。"

12日　"欧战停止"：据确报，德国与协约国间之休战条约经德国完全承认，已于11日午前11时签字。捷报传来，天津法英租界钟鸣、爆竹连放，协约国军队奏乐上街游行。各外国银行从今日起休业二日，以表祝贺。又据闻，德皇已逃往荷兰，本埠法国人群往旧德租界捣毁德国铜人像及多家德国商店。我国商民本日起亦悬旗致贺，政府通电协约各国道贺云。

13日　"论评"《世界之新纪元》(冷观)："协约国人既投无量数牺牲，则战后之世界，必辟一精神界之新纪元。""吾人丁兹时会，亟应根本觉悟。第一，中国已深入世界竞争之场，宜即一新全国之精神，打破锁国之旧思想，勉图了解新时代之新思潮。第二，新时代之外交公开、民族自决、弱国保护诸主义，系为抵制强权而设，非用以奖励自暴自弃之国民，故国民之振拔益不可缓。第三，战争惨祸虽已停止，而文化竞争、经济竞争之剧烈，其压迫力不在兵战之下，吾当急图自全之道。"

"启事"《本馆特别启事》：为庆贺协约国获胜，特于今日(十三日)休刊一天，明日无报，十五日照常出版。

15日　"要论"《为请求列席和平会议敬告我友邦》(梁启超)。
"要件"《欧战停战条件全文》。

20日　"论评"《参列和议之注意点》(冷观)："欧洲战后平和会议，开幕不远。陆外交总长行将衔命西行,谋与盛会。……查今兹会议,不外三类问题:第一,改造世界之思想问题……第二,欧洲方面问题……第三,远东方面问题,大抵以我国为其骨干。三类之中,……第三类之一部,不但为中德间之条约关系,且多与第三国权利相联,如青岛问题、山东铁路问题、中东铁路问题、津汉德国租界问题,胥有种种经过之事实,为今日研究善后者所不可忽略。窃意此类问题,亟宜由政府调查过去现在之情势,预立计划,俾为列席会议时之腹案,决非单纯通西语、善肆应者流所得而片言解决也。"

12月

4日 胡政之赴法国,采访巴黎和会。今日从天津出发,途经日本横滨、东京,美国檀香山,23日抵旧金山,再转道赴法国巴黎。

6日 "论评"《为我国外交家进一解》(斐):"欧战告终,行将开和平会议。我国以参战之故,亦可于其中占一席。……此次会议,颇多论列,如领事裁判权问题、赔款问题、青岛问题以及关税问题,皆欲于此次会议中收回之,希望不可为不厚。记者以为……不如简截了当,要求我国在国际上应立于对等地位。我国前此之种种损失权利,皆根源于不对等条约。质言之,即列国不视我国为对等国。……我国一旦在国际上立于对等地位,所有不对等条约,自无强我继续之理,如领事裁判权,片务的协定关税各种问题自可迎刃而解矣。"

16日 "专件"《欧美漫游记》(一)《北京横滨间之行程》(胡政之):详细报告从北京到横滨一路行程,"吾于十二月四日午前八时出京,到天津料量家事,当晚十二时由津乘京奉通车出发。同行诸君(按:同行诸君六人:梁上栋,陆军少将,陆军部秘书;吴振南,海军少将;陈执礼,陆军部员;王赓,陆军部员;王德炎,外交部员;唐宝潮,陆军少将。他们都是出席巴黎和会的工作人员),均于是晚八时半在京站上车"。"五日到奉天,六日午前六时到安东,八时过鸭绿江大桥,入朝鲜境,沿途所见,土地辟,田野治,无知之民,固不识亡国之痛也。午后七时到韩国京城,七日午前五时半到釜山,易船渡对马海,七时到下关,易汽车上驶,八日午后八时到横滨。""一入日本境,最足令人感触者,即日本人一般富力之增进是也。七年以前,日人旅行乘头等车者绝少,今则头等车无不人满为患。"(按:此文于次日刊毕)

18日 "专件"《欧美漫游记》(二)《三日间之东京》(胡政之),记载游历东京的见闻:"余去东京已七年,旧地重游,形式大变。概括言之,则日本一般社会经济状态之改进是也。洋服店、汽车行遍地皆是。七年前妇孺见马车而咋舌者,今并汽车亦若司空见惯矣。再考究其经济发达之原因,则智识之修养准备在于平时,故能应世界大战之时机,而收暴富之成绩。私立银行之多,会社规模之大,足证其资金之余裕。……再从国民精神上考之,出版物之丰富,书籍销场之大,均远过从前,可见智识欲亦随经济力而发展。余观日本现状,固不胜今昔之感。返观七年来之中国,坐失机会,尤不胜其惭恨太息矣。"(按:此文续刊于19日、20日)

21日 "论评"《外债问题》(斐):"我国财政困难,已达极点,日将外债为生活。近以内乱未熄,外债中断,而国家即有岌岌不可终日之势。今之不能不言和者,外债实为其主要原因。在当局诸公以为南北一日统一,即可借得大宗外债,以度目下之难关。然记者以为,和平即幸告成,恐外债仍复无望。盖外人投资以国家之财政盈绌为断。我国财政之不能见信于外人,以前所借外债,莫不有确实担保品,今国家财产,抵押殆尽。"无论哪个国家借款,"亦须有担保品"。再说(借了外债)"不能不受他国之牵制,决不能有单独行动。故记者以为,欲我国之不亡,必自财政独立始,欲财政之独立,必自不借外债始,欲不借外债,必自收支适合始。若不此之务,而惟外债是谋,吾恐去埃及之期不远矣。"

1919年(民国八年)

1月

4日 "紧要纪事"《时局要电汇志》:中国各报评论青岛问题者不一而足,日前东京留学生亦致电政府,请设法收回青岛;又闻山东代表亦开会讨论,并散布传单,主张必收回青岛。

19日 "专件"《欧美漫游纪》(三)《太平洋上之生活》(胡政之):"余等所乘之哥伦比亚船,吨数为一万四十吨,每日可行三百英里。此行幸未遇大风,得以饱领海上风趣。……余等自十二月十二日午后三时由日本横滨开船,至二十二日始见陆地,盖夏威夷群岛所属也。二十三日午后抵檀香山(又名夏威夷岛),航海已十二日矣。"船在檀香山停留八小时,"余与梁吴两君及王君德炎,同乘汽车周游全市"。介绍檀香山和夏威夷群岛及游览见闻:"考其(按:指夏威夷)发展之初,吾国民族实有大力,盖千八百六十五年有华人五百来此开垦,是为移民入境之始。……近年日本经营是地不遗余力,华人事业多为所夺。……日人善于研究欧美人性情风俗,凡有商业,悉能投外人所好,视吾国

人故步自封者,优劣之数不待论也。"(按:此文续刊于20日、2月7日)

2月

7日 "东方通信社电报"《南北代表之酬酢》:4日,北方代表除朱启钤、施愚、刘恩格等外,其余七名俱由南京来沪,午前十一时赴唐(按:即唐绍仪)宅,会晤唐氏及南方代表,先述答礼(南方代表前赴南京拜访北方代表)之辞,次询及南方对于朱启钤提出会议规则四条之意。

"紧要纪事"《世界和平大会消息》:世界和平大会上,中国代表王正廷与顾维钧与日本三代表争论山东问题。中国代表入席发言实为第一次,盖从前之会议,中国代表只可静听各国之瓜分土地与权利。今日中国代表列席,力求公平。王、顾二君力陈尊重中国要求之必要,"盖中国为一强有力之共和国,土地四百万方里,人民四万万众,工多物丰,应用无穷云"。

10日 "时评"《兔起鹘落之日本新要求》(无妄):"日本在欧和会上,干涉我国发言权,因之惹动我国人公愤。昨据京友报告,日使已自知理屈,否认干涉,以后山东问题一任欧和会议公决。信如是,则日本之新要求,殆无形消灭矣。夫此次欧洲会议,既号为世界和平大会,则凡属与会各国,概不容含有不平之私见,图利己而损人。日使之无端干涉,其为不平孰甚。"

15日 "紧要纪事"《关于中日新交涉之外讯》:五强国委员会讨论如何处理德国所占之土地问题。中国委员要求将胶州直接交还中国,并声明各种理由:(一)山东乃中国华北省之门户;(二)鲁省民情及宗教不宜受第二国辖制;(三)孔圣生于山东即中国文化发萌之地;(四)中国既参与抗德,则中德胶州之协约当然归于无效。

19日 "时评"《苏省米禁问题》:"沪上名流巨子受外人及米贩之运动,发起粮食研究会,主张开弛米禁。于是苏省人民纷驰函电,请求维持米禁,亦已一月有余矣。今则宁垣又有民食维持会之组设,与研究会相抗衡,以为民食之保障此,可见苏省人民之奔走号呼,实迫于不得已之苦衷。……然而自弛禁主张发以后,一般拥有特殊势力之大米蠹,暗自运输出洋者,已不知几千万石。苏民徒空言维持,其又奈彼何哉?"

25日 "论评"《南方伟人未来之位置》:"南北会议已于日前开幕,将来结果如何,虽有大智慧,亦复无从捉摸。惟以吾人所闻,则此次会议,南方实抱有一种权利思想,所云国利民福,护法正义,种种名词,悉是门面装饰之语。据来自沪上者,谓唐绍仪于开幕前,已召集党徒预筹南方诸要人未来之位置。现为外间所闻知者,则胡汉民之粤省长,于右任之陕省长,徐谦之司法总长,伍朝枢之驻外公使,刘光烈之川边镇守使,冷遹、蒋尊簋之护军使(冷驻徐州,蒋驻衢州),张钫之陕南镇守使……此外,黑幕中大小诸伟人亦将各满所欲以去,闻此项要求,将于和会中一一提出,逆料政府为息事宁人计,必不靳此区区,以拂各大伟人之意。所惜者,以轰天动地之南北会议,而其结果乃仅为此,殊不能不令人长太息也。"

3月

1日 "专件"《欧美漫游纪》(四)《金山与纽约》(胡政之):哥伦比业号船于1918年12月23日午后一时由檀香山起航,30日午后八时抵旧金山。在这里住三日,1919年1月3日易车东行,1月7日抵纽约。《金山与纽约》报告在旧金山与纽约两地的见闻,包括"旧金山之除夕""黄远庸之追怀""金山风景一瞥""初游美之苦痛""美国铁路一斑""纽约市之繁华""美政府之好意"等内容。(按:此文于1—7日连载。7日编者题首曰:"此函先发后到,本月一、二、三日所载之函后发先到,以致文字前后倒置。请阅者注意。"文末注:"以下与三月一日所载之首段相接")

4月

8日 "巴黎专电"(本报记者):"和会近日专对德奥,由四强国密议,极秘,青岛案尚无把握,赔偿战费问题,仅我国与美国未要求。查德奥财力尚难偿列强直接损失,我国所求各赔款恐难如望。法权驻兵等件均未提出。"(四月六号上午十一点四十五分发七号上午十点到)(按:胡政之从旧金山乘火车于1月7日到纽约,14日改乘船赴法国,23日到达巴黎。随即大病。是日,《大公报》上开始出现胡政之发回的"巴黎专电")

12日 "紧要纪事"《和会正式开议之昨闻》:"南北"和会正式开会,第八次正式会议讨论军事问题,南北代表因事体重大,均全体列席开审查会,审查之结果,两方代表之意见,均欲救国家于重劫之境,谋得实际之圆满解决。

18日 "巴黎专电"(本报记者胡冷观于本月十五日上午五点自巴黎发,十七日下午一点到):"和议各分股均略蒇事,德国代表约二十五来法,预定下月十日签字。损失赔偿分五十年偿还,每年由各国委员会公决是年数目,德皇等祸首须由五强国裁判,日本国国事国际联盟股屡提人种平等案,英□□(此二字电码不明)反对疏通无效。"

20日 "巴黎特约通信"《平和会议之光景》(胡政之)。其内容有"平和会议与新闻记者""平和会议之真相如此""一月二十五日之大会""三大人物之言论风采"和"会议主席之蛮横态度"。前言:"予于一月二十三日自美抵法甫五日即大病,荏苒四星期,迄未大愈,久未通信,职是之故。今特扶病作书,精神未复,语焉不精,是不得不望读者之原恕也。""法兰西本民主政治之国家,于舆论界素有重视,其首相克列们梭、外交总长昆松均出身报界,故于新闻记者尤好结纳。此次平和大会,除各国代表及代表随带人员得许与会外,吾侪新闻记者亦得入场旁听……计各国报界为平和会议事来法者,美有二百数十人,英有二百人,意有百数十人,日本有三十余人,吾国以纯粹新闻记者资格前来者惟予一人。此外则有谢君东发(谢,江宁人,生长巴黎,其父业商……)与法国报界素有联系。予特邀请其以新闻记者资格同入俱乐部,俾为予之助。未几,张君嘉森来亦以记者名义活动。""吾述平和会之真相,先欲为国人告曰,立国于世界,当务修养实力,期能自强。……平和会议之大势,悉为英、法、美、意、日五强国所主持。日本对于欧战初无大功,特以其国力之强,与在外外交官之运动,竟能与于最强之列。""凡平和会议之事项,悉由五强代表先议决一定办法,然后提交大会报告一番而已。二三等国家固无可否之权也。惟五强国之中情形各别,大抵英、日结托颇深,步调一致,法国亦多与英勾结,意国则但求增进自国权利利益而已。独美国抱高远公平之思想,殊为弱小国谋利益,在五强中殆似孤立。""平和会议既完全由五强操纵,外人称之曰'干部',又曰'十人会议'。盖五强各以代表两人列席会议一切也,凡各国代表全体列席之大会议盖不常开,两月以来仅止三次。"经五强国代表议案,主张和平会中设下五分科会:(一)国联大联合,(二)战争责任问题,(三)损害赔偿问题,(四)国际劳工问题,(五)国际口岸、铁路、水道问题。(按:即日起,刊登胡政之发回的"巴黎特约通信"。第一篇,即日至24日登完)

24日 "时评"《平和会之不平》:"巴黎平和会议所以平世间之不平者也,故世之仰望于该会者,以为此次会议以后,世界上永无强凌弱众暴寡之事矣。乃读本社胡君通信,述在和会旁听所见,强大国之专制口吻,竟不容弱小国有置喙之余地。会议时尚如此,则会议结果是否能使国际间之不平等,铲除净尽,夫亦可想而知矣。我国人不知自强,动辄欲通电请愿,以乞灵于该会,痴心妄想，亦徒供外人之姗笑而已。"

27日 "巴黎专电"："美国曾提议于我国宣布开放青岛时交还，经日本国反对，又提议德国属地均应先交五强国接管。日本国代表声明在我国有特别利益，青岛应分别办理。美国代表声称，中国问题关系甚巨，不能由一国专主。二十二日，英、法、美三国代表会议，陆顾两代表出席，以所议我国断难照办，故尚未解决。日本国催诘，以便列入和约。闻英法早许其相助，曾有密约。"（本社胡政之君于本月二十五日上午四点自巴黎发，二十六日到）

5月

1日 "北京特约通信"《我国专使与山东问题》：关于山东问题，我国专使业拟具说帖，提出和会大纲约分甲乙丙丁四项。甲项系陈述德国租界权暨他项关于山东省权利之缘起及其范围；乙项系陈述日本山东省内军事占领之缘起及其范围；丙项系陈述中国要求归还之理由；丁项系陈述应直接归还之理由。闻说帖内容证据完全，理由充足。各国人士均为感动。现正当山东问题将至解决之际，忽有和会一部破裂之警报，朝野人士所宜急图善后之方法，以不失国家之主权也。《山东问题之大警报》：报道三条消息——意大利出会影响，日本之利用机会，英美法同感困难。

"紧要纪事"《关于山东问题之西讯》：选登英文《京津泰晤士报》巴黎和会电讯。

3日 "巴黎专电"（胡政之）："胶州湾案英法美专门委员已核复。略采美国调停办法，尚须英法两国核夺。予于二十六日宴会法国及在该国之各报界，到者一百三十人，计十五国。予与谢东发及顾专使、胡公使均演说，英法美比国人，均有答词，会宴极盛。"（本社胡政之君于四月二十七日四点自巴黎发，五月二日晨到）

"时评"《俄乱益危及我国矣》（无妄）："俄国过激派既在吉黑边境肆行骚扰，我方劳师糜饷，力图防御，而商民所受损失，亦已不赀。乃激派又在新疆伊犁等处煽惑回缠，狡焉思逞。俄人既不顾邦交，暴乱若是，则我国为巩固边圉计，舍以武力对待外，尚有何法哉？望政府勿再因循坐误也可。"

4日 "北京特约通信"《外交问题之昨闻》：青岛问题，形势愈逼愈紧，连日各界奔走，设法以图力争，舆论异常激昂。政府原拟于昨日阁议提出讨论，因外交陈次长未出席，故未开议，惟闻陈次长昨日在部中，集合参司人员研究应对方法。《国民外交协会议决案》：自巴黎和会关于山东问题之警报传来而后，我国舆论极为激昂。昨日下午四时，国民外交协会议决：（一）5月7日，在中央公园开国民大会；（二）声明不承认"二十一条"及英法意等与日本关于处分山东问题之密约；（三）如和会中不得伸我国之主张，即请政府撤回专使；（四）向英美法意各使馆声述国民之意见。

5日 "北京特约通信"首则为"北京学界之大举动"，占四分之一版面。内容有：昨日之游行大会、曹汝霖宅之焚烧、青岛问题之力争、章宗祥大受夷伤。

"欧议中之青岛问题至近日形势大变，我国朝野均奋起力争，而北京学界尤为愤激，乃于昨日（四日）星期休假，国立大学及各专门学校学生举行游街。……数千人在天安门齐集，各执白旗，大书誓死力争青岛，不争回青岛毋宁死，取消'二十一条'等语，此外尤多激烈之词。步军统领李长泰闻信亲莅天安门，约各校代表说话。代表说明志在争回青岛，绝无扰乱秩序之事发生。李统领亦鉴学生爱国热忱，允即谒见总统，将学界意见转达。各校学生遂列队游行至东交民巷，持函谒见各国公使，请主张公道，乃游行回校。沿途秩序井然，观者塞道，无不为之感动。学界并遍散印刷物如下《北京全体学界通告》：'现在，日本在万国和会要求并吞青岛，管理山东一切权利，就要成功了，他们的外交大胜利了，我们的外交大失败了。山东大势一去，就是破坏中国的领土，中国的领土破坏，中国就亡了，所以我们学界今天排队到各公使馆去，要求各国出来维持公理。务望全国工商各界，一律起来，设法开国民大会，外争主权，内除国贼。中国存亡，就在此一举了，今与全国同胞立两个信条道：中国的土地可以征服而不可以断送！中国的人民可以杀戮而不可以低头！国亡了同胞起来呀！'"

"又接北京电话云：北京法政大学高等农业学堂工业学堂师范学校学生共三千余人往东交民巷请见各国公使，各使以无正式公文未曾让入。乃往东城赵家楼曹汝霖宅，大呼卖国贼。其仆人出而阻止，因起争殴，当将电灯打破，登时起火。曹宅被焚。现火尚未熄。曹之子侄均受伤。驻日公使章宗祥亦住在曹宅，被打受伤甚重，已送往法国医院医治。警厅派保安游击队三百多人出而弹压，闻已拘捕学生数十人。政府得此消息，刻正在会议办法云。"

"另一消息云：北京专门学校以上各学校学生今日（四日）全体一致开游街行列大会，先到东交民巷向各使馆陈诉，后复至曹总长宅，因家人阻止入内，互有斗殴。闻将电灯打破，遂致酿成火灾。五时至七时未熄，警察闻，警奔至捕去学生许德珩等五六名。此风潮不知如何了结也。"

"又据中美通信社消息云：自日本……决用强硬手段实行吞噬中国，强和会承认。……昨晚北京大学学生亦开会于法科讲堂，到会者千余人。群情愤激，决议翌日联络京中各学校举行庄严之游街大会，以示争回青岛之决心。有谢君当场破指大书'还我青岛'四字。演说均极沉痛，至十一时方散会。今日（四日）午后一时，全体学生二千余人齐集操场，各人手持一小旗，上书'勿作五分钟爱国心''争回青岛方罢休''宁为玉碎勿为瓦全''愿全国共弃卖国贼''头可断青岛不可失'……绘画旗帜上书'卖国之四大金刚应处死刑''小饿鬼想吃天鹅肉'等字样。"

6日 "济南专电"："青岛交涉紧急外交商榷会，请政府饬专使勿得签字并通电全国合力协争，拟×开国民大会劳动界连日在城厢开会抵制日货，常聚集数千人，风潮极烈。"

"北京特约通信"继续以四分之一版面的篇幅刊登"学界争青岛之昨闻"。内容有：各学校一律罢课、要求释被拘学生、各校长会议办法、政府方面之态度、林汪向总统陈情、章宗祥生死未明。

学界方面："前晚贾家楼散后，因学生被捕者数十人，各校学生连夜开会讨论办法，其时各校长多莅场劝慰各生宜持冷静，被捕诸生自应由校长设法保释，并劝令次日（即昨日）仍须照常上课，以表明四日之举动，原只游街而止。讵诸生愤激异常，未得圆满结果，至昨日各学校乃一律罢课，当有清华等学校亦复相应停课。昨日……下午一时许，各专门校长在北京大学会议办法，以四日之举系学生团体行动，且有市民混合在内，不能以团体之行为加于被拘之数十学生之身，决议先将被拘学生一律保出，然后各校长一律辞职，听候处分。"

政府方面："对于学生行动既闹出如此惊天动地事件，虽鉴于各学生爱国之忱，然暴动行为则所不许。昨日午后，大总统曾邀教育傅总长交通曹总长等在集灵囿会议办法……另一消息云，昨日外间忽有章宗祥因受伤致死之谣，本社特到同仁医院调查，据云，章氏头之右部有两处重伤，余皆微伤。昨日经过尚无甚大危险，尚须待二三日后方可决定安全与否云（昨日本埠访员报告有章已因伤毙命，其眷属晋京料理后事等语，当系传闻之误）。"

7日 "巴黎专电"："德国属地声明抛弃已列着意。二十八日英法美三国会议，令日本国于得胶州湾后以各国公认之条件归还我国。二十九日开会邀日本人到会，未邀我国代表。"（本社胡政之君于四月二十九日七点三十五分自

巴黎发，五月六日到）

"北京特约通信"主要刊登学界争青岛风潮之昨闻、被捕学生尚未保释、蔡校长谕学生镇静、总商会开会之情形、今日仍开国民大会等。

另一消息云，"自学生界风潮发生后，总统特加注意，诚感办事之困难，踌躇再三，始决下明令二道。一为警戒教育当局及学生，略谓京师各校学生于五月四日开游街大会行至东交民巷，忽而转至交通总长曹汝霖住宅，以致发生伤人放火情事，实属妨害秩序，扰乱治安，此风万不可长。除当场拿获为首各人着交法庭依法审判外，并饬交教育当局速查当日详细情形呈报核办，并严禁各校学生嗣后勿得再有此等逾越范围之行动。一为警诫警察当局，略谓京师各校学生忽于五月四日在交通总长曹汝霖住宅发生伤人放火情事，警察当局既不能制止于事前，又不能防范于事后，殊属疏忽已极者，即会同各机关长官妥为保护地方以免再生事端。闻此二项命令即日发表云。"

又张濂等提出质问书云："……查曹汝霖陆宗舆章宗祥等历任外交要职，与日人之诡密交际，夙为国人所共见，卖国之嫌腾布中外，怒积怨丛，由来已久。近以青岛问题将归失败，人心爱国，追原祸始，而曹陆章等遂为众矢之的。当此众怒难犯之际，政府应如何究查其奸，惩治其罪，以释群怒而弭隐患，此应质问者一。本月四日之举动，实一般学生迫于爱国热诚而发，其殴打伤人亦属公愤所激，绝非因私恨而起，与寻常骚动不同，且学生集合三千余人之多，若必将迫捕少数学生按寻常违法治罪，则恐惹起绝大风潮而后患将不堪设想。且被逮之学生未必即伤人之犯，揆诸情理，亦殊不平。政府应用如何权宜方法，原情宽宥以息乱端，此应质问者二。"

今出《大公报特别附张》，刊登"东方通信社电报""特约路透电"；"紧要纪事"中刊登天津各校校长请释被拘学生的呼吁。

8日 "北京特约通信"《争青岛怒潮之昨讯》，内容主要有：学生已一律释放、外交方针之宣示、国民大会之停开、商会谈话之情形。"连日，各方面多请先将学生保释……教育傅总长又亲赴警庭商请释放故，故已于昨日（七日）上午十时拘押警厅之各校学生三十二人已一律释放回校。"

"紧要纪事"：曹汝霖辞职呈。

9日 "北京特约通讯"《关于力争外交之消息》："连日因外交问题各方面奋起力争，已迭志前报。北京学界因此发生事端，至七日被拘学生释放回校亦已告一段落。各校学生均经一律上课恢复原状。惟对于外交问题，则仍一致力争。政府对于此次风潮平静后办法,尚在审酌之中。"

10日 "北京特约通讯"《昨日学界之动静》:"昨晨(九日)北京大学校长蔡元培上呈总统辞职,立时即乘车出京,频行留书本校教职员、学生,而以校务委托工科教务长温宗禹暂代,因是学生又受感动。……惟闻教育当局闻信,昨已派部中某参事赴津挽请蔡氏即日回校,以免再生枝节。"

11日 "巴黎专电":"三国会议,昨英外部通知中国代表云:胶州湾案决定,政治权由日本还中国,经济权移交日本国。青岛日本军队撤退,设日本国租界。铁路尚属用华人政策,官准日本人干涉。三日,以放弃人种问题为交换条件,英法极力助日本国。陆使已电达政府辞职。改正关税及撤驻兵政租界各案,迄未提出,即使提出,亦难有济二日。"(本社胡政之君于五月二日五点十五分由巴黎发,十日到)

"巴黎特约通信"《中国代表为青岛问题向平和会议提出之说帖》(胡政之),文中"丙"段中在谈到"中国何以要求归还(青岛等地)"时说:"胶州租借地包括胶澳及其岛屿而言之,素为中国领土中不可分拆之一部分,其他之属于何国,从未发生问题。且胶澳租借条约中,本有主权仍归中国之明文。一八九八年之租与德国,实肇始于德国之侵略行为。中国劫于威力不得已而允之。其情形已详本说帖之甲段。德国在战事前所有在山东省内之路矿权利,亦即此次让与之一部分,此项权利及租借地之归还中国,实不过依据公认之领土完整原则,为公道之一举,若仍举以畀德或转给他国,是不予中国以公道矣。"(按:此件是中国出席巴黎和会专使顾维钧用英文撰写的《要求胶澳租借地胶济铁路暨其他关于山东省之德国权利直接归还向平和会提出之说帖》,由胡政之翻译成中文,并发表于《大公报》1919年5月11—16日)

12日 "北京特约通讯"《外交与学界》:北京学界因争外交而发生之事件已渐次平息。至因校长辞职出京,学界又起波澜一节,教育当局已筹适当妥善办法,故再行罢课未见实行。

13日 "北京特约通讯":大学校长辞职问题;蔡元培已经南下;大学生开会情形;大学校近状所闻。"今日(十三日)教职员联合会及学生联合会开会,推举代表晋谒大总统,请求下明令挽留蔡校长。"

15日 "论评"《论外交失败之因》(裴):"此次欧洲和议不能使青岛直接交还,我国对于和约遂有签字不签字之问题发生。夫签字,愈足表明外交之失败。然即使不签字,亦不过最后无可如何之办法。非外交已占胜利,我国以参战之结果,得列席和议,不可谓非千载一时之机会,乃毫无所得,即区区青岛亦不能完全收回,至今日只能就签字与不签字研究其利害得失。谁为为之,孰令致之,不能不叹息痛恨于外交当局之溺职也。试究外交失败之原因,约有三端:第一,政府无一定之方针,自外交总长赴欧后,公府特设外交委员会,无形中即欲将外交权移入府中。当时代理部务陈籙即啧有烦言,所罗致诸委员,既非国务员自不得与闻阁议。故有时外交委员会之意见,与国务会议相龃龉,前后之指令多不能一致,而使者遂无所适从。此外交不能不失败者一。""第二使者意见之不一致。……第三提案之无预备。""况关于青岛事件,日本与英法订有密约,英法许为之助,此事在一千九百十七年,阅二年之久,而政府尚茫然不知,吾不知外交当局所司何事。以此等人办理外交,又何往而不失败,岂惟青岛。"(按:16日续毕)

"巴黎专电"(胡政之):"十日,中国代表为青岛案发表宣言,略如下:三国会议所拟山东问题解决办法,中国代表不胜骇异。中国来与和议,深信公正永久之和局,必胥联盟及共事各国所共守之高尚原则为基础,乃此次所拟办解决不特令中国及现在情形大失所望,抑亦顿悟所信之非真矣。夫意大利之斐乌姆问题,三国会议犹且□□(此处电码不明),况中国所争之山东问题为三十六兆人民祸福所倚、远东和局关系綦切者乎!德国在山东权利本于一八九七年之条约,中国因一九一八年八月十四日对德奥宣战时,曾将中国与德奥所有一切条约合同悉行废止,曾经正式通告各国。今三国会议所畀予日本者非德人权利,乃中国之权利;非敌国之权利,乃联盟之权利。岂非联盟国于彼此之间弱肉强食乎?中国代表于三国会议不令将青岛直接交还中国,而仍先付于他国,此依据之理由不易索解。据闻,由于一九一七年二三月间,英法二国与日本国订新加坡密约,此等秘密协议中国全未与闻。即各国邀请中国加入战局时亦未尝代表内容真相。且此等秘密协件于中国既列参战国之后是否尚可适用,亦系问题。而约中所指之日本要求与合宜,对于诸国所正式采定之原则尤不相容。若须三国会议为保全万国联合会之故而完全徇日本之要求,中国为建设联合会之目的起见,不能不有所牺牲,不平之情或当稍减,但联合会不日成立矣。三国会议何不秉联合会之精神,令强有力之日本放弃其扩张权利乘隙要求,而必欲使文弱之中国割舍其分内所应有,中国代表实深觖望等情。(本社胡政之君于本月十日五点钟自巴黎发,十四日到)"

"时评"《山东问题与亲善》(无妄):"此次国民力争山东问题,风起云涌,几于全国响应,民气之盛迥非从前之比。夫日本之对华政策,固口口声声以亲善为前提者也,今观于我国民气之若是,或亦恐亲善面具之将破,而幡然觉悟乎。"

"北京特约通信":上海和议果决裂矣;十四日会议结果;南方又提出八条;两方代表均辞职。

16日 "北京特约通信"《和会决裂之昨闻》:"上海和平会议因国会问题冲突以致决裂,两方代表均提辞职,连日本报已详记其情形。"

17日 "巴黎通讯"《外交人物之写真》(胡政之):"此次欧洲议和大会为世界空前之举。吾国因参战国之故亦得与于末席。当此时机,实为外交人物大展抱负之会。我国政府所派五专使固极一时外交人才之选,然陆徵祥谦谨和平而绌于才断,王正廷悃愊无华而远于事实,顾维钧才调颇优而气骄量狭,施肇基资格虽老而性情乖乱,魏宸组口才虽有而欠缺条理。以人物言,皆不能无疵,其活动之成绩,自亦无大可观。且和会纯由五强把持,二三等国家代表不但无由发挥意见,实行主张,即欲一探五强会议之内容亦不可得。我国以三等国之资格重以大势如此,虽有能者亦难施展手腕,斯亦只好付之一叹而已。""予尝谓中国人办事,两人共事必闹意见,三人共事必生党派。即如今次,王专使奉命来法,受政府之重托,为人民所属望,宜可和衷共济为国宣劳矣。乃暗潮迭起,卒令陆子欣氏不得已出于辞职,斯真可为太息痛恨者也。"并详述五位专使间勾心斗角的事例。(按:此文次日刊毕)

18日 "北京特约通信"《北京学界风潮又起》:"北京专门以上学校学生对于政府挽留校长以为意思不恳切,又因教育总长将准傅增湘辞职而提出田应璜,学生大不满意。于是,于昨日又开联合大会,闻决定于下星期一日起一律罢课。"

20日 "巴黎专电":"胶州湾案美国法国一般舆论对于我国颇表同情,各代表对于签字尚在斟酌利害。据顾公使云,草约规定,胶州湾档案移交日本国,是无异移交土地,断难照办。如果不能,声明将该案留存另订,则应拒绝签字。"(本社胡政之君五月十三日四点十分自巴黎发,十九日五点到)

"告白"《本报特告》:"今日因新闻稿件及告白过多,加刊特别附张一张,内容皆重要电报及要紧新闻。请阅者注意。"

《本报扩充篇幅通告》:"本报前因纸价飞涨,不堪赔累,暂行减出半张。新闻统排五号,内容虽未缺少,而篇幅减缩,同人等终抱歉憾。现纸价稍平,告白又极拥挤,新闻稿件每苦纸短文长,勉强割弃,殊为可惜。兹准自五月二十一日恢复三大张原状,将'本省要闻''本埠琐纪'移入第三张。"

"北京特约通信"《学校停课所闻》:"北京学界因要求政府恳切挽留大学校长蔡元培、教育总长傅增湘,又开会决议停课。一时大有学界再起波澜,不可遏止之势。至昨日(星期一)果然各专门以上学校学生实行不上课者,据调查,有十八校之多。"

21日 "北京特约通信"《学界风潮昨闻》:"北京专门以上学校学生又于十九日起罢课已志昨报,兹据昨日调查情况,各校情形均尚安静,各学校有悬放假牌者,学生多回家休息,学生联合会中所组织各部,则多油印品散布,学生讲演团仍日出讲演,但秩序则甚整齐。此次罢课因为挽留校长。"

22日 "北京特约通信"《学界问题昨讯》:蔡元培允即回京;各校长拟谒政府;政府办法之审罢。

24日 "论评"《公理不敌强权之又一证》(无妄):"我国亦协约国之一,只以国力孱弱致派赴和会代表,仅得侪于三等国之列,不可谓非受国际上之屈辱矣。""乃前日和会交付德使和约时,竟欲摒绝我国代表,不得恭与列席,何欺人之太甚也。""我国之对于参战何尝不尽力?其所以未多派军队者,非不能出兵也,亦非不肯出兵也。只以重洋运输不得不假道于他国之舟车,彼不利于我国之参战者,遂得施其阻遏之手段,俾我兵不获长驱赴敌耳。""此种情形,在协约各国,未尝不深知之。今乃藉口于未实力参战,欲排斥我代表之列席,有强权无公理,吾观于此而益信。"

"巴黎专电":"十日和平会招德国代表到会,交付和约。协约国以中国未实力参战原议屏除我国代表列席,旋经顾维钧商请美国主持公道,始允许陆王两使出席。予闻顾使维钧有与曹汝霖提议缔婚之说,然据顾面告云,绝无是事。(本报胡政之君于五月十六日七点十一分自巴黎发,二十二日到)"

26日 "时评一"《直隶之匪风》(无妄):"年来直省……又见匪盗横行,杀人越货,行所无事,此其总因,固由生计问题之艰窘,而各县警备力之薄弱,亦可概见。是故,欲清盗源,首在振兴实业,俾贫民不致走险,而残兵游勇,亦可藉以安插。"

"巴黎专电":"我国提议之'二十一条'各案,和平会议拒绝不理,令将来自行提交较为得力。关于联盟案各款,据各专使对于签字意见亦不一致,惟现在已成五强国专制之局,恐难容我国抵拒。(本社胡政之君于五月二十日四点十五分自巴黎发,二十七日到)"

6月

4日 "北京特约通信"《学界潮声》:"学界风潮迄今未能解决,而各省学界相继而起,且有日形扩大之势。……京中学生讲演团原已停止进行,昨日上午各处又多发现讲演团到处演说,警察奉令随时阻止,并有马队出巡,午后学生演讲即不多见矣。"

5日 "北京特约通信"《昨日所闻之学界情形》:"前日学界续行讲演,经军警阻止,将各处讲演学生捕送至法科大学,派队监视,不准再行出外演讲,至昨日在法科大学之学生并未出外,而未经送该校之学生,昨日仍继续出外演讲,各处多布置军警阻止学生演讲。又陆续捕送学生多名。政府方面亦尚未决定如何解决办法。"

6日 "北京特约通信"《昨日学界风潮之状况》:"学界风潮至昨日依然如旧。各处仍多学生演讲,军警亦照常干涉。记者曾赴法科大学调查情形,为军警所阻,不能入校。但闻该处拘学生多至一千数百人。各校及学生家族纷纷送食物及衣被前往。"

7日 "北京特约通信"《学界风潮之昨日》:"学界再起波澜,至五日午后,法科大学内外所驻军警撤退,教育次长已经改任,遂告一段落。……新任教育次长傅岳棻到部视事,正在力谋善后方法。"

"紧要纪事"《春申江上之怒潮》:"上海商业公团诉欧和会电……自山东问题及种种密约问题发生,激起全国抵制日货。京外各省学生亦因之罢课,远东和平前途甚为危险。请求我亲爱友邦主张人道公义,勿使日本肆其野心……"

8日 "北京特约通信"《罢市风潮之蔓延》:"某方面消息云,确息某机关得地方官吏之紧急电告悉,上海罢市之后,各处人心浮动,前昨二日,厦门、南京、镇江各处已相继罢市矣。"

"紧要纪事"《黄浦滩头之罢市潮,全埠休业状况》:"本月五日晨,上海南市大小店家均未启门。九时许法界商店亦即罢市;公共租界于十时许亦一律闭门……至十二时华租各界大小商店已无一开门者。"

"时评一"《将何以平此怒潮》(无妄):"学生风潮汹汹者一月有余矣。其始不过京津一隅,继即遍及各省,近且沪上商界亦闻风继起矣。范围愈形扩大,潮流乃益澎湃,固不得视为无足深虑之细事也。""乃执政诸公,扰攘经月,迄无正当办法,为根本之解决,忽而温语抚慰,忽而军警示威。在当局自谓宽猛相济,曲尽其妙,不知空言抚慰乌足以平人心?若专事示威,且适以激民怨,均非釜底抽薪之道也。""假令长此因循,国内之骚乱,固无已时,尤可惜者,莘莘学子,光阴不再,为国家前途计,政府忍不亟为维持耶?"

9日 "北京特约通信":南京罢市,镇江酝酿罢市;学界风潮可以平息矣。

"紧要纪事":上海罢市风潮,仍未开市。鲁人对于青岛不签字之通告,各界纷纷通电政院,请勿签字,主张一致者约计不下十余起。

10日 "巴黎专电":"各专使议定和约签字,惟德国答复后,美国报纸载,英国主持改轻,法国仍坚持苛刻。签字尚无期。"(本社胡政之君于六月五号十点二十五分自巴黎发,九号到)

"北京特约通信"《外交激起之风潮与政府之办法》:"此次北京学界风潮原因外交问题所激起。各省罢市风潮又因京学界风潮而发动。现在京学界风潮既略平,而要求政府之条件亦可商量就绪。……政府已决意允许:(一)不签字;(二)免曹章陆;(三)恢复教育状况。"

"紧要纪事"《一泻千里之罢市潮》:"天津学生联合会代表马骏等七人于今日(九日)下午四时到商会要求罢市,商会已允明日罢市云云……全津商民学生聚集数万人开国民大会,对于外交失败惩办国贼,惟有以罢市为最后要求。"

11日 "紧要纪事"《罢市声中之八面风》,报道全国各地罢市情况。沪上罢市后之工界举动:铁路机厂工匠已于星期六日午前十一时起一律罢工。铜铁机器业决定:(一)工界为商学界后盾;(二)静候三日;(三)如三日后政府不办国贼工界设法对付;(四)保持秩序,决勿暴动。邮局信差:鉴于邮差罢工,造成消息不通,故将罢工之举取消,改由各人量力出资购买纸张刊发传单,稍尽国民义务。自来水工人亦极激昂,各厂约定罢工,但是考虑到造成停水,影响中外人士生活,劝其放弃罢工行动,静候消息。纱厂工人一律罢工;铁厂工人全体罢工;兵工厂系军事机关,与其他工厂性质不同,应审慎行事,一律工作,以防被人煽惑;造船厂工人全体罢工,"誓不入某国工厂做工";电气公司工人,若全埠交通一旦停止,全埠秩序必大有妨碍,是以罢工一事已作罢,以合适方式助学生救国;铁路机师工人一律罢工。

12日 "紧要纪事"《天津商会又有继续罢市之布告》:"天津绅商学各界于十一日晚十时齐集天津总商会,议决明日十二日仍继续罢市。"《罢市风潮之汇志》:报道全国各地罢市、罢工的情况。

"时评一"《对于罢市开市之索隐》(无妄):"曹章陆免职令一下,天津即实行开市,各省商学界所争目的已达,则必能一律开市,殆无疑义。然使政府于学生风潮初起之时即毅然有此种之决断,则何致召罢市之变征?当时进此说者,要岂无人,曲突徙薪无恩泽,焦头烂额为上客。其斯之谓欤!"

13日 "论评"《总统辞职问题》(裴):"(总统辞职)所举辞职之理由,其最重要者在青岛签字问题。……际此国事蜩螗之秋,尚望我总统本救国之初衷,慎勿轻于言去,致国家愈陷于不可收拾之域也。"(按:总统为徐世昌)

"紧要纪事"《罢市声中之四面八方》:报道全国罢市情况。《上海罢市后之罢工》:继续报道上海各业工人罢工情况。

15日 "时评二"《天津又告开市》(逖):"各商界抱爱国之热忱,一经达到罢免曹章目的,前之纷纷罢市者,今已纷纷开市矣。""……自今而后,吾知津埠商民,纵不宽假政府,自当爱惜穷民,照常营业,维持市面。固敢深信不疑者也。"

16日 "紧要纪事"《上海开市声中两惨剧》:西捕枪杀学徒;乡民击毙军官。

"时评一"《沪上之惨剧》:"爆竹声喧,彩旗影耀。此沪上开市之特色也。不意于此欢乐声中,发现两场惨剧,伏尸流血,供意外之牺牲,良可痛惜。""西捕之枪杀学徒,官厅自必严重交涉。以为死伤者申雪。而官少将之无端毙命,则凶手已逸。更向何处呼冤。""呜呼,死者已矣,彼造谣煽动之徒,竟构成此可悲之恶果,当亦为热心爱国者所不及料者也。"(按:这两起惨剧与罢市开市没有关系,尤其是第二起,是个偶发事件。但是作者要牵强附会。说明作者反对罢工罢市之态度)

22日 "时评一"《尚不亟续议和乎》(无妄):"和议久停,国事愈益纷扰,前此因学商风潮,国人无暇及此,今则不可再缓矣,观于粤桂军哄于广东,唐黎军斗于鄂西,而陕中陈于,又将发生冲突。以前辛苦划定之界线,且不免全功尽弃,若再不亟谋疏解,赓续进行和议,则宇内鼎沸,将成不可收拾之局矣。乃朱总代表一再坚辞,已示厌倦风尘之意,而政府欲觅替人,又殊匪易,然则和议竟就此搁浅矣乎,噫,危已。"

24日 "时评一"《收回领事裁判权之希望》(无妄):"我国外交史上,丧权辱国之事,指不胜偻,尤可痛心者,莫如各国之有领事裁判权。环顾列邦无论大小强弱,其行使法律权限,罔不守属地主义,惟对于我国独用属人主义。世间不平之事,孰逾于是。""欧洲和议大会,既以正义公理昭示全球,则我国要求收回领事裁判权,正自时不可失之机会。近据陆专使来电云,协约代表均已赞成斯议,惟斤斤于我国之改良司法。政府得此消息,已由司法部着手筹备,诚能确实办到,则我国于和会上,所得利益,惟此为大。尤望我政府官吏,于改良司法之道,切实进行。庶可取信于列强,而使我久失之主权,一旦有合浦珠还之庆,则国家之福,亦人民之幸也。"

26日 "北京特约通信"《山东问题之紧急》:"欧洲和会签字之期迫在眉睫,外电传来且有德国已允签字之说,关于我国之山东问题,命运亦将于此短少期间决定矣。……二十三日政府又去一电,略谓:二十二电计达,青岛问题真相不明,以致国内风潮迭起,虽经政府再四晓导,群情仍形愤激。务希迅与日代表和衷协商,从速表示完全归还复我主权,免致别生枝节。"

"时评一"《德国签约与和平大势》(无妄):"德奥为战祸戎首,城下求盟,受苛酷之条件,固属咎由自取。惟是五强会议颇持专制态度,对于弱小国之权利义务,多未能为平允之主持。今虽迫于强权,无力抗拒,然恃强抑弱与正义公理之标志,名实既不相符,而怀愤者多,终非和平之福。"

28日 "北京特约通信"《力争山东问题之紧要关头》:"此次国民群起力争外交问题,出于爱国热忱一致行动,再接再厉。现在欧洲和约,德人允于二十七日签字,山东问题亦即至紧要关头,国民当然作最后之争持,故昨日京津各界代表又请愿于总统府,要求不达到目的不签字。津沪各团体电致政府,措辞尤为愤激。"

7月

1日 "巴黎专电":"山东案我国专使于五月六日、二十六日两次声明对于德国移交日本国私列各条提出另订。现在定于即日签字。约内注明仍维持前情,若不能注明,定通告声明。"(本社胡政之君于六月二十四日十一点五十五分自巴黎发,三十日到)

"北京特约通信"《欧约签字后所闻种种》:"欧洲和约业于二十八日午后签字。关于我国之山东问题如何决定,迄昨日政府尚未接到正式报告。"

3日 "巴黎专电":"法总理派外交总长劝我国代表无条件签字。美总统劝签字后再声明不满意。二十七夜,代表□□(此处电码不明)顾王二专使谓,一经签字后声明已无济,不能迁就。□(电码不明)使主张迁就。有学生多人守陆使××(电码不明)签字。"(本社胡政之君于六月二十八日九点四十分自巴黎发,七月二日到)(按:此电文系用新电码拍发,报馆辗转托人译出,其中不明之码,只可从阙,以致文义不够明了,殊为可惜)

"北京特约通信"《欧约我国果未签字》:"欧洲和议各国已于二十八日签字,我国虽有未签字之说,政府尚未接到正式报告。迄昨日午后,确闻外交部已接到巴黎陆总长二十八日先后所发两电报告签字情形,我国未曾签字。"

5日 "巴黎专电":"二十八日陆专使派驻法公使胡惟德访问和会秘书官,递最后之照会声明。和约虽签字,不能认为将来不重议山东案。该员传法总理之意,未签字×(此码不明)任何声明×(此码不明)照会当时退还。我国代表只得不签字。法美舆论颇称许,英人则持冷淡态度。和会当局出于意料之外甚为惊讶,日本人尤甚。"(本社胡政之君六月二十九日九点三十分自巴黎发,七月四日到)

9日 "专件"《平和会议决定山东问题实纪》(胡政之自巴黎寄)。该长篇通讯的前言写道:"方欧战告终之时,国人习闻威尔逊总统之伟论,以为正义公道从此大伸,对于此次平和会议,抱无穷希望。迨吾人身临欧土,参列会场,目击强国专横武断之状,晓然于强权之势力,至今并未少杀,顿令前此所怀高洁之理想为之减退。今山东问题,吾国在平和会议中已完全失败,法、美一般国民,虽颇表同情于吾人,然英、法拘于成约,美国地处孤立,此案欲求转圜,实已万无可望。推此次失败之原因,在内有去年九月之中日路约,在外有前年英、法、日等之协商。大错铸成,补救无术。余于本案经过,曾迭有专电报告,特道远难详,虑国人于前后情形,犹未完全了解,兹特就采集所得之确实材料,辑为是编,俾国人得熟知此一段痛史之真相也。"正文:(一)关于是案(按:中国山东问题)之日志。(二)英、法、日密商译文。山东问题在平和会上出现不利于中国的结果,"致命伤是英、法、日"的幕后勾结。余今译述三国"秘密协议文件"。(三)三次会议之要点:"中国代表为山东问题出席于平和会议共三次",将这"三次会议要点"详细告知国人。(按:此文于9—12日连载)

18日 "紧要纪事":"我国代表已发表宣告书,谓日本于批准和约之先,应无条件以青岛及山东交还中国,又民国四年中日二十一条约及民国八年高徐济顺各约均应即时取消云。"

24日 "紧要纪事"《长春事件之外讯》:"昨路透社北京二十二日电云,据日本方面公式各报告云,长春中日军兵之冲突,系因华兵击打日本铁路人员,日本人员四名偕多数兵士赴华兵营房提出抗议,在兵营中或离营时,曾被华兵枪击(该各报告互相抵触)后则图报复,因之相击一小时半之久。"

8月

11日 "北京特约通信"《吴佩孚之豪言》:"直军第三师长吴佩孚前次随曹经略使出兵长岳,以战功著称,遂崭然露一头角,逮进驻衡州,以酣战之余,遽倡议息兵言和,益为各方重视。其后,对于时局及外交内政屡有建白,想为世人所共闻也。最近于和议中之法律问题曾又通电陈其主张,偏重牺牲新国会以解纠纷。"吴师长提出可仿效"从前天津会议曾有由各督推戴东海之说,今欲保全东海之总统地位,固不难仍采此策云云"。此法实为"由武人保持总统地位","亦可谓吴师长之豪语矣。"

13日 "北京特约通信"《总代表已派定王揖唐》:"和议问题停顿日久,忽有急转直下之势,据政府方面确实消息,连日政府与国会方面磋商和议进行,意见积形融洽,遂决定仍由众议院王揖唐任和议总代表,以期早日开议,早决纠纷。昨日国务院已通电西南七总裁(按:当时广州军政府有七个总裁:唐绍仪、唐继尧、陆荣廷、伍廷芳、孙中山、林葆怿、岑春煊,以岑为主席),电文略谓朱桂莘因病固辞。现特派王揖唐为总代表,克日偕同吴鼎昌等各位代表莅沪开议。"

17日 "北京特约通信"《政府对于山东问题之办法》:"欧洲和约因山东问题处置不公允,我国拒绝签字。后政府迭次与欧专使切商应付方法,各使亦频有密电陈述各国态度。近来一方既传将由中日交涉,一方又有英美法调停之报,此中真相如何固尚待查考。"

21日 "时评一"《维持民食之必要》(无妄):"今年各省之收成因灾害迭至,大都十分减色,即无灾地方亦不过一中稔。……为维持民食计,出洋固当严禁,而在国内各省,则万不可不有无相通,盖政见有异同,民命无异同也,负牧民之责者可不通盘筹划欤?"

28日 "北京特约通信"《关于和议之消息》:"王揖唐总代表赴津一再改期,终于二十七日成行,与朱前总代表接洽,惟西南消息,则仍形沉闷,其内部意见分歧,复电迟迟未能发出。"

31日 "论评"《学潮感言》(斐):"自巴黎和会签字,德约对于山东问题未获公平解决,举国学子群起抗争。虽属轶出范围,有越常轨,然其示威运动实激于爱国之本性,全国父老犹喜其热忱,欧美商民,犹谅其苦衷。若此次学界代表请愿围绕府门,叩其理由,则以解除山东戒严,惩办马良为辞,姑无论其为法定团体手续完备与否,然男女学生既有多数,则记者安能默尔而息,不本良心之主张。"

9月

1日 "时评二"《今日之学生风潮》(遯):"近日京津学生风潮请愿团被捕,联合会解散,在官厅方面急谋所以遏止之方。""惟闻各校学生则仍有沿路演说借地开会之事,恃此三寸之舌以卜最后之战胜,其果谁是谁非,事实法律,各执一端,固无适中之办法,第长此纷纭相持不下,至陷于不可收拾之地步,恐非国家之福,抑亦非学生之益也。"

3日 "专件"《一九一九年六月二十八日与中国》(胡政之寄自巴黎):"一千九百一十九年六月二十八日,协约国代表与德国代表,签和平条约于法国维尔塞城之旧皇宫,此空前之盛举也。吾国专使因抵拒国际专制主义,临时未往签字。故中国人之参与此项历史的大会合者,惟吾与吾友谢君东发而已。""是日之会,虽为历史上空前之举,场内场外,布置却极简单。场外仅有骑步炮各军队排列道旁,气象严重;场内有三五法国伤兵,充百战健儿之代表,与摇笔鼓舌之世界大政治家,分参与盛典之荣,颇令旁听席上肃然起敬。代表席两端,有法国总统府卫兵二十人,带金盔,配长剑,点染会场之庄严。然仅于将开会与将散会时,一进会场,拔剑为礼而已,签字之时,盖未在场也。各国代表服装,有衣大礼服者,有着常礼服者,殊不整齐。午后二时五十分,德国代表五人入场,悄然就座,面目冷索。旁听席上唏唏之音(表示厌恶之音)四起。旋由法总理克理孟梭起述开会词三数语。司仪官请德代表签字,此时德代表密勒与伯尔两氏,似有感动,面色灰白,如即刑场。二人签字毕,退就本席(其他三代表系秘书性质,未签字)。至是,由司仪官挨次就美、英(英殖民地代表亦在内)、法、意、日五国代表席,导引各代表签押。其后,各他国则按字母顺列签字,不过一小时而礼毕。"

"会场代表席中,有两空位,即中国代表所应坐之处也。先是,我国代表签字与否,余于是日午前十时由巴黎出发,晤见顾专使维钧与岳秘书长昭燏时,尚未确定,盖犹希冀保留一层可以做到,即不做此决绝之举;迨午后三时,代表座位犹虚,余等断其不来,遂与谢君东发,分告各国新闻记者,一时争相传告,遍于全场。有嗟叹者,有错愕者,亦有冷笑者。大抵法、美两国人,怀惊诧叹服之感为多,英国人则多露轻蔑之色,至会场之中殊无何等印象。……散会以后,法美同业多拦住余等询问究竟,余等一一告之。有美人某君大呼曰:'今日之中国真中国也。'有法人某君语余曰:'此日本人之切腹也。'意谓,日本强压中国,乃日本之自杀政策也。余等以五时返巴黎,赴专使办公室处,则宣言书已印就,方送各报。余等因其文太长,各报恐难全登,乃以中国报界名义,发送通知于巴黎各通信社,转交各报。其文如下:中国不能签字于和约,因此约乃令我国自己割去其最大最神圣之省份也。中国屡经公表,自谓忠于协约国方面,今为免除误会及解释世人怀疑于其今次之态度者起见,特再通告:中国忠于协约国之精神,因仍如旧。中国对于和约各条款,莫不欣然赞署。惟其不能引颈自决之情,当易为世界所相谅。中国为协约国之一,在此战胜与自由名称之下,实不能署名于山东条款,将四十万人口之大领土为对日之赠品。盖此种不公不正之事,世界史上未之先有也。和会会长与委员会(即所谓四国会议),即迭次拒绝中国保留者,另议关于山东之第一百五十六条,第一百五十七条,第一百五十八条之权利,则中国不能签字,不应签字。中国之不签字,得保其国家之尊严与名誉,以后如何,请看将来。"

通讯在追述了从26日至28日中国专使顾维钧等人顶住英、法、日等国压力,拒绝签字的经过后写道:"此次和会,强国专制,久招众怨,中国最后为正当之抵抗,凡二三等国家,莫不称快,中国实逼处此,无可如何,法美明白事理之人,亦均能深谅中国。夫我国外交向讲屈服,今日之事,真足开外交史之新纪元。特默察世界大势,事变尚多。英、法、美一面组织国际公会,一面又组织三国防守同盟,可见国际公会之效力,在提倡组织者犹不相信,将来力量断然可想。即使真有价值,亦不过做到'强凌弱众暴寡'六字,于中国决无大益。欧美人惟尚物质主义与强权政策,今后战祸方兴未艾,吾望国人憬然猛省,将打电交民巷哀求外交团,拉西洋制东洋,倚赖公理正义,依托国际公会,种种卑劣手段、消极思想,一概扫除。大家振刷精神,实力图强,须知我国今后,除亡国与兴国两途外,别无他路可走也。今当巴黎人士欢迎和约,如醉如狂之日,就感触所及,拉杂纪此,阅者谅之。民国八年六月二十九日夕书于巴黎寓楼。"(按:此文于3—6日连载)

11日 "北京特约通信"《关于和议之消息》:"自西南七总裁正式反对王总代表之电到京后,政府与各代表及各要人均主张不变,和议进行最切之旨,仍促各代表速行南下,推诚接洽,总期令西南之误解尽除,以收统一和平之效,如果抵沪而南方代表竟拒绝开议则咎在南方。"

12日　"东方通信社电报"《南方代表之行动》:"广东军政及南方代表等拒绝王揖唐后,静观北方之态度,其代表章士钊原定八日出发前赴广东,欲与岑春煊协议善后策,现因未得岑氏复电,遂至出发终止。"《吴佩孚抱有野心》:"际此南方拒绝王揖唐,时局又行停顿,于是有长江三督军及吴佩孚,不日当为何等运动以计打开时局之说,而冯国璋入京于此亦似有若何关系,惟吴佩孚之反对王揖唐,有谓其通款南方抱有湖南督军之野心云。"

18日　"论评"《借款敷设京热铁道问题》(斐):"铁路为国家之命脉,而于军事上行政上商业上均有密集之关系,此为世界学者之所公认而无或异议者也。返观中国十数年所筑之铁路,几无一非外人之投资,而任其操纵也。""京热铁路为京师之锁钥,蒙古之孔道,若乞款于外人,则不啻自坏门户。此就主观言之也,京热铁道之敷设,英米企业会社及日本借款团欲投资久矣,此中用意无待深言……就客观言之也,近闻政府鉴于财政之困难,欲藉建筑京热铁道问题,向英美借款,何其不思之甚也。夫财政困难固不待言,救济之法亦有种种,然岂可将此关系重大之京热铁道之敷设权让于外人之手?此余深望其说之不确也。"

29日　"时评一"《无耻之第三者》(无妄):"自国内和议开始,即有所谓第三者出现,组织各种和平机关,担任调停之责,此不得谓非爱国者之正当行动也。""乃调停经八阅月,非特毫无和平效果,而且黑幕重重,从中破坏和平者有之,招摇撞骗者有之,至于政府所馈赠调人之旅费津贴,已不知耗去若干金钱?"

10月

5日　"专件"《意大利视察略记》(胡政之):"余于七月五日为意大利之游,至八月一日返巴黎。……同行者二十二人,皆各国新闻记者,在巴黎之意国和会专使派陆军上尉一员伴送。"文章介绍了"战场之特色""意国之民情""意国之经济"。(按:该文6日、7日继续刊出)

"紧要纪事"《沪人反对王揖唐之真相》(译二十九日《泰晤士报》):"第三者从中播弄所致……反对王揖唐者,非真正民意……阴谋政客恐和议成立,若辈无所依附,故不惜挑拨离间破坏和平。"

9日 "时评一"《土地权丧失多矣》(无妄)：山东青岛虽为我国领土,但大部分土地已被外人占据,"是即日本果肯交还,而土地权之丧失已不胜算矣。呜呼,青岛—中国之雏形也。试一统计全国之土地,其中由租借而变为购买或占领者,盖无一省不有外人所取得之产业也,瓜分之惨况,盖已于无形中,各试其牛刀矣,可胜痛欤"。

"时评二"《和议声中之时局》(邂)："自王总代表(王揖唐)赴沪之后,南中军阀派,恐和会开议,于地盘问题,有风雨飘摇之虑,于是而湘而赣而闽,俱有不稳之消息。无论此种举动,实力消除,虚声恫吓,不值识者之一笑,即使秣马厉兵,果有战祸发生,而同室操戈,自相残杀,空陷于不可收拾之险象,适予外人以渔人之利,是亦不可已乎。"

21日 "专件"《瑞士纪行》(胡政之自瑞士寄)。(按：1919年8月19日胡政之自巴黎到瑞士游历,此通讯记载此次游历经过及感想。该通讯连载于10月21日、22日、24日,11月14—17日)

11月

20日 "北京特约通信"《福建日人殴学生风潮激烈》："福建日人击毙学生多人,各界愤激异常,李闽督前已有电报告,请政府严重交涉。昨闻闽省各团体及上海学生会纷有电到京陈情,闽省议会来电略谓铣日日人在南台大桥附近,因与学生冲突击毙市民六人,因伤重毙命者小学教员一人,并有他国人教员一人,全闽人民愤请政府,迅电驻日公使,向该国严重交涉。……日本使馆方面则另执一词,谓……学生排日拒买,……在日本商铺外阻止购买日货,……日人与学生冲突致起斗殴。"

21日 "北京特约通信"《闽省日人殴毙学生风潮》："闽李督昨续有电到京,报告查明情形,略谓是南台大桥,日人聚众五六十人殴学生,被伤致命者,学生十余人,警察二名。"

28日 "北京特约通信"《举国愤激之闽省事件》："日人在闽持枪击毙学生巡警,仍复派舰示威,更令海军登陆游行,有意挑衅,咄咄逼人。政府乃于昨日阁议提出决定办法,向日本提出严重抗议。"

30日 "北京特约通信"《昨日北京学界因闽事大游行》："露天演说,于昨日始各校学生以请假出校,不取罢课形式,藉资唤起国民注意,全力对付外交。"

12月

5日 "时评一"《冻馁时期至矣》（无妄）："粮价飞涨，煤觔缺乏，当此严冬将至，人民之颠连憔悴，益动无以卒岁之忧。夫粮价之飞涨，非因无粮也，苦无车辆为之转运耳……则罔非为运输军队军需占用太多，以致无可拨给，而商家与居民乃交受其困矣。呜呼，人民感军事之痛苦，既如是之深，不知南北当局，其亦能稍顾民艰，速谋所以息事宁人之道乎？"

8日 "北京特约通信"《昨日之国民大会》："昨日（七日）午后一时各团体在天安门开国民大会，讨论闽事交涉办法，到会者达十万人之众。开会后，由学生代表、联合会代表主席，有顷，总商会会长安迪生率领商界团体执旗整队到会。即公拥安会长等登台（演说）。""商界议决抵制日货日币……决定即日起，三日内，各商店铺不卖日货，不用日币。"

11日 "北京特约通信"《日本使馆又提抗议》："七日，国民大会商界一致主张抵制日货，为政府后盾，日本方面异常恐慌……日本商……开会决议要求日使维持生计。日使遂于昨日午后派书记官深泽赴外交部口头提出抗议。"

17日 "专件"《国际航空条约及会议情形》（胡政之寄自巴黎）。（按：此文至20日刊毕）

"巴黎专函"（胡政之寄）：当和会成立时，另设国际航空股。中国方面由唐少将宝潮与之接洽。十月十三日下午三时在法国外交部正式签字。当时由中国代表顾公使维钧出席签字。

18日 "时评"《和调翻新》（无妄）："今之为和平运动者，对于上海之和会已视为无足重轻，相与高唱入云，不曰局部谋和，即曰仲裁谋和。局部为实力派之意见，仲裁为策士派之主张，二者之进行均极努力。吾人渴望和平已久，但求可以达到和平目的，固可不问其用何种方法，然议和者、调停者、疏通者，奔走周旋已历一年，而考其成效，依然石沉大海，今日之皇皇于局部或仲裁者，仍不外一年来奔走周旋之人物，岂换一名目，便可收和平之佳果耶？恐亦不过老调翻新，徒增一番热闹而已。"

30日 "北京特约通信"《冯前总统逝世》："前代理大总统冯国璋病势沉笃，于前夜十一时逝世。刊发'新逝世之前冯大总统'戎装半身照片。"

"时评一"《哀冯河间》"无妄"："冯氏之人，代总统也，在黎黄陂退位之后，为民国第三个总统。袁氏晚节不终，几覆民国，固罪无可辞，而其才气横逸，奋发有为，实为后来者所莫能及。黎氏才具虽欠开展，而厚德大度，天下翕然称之。冯氏才不及袁氏,德不若黎氏,只以烧汉口起家,步步高升,浮至坐第一把交椅,虽经任满去职,而雄心犹未能已,则其运动手腕之敏妙,亦有大过人者。虽然冯氏在民国,纵无功可纪,而当此国内鼎沸和局飘摇之际,毅然撒手红尘,俾一般无赖政客失所倚恃而戢其野心,青年学子失鼓动原力,回复其求学之本良,则政潮学潮可以从此宁息,而阽危之国家或能渐告平定,是冯氏之死有功于民国者实大也。"

1920年(民国九年)

1月

4日 "特约路透电"《华侨之抵制日货》:美国华侨在旧金山华侨区内,烧毁日货,以抵抗日本占领山东之举。行此义举乃"光中号",直言此为起点,在美抵制日本之第一步。当时在场视焚日货之华侨达数千人。

7日 "社论"《大清河开不冻港之疑问》(味农):"今观大清河开不冻港一事,人言啧啧,巷议街谈,诚令人疑窦丛生。有不容不问者数端,亟录之以供国人之研究。……"此等大事,"顾后瞻前,精详审慎,循法定之程序,按规则而进行,群谋佥同,庶可得上下之公认。……岂一二私家私人之事乎?胡独断独行,一至如是,此不能无疑。""既云商人呈请开港,当有确实基金存放银行,以待中央查验,似不必另借外债,坐失主权。且云二千万犹不敷用,复拟发行一千万元之债券,并许外人购买,其意何居?是明明断送国家领土主权耳。"借款者乃"圣贤其貌,盗贼其心,阳美开港之名,阴行借债之实,何计及国家之领土,何恤乎国家之主权"。(按:直隶省长、议长联络若干督军政客欲借外债开大清河不冻港,拟以海港押借美金二千万元,由省议会秘密通过,《大公报》发文对此表示质疑)

14日 "特约路透电"《交换批准书情形》:欧战和约各国交换批准书于十日在巴黎举行,由此,对德战争状态告终止。

"时评一"《合约生效后之山东问题》:对合约生效后之山东,担忧至极,"夫专使拒签德约瞬经半年,我外交当局仍无确定之方针,至今日而始言准备……因循坐误,我外交当局不能辞其责矣"。

19日 "论评"《为南北当局进最后之忠告》(味农):"民国成立以来,南北交哄不知其几次矣,从未有如此次之久而且烈者,夫内乱愈甚,则国愈弱……此次对内之不宜用武力也明矣。"当下内外形势紧迫,"内则学潮澎涨,阴谋挑拨,外则激派蔓延,强邻迫压,南北岂可仍持极端,坐视国亡而不一救耶?兴军因护法而起,对南以平乱为宗,两方皆以国家为前提,此时亦当舍其小者近者,而谋其大者远者矣!"呼吁"南北之争当止于今日矣"。否则,"各逞其欲,假国家为面具,而口欲行吾政策欲达吾政治之目的而各不相让,恐乱平法护之日,吾堂堂数千年之古国,已偕波兰、埃及、越南诸伴侣而遨游于幽暗惨淡之境矣!"

21日 "时评二"《京商运米出境之可诛》(邈):"京师米粮向赖南漕接济,平日价格已较江浙为巨,际此金融枯竭百业凋敝,藉以维持现状者惟民食问题之不起恐慌耳,乃不谓一般奸商,竟有运米出境隐为贸利之谋者,无论此项米粮来自南方,官厅之商榷往来已费尽几许之心力,深恐贫民生计益陷困难,弱者无所得食,强者铤而走险,辇毂之下,危机四伏,其祸患将不堪设想。"

31日 "论评"《敷衍迁延为外交之积习》(味农):"观我国历来外交,每事均以敷衍迁延为常习,此实历来失败之大原因。……山东问题,关系吾国存亡,此举若失败,则将来之满蒙问题、闽藏问题,均不堪问矣",希望当局"慎毋以敷衍迁延之固习,而断送国家命脉于冥冥中也"。

2月

26日 "时评一"《南北兵祸何日息乎》(无妄):"南北和议问题,年前经百般疏通,才告已有端倪,乃度过残年,反更消息沉沉,似仍无开议之望。尤可痛者,南北和局既难成就,而闽陕南军,方因争攘权利互相攻杀,即北方将吏,亦有夺取地盘将以兵戎相见之说,然则南与南战,北与北战,且纷纷不已,高谈南北统一,去题益远矣。观于此,知欲求国家之安宁,今殆尚非其时也。"

3月

2日 "专件"《余所见之德国》(胡政之寄):详细记载了胡政之在德国考察一个多月的见闻:(一)交通与生活;(二)政治之现状;(三)社会新苦乐;(四)经济之情态;(五)对外之感情;(六)教育之问题(附留德中国学生之苦状)。在记述"留德中国学生之苦状"时写道:"吾之通信至此本已可告终结,顾有一事为余所不能不言,亦余所不忍不言者,即留德中国学生之苦况是也。""曩在战时,食粮缺乏,生活之苦实逼处此,因是留学生之病且死者不少其人。今则时际平和,粮食渐多,而留学生之苦也如故。盖食品虽增,而德币奇跌,物价飞涨,视战前有涨至二十倍者,中国学生月得官费五百马克,不过华币十元,衣食住三者且不能给,遑言读书。余在柏林,每餐出二十余马克有时犹不能得饱,吾国学生每餐则仅能费三马克而已。读者试想,二十余马克且不能饱,三马克更如何果腹?"不得已,学生只能自己做饭,"耗费宝贵之时间"。而这些情况,驻德公使、留学监督都不知道。"余在柏林与留学生接触甚久,三马克之中餐、自炊之生活余均躬自尝之,余认此为人道问题。谁无子弟,谁无朋友,忍令此十数青年沉沦海外耶?"胡政之发出沉痛呼号,希望能引起教育当局注意。(按:这是胡政之此次出国旅行的最后一篇通讯。胡1919年11月19日离开瑞士,作德国游,25日到达德国首都柏林,考察至12月27日。此文于3月2—5日、17—20日、22日分期连载)

4月

10日 "告白"《本报记者由欧回国》:"本报记者胡政之君鉴于欧洲战后世界大势顿形变化,而和会消息尤非仅凭外电传闻所能证实,爰于民国七年十二月三日离津出发为欧美之游,就实地之调查,作明确之报告,凡周列日美英法俄意德奥土耳其瑞士诸邦,并参与欧和大会,到处皆有纪事通信,并发专电,迭经纪载报端,以饷国人。兹得胡君自巴黎来电,刻已起程,准于四月十五日左右回国。恐胡君亲友未易周知,特此登报预告。本馆启。"(按:此启事连续刊登至4月21日)

16日 "特约路透电"《沪学生罢课游行》:上海十四日电,二万学生十四日上街游行,其中女学生约五千,队伍长约三英里,游行城内历二小时,学生狂呼,推倒不忠政府,抵制下等货物。队伍来自上海各教育机关,几乎八十学校全体参与。游行同时,更加罢课。

22日 "北京特约通信"《京外学界之潮声》:上海学生总会宣告以全国大罢课争外交以后,各省学生多半响应。国务院为学潮事,二十日再致通电于各省、区制止,其电透露,沪、杭、皖均有罢课之举,已扩大至十四省。北京学生随又参与罢课行列,但女校则不参加。

"北京特约通信":北京学生又罢课矣;前日之紧急会议;昨日上午实行罢课;午后女校亦会议罢课;北大昨午前之会议;将有宣言书发表;教育当局会议办法;蔡校长有辞职之说。"学生此次罢课,其目的乃专在要求政府赶紧宣布取消军事协定并驳回日本通牒。"

24日 "北京特约通信":京学生罢课之第一日。

25日 "特约路透电"《学生罢课潮愈恶》:"上海二十三日电,昨日,镇守使署外暴动之结果,学生受伤者五人,不知下落者一人,此想系击毙,查当时军兵以快枪之刺刀击散正在演讲之学生。……江南兵工厂工人五千名同盟罢工,因与学生表示同情。军兵于学生演讲时,无故殴击,且围攻兵工厂,工人完工后群立听讲之人众。钢铁制造厂及船坞工人等定于明早罢工。上海城内电车现已停止,新舞台剧院已得通告,令其停演。现中央政府电谕镇守使……镇压。"

5月

2日 "北京特约通信"《劳动节之京学潮》:"'五一'劳动节,我国素来没有活动,今年却大倡举行。当天早上,"北大理科开劳动纪念大会,会之主体,皆以校役组织之,到者百六十余人,主席亦校役,学生作来宾,当场散油印一种,说明'北大'校役所以纪念'五一节'的原因。……北大藏书楼主任李守常及学生鲁士毅等之演说,或说明劳工之神圣,或讲欧美罢工情形。……学生联合会方面则于清晨令同学乘汽车散发传单。""女界联合会于下午一时开五四运动筹备会,议决于'五四'日各人携小旗一方赴会。学生联合会于昨日发出公函一种致各校学生,请于四号晨八时至北大法科开纪念会。"

4日 "北京特别通信"《政府方面之五四、五七》:"'五一劳动节之后五四、五七相继而至……政府为保持地面安宁之故……除派员切劝外,严密防范,如不听从,即以严厉手段对付,并闻一方面军警长官会议维持地方秩序,决于五四、五七两日加派军警巡游各处,以防匪徒乘机窃发。又北大附近新驻有第九师第三十六团兵数营……"

《京学界方面之五四、五七》:"今日为北京学生运动周年纪念,北京学生于此纪念之日当然不能不有一种纪念之表示。连日学生方面开会,大都为筹备五四及五七两纪念会。昨日上午,北大西斋复开一全体同学会,商议进行方法。……下午一时,各校学生皆会于法科大礼堂,劝同学勿畏军警干涉,务全体到会。盖北大左近,已有五营兵士驻在,且每日必鼓号游行一二次,以为示威者。"

"时评一"《五四周年志慨》(无妄):"学潮之初起也,为去年五月四日,至于今日整整儿闹了一年。此五四周年纪念之说,所以哄动于一时也。""回溯此一年中,青年学子掷其可宝之光阴、可贵之学业、可爱之身体与精神,以从事于所谓爱国运动,牺牲不为不大矣。然试思有益于我民、有济于国家者究有何成绩之可言?则此种消极主张徒以自误,而无裨于大局,亦可见矣。""至于政府官吏,在此一年间,其应付学潮方法,忽而纯取纵容主义,忽而改用猛厉手段,忽而袖手作壁上观,一任其兔起而鹘落,扰攘经年,仍不过下几道训令、发几个通电而已,根本解决之道,卒无闻焉。"(按:这篇时评为《大公报》政治倒退的代表作。此后,该报又发表了一系列政治倒退的时评)

8日 "北京特约通信"《国耻纪念日之北京各学校》:"五七国耻纪念日",各校事前本有筹备,其后因学生联合会到会不甚踊跃,故清华所提出之大游行未能通过,遂决定各校单独在校举行活动。

11日 "时评二"《禁止劳工游行之感想》(遯):"上海劳动纪念得官厅先时防止,谆谆劝诫,烟消火灭,并无何种风潮之发生。然而捣乱分子四出运动,利用工人为傀儡者,实有无孔不入之危象。""近闻唐山工界有罢工游行之举动,事为交通部门所闻,亦既严行戒备,当帖然就范,不致有非理之反抗,否则,该处区域,一经扰乱秩序,国外人之干预,生国际之交涉,其祸患将奚堪设想?且吾人尤有言者,我国工界,竭终岁之勤动,谋一家之赡养,其心志固纯白可爱,其身家实贫乏可怜,自迷惑于劳动神圣,均产主义之异说,受人播弄,甘陷于不能振拔之陷阱,抑何愚之甚耶?"

18日 "时评一"《国际联盟亦对我疑虑矣》(无妄):"今日举国骚然、风潮叠起者,无非为解决青岛问题拒绝直接交涉而已。拒绝直接之后,所恃为解决此问题之后援者,无非求公判于国际联盟而已。""近闻国际联盟因我国南北未能统一,社会治安难保,对于履行条约,颇怀疑虑。"因而,希望有关方面尽快实现南北统一。

21日 "时评一"《撤防声中之噩耗》(无妄):"吴佩孚自请撤防一事,论者多为危之,非不知吴军久劳于外,亦当及时瓜代。只以和议未定,吴军当前线要冲,南军久思蹑其后而代之。……今也吴氏悍然不顾,竟自由撤防矣,开拔伊始,即闻马家河有小冲突……万一南北再开兵衅,谓非因吴氏撤防有以激成之而何?然而,吴氏弁髦中央命令,不受统将劝阻,并不恤使湘中重遭糜烂,其居心诚不可问矣。"

24日 "紧要纪事"《政府答复日牒之原稿》:我国政府行文答复日本通牒,关于解决交还青岛及其他山东善后问题。复文说:"根据目前事实上之情状,对德战争状态早经终止,所有贵国在胶澳环界内外军事设施,自无继续保持之必要,而胶济沿路之保卫,从速恢复欧战以前之状态,实为本国政府及人民最所欣盼,自当于最短之期间为相当之组织以接贵国沿路军队,维持全路之安宁,此节与解决交还青岛问题,纯为两事……"

27日 "时评二"《吴师又要索开拔费矣》(遯):"直军撤防之声,日喧填耳鼓。至今日而成为事实,惟闻开拔费一项,每营六千元计算,须款三十八万元之巨。按籍稽名,无一缺额,壮哉,吴师之军容也!""中央政府库空如洗,近又逼近端阳,百计筹措,藉思度此难关,平空之中陡增一笔巨款,其将何术以资应付?且复急如燃眉,万难袖手,倘复稍有迟误,全体哗溃沿途骚扰,祸患更不堪设想!"

30日 "紧要纪事"《上海报界欢迎本报记者胡政之君》:"本报记者胡政之君于前年十一月赴欧参与欧洲和会,上月十五始附法国邮轮返国,前日已抵上海,寓一品香旅社七十三号。上海日报公会前晚假座福州路倚虹楼开会欢迎,各报主任及记者共到二十余人。酒半,胡君起立致谢,谓欢迎非所敢当,厚意实深铭感。鄙人赴法以来,已历十有八月。今日本应将和会经过情形及世界最近潮流报告于诸君之前,惟餐馆内,人声嘈杂,不便演说,改日再行请教。今专诚致谢。敬举杯祝诸君康健。公会方面公推邵仲辉致欢迎词。"并希望聆听胡君宏论。胡君因复起立云:"今日过承厚爱,谨先略述所感以答盛情。鄙人此行感触最深者,一为我国人与外国人隔阂太甚,必须注重国民交际。一为外交官之腐败,为吾人意料所不及,必须大加改良。此次欧洲和会,各国人士非常注意报界,莅会者每国多者百余人,少亦数十人,日本亦三十余人,我国除代表外,各界亦间有往者,然皆极少。而以报界名义前往者则惟余一人。余复延生长法国毕业大学之谢君东发为助,亦惟二人而已。各国惟英美人士稍知中国情形,余皆绝无知晓,即见黄人服装稍整洁者,亦必以为日本人,故余尝谓,能使外人知,中国人亦有服装整洁者,即为不虚此行。"并以具体事例说明在外华工处境惨痛,而我国外交官腐败,不维护自己同胞利益。

6月

12日 "北京特约通信"《开滦矿之大罢工》:"开滦煤矿公司工人因要求增加工资罢工风潮,日形扩大,现该矿已全部停止进行。……上月二十七八日马家沟一部分工人要求加给工资,交涉多次,不得要领,于二十九日乃实行罢工,影响所及,赵各庄、林西、唐山等处相继罢工,至本月七日,全部工人二万以上,完全停止工作。"

"时评一"《新银团竟欲监督财政矣》(无妄):"财政为国家命脉,为政者受他国之牵制,用财不能自由,则譬诸躯壳徒存,真魂已失,虽不死犹死矣。"外国"新银团已决议监督我国财政……我借债度日之政府,闻此警耗,不知尚有何策以救亡否?"

13日 "告白"《冷观敬告读者》:"不佞年来游历海外。仆仆行役,本报职务旷阙实多。现已由欧回国,一俟少事休息,即当复治旧业,出其新知,改良本报。此预白以慰读者。胡政之启。"(按:此告白连续刊登至6月22日)

23日 "告白"《注意本报大改良》:本报七月一日起大改良,内容如下:(一)系统地记叙世界最新潮流,养成国民世界的判断力;(二)聘专家担任各部门通信,确有指导社会的能力,并由本报记者以最新智识转述论文,指导社会改造的正鹄;(三)特辟"思潮"栏提倡新文化;(四)特辟"社会之声"一栏,为社会公共发表意见之机关;(五)注重社会新闻,供给社会改良家的参考资料;(六)特立"新刊批评"一门,延聘专家批评新版书籍,俾读书界知所别择。

"告白"《广告改良的广告》:"报纸上的封面广告,地位最好,价值也最贵,从来终是被有钱的人独占了,平民要想利用,终是限于金钱,不能如愿。现在本报为公益起见,要想把这习惯推翻,叫社会上无论何人,可以出最少的钱,登最好地位的广告,真有一本万利的好处。从七月一号起,把封面地位腾出,专登和社会关系最密切的小短期广告,实是中国报界破天荒的创举。章程另订如下,望各界诸君注意。"章程订列四条,主要为小广告的分类、字号、刊登时间及收费标准。(按:这两篇改良告白,反映了胡政之考察欧洲后改良报纸的新想法)

25日 "北京特约通信":保定会议之经过;吴佩孚提出五条件;张作霖不主张解散安福部;曹锟来京与否未决。"可靠消息,当日会议中,发言最多者实为第三师长吴佩孚氏,几有领袖全会之概,所有会议条目五项亦悉由吴氏提出者:(一)局部改组内阁,尽去安福部阁员;(二)湖南问题留待和会解决;(三)撤回王揖唐之总代表,凡分代表之属于安福部者亦一并撤回改委;(四)开全国国民大会,凡和会不能决之问题由国民大会公判;(五)解散安福俱乐部。吴氏提出条件而后复逐条解释,议论风生,唾壶击碎。张使作霖对于解散安福部一层绝端反对,谓集会结社,民有自由,法律神圣,不可侵犯。"

"时评一"《对于两使握手之微言》(无妄):"政府所最为倚重者,莫曹张两使若,故总统有特召赴京,面决时局之举。今张使已至,曹使不来,仍不能为具体之解决。……国家大局,中枢无人为之主持,一惟疆吏之命是从,则外重内轻之势,已成牢不可破。微论外间谣言堪惧,即幸能暂定一时,恐莽莽群雄为地盘之争,终于无宁日焉。"

7月

1日　论坛《本报改造之旨趣》(政之):"社会事物,变迁无极,所谓'逝者如斯,不舍昼夜'是也。凡吾人所认为不满意之现象,皆可努力改造之。""今次本报改造,不啻为吾个人改造之一端,敢以个人理想,为读者陈之。"

"新闻为社会之缩影。吾国社会所最缺者,为世界智识。自来报纸所载世界消息,或传自机关作用之通信社,或译自辗转传闻之外国报,东鳞西爪,模糊不明,以致读者意趣索然。本报今后于世界潮流,国际形势,当编成系统,记叙本原,以期养成国民世界的判断力。""民治国家者,以举国之力,治一国之事。非若专制之朝,竭全国之力,奉事一人。是以今之国民,人人当有政治能力。欧美之人,朝为平民,夕任国务,肆应之际,措施裕如,即匹夫匹妇,平居议论,于国政利病,亦往往洞见症结,确有见地,非修养于平日,曷克有此。以吾所见,世界国民,政治能力,以英国为最优,所以然者,因英国报纸,国有大政,记载綦详,国民之政治常识,养之既丰,斯其运用之力,过于他国,此实吾人所当效法。而本报所愿以灌输政治常识自勉者也。

"报纸者天下之公器,非一人一党所得而私。吾人业新闻者,当竭其智力,为公共谋利益。本报入世十七年,竞竞以不负大公之名是勉,今后当益坚此念,作社会之公仆。小广告之设,所以便利平民;而'社会之声'一栏,更愿为公众发表意见之机关。吾人之所以助社会者,既诚且切,甚望社会各界,不吝教益,俾以互助而促社会国家之进化,斯又吾人所膜拜以祷者也。"

"两年以来,政治腐败,国民失望,失望之极,各图精神之解放。于是欧美思潮,众流并进,此固民众进步之征。然不澈底的改造思想,流弊所及,为害兹大。试观二十年前先觉之士,提倡改革,而无人为精邃之研究,所以辛亥变革以后,政治革命,一无良果,今兹若不惩鉴前车,则将来似是而非之不澈底的社会革命,必难幸免,就现在以测将来,宁不令人胆寒?斯则高瞻远瞩之士,所当切究利害,防弭巨患。而吾人所愿竭其浅识,研求改造之正鹄者也。"

是日,《大公报》"思潮"栏开栏。刊头旁说明:"本栏欢迎科学、文学、哲学、法律、政治、社会学等。每千字自一元至五元。来稿请注明姓氏住址。如不要报酬,亦请注明。"该栏《宣言》:"本报为顺应世界潮流,提倡文化运动,故特辟'思潮'一栏,用研究的精神求事理的真诚,不挟派别的意味,为一群一说张旗鼓,愿陈列其所知,以供社会的批判,不愿矫饰其说,诱致社会于盲从。这是本栏所取的态度。海内学者,倘能本以上诸旨,关于科学、文学、哲学、法律、政治、社会学等,投稿赐教,都是无任欢迎的。"

"世界新潮"栏开栏。首期发表《欧洲人之废战运动》。

2日 "论坛"《世界新旧势力奋斗中之中国》(政之):"两年前之欧洲战争,将为世界文明划一新纪元,此人人之所公认,顾新陈递嬗之间,混沌现象势不能免。""一千八百七十二年卡尔·马克思(Karl Marx)与恩格尔(Friedrich Engels)已在伦敦发布《公产党宣言书》(Manifeste du Parti communiste),昌言阶级战争(La lutte pe classes),与万国无产阶级联合(L'unisson de prolétaires internationelles),以推翻现行社会组织为帜志,欲用非资本主义非国家主义,谋世界永远之和平。自是以后,和者日众,社会之弱点,暴露愈多,改革论者之势力,愈进一步,千九百十四年八月,大战勃发,各国当局,以神圣团结(Union Sacrée)一语鼓励国民之敌忾心,社会党人,亦为所动。"经过战争浩劫之后,各国"痛定思痛,除旧布新,人人所望,社会活动力,既全操于工人,工党为改革之急先锋,最易得民众之同情"。"然各国情势不同,改造之术,不能齐一,英以同业同盟 Trade Union 为基础。法以组合主义(Syndicalisme)为理想。俄以劳农兵会 Soviete 为主干。国情历史实使之然。今日,旧者之不可留,固成世界之公论,而新者之取舍犹有待于研求。""以吾人观之,英国所行之政策,可认为旧势力之代表。俄人所揭之理想,可认为新势力之代表。世界各国,若法若意,视英为近,若美若德,视俄为近。其在东方,则日本终属旧势力之范围,中国却以新势力发展为有利。但新势力之成功,方在不可知之数,而旧势力之发展则抵御宜急,吾国在二种势力奋斗期中,自卫之策,与进步之计,胥应迎合世界潮流,统筹并顾,必须对于旧势力足以自立,然后对于新势力乃有建树可言。自立之计,首宜立息内乱,共匡时难,修养民生,以固邦本,次则整饬国防,保我边圉。""欲防外侮之欺凌,舍充实国防,别无他道,顾吾所谓充实国防,决非专指练兵,盖现在战争,纯斗科学。"因此,文章提出,平日应"教育普及,科学昌明,国民体育",全方位增强国防力量。

"经济大势"专栏开栏。首期发表《欧洲经济之自救》。(按：4日休刊。该文5日接载毕。此后,该栏与"世界新潮"相间出刊)

9日 "论评"《政潮与国民》(政之)："吾国为专制古国,政治事业向为政界中人所专办。革新以还,名去实存。……(各届之当权者)不务开诚布公,而务权谋术数;不务提倡新政,而务保存腐旧。用军人,而军人之气焰益张;讲派别,而派别之倾轧弥甚。时至今日,举国无一完人,政党全失舆望。军人干政,政客挑衅,南北东西,一邱之貉。犹之遍体毒疥,终须破头不止。斯盖主人翁之国民,无行使主人翁权能之智识与能力,遂至成此现象也。吾敢断言,国民非增进其政治实力,则袒甲不过为甲派做招牌,袒乙不过供乙派之利用,其不令水益深而火益热者几希！以吾所见,今日国民对于政潮,务当持冷静态度,保留最后之判断力。……今兹政潮,互哄之现象也！使军人而不互哄,则虽永保其势力可也。今既自相残杀,则进化律之运转见矣！"

10日 "评坛"《政争之源》(政之)："政争之源非一端,不诚实其最大之原因也。今之大总统,以公言,乃一国之元首;以私言,乃北洋派之先辈。苟能开诚布公,秉爱国忠恕之忱,恩威一准于法律公理,则何事不可以调融,何人不可以就范？乃阳则敷衍放任,阴则运用权谋,以致意见起于故旧近习之间,暗潮伏于袍泽同志之内,危机四伏,有触即发。"作为"一国之元首",徐世昌"以最有责任之地位,取最无责任之态度,斯所以樊篱溃决,成无术收拾之局。""官僚派之罪恶,至是盖上通于天"。

"编辑余渖"(无妄)："袁世凯既死,直皖两系暗中即发生龃龉,识者早料其必有爆裂之一日。其初,两系首领,资望相埒,地位相侔。虽曰匿怨而友,尚能互怀隐忍,故勉勉强强幸而无事。洎乎冯氏继殂,直系统率无人,遂致后生小子抗颜而发大难,大言不惭,竭尽其挑拨之伎俩,卒至拍破面皮,竟将以武力解决。第既生疮,必出脓。长此酝酿,终非了局。今日实行决裂,却也是快刀斩乱麻之一法。然而京津间之商民糟矣。"

14日 "论坛"《资本主义欤社会主义欤》(政之)："今日世界,正资本主义与社会主义激战之时。现代社会组织之缺点,既一一暴露,故社会主义之说,如水银泻地,深中于人心,势力若日之升,欲加抑制,殆不可能。""吾国年来受世界潮流之影响,主张社会主义者,不乏其人。顾社会主义,派别滋多;吾国国情,复有特别。若不加审择,昧昧提倡,则是丹非素,为害滋大。以吾所见,今日社会主义,自国家思想观之,不外三大派别：一、英国之同业公会主义

Tnodle vuiousim,欲于国家之中,划出工业自治之团体,所谓国家中之国家是也。二、俄国之劳农兵会制度 Soviet,欲以国家保有一切生产交换之机关,而以无产阶级 Dusl'eteniet 主治之,所谓国家万能之理想是也。三、法国之组合主义 Dcymaico!isuie,反对现在之国家组织,否认一切之政治原则,欲以大同盟罢工为破坏现状之手段,所谓无治主义 Auanhisme 是也。"在分析中国国情后,胡政之说:"是以吾人主张中国之改造,当根据中国之历史国情,参酌世界之潮流趋势,采特殊之方针,取资本主义之长处,以谋殖产兴业,行社会主义之精神,以弭社会革命,兹事经纬万端,非兹篇所能尽。言其大要,则铁道、矿山、水道、电气之属,或为生产运输之机关,或为社会公益之设备,概应收诸国有,或隶属公有,以杜私人之垄断,防资本家之发生,一也;举行直接税,如遗产税所得税之类,以轻一般国民之负担,而重财蠹之义务,二也;比国新订法律,人死之后,遗产半数,没为国有。意国最新条例,战时所得利益,全数没收,皆所以应时势之要求也。政界闭幸进之门,社会辟活动之路,人人自食其力,无不劳而获之寄生虫,则劳动神圣,将成个人生活之原则,三也。凡此皆所谓社会主义精神也。"文章明确指出:"抑今日中国改造之根本问题,尤在教育。方今资本主义,已成强弩之末,社会主义之实行,不过方法问题与时间问题。于此首当注意者,为一般国民之政治教育,盖往昔之政治,为特殊阶级之专业,而今后之政治,则国民全体之职务。"(按:该文次日刊毕)

16日 "紧要纪事":近畿军事之昨闻;双方已开始攻击;定国军打过第二线;保定城内起兵变;曹锟已不知下落。

17日 "紧要纪事":近畿战讯之昨闻;直军败退到北仓;天津派卫队助战;商德全(天津镇守使、陆军第五混成旅中将旅长)不知下落;各国军队去观战。

18日 "论坛"《望诸公为收拾大局着想》(政之):"此次军事(按:指 1920 年 7 月 14—19 日的直皖战争),酝酿已久。一方既蓄意侵迫,气盛一时;一方则实逼处此,势难退让。元首之处置,既失公平;双方之暌隔,益趋极度。是以息争之令虽下,曾不足以弭止干戈。日来三面烽火,震动京畿。观小民之沛颠流离,弥觉战祸之不可轻启。为今之计,惟望当事诸公,刻刻为收拾大局着想,战期力求其短,战地力图其小,为国民多留一分元气,即为国家多一线曙光。至若各省大吏,当以保境安民为务,勿误于政客之流言,勿动于奸人之挑拨,以致卷入旋涡,范围扩大,益陷时局于不可收拾之境。斯则国民之真正希望也!"

"紧要纪事"：近畿战讯之汇闻；直军纷纷溃退；奉军昨早到津；河北人心恐慌。

19日 "紧要纪事"《凿凿确确之近畿战况讯》：北仓直军之狼狈；固安交战之剧烈；西路直军之投降；保定兵变之证实。

20日 "紧要纪事"《段合肥三辞督办》：大总统仍未准段辞职；段合肥将通电各省。《战讯与时局之昨闻》：东路昨日无战事；曹军收龙军兵械；日使馆调兵护卫；吴光新领兵北上；张大辫又往蚌埠。

"编辑余渖"（茀投稿）："曹锟通电，谓此次开战，由边防军先行攻击，彼不得已，为正当防卫等语。此种欺人之谈，虽妇孺亦知其为掩饰。……边防军出发以后，相持一星期，并未开衅，乃调人之劝解，舌敝唇焦，曹既不听，而总统之命令，弭兵息争，曹又不遵。且谓边防军气馁，有意求和，似此情形，有目共睹，决非边防军先行开战，不辨自明。"

21日 "紧要纪事"《段合肥辞职之续闻》：合肥坚谓一人负责；总统自任措置失常；段担保部下不生意外。《直皖战事之昨讯》："前日总统又下二次停战命令后，而国务院亦致电曹锟，请其不必进攻，静候中央解决。"

8月

12日 "启事"《王槐庆堂声明》："本堂主人现因时局纷纭，对于社会事业深为灰心，已将《大公报》资本内本堂名下股本提退。自八月十三日起，本堂主人即与《大公报》脱离关系，特此声明。"

"启事"《胡政之启事》："余自欧洲返国，仍主持《大公报》社务，原欲以最新智识唤醒国人迷梦，今见社会空气愈益恶浊，断非一时……将《大公报》主笔兼经理职务概行辞退，自八月十三日起，与《大公报》完全脱离关系。特此声明。"

"告白"《本报宣布停版》："本报现因时局纷纭，动多阻碍，办理甚为困难，决定于本月十三日停止出版，宣告歇业，除营业部人员留馆处理相关事务外，将编辑部先行解散，特此布告。"停版当日，报纸序号为6400号。

二、王景杭时期(1920年8月—1925年11月)

1920年(民国九年)

8月

20日 《大公报》停刊一周后复刊,雷行任经理和总编辑。复刊《大公报》的刊号为6401号,与12日休刊时顺接。报名不变,报头字体改变。

《本报启事一》:"本报现经改组,所有以前种种关系均已完全消灭,自今日起,重行出版。抱定不党之宗旨,发为至公之言论,记载务求详实,内容力谋精良。惟革新之难,无殊草创,同人等智识浅薄,乞大雅指教为幸。"

《本报启事二》:"本报更始,经营艰难,再造一切,尚欠完备,适值纸价昂贵……暂时每日出二张半。一俟基本充裕,或纸价低落,再图扩充篇幅,以副阅报诸君之雅望。"

《办报启事三》:"本报改组出版,辱承同业先达各界君子惠赐箴言,善为颂祷,同人不胜愧悚,本应遍列弁首,光我报章。只以限于篇幅,谨为按日分载,特致数语,藉表谢忱。"

《大公报》复刊出版,收到"同业先达各界君子"的祝词,计23篇,分载于20日、21日、22日、23日报端。复刊当日,刊登第一篇"祝词",为《天津日日新闻》社所赠。该祝词正文364字,与其说是一则祝词,不如说是一篇论说。

《祝词》(《天津日日新闻》社)首先说:"新闻事业,居今亦至难言矣。真能代表舆论者,触政府之忌,政府摧残之;触地方官厅之忌,地方官厅遏抑之。军事时代,稍违当局之意,尤不惜故加之罪,肆意蹂躏。"而后说:"于是因利乘便之徒,乃得取代表舆论之名,求悦世俗",四处招摇。只有天津《大公报》,自创刊以来,一直能代表舆论,反映民意。希望改组后的《大公报》,本革新之旨,提倡正义,主张公道。最后呼喊道:"《大公报》万岁!"

"言论"《本报今后之主张》(雷行):"天地间运转之理,不外除旧而布新,人事应之,舍弃旧而新是谋。一转移间,化腐臭为神奇,厥效至捷。本报不幸短命,殆天予我以革新之机欤？呜呼,沧桑饱阅,慨事变之靡常,陵谷虽迁,幸人心之未死,此本报所以有改组出版之举,将重奋其枯管秃毫,勉竭觉世警人之力,以与社会诸君子续文字缘也。今日为本报复活之第一日",谨述今后之办报主张：第一,"对于政治"："本报今后一空成见,对于政治之评判,以行政之善不善为标准,贡献其所知,务使政治之进行渐趋于正轨,蔚成真正法治之国家。若夫官僚之把持舞弄,政客之譸张为幻,军阀之拥兵干政,则不敢不持严词正论,相与周旋,以冀其最后之觉悟。"第二,"对于社会"："报纸者,即提倡教育、鼓励实业之武器,亦即促进自治劝导慈善之良师也……本报以后,当尽力于此"。第三,"对于外交"："本报对于外事之记载,尤当鉴空衡平,各无偏徇,凡国民所应言者,固不惮随时宣达之,以尽国民喉舌之责。"第四,"对于同业"："以后对于同业,惟注意于群策群力,互资进步,绝不留丝毫旧嫌,以作文化之障碍。"（按：次日接载毕）

21日 "闲评"《民意机关》(郢公)对吴佩孚提出召开"国民大会"表示质疑："旧国会自命为真正民意机关,不肯解散,新国会自命为真正民意机关,不肯解散,于是一国而有新旧两民意机关分立对峙。""在北之新民意机关外,而又有一新民意机关,吾人将悉认为真正民意机关耶？抑将取一而认为真正民意机关耶？然而既有此机关,孰肯自揭其假面具以与国人相见？"

26日 "译论"《废督问题》(舍我译)。前言："昨日《华北明星西报》论我国废督问题,言颇警辟,爰为译述,以供关心政局者之研究。"正文："废除督军一说,中国大半国民及外国侨民之有关于中国政治者,莫不望之若渴,并已一再催促,以冀废除各省督军之事实,速即实现……惟且所持废督之方针,大有背于一般国民所预望者,盖以各省督军所有行政权,是否移交与省长,并无真实之表示,其高谈废督云云,不过以原有之督军,更晋而为高级督军耳,依然一军阀制度,所谓换汤不换药者也,何谓高级督军,盖嫌督军头衔不显赫,再冠之以最高巡阅使之名位耳。""昨日某报曾载有一则,即为曹张二氏各得统治三省,在其范围之内,一切用人行政权,统归其自行办理,政府不过画一诺而已矣。……此二位高级督军。"

"紧要新闻"《靳总理招待外报记者之谈话》："前日,星期五下午,靳总理（按：即靳云鹏）在国务院招待驻京新闻记者,此为中国历来所无。与会记者二十人,日本记者约半数。靳云鹏总理答问时,谈及现政府之大政方针,首先谋国内之统一,其次为种种改革,如外交、教育、农矿工业,荒地开垦,地方自治,裁减军队,谋求取消治外法权。"

9月

26日 "本埠特别要闻"《收回俄租界情形》：天津俄租界,"面积有数十之广,为天津各国租界中之地势最大者,我国无管辖权者已十年矣,兹因劳农政府以停付庚子赔款,撤废租界为要求通商条件,我国外交部特委交涉员黄荣良办理接收事宜,故于昨日(二十五日)为□行收回租界之期,由俄副领事移交一切。至下午一时,升中国国旗……随风飘扬矣,一时环观者甚众,莫不以收回管辖权为荣耀"。

28日 "言论"《关于灾民之研究》(去非)："今岁北五省荒旱成灾,困守乡里者,坐以待毙,求食四方者,颠沛流离。灾区之大,灾情之重,诚为数十年所未有。"大灾来临,筹集款项,救助灾民,刻不容缓。此为治标。"为永逸计,重在治本……治本之责,属诸政府,而亦在国民之自身。"对于政府而言,要认识到我们是农业立国,必须精心规划水利工程,压缩别的开销,拿出足够的款项兴修水利工程。尤其要提高对防灾救灾的认识："今之人竞言救国矣,然世岂有不救民而能救国者,政府为国本计,当自救民始,主张救国者,尤当自救民始,否则救国之说,直欺人耳。"(按：30日续完)

"要闻二"《豫境灾荒惨状之半豹》："天气渐冷,啼饥之外,加以号寒。预计秋末冬初,必有不堪设想之惨剧。兹有友人自安阳一带来省,言彼处去年六月后至今十六阅月,未见雪雨,寸草不生,田地每亩价值百元者现仅值四五元。述其见闻甚详,因记录之,使世人得知灾民实况。"后记录各种灾区惨状。

10月

9日 "闲评"《赤化其不免矣乎》(雷行)：据近来东西报载,我国"将成赤化之势",由于"武人官僚,迭相雄长,举不恤残民以逞,人群横受刺激,相率而趋于暴烈忿戾之途,加以阴谋政客,好奇学子,为逾越常规之倡导,人心乃益浮动,洎乎激派东渐,多方煽惑,社会波靡,赤化之祸,已露端倪"。"虽然,此特冀国民之自觉耳。若政府官吏,观于过激潮流之屡入,要当亟悟前非,对于民意,择善而从,以为釜底抽薪之计。若惟是武健严酷,以缔禁其言动为能事,则赤化之事实,激成愈速,东西报之论调,将不幸而言中矣。愿我国民我政府其猛省。"

14日 "代论"《直鲁豫灾区分道调查记》："今年北方五省，旱魃成灾，而尤以直鲁豫三省为尤重。灾区之调查者，……注重于叙述一地灾况，至于受灾地方究有若干，灾情轻重，此地与彼地比较，究竟如何，则至今尚无一人记述，故本报特派专员，前赴各灾区，综合调查。"（甲）直隶省：大名道所属三十七县，灾情最重；保定道所属四十县，内东部十八县灾最重；津海道……总计，直隶全省一百三十九县中，受灾之县计多至七十所，灾区面积，约当全省面积十分之三。受灾状况在直鲁豫三省中为最重。（乙）山东省：东临道所属二十九县，全境被灾，灾情最重……总计山东全省百零七县中，受灾之县凡五十四，灾区面积约当全省面积二分之一。（丙）河南省：全省百零八县中，受灾之县凡三十七，灾区面积约占全省四分之一。"综合直鲁豫三省，计其灾况，则三省共三百五十四县，内受灾者，凡一百六十一县。面积共约六万二千英方里，灾区中居民约二千八百万人。"文末还列表将每省受灾县数、受灾面积、受灾人口数一一公布。（按：该文次日接载毕）

24日 "言论"《废督问题与各方面》（去非）："废督之倡议久矣。虽浙督卢永祥为北方武人之首倡，意见既经宣布，不无二三人附和其说。""各地方人士，以时势所趋，督军万不可不废。"废督手续复杂，难度很大，政府恐难收实效，不便毅然下令废督。近年来，有军人干政挟制政府，而政府畏惧武人。政府陷入两难境地："明言废督，恐触督军之忌，不明言废督，又违人民之意"；"人民何以必主废督？督军，督理军务者也。除督理军务外，皆非所应干预。而今之督军，既侵犯本省民政，复时时干预国家政治，推其流弊所及，各省民政，整理无望，人民日转死于军治之下，生计憔悴，无可告语。……督军存在一日，即全国政治一日无整理之望。"督军制之废除，刻不容缓。（按：该文次日接载毕）

11月

20日 "紧要新闻"《国际联盟第一次开会》：国际联盟第一次集会，于十五日在日内瓦举行，代表到会逾千人，分属四十一国，尚有未入会之十二国亦派员参观。瑞士总统摩太提议比国代表希门斯为会长，各代表投不记名票，希门斯当选。

12月

4日 "北京特别要讯"《孙唐伍联省制之内容》："孙、唐、伍提倡联省制，已在珠海开会议决,联省政府在广州编练国防军二十师,护法军一百营,联结川滇黔统一护法,实行联省制,先自粤省提倡民主自治,铲除官僚政策。孙中山等更提出治粤善后之法,以整顿财政,改编各军为第一步;划分两广区域,实行筹备自治为第二步;扩充教育,提倡实业,改良社会习惯(即禁赌)为第三步。"

11日 "紧要新闻"《军政府之新局面》:粤军政府八日下令,任孙文为内务部长,伍廷芳为外交部长,唐绍仪为财政部长,唐继尧为交通部长,陈炯明为陆军部长,徐谦为司法部长,李烈钧为参谋部长,马君武为军政府秘书长。

30日 "译电"香港电:唐绍仪对粤抱悲观,前返乡不问粤事,二十六日来港,乘轮赴沪,孙、伍迭电邀回,均以有事辞。

"北京特别通信"《中央否认联省之名称》:中央政府致电孙伍唐,否认联省政府之名,要求撤销。

1921年(民国十年)

1月

10日 "论评"《靳内阁之四大宣言》(履水):"靳氏最近宣言之四事曰:促成统一,赶办选举,实行裁兵,节减薪饷。""四大问题中,当然以统一为主要。任命官吏之权,本操中央……(简拔程序与条件)其如各省之不遵令何?如是而欲行裁兵,其如军阀之不同意何?如是而欲节减薪饷,其如僚属之抗争武力之迫胁何?是则虽有宣言,吾恐亦等诸空言耳!"

15日 "紧要新闻"《库伦又有告急消息》:库伦防务近因俄匪图谋反攻,又形告急。据昨日所得消息,该地方已发生战事。

16日 "紧要新闻"《库伦警耗之纷传》:库伦发生第三次战事,详情迭记。叩林至库伦电线两条于十三日上午起阻断。库叩间亦已发生战事……务恳速催各路援军兼程速进。

17日 "北京特别要讯"《否准外蒙之自卫计划》:政府接外蒙王公来电,谓援库伦军队虽众,但是不耐严寒,道路不熟,不敌俄党蒙匪,决定招募士兵,实行自卫计划。巡抚使核实情况后,认为地方不能自募军队。

18日 "论评"《库防感言》(雷行):"库伦自取消独立后,尚未知以何等抚绥与整理,而直皖之战作,军事既定,迭有不稳消息。又不闻有若何镇慑之方。……终致俄党蒙匪勾结为患,夫岂俟今日而始知哉?""库伦之难作也,在库军事当局,请饷求援之电日有所闻,情势紧急,已可概见。""华商生命财产备受蹂躏,亦一再向政府呼吁",政府必须高度重视,并拿出办法。

2月

21日 "紧要新闻"《陈毅电告失守情形》:上月三十日,蒙匪开始向我军攻击,经艰苦抵抗,最后于本月二日库伦失守。

22日 "言论"《库伦失陷后感言》(履水):"蒙古为三省唇齿、西北屏藩,库伦尤为集中之要枢。……为长治久安之谋,民国成立,遂沿旧习。然俄党窥伺之心,与夫蒙匪蠢动之志,固未尝一日已也。徒以欧战方兴,俄党不遑侵略。蒙匪无人援助,故且夕苟安耳。""今则库伦失陷矣,活佛且宣告独矣。"究其原因,"其实俄党蒙匪拼力合谋,假活佛以号召一切……况乎援库军以饷械缺之,天寒地冻,遂观望而不前。驻库军以敌众我寡,身陷重围,遂退却而向后,援绝兵单,欲库伦不失陷,得乎?"

"紧要新闻"《俄党攻库伦时兵力》:"此次俄党夺取库伦纯以军火胜,所有步枪均系最新式之快枪。每队(一百四十余人)且有大炮。"

26日 "言论"《今之反对废督裁兵者》(直声):"今者某使(即张作霖)对于废督裁兵之通电曰:当此对内对外之秋,废督裁兵皆宜从缓。兵力不充,实难震慑,苟竟遽行,势将蹈俄国覆辙。俄之扰乱,孰不知为派别不一、主义庞杂,果在于兵力不充乎?推其意,对内者为援库问题,对外者为防俄问题。援库防俄,固未尝派遣重兵,于兵力充否何关?纵兵力充足,而临阵退怯,或徒糜国帑,按兵不动,又何济于对内对外?噫!以此而资为废督裁兵应缓之理由,益见废督裁兵之不可缓。"

3月

5日 "闲评"《靳内阁辞职问题》(郭公)指出靳云鹏所面临的窘迫境地:"推其政策之最著者,不外裁减军队,整理财政,各省武人拥兵自卫,犹以为未足,提议裁减自多阻碍难行,且军队一日不裁减,财政即一日无整理之望,兼之国库奇窘,开源无术,徒恃借债生活"。

7日 报头字体恢复。自是日起,报头字体恢复1920年8月20日改良前状。为何恢复,未做说明。

11日 "闲评"《库乱扩大之原因》(履冰):"库伦失陷月余,援兵不继,蒙匪俄党分三路兵攻",战况十分危急;"库伦抵制蒙匪俄党不利"的原因,主要是地理、士气、兵器等三个方面,提醒当局注意,并提出一些相应的对策。

4月

7日 "言论"《论广州妇女请愿参政活剧》:"近者解放妇女声浪日高,一般新思想家至谓妇女无参政权,为不得与男子享人类同等权利。要求参政之说,又盛传一时。近者广州妇女为参政问题,向省会请愿,且演成男女互哄大活剧,牝虎威风,殊为仅见。"

12日 "言论"《孙文当选非常总统之关系》(直声):"孙文抱有总统热,突然返粤,甘为时局障碍,诚可慨也。自其返粤后,当选非常总统。……在孙文个人,固可暂过总统旧瘾,然捣乱成性,徒事破坏,将如南北大局何哉?"南北尽早统一为上策。

16日 "北京特别通信"《孙文被选后对俄态度》:"孙文昨向各首领宣言云,个人此次被选为非常大总统,所具目的,第一系重对俄,盖西南应付世界潮流有积极实行共产主义之必要。既承俄新政府首先联合滇粤,足知俄人重视南方人格,故望各界襄助,赶组正式政府,预备模仿俄势,俟有成绩,再次改称劳农云云。"

18日 "专电":北京电话,"京中本日(十七)盛传曹张两使在天津有大会议,昨晚赴津之王乃斌、叶恭绰亦列席与会"。又电,"总统派庶务司长杨葆益筹备曹张两使来京之行辕,军警长官亦预备欢迎曹张之手续"。(按:曹张两使,即四川、广东、湖南、江西四省经略使、直隶督军曹锟,东三省巡阅使、奉天督军兼署省长张作霖)

23日 "专电":北京电话,"曹张两使致函王士珍,请其速允就任苏皖赣巡阅使职务,万勿再辞。乃王氏对此并无何表示,亦未作覆。待曹张来京后解决一切"。

25日 "言论"《论查禁过激主义》(去非):"俄国过激主义何自生乎,推其原因,不外人民屈伏于专制政府之下,备受摧残压抑痛苦,生活艰窘,无由解免,目以贫富贵贱,生活现象,相去悬殊,呻吟憔悴莫可告语,尤为愤不能平,乃有人焉,利其所利,从事鼓惑,闻者鲜不受其欺愚,赞助进行,而彼辈之计售矣。虽然,彼辈果乐为人民谋哉?歆羡于富贵利禄,无由享受,则亦以人民之利以为己利,始而无论主张何若,为民谋者殆无微不至,及见诸实际,且无不各为己谋,安富尊荣,坐享其成,人民生活固犹是也。现象窘迫,或且较前为甚,至此乃如水益深如火益热,虽欲解免而势不可得。在主张过激主义者,不足欺其人民,足以欺他国。人之不察,或且谓愚民难与谋始,而彼乃益有恃而无恐,终之,对人民摧残压抑,犹其故技,决防溃堤,不可制止。匪惟人类相争,徒滋扰乱,结果所得,仍不免于重演专制之祸,洪水横流,滔滔莫御,人类尚有安宁时乎?""民国成立以来,政变迭起,烽火频惊,而又益以欧战及水旱偏灾,其直接间接发生之影响,国民失业,生活维艰,物价腾贵,衣食莫给。强暴流为盗匪,懦弱辗转沟壑,固已极人生之痛苦。其达宦富室锦衣美食,享用奢侈。……直不啻予传播过激主义者以利用之资。……一经传播,其有不全国盲从竟蹈俄国覆辙者殆鲜。""政府不察其本,徒事查禁印刷物之传播,而彼辈传播之术正多,恐终无以遏其来源。"有鉴于此,政府可"一面查禁其印刷物,一面尤应亟求根本上解决之道",即着手切实解决民生问题,消弭过激主义者利用之资。"政府诸公果知过激主义之传播为可虑,吾知非先之以注重民生,解决时局无他道。"(按:该文 26 日刊毕)

"专电":北京电话,"靳总理今日(二十四日)下午六点半,专车赴津,与曹张王三使会议要政"。(按:王即苏皖赣巡阅使王士珍)

5月

8日 "紧要新闻"《孙文就职与反应》:"广州五日电云,孙文本日就总统职,举行典礼后,即接见来宾。虽是大雨如注,而街道观者仍甚挤拥。孙氏当众宣言,尊重条约,遵守宪法。"

15日 "专电":北京电话,"内阁局部改组,今日(十四日)下午七点已经大总统下令任命。其名单如下:国务总理靳云鹏、外交总长颜惠庆、内务总长齐耀珊、财政总长李士伟、陆军总长蔡成勋、海军总长李鼎新、司法总长董康、教育总长范源廉、农商总长王乃斌、交通总长张志谭"。

23日 "言论"《书杨新督(按:即新疆督军杨增新)裁兵弭乱辞呈后》(直声):"前清以兵而亡,民国以兵而乱,纷纷扰扰,统一无期,一言以蔽之曰,武人专制而已","一般武人复剥削民财,拥兵自卫,把持权势,纷争无已,再益以过激党之鼓动,而欲免于危害,得乎?是则为根本补救,首在休养民生,而休养民生,首在实行裁兵。"

26日 "言论"《三使滞京之观察》(郛公):"关于疆吏变易与巡阅使增设问题,须待三使作最后决定,始能离京回任。中央威信久坠,固非赖三使威望不克实地解决。然任免官吏之权，究应操自中央。三使既一再声明决不干政……"那么，他们来京所欲何为？三使来京，"明知政府财政困难而坐索巨饷，直增财政困迫耳。"

6月

1日 "闲评"《不虚此行》（直声）：曹张王三巡阅使历经一个多月争吵，终于带着干政之成果各自出京，的确是"不虚此行"。

5日 "闲评"《拥兵者可以鉴矣》（雷行），以退役镇守使吴庆桐被看家护院的马弁惨杀之案例，警告大军阀"拥有数万及数十万之重兵，傲然自命为天下无敌者，其肘腋之间，危险为何如哉"，"可为拥兵自卫者之殷鉴也。"

26日 "言论"《政府与军阀》（郭公）："军阀坐拥重兵，揽权自固，推其力之所及，罔利营私，肆无忌惮。""政府之存在，以受国民付托之重，实施赏罚大权，方能深得民心，始终拥护。乃不是之图，徒倚赖不可久恃之军阀，且重违人民公意，自失真正之拥护力，而欲保全地位，真缘木求鱼矣。"

7月

16日 "言论"《裁兵声中之招兵》（直声）："政府与军阀虽不肯实行裁减，而迫于潮流，正亦不得如前此之公然招募"；不可一方面叫喊裁兵，一方面又继续大量招兵。即便不易裁减，可先阻止各军继续招兵。"苟不再招募，终必有裁减之望"，"贯彻裁兵原议，尤应自阻止招兵始。"

19日 "闲评"《太平洋会议与我国外交》（卓人）："太平洋会议，实为我国存亡之关键，美总统倡议邀我加入，英日亦已赞成，将来会议时，得占一席，从容折冲，不可谓非外交上一好消息也。虽然，有未可遽抱乐观者，昔巴黎和会，未尝无威尔逊之助，结果终不免失败者，弱国无外交故也。今兹国事，何异畴昔，太平洋会议之列强，犹是巴黎和会之列强，纵使我国列席，谓能制胜于樽俎之间，谁敢信之，所望外交当轴，早为未雨绸缪，凡我国人，亦宜同心协力，以作政府之后盾，上下一致，或可冀胜利于万一耳。"

21日 "译论"《太平洋会议与中国之地位》（卓人译《大阪每日新闻》）："自美国倡限制军备会议之说，各国言论界，议论纷然。""中国在此次会中果立于如何之地位乎？抑中国何故而欲参预乎？会议之效果如何，实可谓由此而决，又可谓左右中国政治运命极重要之举。"列强邀请中国参与会议，而不尊重中

国的独立地位,"果如是,则是列强代为中国整理其内政",或者"举中国归诸列国之管理矣"。(按:该文 22 日刊毕)

28 日 "闲评"《制宪之能力》(卓人):"湘浙制宪会,均许女子参政,粤省宪中,亦主张男女平权,在制宪诸公,岂非以为不如此,不足以显共和之真精神。然而陈义虽高,在欧美诸先进国,尚有未能行之者,而谓我国可一蹴而几乎?且准诸国情,尤未见其合也。曩者旧国会制宪未成,有志之士,乃舍国宪而谋省宪,湘省倡于先,浙赣川粤等省继于后,可谓制宪前途一线之光明,无如波折迭生,观成无日,又有此不合国情之主张,则我国人制宪之能力,不已大暴于世界也乎。"

8月

22 日 "言论"《吾国筹备太平洋会议观》(郭公):"自太平洋会议问题发生,列强之筹备,固极力进行。吾国政府以关系国家前途,亦正积极筹备,不遗余力。国人结合团体,设立研究机关,或发行日报日刊,为言论上鼓吹,尤见关心国事,足为国家后盾。即实事观察,现时各方最注意者,第一为代表之推选。"记者认为,最重要的是国家不统一,或成为国家前途之障碍。各路军阀,尚在调兵遣将,加紧内战,"操戈同室,不惜摧残国力,妨碍国家进步"。"此吾所为对于太平洋会议之筹备不能已于言者也。"

30 日 "专电":北京电话,吴佩孚来电报告,岳州已于二十八日下午三点克复。

31 日 "命令"《大总统令》(八月三十日):晋授吴佩孚以勋一位。此令。

"闲评"《庐山会议究如何》(雷行):"民国以来,武人会议,每年必发生数次,如徐州会议、天津会议、奉天会议、保定会议、重庆会议、衡阳会议、武昌会议,其尤著也。每召集会议一次,必发现捣乱一次,故我人一闻武人有会议之举,罔不疾首而蹙额。今吴佩孚又召集庐山会议矣,美其名曰国是会,其所议者是否能振作国是,尚不可知,会议内容能否使国人得见庐山真面,亦不可知,会议之后,是否要如以前之种种会议,致国内更发现绝大捣乱,更不可知。"

"紧要新闻"《孙文北伐之大计》:"英文《京津泰晤士报》特约云,孙文……在上海召集各省代表大会,要求陈氏(按:即陈炯明)负责两广行政管理及维持治安之责,盖孙氏不久将亲率粤军北伐。"

9月

6日 "闲评"《我之庐山国是会议观》(作民):该会议内容"一在于解决南北纠纷,则行政性质之会议也,一在于由全国代表讨论联邦制,则立法性质之会议也";"行政性质之会议当由政府主之","立法性质之会议当由议会主之"。吴佩孚授意的张耀曾者,"昔作军人,今为政客,不知其以何资格而有召集行政会议与立法会议之权乎","名不正则言不顺","只见其侵越政府议会之权,未免其能举国利民福之实也"。

7日 "言论"《时局混乱中之法律问题》(直声):南北对峙的解决,"舍法律亦绝无途径可寻"。"西南高揭护法旗帜,目中央为非法,中央固犹抱定一方之法律说,未尝承认西南之护法举动,复召集国会,选举总统,恃为法律上对抗,自居合法,目西南为非法。""至若庐山会议,行动反常,动摇国本,势欲举行政立法两机关而代之,更可见法律失效。军阀政客轶越正轨,已不知法律为何物,以此而言解决,时局将愈形混乱,大局愈无统一之望。"

19日 "言论"《太平洋会议对华问题》(去非)称:"自太平洋会议发起,国民慎重研究,组织团体,相继而起,即表面观察,不可谓非对外之好现象。然欲求得国际平等待遇,在于有一致之进行,尤在于对外之实力。"当下,南北对峙,国家分裂;北方政府,政潮不已,"国家实力已为军阀破坏殆尽,复时增益其暴乱不宁状态……太平洋会议本为解决远东问题,而吾国又为列强属目,则其对吾之态度,与吾国之所以图根本立场者,正未可漫然置之。乃南北统一,无由实现,摧残国力,唯日不足。英美日三国以中国问题列入议事日程,直又加以当头棒喝,知有国家人民在,除竭力迅谋国家统一,再进而确定适当方针,实无他途可以避免前途危险"。

10月

12日 "闲评"《促资本家之反省》(卓人):"罢工风潮,近已时有所闻。推其原因,无不由于生计问题而起。"资本家不顾工人生计问题而引起罢工风潮。

19日 "闲评"《交还库恰与中俄通商》(卓人):"近闻赤塔有交还库恰之意,惟以接洽中俄通商为交换条件,窃谓以领土关系而言,库恰自应乘机收回,以中俄形势而言,通商亦当及早成立。斯二者,皆在必行之列,惟交还库恰为一事,通商为一事,当分别讨论,出于中国之自动为宜,否则彼既有挟而来,即难保无丧失权利之处,所望当局者审慎从事也。"

11月

12日 "紧要新闻"《太会开议前要讯三志》："《东京日日》华盛顿特约电云,美国在华府会议将提案如左：(一)中国之门户开放；(二)俄国领土之保全；(三)日英同盟之未来；(四)关于远东秘密条约之废弃；(五)承认日本在亚细亚经济发展之权利；(六)订正日本对于石井兰辛协约之解释；(七)于国际指导下谋中国之安定；(八)中东铁路之国际管理及其他中国铁路之新整理；(九)日英美三国关于国防之协定；(十)承认英国有大海军之必要；(十一)承认美国有与英国同等之海军之必要；(十二)太平洋沿岸各岛均不设要塞,由日美两国协定之；(十三)承认美国目下造舰计划中之六战斗巡洋舰之必要。"

"闲评"《美国提案感言》(卓人)："太平洋会议已开幕矣。吾中国之生死存亡,亦将于此决定矣。顾吾闻美国之提案中,有曰国际指导之下谋中国之安定案。夫所谓国际指导者,非即共同管理说之变相乎？夫中国既为独立国,安用他人指导？既曰指导,势不能不拱手而听他人之命令。中美素称亲善,而美国竟有此种议案提出,不可谓非吾人之失望。然而,桑榆之救,仍在国人好自为之耳。"

16日 "紧要新闻"《关于北伐情形之昨讯》："中央接粤拨来电云,孙文已在梧州宣言实行北伐。"

12月

5日 "紧要新闻"《华府会议中重要消息》："北京快信,外交界确息,顾维钧电达中央报告,远东会议中国所提各案,如修正关税、撤销各国在华军警与在华邮权等项,美法确无何等表示,英日方面因维持远东利权起见,再请代表团稍予修正后,提出远东会议讨论表决。"

6日 "闲评"《收回主权》(卓人)："自中外通商以来,主权之丧失者,不知凡几。如治外法权与设置客邮,其一例也。今华盛顿会议,已由我国代表提案,议即废止,各国亦表示赞成。不可谓非收回主权之好消息。顾以管见所及,其第一要义,惟在预计收回以后,当鉴于已往之因何而丧失,与夫此后之如何处置,能使各国毫无间言,而亟择一自处之道,否则虽空言收回,于事实仍无济焉。"

7日 "专电"：北京电话,中国提出撤退各国在华军警案,已由远东委员会研究审查办理,须再经各国代表讨论后方能表决。

8日 "专电"：华盛顿电,鲁案于本日(六日)解决,日本提出要点：(一)日本放弃中德条约所载之优先权；（二）开放租界地作为万国商埠；（三）山东铁路由中日合办，以作赔偿日本损失。中国、英国、美国代表均赞同。又电，日本允将青岛海关管理权交还中国。又电，英国代表贝尔福宣言，各国在华邮权须经另组邮政委员会切实调查后，方能筹备撤销。

"紧要新闻"《四国协定之东讯》："英美法日四国协定不久即将成立。六日，《时事新报》载，称四国协商以太平洋为范围（中国、印度不在其内），其主眼在尊重太平洋协商国之领土权，对于将来之争议，当事者互相会合商议，或由四国联合会商，以平和解决之。"

"闲评"《四国协定》（卓人）："日英同盟今将代之以四国协定矣。闻其协商之事，以太平洋为范围，则凡与太平洋有关系之国，皆当加入也甚明。顾以今所闻，中国独不得与。夫中国独非太平洋上之大国耶？是则协商之目的，不难推想而知。我国人既反对日英同盟于前，而于将来有重大关系之四国协定反熟视而无睹，殆所谓知二五而不知一十也。愿速奋起而图之。"

9日 "专电"：华盛顿电，中国门户开放问题，美日正秘密交涉，美国承认日本之势力范围，日本许美国资本流入。华府会议由海军问题一变而为日、英、美、法四国协商问题。今缔结维持远东和平之协议，而不使中国参与其间，是四国明欲共管中国也。

10日 "专电"：北京电话，各国在华邮权业经起草委员会核决，规定英、法、日决意同一时期考核中国邮务。

17日 "闲评"《内阁将解雇矣》（雷行），对靳阁倒台予以讽刺道："今者大军阀之意，似将另雇一班高等苦力，以供彼等之颐指气使，此靳内阁所以不得不相率解雇乎，然而后之受雇者，不知果能稍愈于今日之佣工否。"

18日 "专电"：顾维钧宣言，胶济路决由中国赎回，反对中日合办。日本代表甚不为然。

22日 "专电"：北京电话，胶济铁路估价四千五百万马克，再由中国代表审查后即可表决。

25日 "专电"：北京电话，顾维钧已将日本代表估定胶济路赎回价额一千五百万马克（按：此处金额疑有误），请减少五分之一。

27日 "闲评"《新阁与政局前途》（卓人）："（内阁总理）继任人物（梁士诒），则奉系色彩极为鲜明，是不啻以关外之势力，伸张于中央，顿破两系之均势焉"。（按：1921年12月24日，梁士诒在张作霖的推荐下得以出任新内阁总

理,自诩抱定三大宗旨,即"一、树立外交政策,二、活动金融经济,三、消弭内战"。该文对此进行讥评)

28日 "闲评"《组阁与倒阁》(卓人):"新内阁接近某系,决不为他方面所容,组阁之时,安知不已伏倒阁之机","号令不出都门之我国政府,成一内阁也不足为喜,倒一内阁也亦不足为忧"。

29日 "专电":北京电话,英、法、日各国代表宣言,提案终结,不再延长中国所提鲁案与二十一条,交远东委员会办理。

1922年(民国十一年)

2月

5日 "专电":北京电话,顾维钧来电称,鲁案提出大会已得圆满结果,日本代表预提之各项手续完全失败。美国代表许思赞成中国开放门户,应按取消各国势力范围为原则。

7日 "紧要新闻"《英法声明交还租界详》:本月一日,英法代表先后声明交还威海卫之英国海军根据地及广州湾。

11日 "言论"《论武人会议》(无妄):"概自中央威信尘坠,政权下移,一时武人恃势而骄,干预政务,成为风气。发生一重要问题,辄自由召集会议,中央无力过问,已属可怪。"并且,武人会议每开一次,政局就动荡一次,甚至争战又起一次。"民国成立后,吾人久已司空见惯。"如此而往,"实非国家人民之福"。

22日 "闲评"《裁兵问题》(拈微):对于裁减下来的兵如何安置,事先应有一种预备之手续,不可仓促从事。"安插何所,位置何业,须一一为之筹备,庶既裁之兵,不致发生后患,否则,既乏生计以自养,又无人以管理之,适造成多数盗贼,祸社会而已。"

27日 雷行离开《大公报》,翁湛之接替主持。当日,翁在报上刊登《本报改良预告》:"本报自三月一日起内容完全刷新,门类篇幅同时增多,并改用新铸铅字,以期醒目。报价并不增加,自改良之日起,对于各界一律送阅七天。凡在改良后一月内来登广告者,均按定价八扣,以示优待。特此预布。"(按:此预告连登三日)

3月

1日 翁湛之主持的《大公报》以新面貌出现。报头旁"告白"说:"本报改良纪念,自三月一日起送阅七天。"

版面调整：第一版报头、广告；第二版广告；第三版言论、专电、政闻；第四版广告；第五版广告；第六版时评、政闻二；第七版世界新闻、学闻；第八版广告；第九版本埠、广告；第十版余载。

第三版《请看本报改造后之十大特色》："本报宗旨正大,言论明快,创立以来,风行海内外将二十年。今应世界潮流之变迁,特将内容大加刷新。改良后,诸大特色,约略如下：一、本报新聘各地访员多人,北京及各省军政机关皆聘有通电通信专员,务祈所载消息皆极迅速确实；二、本报特聘东西文专家担任翻译,各国名著及世界紧要新闻,以最新之智识贡献我国社会；三、余载一部亦□有□学专家及馆外各名宿分任各门编纂,务期所载各项皆属极有价值之文字；四、本报各栏皆按照最新新闻排印,标题亦简要新颖,以期醒目；五、本报新设'学闻'一门,专载国内外学界消息；六、本报每日增加'余载'一门,内分小言、文苑、笔记、谈剧、常识；七、本报除重要新闻及电讯外,各栏均用五号铅字排印,藉以增多材料；八、本报聘有广告学专家专任；九、本报又在第一张封面上特设小广告一种,此种办法实为全津所无,收费廉而收效大；十、本报已与外埠各大派报社接洽派送本报,北京亦有专人承送。"

《投稿润例》："本报改良伊始,如承各界名宿投稿,无任欢迎。"并列出包括稿酬在内的八项说明。

"论坛"《本报大改良弁言》(不辰)："如是者皆谓之改良耳。顾琴瑟不调,本未良也,改弦而更张始良耳,素丝已美,本甚良也,染色以纹彰益良矣。……新闻事业,以闻为体,以新为用。……然报纸之求日新,岂徒限于所闻哉？报告而外,则有批评,批评不足,加以建议。范围愈广,责任愈重。"作者认为,中国古代之邸报所载只限于上谕奏疏,不足以满足国人之需要。"今日报纸,莫善于伦敦《泰晤士报》。"该报得此美名,正是不断改良,不断进步而来。"本报自创办至今,将及二十稔,其与本报同时并兴者,今日寥若晨星。此同人所沾沾自喜,亦同人所兢兢自惧者也。本报名誉,已闻于全国。"然仔细检讨起来,尚未达到"尽善尽美"的地步。"以伦敦《泰晤士报》之公,犹未敢谓已至极公之程度也。……而况于本报乎？此顾名思义,本报之不得不改良者一也；大之与公,宁有止境？即报纸之职责,亦宁有罄尽之时？然而大也公也,皆可循序渐进,然后报纸天职,怎能尽其万一？此顾名思义,本报之不得不改良者二也。"
(按语：这是胡政之离开后,《大公报》进行的第二次改版,由翁湛之主持)

"时评"《吴佩孚之把持京汉》(湛之):"乃吴氏对于京汉路,不仅据为己有而已,近来复有最骇人听闻者,即吴佩孚擅将京汉同官产,私行卖与外人一事是也。"还说:"吴氏固曾以开明军阀、拥护法治自命。今其各种行为,无不与其前此所言相反。欺世盗名,违法自私,是又军阀中罪人之尤矣。"

2日 "专电":北京电话,"吴佩孚有一宥(廿六)电致政府,请将张弧交付法庭,以谢天下。"[按:张弧在历史上与段祺瑞关系密切,1917年,协助段祺瑞对张勋复辟的讨伐,旋被任为侨工事务局首任总裁(侨工事务局局长)。1920年8月,被任命为币制局总裁。1921年12月,梁士诒内阁成立,张弧任财政总长,兼任盐务署署长、币制局总裁。后在颜惠庆临时内阁中继续任财政总长。1922年3月,奉军在第一次直奉战争中战败,张弧被直系军阀政府指控参与煽动战乱罪,被革职]

3日 "时评"《吴佩孚要做三权秀才》(无妄):"吴佩孚每次通电,总说是军人不应干政,并痛论军人干政之害,然而彼所发之电,却无一事非干涉政治,若自忘其亦属军人也者,其自相矛盾,可哂亦复可怜。乃据日昨所闻,吴又电达公府,请将张弧交付法庭,是彼非但干预政治,抑且要干预司法矣。军人干政,尚非世间所绝无,若军人干法,则诚闻所未闻。咄咄吴秀才,既经投笔从戎,握有方面之军权,夫亦足以自豪矣,乃犹咬文嚼字,借电力以出风头,欲囊括政权法权而兼有之,不料一个穷措大,其野心之蓬勃竟若是,然而言不顾行,行不顾言,秀才将军之不通,已可概见,则小鳅虽能生大浪,亦终于自陷而已矣。"

8日 "时评"《香港罢工风潮平议》(不辰):"香港海员罢工,迁延不决,几至一月之久。且因海员之罢工,而牵动及于各行工人,颇有全埠罢工之势。说者谓此次损失,在四千万元以上,诚香港自来所未有也。近因广州商会之调停,增薪之议,已得公司海员双方之承认,日间即可恢复原状,惟工会之复活,尚无明文耳。总之,香港罢工风潮,至是或可告一结束。""夫工人因物价太高,工作太劳,其要求加薪减点。实出于不得已。即资本家因物料腾贵,开销太大,与工人抱同一之苦,其拒绝工人之加薪减点,于理亦宜。盖工作与否,为工人之自由,而加薪与否,为资本家之自由。双方苟无越轨举动,政府只能调停,绝对不应横加干涉。此稍明法律者所深知也。""不谓香港政府,对于双方显存轩轾,以至发生解散工会逮捕工人代表及伤害返粤工人之事。由斯立论,此次风潮之扩大,香港政府应负完全责任无疑矣。""印兵之伤害工人……被伤害之工人,乃吾同胞,岂容外人之任意残戮?此则北京广州两政府应有严重之抗议者也。"

4月

1日 "告白":"本报自四月一日起扩成三大张,报价并不增加,藉酬爱读本报诸君之雅意,特此告白。"

8日 "世界要闻"《空前之大罢工》:美国煤矿工人大罢工,"规模阔大,其参加人数之众,为美国从来所未曾有,其罢工范围,远及坎那大比西州及亚耳巴他州之各处煤矿,约达60余万人。"

11日 "小言"《吴佩孚将为威廉第三》(然犀):"绿气炮一物,为国际公约所禁用。欧战一役,德皇威廉第二,首先犯之,遂成世界罪人。近闻吴佩孚,特聘熊某并德人二名,在德州兵工厂制造绿气炮备战。"称吴佩孚要成为"威廉第三"。吴氏为了兄弟之争,以枪炮相搏,已觉非是,还要"破坏国际公法,用此惨无人道之利器乎"?

12日 "小言"《息止误会》(然犀):徐东海闻奉直两派均有调动军队增驻近畿之信,唯恐由此发生误会,于是派人调停。徐东海不辨是非,其做法就是当年促吴倒梁的做法。"止息误会",适得其反。"天下本无事,庸人自扰之。"

"时评"《请纾鲁难》(吉人):批评直奉双方在我国刚收回山东青岛之时、日警撤出之际,竟然要在山东开战,恐造成国际不良影响。

20日 "闲评"《调停之效果》(半山):"直奉自战胜安福后,因权利问题,互生意见,久有决裂之势,徒以调人从中疏解,未遽实现。识者固早已预料,双方战事必终有爆发之一日,今果互布防军,严阵以待,战事之发生,已如箭之在弦矣。""夫双方皆因权利而争,讵能听调人之疏解,互释干戈?"调解的效果,充其量是将战事延缓若干日,小民多受若干日之虚惊。

21日 "论坛"《国民应有所表示》(吉人):奉直即将开战,"双方对于国民不发一言,而擅自调兵,进而备战,此诚欺侮国民之甚"。国民之国家主人,军阀和他们手中的士兵都是国民养活,国民应对他们的行为有所干涉。干涉途径有:(一)全国各界联合电话双方,令其宣布理由。双方既有宣布,则有理者助之,无理者则攻之。如认双方皆无理,即应令其亟行罢战,听候国民裁判。(二)国民拟订解决大局之具体办法,责令双方服从,有反对者,认为国民之公敌。(三)若双方不受制裁,即劝告铁路工人大罢工,军队所过之区,一律罢市。

24日 "特载"《京汉路奉直军对峙之形势》(本报驻京记者君狭),《鼙鼓声中之奉讯种种》(本报特约驻京记者少塘)。

"时评一"《苏鲁豫联名马电之研究》(铁):苏鲁两督均言"不加入战争",而豫督吴佩孚盗用苏鲁豫三省名义,发表挑战之马电。希望三省人民对吴佩孚的做法表明态度,免除误会。

"时评一"《张作霖皓电与吴佩孚效电之比较》(来稿),首先断言:"张作霖用兵之目的,在图国家之统一,吴佩孚用兵之目的,在谋奉直之割据。此可据两电比较而得之也。"接着,将两电逐句比较后称:"张不指名斥吴,吴则指名斥张。吴之割据,固非吾人所愿闻,张之统一,虽为吾人所日夕祷祝。然徒恃武力,不能举统一之实,往事已足为徵。"

30日 "专电"刊登15条北京电(报道战况)。第一条:奉直两军已于今早(二十九日)三点在固安(南路)及南岗漥(西路)正式开战。

5月

1日 "专电":北京专电,前10条报道直奉大战。

"两军激战之确报":"西路镇威军,今早四点,在良乡琉璃河之间与吴军激战甚烈。镇威军用马队一团包抄吴军后路,吴军不支,纷纷溃退,生擒吴军团长两名,夺获大炮六尊,俘虏四百余人。琉璃河已为镇威军占领。"

"论坛"《奉直胜败之衡断》(子厚):"吴氏自衡阳驻防,以至今日,其行为之悖谬,诚如张作相等沁电所数,历历有据,实无从为之辩也。布兵近畿以来,到处骚扰,到处搜括,其种种之横暴残虐,则见逃难乡民,涕泣而道之也。至奉省,则十年来,休养生息,政治修明,民歌康乐,其军队入关,纪律谨严,于民无忤,又为各方人士所称道,非记者独有袒于奉也,则两军之得道失道可知矣。以此为衡,则将来奉直胜败之数,亦可知矣。"

"时评二"《吴佩孚亦挂洋旗耶》(来稿):对吴佩孚"购置外国旗数百面运往战地""冒挂红十字旗以疑敌"之行径表示愤慨,批评此举"挂洋旗以杀同胞,且污蔑我友邦之国旗,令国人生对外之恶感","我横行无忌之吴大帅,曾一思之乎?"

2日 "两军激战之确报":"镇威军左翼第三梯队在白杨桥方面与吴军激战甚久,得而复失者数次。现在该处已为镇威军完全占领,俘虏一百二十余人,内有营长一人,副官一人。中路第一梯队现已完全薄固安城下,正在激战。"

"言论"《此次战争之戎首》(蟥投稿)称："首先发难者，其残酷不仁，为吾人之公敌"，并论证吴佩孚是首先发难者。"此次奉军入关，在张使所宣布者，根据于中央之信使，曹省长之要请，拱卫京畿，促成统一而来，初未有向何方何人一党一系宣战之意"；"相持而后，调人疏解，果处置得宜，和平尚未可谓尽为无望，乃一方方应调人之约而来，一方则遽施恶声以相诋。道路传闻，调人遇张使于途，在车中尚正事和平之商榷，而前方飞电，吴军已向奉军开始攻击，至是不绝如缕之和平始告无望"。此次战争之戎首，则吴佩孚无疑。

3日 "两军激战确报"："顷悉镇威军方面接得前线战报如下：据李景林报告，昨日大城以南，镇威军第三梯队与吴军激战，大得胜利，吴军第二十六师四散奔窜，所余人数已不及两团。"

4日 "两军激战确报"《奉军方面之战讯》："今日(三号)镇威军前敌战况甚佳，固安方面，吴军完全溃败。又镇威军第二梯团张学良所部炮毙直军一将，有谓姓吴者。又张景惠所部旅长梁朝栋阵亡之说，确系误传。"

"闲评"《对于二次调停之希望》(半山)称："此次张使进关，志在统一，苟非不得已时，绝不肯用武力，观其历次通电，其爱护和平之心，溢于言表，惟吴佩孚恃其器械之利，兵力之充，以为战端一开，可操必胜之券，竟下哀的美敦书于奉军，限令二十四小时内，一律出关，明知不能办到，而必强人以所难，是其有意启衅，甘为戎首，毫无疑义。"

5日 "两军激战确报"：吴军实行总攻击；奉军西路之失利；东路夺回胜芳镇；吴佩孚拿边守靖。

"论坛"《事实与谣言》(湛之)：张吴两军交战期间，交通阻隔，"京津一带，已隐然在张军势力之下。比闻邮电各机关，皆已为张军监视，此种情形，本属交战时期所必有。而举凡吾人所能探闻者，多属张军得胜之消息。双方究竟孰胜孰败，吾人除凭所探听之消息随时登载外，决不能为之臆断。而利于吴军之消息，此时绝无仅有，盖张军检视防范甚严，即有利于吴军之战报，亦必禁其流传，此亦意中事也"。"有闻必录，虽曰新闻家之天职。然吾人处于此种特殊时代，对于所得之消息，不论其为何种性质，不得不加以审慎。""今日之下，本埠各报有色彩者，固属不少，而仅凭所能得之消息，逐日登载以为新闻者，比比皆是。至若本一己之好恶，对于各报消息，不甚加以考究，即昧然指摘某某报为袒此，某某报为袒彼，诚未免过于皮相矣。"(按：直奉大战期间，《大公报》的记事与言论表现出浓厚的派别性。"两军激战确报"栏实际上成为"奉军战报"栏,所发表的言论更完全是为奉军鼓吹,因而被称为"袒张"报纸。出自主笔翁湛之的这篇言论是为本报的派性报道和言论作强词夺理的辩护)

"时评"《吴军之言行向背》(慎投稿):"报载,吴佩孚军队在琉璃河以南惨无人道,令人不忍卒听。吴军向该地商家勒索银洋三千元,少亦一二千元。且强赊米物,供给稍有不周,即横加蛮打,按户掠夺。……以赫赫巡阅使之身,行盗贼不屑为之行。"

6日 "战事确报":"镇威军败退之故,因前晚八九点钟吴佩孚一营向长辛店镇威军诱战,镇威军追往陷入伏中。吴军四面包抄,又派一混成旅向镇威军两翼攻击……"

"时评"《战事与地方治安》(无妄):"奉洛战事,暂时告一段落。此种交战,本非正当军事,孰胜孰败,何足深论,吾人所注意者,战后之地方秩序耳。"

"闲评"《难民宜设法救济》(半山):"战云弥漫,炮弹横飞。无辜小民,死于无情炮火之下者,不知凡几。死者已矣,其生者或流离失所,或饥饿无依,嗷嗷待哺,困苦难言。今幸战事即将告终,政府当速筹善后之法,收集难民,送回原籍藉资救济。断不可漠然置之也。"吾人所注意者,战后之地方秩序耳。"惟大战之后,财政必益形困难,而一切善后,又在在均须巨款。救济难民,自不能专恃政府之力,必赖各大善士,热心捐助。"(按:第一次直奉大战的结果与《大公报》的预测完全相反。故战争一告结束,《大公报》立即将话题转换到难民救助上)

7日 "论坛"《奉军致败之原因》(子厚):"奉军勇敢有余,谋略不足,故及于败。"作战经验不足,"仅恃气血之勇以应敌,亦难以久持。此奉军致败之又一因也。"中立之军队联袂出都,"将乘其后,直军奇军复击其左,于是腹背受敌。军心不固,而及于败。"奉军的西路张景惠本消极,而吴佩孚采用激将法,张"不复能忍,遽以初未备战之兵,应必死之敌,此奉军致败又一因也"。综上,"奉军布置之疏,训练之疏,用人之疏,谋虑之疏,固皆其致败之原因"。

8日 "论坛"《再论奉军之败》(子厚):奉军战败的主要原因是内部主战与主和两派不和睦。"此败启内部之争。"

"闲评"《奉军宜令早日出关》(半山):"奉军自西路失利,张使身临前敌。知大势已去,急令撤军。所有军队,路经津埠,毫无骚扰,以战败之军队尚能秩序不紊若此,奉军之纪律,诚有足多者。惟闻吴军已乘军舰在葫芦岛登岸,意在断截奉军归路。噫！未免过矣。"还为奉献计说："东省北有赤俄，东邻日本，有张使坐镇其间，中原尚可少生外患"。"为今之计，宜使奉军从容出关，徐图整理，保卫边陲，否则激生他变，外人亦必伺隙而动，坐收渔人之利，斯时悔之已无及矣"。

"本埠特讯"《吴佩孚昨日到津》："吴佩孚氏此次与奉张战争，已告胜利。所谓东中西三路奉军皆已退净。……昨日夜二点，吴使已到天津，驻节于专车上，未曾下车。"

10日 "时评"《伤兵之救治》(半山)："奉军自战败后，大队均陆续已出关，其未能出关者，亦已缴械投诚，给资遣散。惟受伤之兵士，尚留居津地各医院。据闻因伤兵人数太多，院中设备，不能周至，兵士多有在草席或砖地坐卧者，噫，诚惨矣！"提出，对待伤兵，无论是奉军还是直军，"惟自道德方面观察之，同是我国之军人，当此危难之际，必当一视同仁，毫无轩轾，方足以示宽大。深冀当局诸公，设法救助。俾此无告之军人，有得庆更生之望也。"

11日 "论坛"《勖吴使》(子厚)："中国迭次内乱，其祸源多起于内阁。……夫将来内阁之组织，在总统固必视吴氏所推毂者是任。果吴氏欲组良善政府者，则人选问题，必须有统治现在时局之能力，而为超然派人物者耳"。

12日 "闲评"《难民之抚恤》："惟此次战事(直奉战争)之剧烈，实为民国以来所未有，灾区之广，难民之众，亦迥非昔日所能比，今以十万之款，欲求普济此无数之难民，实如沧海之一粟，其无济于事也必矣。且大乱之后，必有凶年，且今雨量缺乏，旱象已成，设再收获无望，小民更何以堪，当局尤不能不于日后设想也。"希望当政者在战后抓紧息乱安民，恢复生产，尤其要抓好农业生产，防止兵灾之后的自然灾害。

25日 "时评"《徐总统果肯受劝而退乎》(无妄)。(按："无妄"即樊子馀。樊子馀是英敛之时期就进馆的"老人"。这是他在《大公报》发表的最后一则言论。6月7日，在《益世报》第7版上刊登的一则《无妄启事》称："鄙人担任《大公报》主笔屈指一十四年，比岁迭经风波，艰苦维持，实已心力交瘁。方今报纸日益发达，进行须赖英才，自顾衰庸，深愧蚊负徒劳，亟宜让贤而退。爰将所任《大公报》主笔职务辞却，以便旋里修养。自六月一日起，鄙人与《大公报》脱离关系。"字里行间透露出樊氏心中对新任主笔的怨气)

6月

1日　在《大公报》服务14年的樊子镕因健康原因离开报馆。

2日　"专电"："北京电,孙中山感(二十七)令陈(炯明)办理两广军事,肃清匪患,两广地方均听节制调遣。"

3日　"专电"：北京电,"东海遵从民意宣告辞职,依法交国务院摄行"。又电,"黎黄陂复位,京中各界无不全体欢迎。且有黄陂今日(二日)在京就职大总统之传说"。

17日　今日为《大公报》创刊20周年。当日连增刊共出六大张。

"论坛"《二十年之回顾》(湛之)："本报自壬寅创立以来,迄今已二十年矣。吾人亦知壬寅之岁,于我国历史及国家之前途上,有何种深切之关系乎！壬寅之岁,盖前清光绪之二十八年也,其时距惊天撼地几亡吾国之拳乱才两年耳。"当时,国家元气凋伤,声望扫地,苟能痛定思痛,发奋有为,国家尚可有救。但是,二十年来,前有"清廷苟且偷安","衮衮朝臣亲贵,一不知国家人民为何物,终日昏昏焉,惟声色货利之是务",瞬至"外患日张,内乱滋甚"。"光复以还,忽忽十一寒暑……几于无岁不有变乱,风俗日偷,人心大坏,名教礼防,荡然扫地。人人心目中只知有权利,而不知有所谓义务。于是相争相夺,扰攘纷纠。地方人民全归糜烂,无官吏不贪,无军阀不暴,一般寡廉鲜耻骇人听闻之事,莫不层见叠出。在此十一寒暑中,一度复辟,六易总统,革命竟至再起,兵祸遍于各省,既无所谓民意,殆不成为国家,国利民福,徒成一般人之口头禅。而我穷而无告人民之命运,乃悉听一般狠如虎贪如狼毒如蛇蝎之官吏军阀所宰割。大局日益纠纷,南北至今分裂。"吾国早已不国矣！欧战开始后,"列强各自为谋,不暇东顾",我国本应乘机励精图治,发展国家各项事业,但是"南北竟大分裂,内乱外侮",此时又起,蹉跎复蹉跎,竟将欧战四年之绝好时机忽忽错过。逝者如斯,来日大乱,何日能止？湛之最后说："因本报二十年纪念,惓念往昔,复虑来者。遂泚笔略书所感,藉以唤醒一般弄兵自杀之军阀,并告我茹苦负重之邦人。"

"时评"《废督之第一声》(悦)："黎总统复位之条件四,废督其一也。昨日江西督军陈光远辞职之命令已下,不再任命。吾人深惧废督托诸空言者,今竟见诸事实矣,不禁为之一喜。"

二十年纪念增刊：为纪念创刊二十年,是日出增刊三大张,刊头占一整版,由天津四大书法家之一的赵元礼题写："《大公报》二十年纪念增刊　莽莽神州,四分五裂。嗟!此金瓯谁使之缺?欲挽狂澜,须图建设,唤醒梦梦,赖此喉舌。奉祝《大公报》二十年纪念　翠岭归客戏写。"增刊内容有"海内明达祝词"(祝词甚多,当日刊登两整版,因17日放假,18日无报,19日继续);《大公报》历史资料,包括"本报创始者英敛之君"本人及全家照片、"本报第一号"照片、"本馆最近摄影"照片、"本馆前任经理胡政之君"照片;中华民国第一任总统孙文、第二任总统袁世凯、第三任总统黎元洪、第四任总统冯国璋、第五任总统徐世昌照片;以及"收藏本报二十年全份之李华甫君小影"及报馆赠予他的纪念杯照片,杯上镌文:"垓壅之大,义理则公。无言不报,唯真斯同。积日成岁,止水以清;廿年直笔,实此撷英。《大公报》出版廿周年纪念　华甫先生惠存　本报敬赠。"

19日　"特载"《雷厉风行之裁兵废督》(本报驻京记者超民):黎宅裁兵会议之结束;酝酿中之裁兵委员会;各方面最近之态度。

24日　"专电":北京电,"陈炯明派员赴香港,与港督接洽,防止孙派行动及宣传消息"。

27日　"论坛"《裁兵之步骤》(慕荆):南北统一、补发军饷和裁兵,三者关系如何处理?裁兵之事"所难者军阀藉兵以自卫,从中作梗耳。故欲实行裁兵,必先将督军巡阅使等首先裁撤,否则,绝无裁兵之可言。且南北之不统一,皆由于军阀之争夺地盘,军阀不除,则必相争不已,统一将永无成立之望。"结论:先废督,再裁兵,而后补发所欠军饷。

"专电":北京电,"孙中山在黄埔设大元帅府,召集旧部谋再举"。

30日　"专电":北京电,"孙中山仍在黄埔,积极催促北伐军返粤,驱逐陈炯明"。

7月

31日　"政闻"《张学良之新任务》:"张作霖新任命张学良为吉黑剿匪司令……有临时调遣吉黑军队全权。"

8月

1日　"论坛"《粤汉罢工问题之危言》(硁):"晚近以来,欧风东渐,机械工业稍稍萌蘖……讵意工业之发达未睹,而罢工问题即已喧腾人口,日甚一日,必至资本家视为畏途,工业日以萎败。""就工业之本质言,在资本家非劳动者不能成物,而在劳动者无资本家亦无物可成,二者固交相需也。""东西各国,工业发达,同时其所组织之慈善事业,逾益发达","劳工病废之救济,劳工所育之贫儿教养,凡此种种,既已另有慈善之机关,以为之地。则劳工者可以安心生活于其职业之下,而不为轨外之行动。此亦屈突徙薪之策也"。"此次粤汉两省罢工问题,皆以政治关系,初非自动,但教猱升木,不可复制。风潮之来,一日千里。津上为北五省工业之中心,从事于工业者之资本家,宜预有以为之防,其勿为风潮所振撼也可。"

2日 "论坛"《制宪声中女子参政问题》(硁):"矧年来政治纷扰,国家已陷于不可收拾之地位,使更以女子参政者,起家庭之不安,其影响于社会者,必至较水旱兵劫为尤甚。"

20日 "要闻二"《军阀招兵不已》:"自黄陂复职大总统之初,即昌言裁兵废督,各军阀亦群起为应声之虫,惟各军阀口是心非,明虽赞成裁兵,暗中扩充军备如故,故两月以来,不但不裁一兵,且招募之不已。如豫督冯玉祥……"

25日 "要闻二"《京汉路出罢工风潮》:京汉路工人支持京绥路局职工,昨日全体罢工。工人要求之条件,大致为要求建筑工人宿舍,及以后开革工人,须由工人会通过。

31日 "时评"《汉阳兵工厂之罢工风潮》(半山):"近数月来,罢工之声不绝于耳。"文章说,教员罢工、官吏罢工,甚至路工罢工,都比较好办,无非是加薪提高待遇,而独有兵工厂工人罢工,损失巨大,不可等闲视之。此次汉阳兵工厂之罢工,要求为二项:一增加工资,一令省长汤芗铭就任。文章认为,"工人要求加给工资尚在情理之中,若涉及省长问题,显系政客唆使"。

9月

13日 "小言"《娘子军与女侦探》(然犀),张作霖招募娘子军两千人,均服武装,各执枪一支,驻守榆关左近。同时,北京薛总监,亦募女子多人,组织一女侦探局。文章认为,女子虽"具软化男子之魔力",但"女子柔弱",使其"从事铁血生活","有伤人道"。

14日 "论坛"《因蒙事联想赤化之可危敬告国人》(硁):"赤俄自革命以来,灭绝一切阶级,而为所深疾者,则三类:宗教家也、政治家也、名流也。"(按:此文19日刊毕)

17日 "时评"《铁路罢工问题》(磊):"月余以来,路潮迭起。高交长知高压手段,不足以平息了结也。"警告交通部高氏不可忽视铁路工人罢工问题,否则,异日可能造成赤化。

27日 "时评"《中央禁止各省增兵之通电》(半山):"中央政府……迭曾通电各省,速行裁兵。乃各省军阀,均恃军队,为攫取权利之利器,非惟不遵令裁减,且巧立名目,增募新军。……今政府果欲实行裁兵,自必先自近畿始,近畿军队一经裁减,则各小省,自不敢独异。"

10月

4日 "启事"《王郅隆启事》:"敬启者,鄙人在津经商垂四十年,首创实业,艰苦备尝,无非为桑梓谋利益,为人民广生计,苦心孤诣,人所共知。民国七年,以商界上之资望,被选为参议员,原非本愿,经辞不获,故虽滥竽充数,仅于要案出席数次,随同画诺,仍然肆力工商,未尝干预政事。直皖之役,不幸竟因误会,致被株连恐惧以来,已逾两载,虽法律检查无据,而误会迄未谅解。年老多病,精力日衰,近更加剧,几废食眠,迫不得已,乘机离京择地就医,静待昭雪,誓不再闻世事,亲友中如有枉顾者,恕不接待,承惠函件,亦不作复。谨此声明,诸乞鉴原是幸。"

21日 "论坛"《赤化与铁路》(湛译《京津泰晤士报》):"近数星期中,唐山方面京奉铁路局工厂内,工人风潮,起伏不定。"工人提出增加工资和每年给假的要求。工资要求可以考虑,而给假要求,则不能答应。唐山工人提出为工人造房一事,更不能答应。"吾人深望际此京汉京奉湖南各路上风潮频起之时,政府方面勿怵于一二野心家之鼓煽,遂将其管辖之大权完全放弃。"(按:该文22日刊毕)

26日 "论坛"《千钧一发中国工业之时机》(湛译英文《远东》杂志):"今各工厂中工人尚不至何不稳景象,然京沪一带,过激主义之宣传,日渐嚣张,此种状况最易为所利用"。"中国资本家对于工人,固无虐待之意,而于工人之生活与环境,亦多不求改良之方法。此盖一极大之问题。……即提高工人生活程度之责,在乎当事人与资本家也。"建议中央政府急需组建"一种工务调查局,其职司专在调查各地工人之状况,与工人对于当事人彼此之关系"。通过研究,为各种工人问题"找出一种固定与适宜之法律也"。(按:该文27日刊毕)

28日 "时评"《唐山罢工风潮》(半山):"日来罢工之事,时有所闻。唐山铁路工人罢工之举尚未解决,而滦矿工人之罢工复继之而起。在官厅方面,认工人为受人鼓惑,此固在所难免,然平日资本家与劳动者,阶级过于悬殊,隔膜自易发生。其暴动也亦系激而出此,要不得尽责备于工人一方也。盖资本家平居坐享厚利,而工人则终日劳动,犹不获一饱,其心中已觉愤愤不平,再加以资本家只知顾全个人利益,对于工人百般虐待,则其爆发也,自更易也。及其事已酿成,而欲藉用武力,横施压迫,有不偾事者乎?"文章提出借鉴欧美经验:"欧美各国,多有以公司之盈余,按成酌分于工人者。盖以工人既有分得红利之权,则对于公司之营业,自必格外尽力,虽欲使其罢工亦不可得也。闻滦矿每岁盈余约在数千万,苟能出其红利之一小部,分与工人,则工人之所获已多,非惟此次风潮得以立时解决,将来且永无罢工之事。"

11月

7日 "启事"《王景杭紧要启事》:"敬启者,鄙人近日常见无名信件,飞短流长,全属子虚,并闻有人假用贱名伪造信函,无中生有,各处招摇。似此鬼蜮伎俩,殊属可恨。用特登报声明,凡敝宅通用函封信纸均有一定式样,并有加盖图章可验。务乞各界亲友注意,如见鄙人或敝宅名义函件,情有可疑,近者可用电话相诘,远者可用信函相询,幸勿受其愚弄。倘有能知此等宵小所在,指出其人确实证据,并当从重酬谢,决不食言。谨启。"(按:王景杭系王郅隆长子,此时为《大公报》馆老板。此启事连续十日,直刊登至16日为止)

14日 "论坛"《论罢工问题以武力解决之非》(砼):"自财产制度确定以来,资本家与劳动者之间已形成一种之天然阶级。盖国家法律,对于资本家,在势不能不与以种种保障。自非然者,攘敚攫窃,不酿成大乱不已,如赤俄之近状。"文章认为,由于中国的特殊情况,目前尚无大资本家,他们的财产不厚,从发展再生产的角度看,需要保障,工人罢工要合理解决,不要搞兵工主义,兵与工结合在一起,"摧残贵族与资本家,贵族与资本家遂陷于绝境而无可抵制焉"。"目前发生之罢工问题,以之言乎小,工人实迫于饥寒,以之言乎大,则恐尚有野心者所操纵,初非与赤俄革命之初,兵工相结者可比。则吾国处置罢工问题,是宜平心静气,为大局策其万全,而不可狃于一隅,争持意气。第其主要之问题,不可使军队以弹压工人。"

15日 "论坛"《我之消弭工潮法》(砼):"本年以来,各处罢工风潮,此起彼继。厥势日以汹涌说者,每谓生计艰难,劳动者所得工资,不足以维持其自身之生活,而当事者,又复怙利惜费,不能餍劳动者之期望,以故铤而走险,不得不出于群众运动,以期达其最后之目的。""罢工问题,发生已久,解决之方,不能纯恃武力,记者言之详矣,兹举其细者。(一)宜使劳动者知加给非资本家之损失也。劳动者以地位之不同,于资本家之甘苦非所甚知。其要求加给者,固由于生活问题,亦由于疾视资本家之结果,而欲以此加害于资本家之身。殊不知资本家所制成之物品,初非资本家之自身取而用之,仍须转而售之于吾民,工给逾昂,彼之加入成本之需费益重,究也仍加价以售之与吾人而已。劳动者果以生活为问题为前提,固无论矣,若以此为加害于资本家之手段,其计固甚左也,此劳动者不可不知者也;(二)官厅宜平物价以维持平民生计也。……物价日昂,生计日艰,欲劳工仍以旧日之所得,因应今日之潮流,呜呼可者,且即加给矣,而恶币日滋,变乱时作,不几何时,生活之率,又复加涨,其与不加给者又同矣,故政府于劳工奋斗,时不可不注意于物价,并注意于物价不能不日形增涨之故而为之地也;(三)国家不能无保护劳动者之条例也。劳工为无阶级中之正当职业,近中赤化潮流,故每一罢工问题发生,举国上下悉有谈虎色变之势,其实工人生活不敷,要求加给,固亦事理之常,初非甚可怪者。要求其待遇之改善,又人情所应有也,资本家与劳动既处于对待之地位,则工资也,待遇也,纯恃私人之契约关系,必有以强力压迫弱者之虑,故各国皆有保护劳工之法律,所以剂其平也。今兹风潮既起,此类法律实为潮流中所应有也,所以示双方以轨范也;(四)新学说宜加以讨论也。自新文化输入以来,青年学子多数心醉其说,初未计及国情,本年罢工运动亦未必不纯粹于此新文化运动无关。闻内部近有防止之议,但新学说既名为学说,自亦必持之有故,言之成理,空言防止,匪特不能遏其流播,且将逾禁而逾显,是非对于新学说其主张之善者,采其精神,其主张之过当者,说以辟之,使之无复存在,斯其说不复可以成立,否则吾未见其可以息止耳。"(按:此文次日刊毕)

12月

23日 "时评"《我国对待贪俄应取封锁政策》(远公):"赤俄占领我库恰,曾屡言无条件交还,乃优林越飞相继来华,中俄交涉,毫无眉目,其贪狡状态,固可概见。而自苏俄占领海参崴,合并远东政府后,其势焰乃益张,近日悍然收没东铁西南崴子埠码头,继复收没该码头仓库所存货物,是其横暴贪黩,已不可以理喻,而我国现在对俄政策,应有先决者也。……所应先决之办法,惟有厉行封锁政策,断其接济而已。"

1923年(民国十二年)

1月

22日　"专电"：北京电，"陈炯明逃来港寓李某家"。又电，"孙中山十八日来电，委邹鲁为广东讨贼(陈炯明)军临时总司令，胡汉民为临时省长，胡未到任前由邹鲁暂代"。

27日　"路透电"广州电《孙文促进统一之宣言》："孙文发表一宣言书，内称护法军队现已将陈炯明逐出广州，此后统一障碍既经清除，而建设事业，自可因之实行。又称彼当竭力以和平方法促进统一。"

"要闻一"北京特约通信《北京政学潮之面面观》："北京大学校长蔡元培于一月十八日公开请辞，指教育总长彭允彝干行云。翌日，北大等高校学长代表往众议院请愿，遭警察打伤多人。事件闹大。数间国立高等学校组成八校联席会议，昨日下午派代表往国务院要求立即罢免彭允彝，但张绍曾避不见。"

2月

7日　"要闻一"《京汉罢工风潮昨讯》：(甲)交通部之宣慰；(乙)赵继贤之布告；(丙)郑州各界之通电；(丁)议员之质问；(戊)罢工中之各方面。

8日　"要闻一"《中央预防工潮学潮之团结》：调查工学有无联合，密防政党乘机挑拨，工潮似有和解希望，学潮仍无若何结果。《兵工激战之不祥消息》：6号晚，长辛店方面，工人均赤手空拳与持枪士兵相搏，"出入枪林弹雨之中，毫无退志，结果击毙工人一名，重伤工人二十余名，轻伤工人三十余名，捕拿三十余名，彼此犹在相持中。当局拟再增加军队，前往弹压，厉行武力解决"。

10日　"要闻一"《京汉线昨日已开始通车》：一部分工人已具悔过书；京汉路局之通车布告；保定拘押工人业经保释；津浦工人又有不稳说。

"要闻二"《学界援助工人之示威运动》："京汉路流血惨剧发生后，北京学界群起而作同情之援助。昨日(九日)下午一时，各校全体学生，本七日学生联合会之决议……向政府提出要求条件：……允许全国工人集会结社之自由……撤退长辛店军队……释放工会被捕职员……抚恤被害工人及其家属……惩办郑州长辛店肇事之军警……改良工人之待遇。"录载学生散发的三份传单。

《长辛店政绅电告路潮之经过》。(按:用25行的篇幅详述路潮经过)

24日 "专电":法使馆消息,金佛朗赔款交涉既成,断难取消,否则法政府尚有严厉要求。

"论坛"《金法郎问题平议》(吴南如投稿)。主张"不应率然承认金法郎",并且给出"我国拒绝金法郎之理由":一、从合约解释,以纸法郎偿付赔款,此尽合约之精神,毫无异议可言;二、退还一部分庚子赔款也不能成为拒我以法郎支付法债的理由;三、法国金纸法郎价格,今若对法交付金法郎,是则否认于前,承认于后,拒绝于彼,允诺于此,中国政府何以自解。"以上三点至少可以为我国在法律上拒绝金法郎之理由"。从事实方面,则,一、我国支付法国部分庚子赔款,或金或纸,与中法实业银行无所损益;二、我国支付法郎或金或纸,与中法银行之远东债户,亦无利害关系;三、我国若以纸法郎付法,则适足两消,所余无几;若换金法郎,则除以恢复中法银行之外,尚余三千二百余万金法郎。四、法国坚持改付金法郎为中法协定成立之条件,我若不允,与法国争执不下,我则损失益大。(按:此文续刊于25日、26日)

26日 "要闻一"《孙中山到广之布置》:香港电,孙中山已于二十一日午后安抵粤,决暂以大元帅名义统领各军,任李烈钧为参谋部长,胡汉民为文官部长,许崇智为陆军部长,程潜为大元帅参谋长。

3月

5日 "小言"《妇女近年之装束》(鹃魂):"近年上海北京天津三埠之妇女,可谓极千奇百怪之观,不中不西,不男不女,一言以蔽之,曰不伦不类。出玉臂,露纤足,气候之寒冷不顾也。红绒披肩,无增与暖,白纱罩面,不补于寒,无他,求好看也。乃大类莫稽(《鸿鸾禧》)所穿之彩裤,小帽一顶,旗袍一袭,摇摇摆摆,谁复辨鸟之雄雌。更有甚者,妓女装束,有时窃效学生,闺阁衣裙,有时亦类妓女。所谓知识也,学问也,仍未见有丝毫进步,独于装束一层,花样翻新,孟晋无已,争妍斗俏,务求美观,究不知其心理自居何等,吾无以名之。名之曰,妇女装束之解放与改造。"

11日 "专电":"废止中日二十一条件照会,确于今日(十日)上午十时送达驻京日本公使馆。"

"要闻一"《取消民四中日条约之照会全文》。

16日 "专电":"日对废止'二十一条'坚拒开议,外黄(郭)今(十五)在张宅会议商妥第二步办法,预备提请海牙国际法庭公判。"

17日　是日起,《大公报》版面又有所改变。每日出版二张,各栏目名称发生变化:"论坛"改为"论评","小言""时评""闲评"等取消,"专电""要闻"等合为"中外要闻"等。(按:这些变化,预示着王记《大公报》的命运已接近尾声)

"启事"《本报紧要启事》:"本馆为印刷益求精进起见,特购新式机器,刻以正在装置,本报暂出两张。希阅者亮詧为荷。"

22日　"中外要闻"《昨日学界至国务院请愿》:"昨日下午北京各校男女学生约数百人齐赴国务院请愿。为废止'二十一条'应向日使极力交涉;及旅大问题务按如期收回。当由院秘书长……接见,谈至一小时之久。"

23日　"中外要闻"《哈埠收回旅大市民大会》:"为收回旅大,哈尔滨八十余团体约一万余人,在公园举行示威大会。"

27日　"中外要闻"《大雨滂沱中之国民示威运动》:"昨日为收回旅大之期,日本不能依约交还,各界举行游街示威运动,表示国民收回旅大之决心。午后一点,北大、清华、农业大学……三十余校,又有东三省旅京各界旅大收回促进会,十余团体约四千余人,齐集天安门,时天色阴暗,雨落不止,各代表遂议决先作游行示威运动,然后再回天安门开国民大会。"

4月

11日　"本埠新闻":天津各界支持废除"二十一条"、收回旅大的群众集会,"誓死力争之对日外交";"商会抵制日货之热烈";"商会昨日之大游行"。昨(十)日,天津总商会发起之大游行共数十商会,人数共计一万余人,到省署前,由代表六人,将请愿书交予省长。省长云:"'二十一条',为中国存亡之关键,凡中国人均应力争,因直接争回国权国土,而间接亦谋身家子孙之幸福也。"

21日　"启事"《筹备天津报界公会启事》:"启者,敝报等为联络同业感情,共谋进步起见,拟组织天津报界公会,凡在天津各报馆,均有加入资格,但须有发起人两家报馆以上之介绍者,方为有效。通信处暂设《大公报》馆。"发起人:"《汉文泰晤士报》、华北新闻社、《大公报》馆、《大中华商报》馆、《时闻报》馆、《新民意报》社、《河北日报》、《时闻晓报》馆。"

5月

2日　"中外要闻"《昨日天安门之五一纪念大会》:"昨日(五月一日),北京各团体联合会以数月以来,政府之于外交内政,无处不措施失当,遂借此机会,在天安门召集'五一劳动节纪念大会'。北大、师大、法专、工专、平大等十余校学生会及民权运动大同盟等数十团体,并各界六千余人。会上提出五议案:(一)拥护工人集会结社及罢工自由,并恢复被封工会;(二)推倒张阁;(三)肃清国会中被张昭曾金钱收买之不良份子;(四)请国民一致主张收回旅大与片马;(五)严惩'二七'残杀工人祸首。"

8日 "中外要闻"《津浦车遇匪后之所闻》:六日,津浦路特别快车在临城站遇匪帮,匪徒放排枪,击毙外籍客与国人各二名。并将车上乘客百余人掳去,中有外籍人二十六人,包括美国驻天津军官及其二子,被杀者系俄籍。当局即派交通部长及当地督军前去营救。匪党提出赎人条件,首在将匪帮编入军队,而对被掳之外国人待以上宾。此案连续多天,未曾解决,驻华外交使团代表葡使不同意武力剿匪,恐伤及人质。当局疑而未决,有谓非武力镇压,不足以为后来安。事件不单国内震惊,国外亦为轰动者。

6月

2日 "中外要闻"《前日官匪会议情形之外讯》:据英文《京津泰晤士报》枣庄三十前日特讯,临城掳人案解决已有起色,官匪会商,以前匪帮已先后多次释放人质。前(三十一)日,双方再次会谈,官方之前同意收编匪帮,条件是一枪一人,可收二混合旅,此数目尚未完全达成协议,惟解决之途径已临近矣。

8日 "中外要闻"《内阁总辞后之第一日》:张昭曾总理六日突请辞而去,黎元洪总统一面挽留,一面物色新阁。

10日 "中外要闻"《危及国本之昨日北京巡警大罢工》:本馆特讯,昨(九)日北京空气极劣。政局陷于极不安中。黄陂不敢入府,内阁仍无人替,各派乘机活动,外人已有质问。全城巡警大罢工,为了索饷,并说尚有下文;大罢工当晚已平复。种种迹象显示,黎元洪总统将被迫下台矣。

14日 "中外要闻"《又一总统被迫下野》:黎元洪总统昨(十三)日下午离京去津,同行有陆军次长及秘书、家眷等人。消息中披露黎元洪6月13日签发的三则电文。第一则说:"本大总统认目前在京不能自由行使职权,已于本日移津。特闻,此致众议院。"第二则说:"鄙人今日乘车返津,车抵杨村,即有直隶王省长(直系军阀王承斌)上车监视,抵新站,王省长令摘去车头,种种威吓,已失自由。特此奉闻。"第三则电文说:"王省长率兵千余人,包围火车,先迫交印,查明印在北京法国医院,逼交薛总监,尚不放行。元洪自张揆辞职以后,所有命令皆被扣未发。如有由北京正式宣布之命令,显系矫造,元洪不负责任。特闻。"

22日 "中外要闻":十日内选举总统说;曹锟入京之外讯:四十八小时内入京说。

25日 "中外要闻":大选前途不易乐观;边王来京促进大选;议员出京者日多;小孙(孙科)派表明态度。

7月

19日 "中外要闻"《行将改弦易辙之大选》:"洛吴对丁大选有两项主张:(一)黄陂复职,惩戒肇事人员,依法进行大选(此项主张难得津保同情);(二)停止大选运动,力谋武力统一,以实力打倒各方,后再进行大选。大头目的,纯在包办。"

25日 "中外要闻"《议员又纷纷离京》:"北京国会去塌台之程度不远。自前日起,议员又纷纷离京。昨日来津者江西十余人,蒙古刘丕兀等四十余人。分别赴沪赴奉。"

26日 "论评"《最高大典与洪宪大典之比较》(半山):"自洪宪失败以来,所谓'筹备大典'之一名词,吾人已久无所闻。不谓直系近为拥戴曹锟正位总统,而此'大典筹备'之声浪,又复喧聒于吾人之耳鼓。尤可怪者,昔日一般帝制余孽,如袁乃宽、杨度、薛大可诸人又于此次大典,厕身参与,或担任经费,或伪造舆论,后先辉映,如出一辙,洵可谓无独而有偶矣。"接着,指明此次大典有三点不如洪宪大典:拥戴程度、筹备情况和参与程度。

28日 "论评"《曹吴促宪电文之可笑》(思任):"曹吴等通电,用意在促成宪法。然宪法之所以迁延不就,近来宪法会议之所以流会至十七次之多者,其故安在?……宪法会议之所以流会者,岂非因最近国会分裂之故?国会之所以分裂者,岂非因政变陡起,驱逐总统?国会中稍存天良之份子,慨乎万恶暴力之恣张,北京政府之无望,迁地集会,赴沪制宪之故。驱逐总统者谁?直系也。驱逐总统何为?直系欲攘夺总统谋窃大位也。然则陷国会于分裂者,直系,致宪法无成功之望者,亦直系。"

30日 "中外要闻"《昨日南行之议员》:昨日自津南下之议员为吴宗慈等二十余人。

《国会移沪筹备处开会记》：现在离京南下，或在奉天即日赴沪者，已四百余人。筹备处启事：所有留京同人，希于七月三十一号以前至本筹备处支领旅费并车船票，即日南下，以重职责。为方便议员南下，筹备处在津设有接到站，因故不能按期出京者，务请于八月十号以前南下，其应领之旅费及车船票，仍请向永安里一号彭君等接洽。

8月

6日 "本埠新闻"《报界公会援助被封报社》："天津报界公会以北京民治通信社和《京津晚报》被封一事，曾开会议决，通电全国报界，一致援助。"

13日 "中外要闻"《京津晚报案已解决》："京津晚报前因记载新闻，警厅认为触犯刑律……已勒令停刊，并逮捕记者。……经北京报界同业之援助，被捕记者始先行释出。兹检厅决定……不起诉处分。"

19日 "论评"《九月十三日后之摄政内阁》（思任）："九月十三日为今日时局中一大关键。"……黎元洪六月十三日被逐出京城，依照北京政府之解释，认黎元洪之出京为已解职，则依照大总统选举法，摄政内阁应于三个月内选出总统，摄政内阁只能有三个月之期限，绝对不可通融逾越。"是故九月十三日以后之摄政内阁，在法律上之地位，至少将使中外人发生疑问，因而影响及于中国政府在国际间之身份，补救之方，除根本改造政府以外，无他道矣。"

25日 "论评"《反对共管铁路》（思任）："日来共管铁路之声，洋洋盈耳，推其由来，即根于外交团护路委员会上，英国所提出之方案……""详细内容亦虽无从搜索，而以下之三项，则已为确定者：（一）组织全中国国有铁路之路警，归外国军官指挥；（二）设立护路行政局于中央政府；（三）为确保路警之饷项起见，应用外人为会计。""由此三项观之，提出此案之英国，目无中国主权，侵犯行政完整，直以印度澳属视我矣。"

9月

1日 日本发生大地震，时在日本之《大公报》原总董王郅隆死于地震中。

3日 "中外要闻"《日本空前之浩劫》：专电报道日本大地震。

4日 "中外要闻"《日本空前之浩劫续志》：报道日本大地震消息。（按：此栏连载至8日）

5日 "中外要闻"《段合肥之救灾》："本埠特讯，段合肥因日本东京横滨名古屋大阪一带地震海啸,受灾极大,特于本日(4日)发起救灾同志会,并分电京外军民长官及各法团各报馆,广为劝募捐款,以济危急。明日并在宫岛街自宅邀集在野同志商量办法。"

7日 "启事"《募集日本急赈会启事》,呼吁赈济日本震灾。天津报界公会刊出启事,代收赈款。《大公报》等十多家报馆署名。

11日 "中外要闻":昨日之大选预备会,出席人数四百三十六人,决定明日选举大总统。预备会由议长吴景濂担任主席。两次延迟时间,至三时,主席报告签到者,不足法定人数;至三时三十分,主席报告人数已够,出席人数为四百三十六人。

13日 "启事"《众议院秘书孙曜启事》:"启者曜,供职众议院秘书厅内,在议场专司循核出席人数之责。九月十日午后二时,大总统选举预备会开会,至二次延长时间以后据分路点查人员报告,经曜再三核算,在场人数实为四百三十一人,距法定人数尚差五人,乃郑秘书长擅改为四百三十六人,遂以成会。似此枉法舞弊之举,竟发现于议场庄严之地,且预备会如此,选举会可知。设因此激动政潮,引起内争,如国家大局何?如国会前途何?除据实呈请辞职,并通电宣布外,特此声明,以明责任,惟希亮察。"

"中外要闻"《一哄而散之大总统选举会》:昨日大选会之未能开成,本社早已预告。到会者共计四百十六人,不足法定人数。离场秩序大乱,一哄而散。

10月

1日 "选论"《卖票须知》(国会维持会来稿)。"前言":"不愿卖票者,读之可坚其决心;已愿卖票者,读之可促最后之反省;将卖而未卖者,读之可从长研究。""第一,金钱名誉生命之比较概论。自政变发生,曹氏党徒,以毁法乱纪之手段,独占总统候补之资格。"……曹氏如必欲达其目的,唯有金钱收买之一途而已。"第二,卖票与政治生命之前途。议员参加今次大选,必为世唾骂,此议员所自知者也,故凡步入大选会场者,不问是否已得金钱,亦不问其所投之票,是否照写曹锟,然已愿为选会凑集人数,则其人必已有舍名誉以博金钱之决心,纷纭扰攘,数月于兹,其决心牺牲,亦必权衡已熟,出于自愿,哀莫大于心死,辱莫大于卖身,国人尽情抨击之,固无所用其怨尤也。""今若卖身投靠,孳孳为利,视报酬之多寡,定投票之从违,则已涉及刑事范围,国有常刑,终受公判,破灭廉耻,应褫公权。""第三,论票价标准及支付方法。""今大选所定之票价,竟何如者?按名估计,仅各给五千元,欲以此与诸公最宝贵之名誉生命相易。呜呼,何其廉也!"(按:这篇《卖票须知》是"国会维持会来稿"。为9月15日总统预选后,《大公报》精心选择发表的。该文很长,刊载于10月1日、2日、4日、5日、6日)

3日 "论评"《东省地亩问题之由来》(秋士):列举历史事实,说明东省铁路地亩为"铁路公司违法侵占","东省当局有权合法收回"。

4日 《大公报》第一张第二页中部显著位置刊出一张贿选银票:"第十九号 凭票祈付来人或持票人大洋五千元 大有银行台照 中华民国十二年十月"

6日 "中外要闻"《一人有庆》:"昨日下午接北京急电云……十月五日依大总统选举法,举行大总统之选举,出席人数五百九十人,曹锟得四百八十票,当选中华民国大总统。"并汇志了各方关于10月5日总统选举的情形。其中惟民通信社云:"昨日大选会,于十时开会。会场外布置极严密。院内凡直系要人悬佩特别徽章者皆可自由出入。休息室之外宾,新闻记者,男女宾各设专席,有便衣侦探查视。……场外架设帐篷,军警密布,鹄立道旁,复有消防队,以备万一。"

7日 "论评"《曹锟居然当选为总统》(秋士):"酝酿许久之总统问题,竟于前日曹锟以四百八十票之多数,当选为中华民国之大总统,呜呼,此非议员诸公之良心选举,亦非议员诸公亲手所写之票,乃议员猪公(按:原文如此)各人袋中之五千元支票,所命令议员猪公移其玉趾至象坊桥,抬其贵手写此曹锟二字。吾人但觉议场上支票飞舞,金钱铿锵,乌烟瘴气,暗中活跃者,尽为金钱魔力,而未见议员之真正行使职权,表现良心也。"

12日 "中外要闻"《总统入京之威严盛况》:总统经过时之禁卫森严;公府房屋之不敷分配;总统眷属一部分同来。《孙文对曹锟下讨伐令》:"香港十日电讯,孙文接北京贿选成立电报,即于九日召集军政各机关重要人物,开会讨论,决定对于非法选举之□□(按:即曹锟)等下讨伐令,并电奉浙湘川滇黔等省,请其一致声讨云。"

13日 "论评"《中东路地亩在条约上之地位》(秋士):首先指出,"中东路之地亩多半由铁路公司违约侵占,所设地亩处执掌事务,复都侵犯中国行政上之独立,试历举其违约侵权之点以明中东路地亩问题之真相"。接着详细说明其真相。(按:该文次日刊毕)

14日 "中外要闻"《田中玉已为外团觐贺之交换品矣》:"山东督军田中玉终不免为临案之牺牲者。田氏辞呈业已于昨日(十三日)下午之国务会议席上批准,命令即晚可下。外交团临案要求,关于惩戒一部,可谓完全达到矣。""曹锟当选总统,来京就职。外交团复借此要挟,谓将不承认新总统,停止觐贺。……外交团既持此要挟,政府遂不得不先履行临案要求之一部分,以满足其意。"

20日 "论评"《新政府之失政》(秋士):"曹锟就任总统以来,未及旬日,未施一政,未行一令,仅仅对付临城一案,矛盾滑稽,措置乖方,既丧国家之主权,复失友邦之同情","政府应付临案之失政,第一在田中玉免职时机之不当,第二在升叙田中玉为上将军之不当。一赏一罚,无一而可。临案责任,彻底根究,上有直鲁豫巡阅使,交通当局当其冲,次有山东省长分其谤,责应连带,罪独身任,此固已失公允","不应被动屈服于外人肆意胁迫之后,更不应唯唯听命于外人以觐贺为要挟之时"。"依外人之意旨……而任意黜陟,丧国家行政独立之权,启外人干涉内政之渐,则尤不可也。""曹锟不惜满足外交团之所欲,以易得自己之所欲,是何异于大选之中以议员所欲之金钱易取自己所欲之总统?呜呼,是亦一椿贿案也,不图于贿赂选举甫毕之后又见贿赂外交之出现。"

28日 "论评"《国人竟为加拉罕所欺》(思任):"俄国之外交目的有二,一欲取得国际承认,一欲订立通商条约","俄国外交手段,先欲联络强国"。在结纳西方英、法等国碰壁后,转向亚洲日本和中国。"加拉罕此来,乃经几度反复依违于中日两国之间,而重归于我者也。……俄国对于我国之欲望……一曰承认,二曰通商,三曰解决中东铁路,四曰协议外蒙问题。此与我国民之希望,适得其反。我国所欲者,一曰外蒙撤兵,二曰中东铁路,三曰通商,四曰承认。"俄国人"反复狡诈,毫无诚信,至如俄国之外交者"。"俄国所以必须先求我国承认者,盖俄国对于外蒙中东铁路未尝无野心,特在未经承认之先,不敢暴露。若一行取得承认之后,则协议中东外蒙之时,俄必条件严峻,多方留难,稍不当意,不难扬长而去。"(按:该文次日刊毕)

11月

25日 "论评"《反对金法郎案》(冬心):"金法郎案,论者伙矣。大都主张用纸者多,承认用金者少。全国轰传,几成一致。而此问题之根据,订在一九零一年之《辛丑和约》及一九零五年之换约"。"论者虽多证引,辄少举其全章,兹为清醒国民视听起见,先举全段文字,再加以论断,而后可知,举世喧豗之金法郎案,决无加以承认之理由矣"。援引《辛丑条约》条款后说:"欲明条约上究竟付金,抑应付纸,须先别条约中之'金'字,究为金质之金,抑为金本位之金";"而欲解释条约,究竟用金,抑应用纸,有二要点。一关于一九零一年和约中'金'字之解释;二关于一九零五年换约中付款方法之解释"。"金法郎案,依一九零一年和约中金字之解释,既应付纸","此皆从条约上解释,金法郎案不应承认"。(按:该文于29日,12月5日、10日连载)

12月

31日 "论评"《驳覆金法郎后之感想》(思任):"自我国驳覆金法郎案照会送出后,一时舆论庞然。""吾人以为社会舆论,应稍存忠厚之旨,方足提导政府入于正轨。……一国内政,尽有党派,惟有外交,不宜多分畛域,吾人否认金法郎案,并非因直系执政,而倡反对之论。""此次政府服从民意,据理力驳,吾人亦不能因不慊直系曹氏等个人,而抹煞外交上之是非,统加诽议。""吾人对于今日之政府,昏瞀颠顶,绝望已达极点,然苟有一长可取,一善足录者,不应埋没其是,而愿力与表扬,导其向善,吾人对于今日政府之尊重民意,如办理金法郎案之一事者,钦赞之忱,正出于昔日痛切反对金法郎案之同一心理。""惟昔日因政府态度不明,倾向承认而反对之深,则今日政府尊重舆论,明白拒绝,正应加以鼓舞,方足以彰社会之公道,舆论之严正。"

"中外要闻"《接近黎黄陂者之金佛朗案经过谈》:被驱总统黎黄陂披露,黎在位时,金法郎一案的文件在府院国会来回穿行,谁都不敢决定。黎虽然不能为国家做多大贡献,然"尚未尝为国家损失权利"。

1924年(民国十三年)

1月

9日 "中外要闻"《孙文组织建国政府说之疑问》:"东方社广东电讯,有孙文组织建国政府,自称大总统,即行北伐之说,兹据民党某要人所接沪电,谓孙氏北伐计划,确已决定,但须俟粤事解决之后,方能实现。此时所议者,仍本前此之宗旨,并非另有一主张,惟组织建国政府,与自称大总统两事,民党极力否认。"

10日 "论评"《危险思想之制止说》(湛):"近顷赤化东渐,共产公妻之说,洋洋盈耳,一般不平之士,以提倡社会学自命者,日趋极端。叔世风漓,竞尚新异,邪说横行,人心陷溺,一切旧道德旧学说上之范围,均有瓦解土崩之势,而又无新学说新道德以继之,其影响于国家社会上者殊非浅鲜。洪水猛兽不可遏抑,此现在危险思潮之所以日增月长也。""吾人应知我国危险思想,近年来所以继长增高而无已者,实由于民国以来,一般贪官污吏比之前清变本加厉,贪秽无耻,骄奢淫佚,一切行为,无不骇人听闻,举为有史以来所未有。哀此小民,处暴政之下,惴惴焉不遑宁处,层层剥削,敲骨吸髓,安分者无以为生,狡黠者迫为盗贼。……凡此种种,皆足以制造危险思想之材料而有余,更何待赤化之内侵耶?""夫危险思想,如洪水如猛兽,其影响之大,赤俄前车,吾人已具见之。欲求所以制止之法,不在于积极之取缔,高压之手腕,与严密之防范,而在于维持人民之生计,调和贫富之过于悬殊,其所尤要者,则对于一般率兽食人之贪官暴吏,非痛加芟除不可。非然者,则虽有文电之取缔,严刑峻法之制止,亦复奚为也哉?"

12日 "中外要闻"《豫省烟禁大开》:"吴佩孚极力扩张军备,所有军费来源,除截收路款,剥削地方外,近并另辟途径,以禁烟为名,抽收烟税为实,拟设禁烟总会于洛阳,以便抽税,惟此事为外间揭破后,吴不敢公然实行,已用变相的办法,密令豫省各县种烟,按亩每年收税八元,每县分配八百顷。"

19日 "中外要闻"《吴佩孚刮取豫民财货之大披露》:"吴佩孚怀抱武力乱国政策,南征北伐,黩武殃民,其所恃以飞刍挽粟为后路粮台者,惟鄂与豫,鄂事人多知之。今且言一年以来吴在豫筹饷方法,则有不堪言状者:(一)寅支卯粮;(二)迫索旧欠;(三)滥发纸币;(四)强民种烟;(五)贩卖金丹鸦片;(六)私铸铜元;(七)勒捐商民。"

24日 "中外要闻"《列宁逝世噩耗及其略历》:"俄国著名革命首领列宁,近年来对于本国革命事宜及改造问题,进行不遗余力,俄国前途故有今日之结果。列宁忽于本星期一日逝世,各国人民对之莫不表示惋惜。……列宁为俄国富有资产某贵族之子。一八七〇年四月二十日生于星伯尔斯克省。……乃父因革命被捕处死刑时,列宁方十六龄。自是之后,列宁进行革命之趋向益坚。一九一七年十一月列宁始执俄国实权。列宁又提倡世界革命。……一九一八年,列宁在革希兰地方被人击刺,一九二二年又为人暗杀,幸两次均未成功。列宁为人,仁慈宽大,最为俭朴,此次病故,无子无女,其妻尚存。"又莫斯科一月二十二日专电,一般舆论咸谓,列宁之死,政治上并不生若何之变化,其继任问题亦不难解决云云。"又华盛顿一月二十二日专电,凡往俄国游历过之美国政治家咸谓列宁之死,决不影响及于劳农政府之建设。"

2月

19日 "中外要闻"《汪精卫之粤局谈》:"上海通信云,昨日汪与国闻社记者谈话云,粤省军事在过去一月中,完全在沉寂时期。最近中山先生曾与各将领商议,业确定先行肃清东江,目下已在准备,至建国政府问题,外间谣传均非事实。国民党大会开会前,即有人提议,中山先生即以此向各方征询意见,而当时对于设立政府之用意,不过欲以为对外及应付北伐之总机关……后经征询,结果有主暂缓组织者,遂即搁置。"

20日 "论评"《承认苏俄问题》(春木):"今中俄会议,喧传有年,而迄无效果,其故安在?"曰:"俄国之外交,故以俄国利害为前提,我国之外交,欲以我国之利害为前提。各执一端,莫肯让步耳!""俄国之前提曰,必须先行承认俄国,然后开始解决其他问题,我国之前提曰,必须先行开议中俄悬案,方能谈及承认问题,各执前提,而同以其本国利益为准者也。"文章对中国外交当局说:"今若因英义各国业已承认之故,不惜仰人鼻息,随人啼笑,栖栖皇皇,急谋与苏俄开议,甚至牺牲原来之条件,抛弃本国之单位,委曲求全,以附于欧美各国之后,此种被动的外交,奴隶式之外交,缺乏自性之外交,甚望今日之中俄外交当局有以慎重处之也。"

"中外要闻"《中俄国交恢复之前提》:苏俄代表开列的恢复两国外交关系的十个条件。《国会中之承认苏俄声》:"自英意那威各国承认苏俄之后,北大教职员蒋梦麟等即致函顾外长王督办等,请速承认苏俄。顷闻众议员胡鄂公等亦提出此项建议案。"

27日 "中外要闻"《阎锡山大买军火》:"山西军阀阎锡山,近来整军经武,不遗余力,近又派专员赴沪向兵工厂购置过山炮六尊,弹千颗,共计一百八十二箱,于十八日运至上海北站,转货车至南京,再转津浦路,火速往晋省。"

3月

20日 "中外要闻"《中俄问题形势紧张》:"昨下午二时加拉罕又照会外部,王儒堂勉与交涉,仍无结果。"《王督办对中俄交涉之谈话》:"限期不能拘束我国,草约协议定而未签字。"

21日 "中外要闻"《中俄交涉由顾维钧负责矣》：为避免二重交涉之麻烦，与俄交涉由外交部直接负责办理，"顾维钧亦欣然表示担任"。《中俄协定草案签字说之真像》："本报记者访外交界某君，据云，王正廷所签之英文约稿未用全名，又未填日期，亦未盖印，既未备签字之条件，不符合国际法之规定。"

22日 "论评"《中俄交涉停顿之负责》（春木）："中俄交涉经王正廷与加拉罕数度晤商，签订协定大纲草案后，吾人正以为该项问题可暂告结束，不意协定草案墨渖未干，俄国忽有否认前约之表示"；"其欺诈之心与骄蹇之态，彰彰可见。国人不察，一则被欺于一九一九年与一九二零年之对华宣言，今更被欺于本年二月十四日之中俄协定草案。俄国外交当局，用心之险诈，手段之狡猾，茫然不察，而我国交涉当局昏于世变，冒昧相从，此真丧心病狂之全矣。……俄国违约食言……此次交涉停顿，责任全在俄国。我国政府若阴柔软化，表示让步，是则大失国人所期望者矣。"

23日 "论评"《王加签订中俄大纲协定之批评》（思任），协定第五条说："既承认蒙古为中国领土之一部，又尊重中国在该领土内之主权，则外蒙俄兵根本即无存在之理由，应即立时撤退，更何协议条件之可言？""统观协定全文"，于中国有利的是重复1919年、1920年俄国两次宣言，如撤销领事裁判权，退回庚子赔款，放弃租界借地等，而"协定中最关重要，而为王氏全盘失败之点者，莫如废弃旧约与外蒙撤兵两事"，只是废止旧约中的第三条、第四条，苏俄政府并未将中俄间一切旧约声明废止。这样，"一九一九年十一月，苏俄政府与外蒙缔结之条约，承认外蒙为合法政府，在派使领仍当在保留有效之列，则与本协定第五条规定承认外蒙为完全中国领土之一部分及尊重在该领土内中国之主权者，岂非根本冲突，完全虚构乎？"文章最后说，"王氏之举动，复轻躁若是"，只知"在阁议席上态度之骄蹇，神气之凌人。……吾人以君子之心度人，终不信王氏真有卖国之意图。特王氏急功好名之心理，实为卖王氏本身之原因耳"。（按：该文载于23日、25日）

4月

5日 第二张第三版《本报之特别启事》："本报'余载'夙采旧学，兹以顺应潮流，一新爱读本报诸君耳目，特于星期日以'余载'之版面，全部发刊新文学之著作，定名为《四野周刊》，其门类为论评、小说、诗、戏曲及杂俎。"

6日 《本刊宣言》：《四野周刊》之创办，"的确是觉着现社会种种的不良，和我们生活的枯燥,想藉我们这一点,供献社会。安慰我们生活的枯燥。""我们的取材法,都要从新青年里择选,必须把他们直接感受到的种种……实现出来。"

《四野周刊》(四野新文会定期刊物)第一号,内容有"诗""小说""剧谈""杂俎""通信"。(按:《四野周刊》由宣化省立第十六中学校学生编辑)

"论评"《我对于四野文学会的希望》(齐物):说这些中学生年纪虽小,但都是立志改良社会的人,我非常钦佩他们,希望他们养成高尚人格,树立远大志向,健康成长起来。

10日 "论评"《收回外蒙之重要理由》(昂霄):"就地势论,外蒙为我北部屏藩,在国防上较青岛尤为重要","就版图论,自有历史以来,蒙古(包括内蒙外蒙而言)即为我国领土之一部分","总而言之,外交之重要,实千百倍于青岛,为公理计,为自卫计,均不能放弃即任苏俄吞并者也"。

11日 "论评"《中俄交涉中之俄蒙密约问题》(春木),认为"废止俄蒙密约,尤为重要","中俄悬案,与中国主权关系最大者,厥惟蒙古问题"。"蒙古为中国领土之一部,在法律上岂能与俄国私订密约,中国亦岂能承认俄蒙密约为有效?"

22日 "中外要闻"《沪团体欢迎泰戈尔大会纪》:"印度诗人泰戈尔氏,由杭来沪后,本埠各学校及教育团体于昨日下午三时半,假座宝山路商务印书馆之图书馆会议厅举行欢迎会……一千余人。泰氏已于昨晚乘江裕轮北上。"

29日 "中外要闻"《纪泰戈尔之雩坛演说》:印度诗人泰戈尔昨日下午在先农坛之雩坛会晤北京学界四千余人,并发表演说。由林长民介绍泰翁生平,其演说则由徐志摩担任翻译。

5月

10日 "中外要闻"《泰戈尔寿辰纪盛》:前日(星期四)为印度诗人泰戈尔六十四寿诞之日,特于是晚在协和医学校大礼堂举行庆祝典礼。梁任公、胡适之、林宗孟、蒋百里等均有到场。

6月

1日 "中外要闻"《中俄协定大纲正式签字》:"中俄交涉自三月底停顿以来,迭经顾外长与苏俄代表加拉罕作非正式磋商,往返数十次,始得将我国前提保留、废约、撤兵、教堂之三点逐一修正,三十日……正式签字……昨日(三十一)送出,中俄邦交遂完全正式确立。"

29日 "中外要闻"《政府大兴文字狱》:北大学生张国焘等被捕,赣鄂议员设法救援无效,并由众议院提出质问案。当局始终认为有鼓吹共产行为,卒未释放。近卫戍司令部指李大钊为"共犯",由内务部通知各处通缉李大钊。据闻牵涉甚广,将大兴文字之狱。

7月

8日 "中外要闻"《和战声中之粤局》:"沙面炸弹案之发生,此纯为沙面当局不注意治安所致。英领事诬为华人不法行为,粤当局予以严重驳覆。"

8月

2日 是日起,版面有所变化,第一、二页全部刊登广告。自此,《大公报》已呈现垂死状态,很少有言论。新闻类粗分为"国外要闻""国内要闻""本省新闻"。

8日 "国内要闻"《沙面罢工风潮波及香港矣》:"沙面罢工风潮,调和终未妥协,兹据香港电称,香港各工团三十日开会议决,与沙面工人取一致行动,并宣言至三日止,如不能完满解决,即实行罢工。"

15日 "论评"《沙面工潮问题》(春木)称:"风潮之起因纯由于沙面英法当局颁布取缔华工苛例所激成,沙面当局所以颁布此项苛待华工条例,其动机又缘于安南总督马连氏之遇刺案。然在沙面持弹行击者,乃安南烈士范鸿泰,非我华民也。是则沙面英法当局不应以安南总督马连氏之遇刺,迁怒华工而颁布苛例也","英法当局平素歧视华人之谬见,乃演成今日罢工风潮之主因"。

9月

2日 "启事"《九月七日国耻停刊特别启事》:1901年9月7日,为八国联军威胁我国签字(《辛丑条约》)之日,现经国会议员提议,以是日为"国耻纪念日"。废约运动,风起云涌,我新闻界代表舆论,亦应有相当表示,同人等追恨前耻,痛念将来,拟联合全国各报馆各通信社,自本年起,逐年于9月7日停刊一天,9月8日无报,以志耻辱。(按:发起者为国闻通信社、《大公报》等共二十家报馆及通信社)

5日 "本埠新闻"《九七国耻纪念之运动》:"天津反帝国主义运动大联盟,昨日发出九七国耻纪念公咨云。天津各界被压迫的同胞,我们从来把抱帝国主义的外国,当作了可靠的朋友,糊里糊涂接受了若干年莫名其妙的折磨,哦哈,到今天才觉悟过来了。我们回头想一想,庚子那年,八国联军攻破了大沽海口,一直打进北京,沿路的奸淫焚掠,无所不为。临去又偷尽北京的宝藏,蛮横残暴。……到了次年,辛丑签订和约,简直是给我们套上了一具枷锁。自从有了这个条约……北京门户尽撤……关税尽入外人掌握……中国人民……是外强的奴隶牛马。"为了民族脱离苦海,以此日为反帝的大运动。

24日 "国内要闻"《孙文北伐消息》:"孙文二十一日在韶关大本营召集各军总司令及胡汉民以下各政界有力者密议对应策。确闻,孙文此际……积极行动以抵制直派。……关于最感困难的北伐军费问题,经孙文向总商会商筹现金百万元……总商会仅允予五十万元。"

29日 "国内要闻"《孙中山建国大纲之内容》:"孙文本日发出一宣言,大致谓辛亥革命以来至今日,中国所得者,仅中华民国之名称,中国于国际上与政治经济上之国民利益,毫无进步之迹,本质的革命事业,乃由主义与建设二者相俟,始可完成。今后之革命,不仅专致力于破坏运动,当努力于建设云。"同时发表《国民政府建国大纲》二十五条:"建设次序分为军政训政与宪政三期。第一条至第四条述革命政府本三民五权主义,建设中华民国政府,而示主义之内容;第五条至第八条述实行方法及军政执行期间之国家统一政策;第八条至十八条,述宪政执行期间之政策;第十九条以下述宪政后期之完全行政机构组织方法。中央政府之下置行政院、立法院、司法院、行使院、监察院等五院,地方自治完成时,由国民大会之决议制定宪法,中央统治权归于国民大会。"

11月

5日 "本埠重要消息":"冯军入津之顷,正在津民党要人在彭养光宅中会议之时,列席者为孙科、蒋作宾、焦易堂、王大燮、张继等十余人,决派人南下迎中山北上。……解决中国今后大局之元老会议……决定在天津举行。……元老会议之资格问题,当俟孙中山、张雨亭来津后,方正式决定。"

11日 "公电"《孙中山致段合肥电》:"段芝泉先生鉴:曹吴颠覆,余孽仍狂,出拯苍生,国人属望。文承联军诸公电邀入都,刻因军事部属就绪,准元日由粤启行,经沪北上,藉图良觌。晤教匪遥,先此奉达。孙文虞。"

16日 "国内要闻":张、卢、冯、胡、孙公推段合肥为中华民国临时执政。"各报馆钧鉴:'国是未定,中枢无主,合肥段公,耆勋硕望,国人推戴,业经一致从同,合肥虽谦让未遑,然当此改革绝续之交,非暂定一总揽权责之名称不足以支变局,拟即公推合肥为中华民国临时执政,即日出山,以济艰危,而资统率,敦促就任,诸公必有同态也。'"

24日 "国内要闻":段执政抵京盛况志详;段合肥昨晚之公开会议;段合肥出山之东论。

25日 "国内专电":北京电,段祺瑞今(二十四)日早十时在陆军部正楼下就职典礼,觐贺者文武官员特任简任人员外卿阁员全体,共五百余人。段宣读宣言书:"祺瑞不才,忝膺中华民国临时执政之职,誓当巩固共和,导扬民治,内谋更新,外崇国信,谨此宣言。"

26日 "国内要闻"《孙中山先生对于时局宣言》:召集国民会议解决国是,废除帝国主义者对中国一切不平等条约。

12月

4日 "国内要闻"《孙中山先生抵津确讯》:孙中山先生莅津消息宣传已久,截至昨日(三日),始接戴季陶、黄昌毅两君自北岭丸船上发致许俊人、汪精卫、孙哲生无线电,谓……中山先生今晚(三日)可安抵塘沽,明日到津。"配发孙文照片。照片注:中华民国第一任临时总统孙文。

5日 "国内要闻"《孙中山抵津盛况志详》。(按:篇幅50行,十分详尽)
《外报对中山之好评》:昨日(四日)本埠英文《华北明星报》对于中山之来津有短评一则,其言颇中肯。特译其全文如下:"……孙中山殊不愧称为世界之伟大人物。彼本高尚之爱国热诚,牺牲其第一任之中华民国大总统,而彼在任时,又未尝发生任何事变,实为中国各大总统之特色。中国人之名震全球者,亦唯孙中山一人。……此次孙中山之来津,其关系重要之点,固非仅一端。然其与张作霖之晤面,以共谋中国之统一,实其尤要者。中山与合肥同为中国之伟大人物,然各有不同之点。但此次相会于北京,其结果必将有大有利于中华民族与国家,可断言也云云。"

6日 "国内要闻"《张园日记:中山抵津之第二日》。

8日 "公电"《段执政致孙中山鱼电》:对中山病体关怀,希听从医嘱,早日康复。

18日 "论评"《论承认金佛朗案之损失》(木铎):"哗遍全国之金佛朗案,历久未决。当直系执政时,政府当局困于财政之艰窘,屡次思办,惟以全国舆论同声反对,国中人士,万目睽睽,监督綦严,虽欲承认,而势有所不能,此吾人引为至幸者也。"

"国内要闻":章士钊口中之金案,谓段政府决公开办理;财政部讨论金法郎案,外交部广征意见。

23日《大公报》出版第八千号。当日出版除照例两大张外,另加特刊三大张,一共五大张。

正刊第三版,除刊登一些同业祝词外,主要刊登了三篇本报论评。其中,"论评一"《本报八千号纪念之愿言》(记者):"本报八千号……兹值政治革新、万象更始,内政外交,皆有改进刷新之机,所谓破坏之极,建设方始,此正我国至有希望之始,亦正我国安危枢纽之会。本报八千号,既适逢此时,愿竭力自求改进,于言论则务取公正,于记载则力求翔实,负发聋振聩之义务,尽辅助社会国家之天职。其为正义,则力为扶持,不为威武淫,不为强暴屈,苟得扶持,惟力是视。其为奸辟,则笔诛口伐,白刃可蹈,沸汤可探,务求摧灭之而后已。本此意志,以求发皇本报大公二字之真义。"

纪念特刊上除发表纪念文章外,重点刊登国家政要的祝词。发来祝词的有段祺瑞、张作霖、汪兆铭、杨宇霆、卢永祥、龚心湛、李思浩、叶恭绰、章士钊、吴光新等。

临时执政段祺瑞祝词:"神京左辅,渤海之滨。绾毂中外,视听维新。不有喉舌,孰导群伦? 猗欤贵报,无偏无党。循名践实,风被遐广。日襄月集,号已八千。八千虽富,后有万年。努力宣达,光我寰埏。"

特刊上还刊登国家党政军要员张学良、孙科、郭松龄、阎锡山、胡景翼、许兰洲、张福来、孙传芳、萧耀南、卢永祥、张作霖、冯玉祥、吴佩孚、曹锟、齐燮元、王怀庆、王承斌、彭寿莘等人头像,还以整版刊登"临时执政段合肥"和"临时总统孙中山"的全身照片。

31日 "启事"《孙文启事》:"文此次到津",受到各方面盛情欢迎,表示谢意。因生病原因,没能一一接见,表示歉意。医生说,京中休养为宜,故于三十一日进京。"俟贱体稍愈,再当返津,与诸君把昭商榷国是。"

"论评"《欢送孙中山先生赠言》(丹荣):"我国自鼎革以还,伟人中求忠于共和而始终弗渝者,合肥外中山一人而已耳"。"合肥入都维持临时政府现状,中山抛弃尊荣,二次北来,共商国是。北京于一月前,已与中山预备行署,车站各处,均高搭彩棚,市民欢迎之忱尤为热烈"。"此次合肥所主张之善后会议与善后会议后之国民会议,关系至为重大。反对者,或目善后会议无此会之必要,不如径开国民会议为愈,然余则认为,善后会议为国民会议必经之途径。""善后会议一日不能终局,即国民会议一日不能产生。国民会议一日不能产生,即巩固政府一日不能实现。巩固政府一日不能实现,则各省长官一日不能固位,人民一日不能乐业,则督不能真废,兵不能真裁。督不能真废,兵不能真裁,而民穷财敝,日甚一日矣。是以惟今日之计,欲图国民会议早日产生者,必须先于善后会议中各自牺牲党见,但求不大背谬,和衷共济,黾勉期成,则是真能以国家为念矣","反此,若仍各自营丘壑,吾知今日之创巨痛深不得谓之,来日大难正未艾耶。心所谓危不敢不告,愿与先生共讨之。"(按:此文极力为段祺瑞的先开善后会议再开国民会议的主张帮腔)

1925年(民国十四年)

1月

1日 "国内专电":北京电,今日(三十一)京人欢迎孙中山者约三万人,均集前门东车站外。下午四时压道车至,载奉军一队,车站上有保安一连、大刀队一排维持秩序。四时二十五分,孙之专车进站,段执政代表梁鸿志及全体国务员文武官吏均在站恭迓。财长李思浩则赴丰台欢迎。四时四十五分孙与其夫人、医生及随员等分乘十一辆汽车进城。孙寓北京饭店五层楼五零八号房间。余人下榻铁狮子胡同顾维钧宅。各马路均用黄土敷道,添设双岗。

"本省新闻"《孙中山先生入京纪详》:"孙中山先生病体虽未全痊,然以久滞天津,外间因而发生若干无识之误会,加以天津无好医院,养病亦非所宜,故于二十九日下午决定三十一日入京养病……中山先生印有传单一种,向欢送诸人散发,其文有堪特别注意者,特录如左:'中华民国主人诸君,兄弟此来……不是为争地盘,不是为争权利,是特为来与诸君救国的。……十三年前,兄弟与诸君推倒满洲政府,为的是求中国人的自由平等,然而中国人的自由平等,已被满洲政府从不平等条约里卖与各国了,以致我们仍然处于次殖民地之地位,所以我们必要救国……'"

5日 "国内专电":北京电,中山仍拒绝见客。因肝痛尚未痊愈,闻将开刀医治。据西医云,此病无大损碍,只须静养。

8日 "论评"《国民性与政治》(春木)。以英国国民性和中国国民性对比的方式,探讨国民性与政治的关系:"一国政治与其本国国民性有密切之关系。世界民族,最富于政治的天才者,莫如英国人,最缺乏政治的本能者,莫如中国人。英国国民性,爱自由而不激烈,喜保守而不顽固,自由与保守,似相冲突,而英国人独能兼之。以形成英国政治上之特质,惟其自由而不激烈……""辛亥之役,国民因循性重,遂致革命有未竟全功之叹。"抱残守缺,苟且偷安,以至于"往者国民主急进之论,当扼于暮气深沉之政府,而不能有所展施,今则政府抱坚决之心,具勇往之气,而反累于社会萎靡之论调,致不能有所作为,英国式之保守性欤,中国式之苟安性欤,必有能辨之者矣"。

18日 "论评"《民党之政治生活》(春木):"民党之政治生活,一革命之生活也,舍革命外无所事。""自此次战役(按:指第二次直奉大战及讨伐贿选总统曹锟)结束而后,民党革命目标完全消失,在国家应视为大庆,而在民党内部反发生恐慌","于是,为之党魁之中山先生不得不为之另觅宣传之题目。……题目维何,即对外反对帝国主义,对内反对军阀,此中山先生初到上海时宣布之二大政纲也。""然此种题义,究嫌空泛,凡为国人,无不赞成,不足为与现政府标异之点。为宣传之题目则可,为革命之题目则不足,故复不得不另觅更具体更显著之问题,以为与现政府立异之表示,而愈显其革命意味之鲜明。于是乃得之于善后会议与预备会议之差别。""吾人平心而论,善后会议与预备会议,纵多不同之点,然实不足为争论之目标、分合之条件。民党方面,果即因此些些之区别,而不惜破坏国家建设之计划,吾人附春秋之义,不能不责备贤者为不顾大体。然而民党亦自有其苦衷,吾人必须为之谅解者,即彼等以革命为生活,以革命为职业,一旦不革命,即将无以为生,无以为业。"(按:该文19日刊毕)

30日 "国内要闻"《开割后之中山病状》:"孙中山之病,经各医生之劝告,遂于星期一(二十六)与夫人入协和医院,六点由德医克里及该院外科主任郁乐尔、院长刘瑞恒等施行手术……据该医院传出消息,谓诸西医等于解剖时,见其肝叶大半成脓,薄如竹布;心脏则硬如朽木,敲之有声;肠起疙疸,状至不佳。随即将割口缝好,咸认为此病确已十分危险……不出一二日,必生变化。"

2月

19日 "国内要闻"《孙中山已迁出医院矣》:昨日午刻十二时,孙中山先生迁出协和医院,"乘红十字睡车送铁狮子胡同行辕。……抵顾宅后,用床抬入大客厅内。出院时体温如常,脉搏一百次,抵顾宅后……脉搏一百十次……至于出院原因,闻系因在医院方面施治技穷,左右主张改用中医,惟孙中山本人仍信西医……非待至西医束手时,断不致改用中医"。

26日 "国内要闻"《段政府建国宣言》(全文)。《可虑之孙中山病状》:"昨日,克利医士发表中山病状云,孙中山之衰弱情形,逐时增加,饮食睡眠均减少,因之体气乃益衰颓。……另据民党方面消息,中山自前夕起已停止服用黄芪、党参。昨日胸部肿胀益甚,时患气喘,睡眠颇不安,入眠未久,即感痛苦而醒。"

3月

13日 "论评"《哀孙中山先生》(蔡听松):"中国之大,能以党名而始终勿渝者,孙逸仙一人而已尔。慨自清季以来,号称革命分子之民党,几经挫跌,垂四十年,卒能屹然独立,不因环境拂逆而夭折者,皆先生领袖群彦,具坚苦不拔之心,抱卓异出群之志,有以致之也。……讨曹成功,合肥段公被推为临时执政,邀先生北来,共商大计,先生欣然而至,北方人士,素仰先生之言论丰采者,抵津之日,万人空巷,欢呼鼓舞,如热如狂,于以知先生言论入人之深矣。方拟开会欢迎间,讵先生竟以劳瘁致疾闻,及小瘥,乃又扶病入京,今更以逝世恶耗传矣。呜呼哀哉。夫人孰不死,死有重于泰山,轻于鸿毛,先生手创民国,吾国之国魂也,魂兮溘丧,国将焉望。且世人之所以重视民党者,非以民党而重视之也,实以先生为民党首领,而重视之耳。今先生一旦长瞑无视,环顾民党,继起者谁,是以吾哀先生,吾更哀先生数十年惨淡经营之民党。"

"国内专电":北京电,孙中山今早(十二日)逝世后,汪精卫、李烈钧等即在行辕开一会议,决遵遗嘱,将孙尸用防腐法永久保存。北京电,截至今日(十二)下午八时止,各界人士躬往协和医院吊孙者,一千五百余人。当日刊载孙中山先生略史,及孙中山先生全身照片。

"国内要闻"《呜呼,建造民国之元勋逝世矣》:"孙文先生自十一日起已不进饮食,惟神思尚清,令进日前准备之遗嘱,手自签字,并嘱咐家人。午后神思仍清,惟间有模糊语,入夜呼吸更漫,至一百五十度,脉搏增至一百六十。医生射强心剂,旋沉睡。十二日晨一时二十五分,痰上涌,不能言,脉搏骤至一百八十度。家人及同志环伺,至十二日晨九时半钟逝世矣。"《逝世前一日之遗嘱》:"余致力国民革命,凡四十年,其目的在求中国之自由平等。积四十年之经验,深知欲达到此目的,必须唤起民众,及联合世界上以平等待我之民族共同奋斗。现在革命尚未成功,凡我同志,务须依照余所著《建国方略》《建国大纲》《三民主义》,及《第一次全国代表大会宣言》,继续努力,以求贯澈最近主张,开国民会议,及废除不平等条约,尤须于最短期间促其实现,是所至嘱。孙文三月十一日补签。余因尽瘁国事,不治家产,其所遗之书籍、衣物、住宅等,一切均付吾妻宋庆龄,以为纪念。余之儿女已长成,能自立,望各自爱,以继余志。此嘱。"

17日 "国内要闻":"英人窥伺中之西藏,官吏劝民亲英之藏人全体反对。重庆快信云,英人之于西藏,虎视眈眈,窥视已久,益以我国连年政争不已,对于西陲,未遑顾及,英人野心更炽。自五年前,西藏新党亲英,举兵内犯以来,势力扩张,日甚一日,惟大多数旧党及全体藏民,近因不胜新党压迫,对于英人渐形不满,加之英人复以侵略片马之故智,在希丹一带驻兵设治,益增藏人反感……新党当局竟……出示布告,谕令藏民亲睦英人,藏民见示大哗,乃结队万余人,向喇嘛请愿输诚内附云云。"

4月

10日 "国内专电":北京电,孙中山之家眷、随从及民党要人百余名,今(九日)早九点专车出京南下。

"国内要闻"《国民党裂痕已显著》:国民党自中山逝世后,左右两派及官僚分裂痕迹逐渐暴露,本报顷接该党非共产派署名中国国民党各省驻京护党委员联合会阳电,痛诋该党中央执行委员会之非。

5月

26日 "国内要闻"《沪纱厂工人罢工中之茶话会》:日商纱厂五月中旬发生风潮,罢工工人报告略谓,此次风潮实因厂主无故开除工人代表及克扣银尾数引起,冲突中日人开枪,工人顾正红死亡。

8月

22日 "国内专电":香港电,廖仲恺皓(十九日)在广州国民党执行委员会被刺,外人消息,谓尚未死,国民党方面则一部分认廖已死。

9月

20日 "国内专电"《讨伐广东共产党》:"北京特约通信云,自孙中山听信汪精卫、胡汉民、廖仲恺等,容纳共产党以来,共产党在广东之势力日渐扩张,一切行政均为共产党所把持,以致国民党内部发生极大裂痕,共产反共产两派势不两立,中山之失败,此为一大原因……此时中央正名定罪,明令讨伐。"

30日 "国内要闻":山东电局罢工不果,其余各地仍正罢工,当局坚持须先开工。湖南安源矿局之大惨案,工人死四人,伤十余人,遣散工人千余名。

11月

24日 "启事"《翁湛之启事》:"鄙人自欧游归后,因各务纠纷,对于馆事殊有难以兼顾之势,诚恐精神不及,或有贻误。兹特郑重声明,凡关馆中各事,不经鄙人画押盖章者概不承认负责,特此声明。"

27日 《大公报》停刊,当日总号为8315。